독자의 1초를 아껴주는 정성!

세상이 아무리 바쁘게 돌아가더라도
책까지 아무렇게나 빨리 만들 수는 없습니다.
인스턴트 식품 같은 책보다는
오래 익힌 술이나 장맛이 밴 책을 만들고 싶습니다.

땀 흘리며 일하는 당신을 위해
한 권 한 권 마음을 다해 만들겠습니다.
마지막 페이지에서 만날 새로운 당신을 위해
더 나은 길을 준비하겠습니다.

독자의 1초를 아껴주는
정성을 만나보십시오.

미리 책을 읽고 따라 해 본 2만 베타테스터 여러분과
무따기 체험단, 길벗스쿨 엄마 기획단,
시나공 평가단, 토익 배틀, 대학생 기자단까지!

믿을 수 있는 책을 함께 만들어주신 독자 여러분께 감사드립니다.

(주)도서출판 길벗 www.gilbut.co.kr
길벗스쿨 school.gilbut.co.kr

40만 독자가 열광했다!
15년 연속 베스트셀러를 향한 독자들의 찬사!

경제뉴스를 볼 때마다 생각나는 책!
뉴스를 볼 때마다 '어 이거 책에서 봤던 건데'라는 말이 절로 나온다. 외국 어같이 들렸던 경제뉴스가 잘 들리는 기적을 경험할 수 있다.
— cuteblue10**(인터파크)

재테크 초짜에게 강력추천!
돈이 돌아가는 흐름을 알아야 재테크도 잘할 수 있는 법! 이 책을 통해 기초 경제상식부터 세계경제 흐름까지 경제를 중심으로 돌아가는 세상을 배웠 다. 처음 경제를 공부하는 나 같은 초짜들에게 많은 도움을 주는 책이다.
— sa**o1(yes24)

기본 경제 상식 배우는데 이만한 책이 있을까
어느 페이지를 펼쳐도 바로 공부가 가능하다. 약 150가지의 경제 상식이 짤막한 페이지에 체계적으로 정리가 되어있다. 사례와 그림, 도표가 경제 상식을 쉽게 배울 수 있게 해준다. 옆에 두면 늘 좋을 책이다.
— *에(yes24)

경제 중급자에게도 핵심정리로 유용!
마냥 쉬운 내용만 있진 않다. 하지만 위트 있는 소제목과 한줄 용어설명, 연관 내용을 정리한 태그의 구성은 1번만 읽어도 3번 읽은 효과를 준다. 머릿속에 복잡한 경제지식이 정리되는 기분이다.
— deuxist***(yes24)

회계원리 C+에서 경제 고수까지
회계원리 수업에서 C+를 맞고 이 책을 구입했다. 이 책을 미리 알았다면 얼마나 좋았을까 후회가 밀려온다. C+은 맞지 않았을텐데.
— 토밥**(yes24)

커피 3잔 값으로 경제 상식을 내 것으로
30대가 되자 친구들과 대화에 재테크가 자주 등장한다. 이 책은 단돈 커 피 3잔 값으로 재테크에 대한 기초 경제를 배우게 해준다. 커피 3잔 살 돈 이지만 커피보다 만족감이 30배는 더 큰 것 같다.
— whlover**(인터파크)

경제시험 단기완성을 위한 필살기!
취업을 앞두고 면접, 자격증 시험을 위해 경제공부를 시작하려던 참이었 어요. 촉박한 시간때문에 조바심이 났었는데 이 책을 읽고 고민이 해결되 었어요.
— 키**(yes24)

이공계 학생이 경제를 배우는 방법
이공계 학생으로 경제는 담쌓고 살았는데 이제 와서 경제를 공부하자니 막막했다. 하지만 이 책을 통해 경제에 기초 상식을 배웠다. 고민해결!
— 바**(yes24)

암기하지 말고 이해하세요!
경제 용어를 정의하는 책이 아니다. 이 책은 사례와 흐름, 도표, 그림을 통 해 경제를 이해하게 만든다. 암기보다 오래 기억에 남고 응용하기도 쉽다.
— gm**ght(교보문고)

직장생활 2년차, 이제 경제가 알고 싶다
2년차 신입사원입니다. 이제 미래를 위한 재테크를 생각할 때인데 이 책 을 통해 경제를 기초부터 다시 배웠습니다. 책 한권으로 크게 성장한 기분 이 듭니다.
— ha**angguy(교보문고)

실물 경제를 분석하는 혜안이 생겼다!
천편일률적인 용어 설명에 그치지 않고 각 개념마다 어원과 등장 배경, 실 제 사례 및 향후 전망이 다채롭게 서술되어 있습니다. 기초 경제 지식은 물론 세상을 바라보는 새로운 눈을 얻게 되었어요. — 사랑**(yes24)

경제라는 깊은 우물에 풍덩!
경제는 무섭고 다가가기 힘든 깊은 우물 같았다. 이 책을 읽고 우물의 깊 이가 어느 정도인지 우물 안에 무엇이 있는지 알게 되었다. 아는 만큼 보 인다는 말을 이제야 이해했다.
— 제대로살고**(알라딘)

깊이와 재미, 두 마리 토끼를 잡았다!
다른 경제 도서들은 경제 용어가 많다 싶으면 설명이 어렵고 설명이 쉬운 책들은 경제 용어가 적은 경우가 많았다. 이 책은 두 마리 토끼를 모두 잡 는다.
— 공쥬**(알라딘)

20년차 경제기자가 찍어주는 알토란 경제지식
경제전문가가 쓴 경제도서들은 말이 어려워서 눈에 잘 들어오지 않았는데 이 책은 경제기자의 눈높이로 경제지식을 말한다. 이 책도 기사를 읽듯이 술술 읽었다.
— bo**hobby(교보문고)

상식사전 시리즈에 대한 신뢰가 쌓인다!
이 책을 읽고 길벗 상식사전 시리즈의 매력에 푹 빠졌다. 이후 길벗에서 나온 환율 상식사전, 월급쟁이 재테크 상식사전을 독파했다. 어느새 경제 고수가 되어 있었다.
— nana**(인터파크)

원하는 상식부터 쏙쏙 공부한다!

당장 재테크에 대한 경제용어가 궁금해서 금융상식 부분부터 공부했는데 큰 도움이 되었다. 나머지 부분들도 빨리 읽어보고 싶다.

– 똘**(yes24)

경제 문맹자들이여! 눈을 떠라

문맹은 밥은 안 굶지만 금융맹은 밥을 굶는다! 경제의 중요성을 알고 시작하려는 초심자들에게 강력 추천한다.

– Neo K**(yes24)

어려운 경제상식을 사례로 알아보자

파레토 법칙, 웹3.0, ELS 등 살면서 들을 때마다 헷갈리던 경제상식을 제대로 공부했습니다. 이제 헷갈리지 않아요. – sa**yoon(교보문고)

경제라는 바다를 헤엄치는 법

경제라는 바다에서 처음 헤엄치고자 하는 초심자들에게 기회를 제공하는 책, 바다로 나아가기 전 예행연습을 이 책으로 해보는 게 어떨까?

– namu***(yes24)

너덜너덜해질 때까지 보는 책

경제용어에 대한 적절한 예시와 문구로 어려운 경제가 쏙쏙 이해된다. 늘 가까운 곳에 두고 계속해서 꺼내보기에 충분한 책이다.

– 다다**(yes24)

복잡한 경제를 큰 틀에서 볼 수 있게 만든 책!

기초용어, 금융상식, 한국경제, 세계경제로 경제를 네 개의 큰 틀로 정리하였다. 복잡한 경제를 큰 틀에서 보니 쉬워지는 느낌이다.

– 파**(yes24)

고등학교 때 배운 경제, 확실히 정리하자

경제는 고등학교 때 수능을 위해 공부한 것이 전부였다. 이 책을 읽으며 고등학교 때 배웠던 경제가 다시 떠올랐다. 당시 배웠던 용어들을 기억하고 다시 공부한 좋은 경험이었다.

– 유**(알라딘)

사회와 경제의 연결고리를 한눈에!

단편적으로 끊긴 것 같은 사회현상들이 경제아래에 하나로 연결된다는 사실을 알게 되었다. 사회, 문화, 정치 등 경제로 인해 모든 세상이 달리 보였다.

– 살**(알라딘)

알록달록한 일러스트와 사진. 사전이 아니라 잡지?

사전이라고 해서 처음에 겁을 먹었습니다. 하지만 통통 튀는 문체와 다양한 그림은 오히려 사전이 아닌 잡지를 읽는 느낌이었다. 잡지읽듯이 경제용어를 술술 공부했다.

– 와**(알라딘)

둘째가 생기고 경제 상식을 배우다.

가족이 늘어나면서 재테크의 필요성이 생겼는데 경제를 몰라 막막했어요. 하지만 이 책으로 쉽고 재미있게 공부했어요. 경제가 이렇게 재미있는 건 줄 처음 알았다니까요.

– l**11(yes24)

퇴근 후 커피 한 잔과 함께하는 경제 공부!

매번 뉴스에 나오는 경제용어들을 재미있게 배울 수 있었습니다. 소설이나 에세이도 아닌 어려운 경제 공부를 커피 한 잔과 함께 할 수 있다니, 신기하네요!

– M*(알라딘)

경제 기본기를 탄탄하게 다져준다

재테크, 정치, 사회 등등 경제가 필요하지 않은 분야는 아무것도 없다. 경제의 중요성을 알았다면 이 책으로 시작하라! 당신의 기본기를 다져주는 데 좋은 친구가 되어줄 것이다. – pa**ok(교보문고)

열 친구 안 부러운 《경제 상식사전》!

물건을 사거나 아르바이트를 하거나 예금을 할 때 어떤 선택이 현명한 선택이 될지 경제를 바탕으로 고민하게 되었다. 열 친구 안 부럽다!

– chan**(알라딘)

경제 더 이상 외면하기 싫다.

학창시절과 달리 사회생활에서 만난 사람들과 대화에서는 늘 경제가 빠지지 않습니다. 하지만 경제가 마냥 어려웠던 저는 늘 대화에서 소외되고 할 말도 없어서 불편할 때가 많았죠. 더 이상 경제를 외면하지 않게 되었어요. 이 책 덕분에요. – 환각의 **(yes24)

경제신문을 스포츠신문처럼 읽어보자

낡은 사례들이 있는 여타 책과 달리 이 책은 최신 사례들의 알짜배기만 모은 느낌이다. 뉴스에 빠지지 않고 등장하는 용어가 가득하여 경제신문을 스포츠신문 읽듯이 볼 수 있다. – ti**net(교보문고)

경영학 부전공 공부에 큰 도움이 되었습니다!

경제에 대한 기초지식이 필요할 때 이 책을 만났습니다. 학교에서 어렴풋이 듣고 지나갔던 경제용어들을 복습하게 되는 좋은 기회였어요.

– 레몬**(yes24)

경제
상식
사전

경제 상식사전
Common Sense Dictionary of Economics

초판   1쇄 발행   2008년 1월 15일
초판   13쇄 발행   2009년 2월 27일
1차 개정 6쇄 발행   2010년 5월 27일
2차 개정 3쇄 발행   2011년 3월 31일
3차 개정 6쇄 발행   2014년 2월 28일
4차 개정 5쇄 발행   2016년 10월 28일
5차 개정 3쇄 발행   2018년 10월 31일
6차 개정 7쇄 발행   2021년 3월 2일
7차 개정 7쇄 발행   2024년 4월 5일

지은이 김민구
발행인 이종원
발행처 (주)도서출판 길벗
출판사 등록일 1990년 12월 24일
주소 서울시 마포구 월드컵로 10길 56(서교동)
대표전화 02)332-0931 | **팩스** 02)322-0586
홈페이지 www.gilbut.co.kr | **이메일** gilbut@gilbut.co.kr

기획 및 책임편집 이재인(jlee@gilbut.co.kr) | **표지 디자인** 신세진 | **본문 디자인** 박상희
제작 이준호, 손일순, 이진혁, 김우식 | **마케팅** 정경원, 김진영, 김선영, 최명주, 이지현, 류효정
유통혁신 한준희 | **영업관리** 김명자, 심선숙, 정경화 | **독자지원** 윤정아

전산편집 예다움, 신세진 | **삽화** 조윤혜 | **인쇄** 금강인쇄 | **제본** 금강제본

© 김민구, 2022
ISBN 979-11-6521-807-2 03320
(길벗도서번호 070461)

정가 17,000원

독자의 1초까지 아껴주는 정성 길벗출판사

(주)도서출판 길벗 | IT교육서, IT단행본, 경제경영, 교양, 성인어학, 자녀교육, 취미실용 www.gilbut.co.kr
길벗스쿨 | 국어학습, 수학학습, 어린이교양, 주니어 어학학습, 학습단행본 www.gilbutschool.co.kr

경제
상식
사전

김민구 지음

길벗

한 치 앞이 안 보이는 경제!
흐름을 알아야 이치를 안다

세계경제는 최근 수년간 대격변의 시대를 거치고 있습니다. 몇 년 전 신종 코로나바이러스 감염증(코로나19) 대유행으로 우리나라를 비롯해 전 세계 일상이 멈췄기 때문입니다. 눈에 보이지 않는 바이러스가 경제에 미치는 악영향은 심각했습니다. 아시아개발은행(ADB)이 발표한 보고서에 따르면 코로나19로 세계경제가 입은 손실액이 무려 8조 8,000억 달러(약 1경 826조 원)에 이릅니다. 이는 전 세계 국내총생산(GDP)의 10%에 육박했습니다. 코로나19 창궐로 전 세계가 일궈낸 경제적 성과의 10%가 사라진 셈이지요.

코로나19의 광풍은 사라졌지만 이에 따른 경제적 지형도 많이 바뀌었습니다. 기업의 재택근무와 화상회의, 학교의 온라인수업 등 언택트(Untact, 비대면) 문화가 우리의 일상에 깊숙이 파고들었기 때문입니다. 그동안 멀게 느껴졌던 제4차 산업혁명 기술이 코로나19 공습으로 우리 곁에 성큼 다가왔습니다.

언택트 문화와 디지털경제, 스마트산업이 일상화된 계기가 코로나19 때문이라는 점은 역설적이지 않을 수 없습니다. 코로나19라는 전대미문의 위기가 모습을 감춘 후 전 세계경제는 챗 GPT라는 AI(인공지능)의 거대한 물결이 출렁이고 있습니다. 《경제 상식사전》이 '포스트 코로나19'와 '챗 GPT'라는 익숙하지 않은 지형을 헤쳐 나가는 길잡이가 되기를 기대합니다.

기본 경제용어는 물론 최신 경제용어까지,
7차 개정판으로 만난다

2008년 초판 발행 이후 6차 개정판을 거치며 40만 독자들의 사랑을 받아온 《경제 상식사전》이 급변하는 경제 상황을 보다 정확하게 독자들에게 전달하기 위해 2022년 7차 개정판으로 찾아왔습니다.

최신 경제용어를 꼼꼼하게 정리하고 경제신문에 빠지지 않고 등장하는 필수 용어도 업그레이드했습니다. 특히 'K-pop'을 전 세계에 알리고 있는 아이돌그룹 BTS의 인기와 이들이 세계경제에 미치는 파장도 충실하게 담았습니다. 기본적인 경제용어는 물론 최신 시사상식까지 총 178개의 주제로 정리한 이 책이 모쪼록 독자 여러분의 지적 욕구를 충족시켜줄 수 있기를 바랍니다.

경제용어를 쉽고 재미있게,
입시·취업·재테크까지 OK!

이 책은 천편일률적인 용어 설명에 그치지 않고 어원과 등장 배경, 교훈, 향후 전망 그리고 현실에 어떻게 적용되는지까지 다루었습니다.

이 책은 취업을 앞둔 대학생, 재테크 기초지식을 쌓으려는 직장인, 중고교생, 경제시험 수험생도 두루 볼 수 있도록 집필했습니다. 각종 경제시험에 필요한 필수 경제이론은 물론, 경제신문에서 다루는 용어를 모두 종합한 경제 완성본입니다.

초보자에게는 기초를,
중급자에게는 핵심정리를!

이 책의 내용은 경제를 처음 공부하는 초보자들에게는 다소 어려운 부분도 있습니다. 하지만 다양한 예시, 삽화, 도표와 함께한 설명은 초보자들도 부담 없이 경제용어를 습득할 수 있도록 도울 것입니다.

또 경제에 대한 지식은 있지만 그 지식이 흩어져 있는 분들에게도 이 책은 유용합니다. 4가지 주제로 정리한 178개의 경제 상식은 분산된 지식을 하나로 꿰어 온전히 독자 여러분의 것으로 만들어줄 것입니다. "구슬도 꿰어야 보배"라는 말이 있지 않습니까? 여러분의 지식을 보배로 만드세요.

경제는 결코 어려운 분야가 아닙니다. 경제용어를 쉽고 편안하게 다룬 이 책을 통해 독자 여러분이 경제를 좀더 친숙하게 느꼈으면 하는 바람입니다.

김민구

나의 경제 상식 지수는?

✔ 나의 경제 상식 지수는 얼마일까요? 가벼운 마음으로 풀어보세요(정답은 10쪽에).

01 우수고객 20%가 전체 매출의 80%를 차지한다는 '파레토의 법칙'과 반대되는 것은?

ⓐ 롱테일 법칙　　　　　　　　　ⓑ 롱헤어 법칙
ⓒ 숏테일 법칙　　　　　　　　　ⓓ 숏헤어 법칙

02 정보통신기술과 산업의 융합으로 이뤄지는 차세대 산업혁명으로 인공지능, 사물 인터넷, 드론 등이 핵심 산업인 이 혁명은?

ⓐ 1차 산업혁명　　　　　　　　　ⓑ 2차 산업혁명
ⓒ 3차 산업혁명　　　　　　　　　ⓓ 4차 산업혁명

03 대량생산을 할수록 평균비용이 하락하는 현상은?

ⓐ 설비의 경제　　　　　　　　　ⓑ 규모의 경제
ⓒ 생산의 경제　　　　　　　　　ⓓ 비용의 경제

04 자산규모가 작은 회사가 자기보다 훨씬 규모가 큰 회사를 합병하는 것은?

ⓐ M&A 전략　　　　　　　　　　ⓑ 보아뱀 전략
ⓒ 구렁이 전략　　　　　　　　　ⓓ 욕심쟁이 전략

05 개발도상국 가운데 경제성장률이 높고 빠른 속도로 산업화가 진행되는 신흥시장은?

ⓐ 일머징마켓
ⓑ 이머징마켓
ⓒ 삼머징마켓
ⓓ 사머징마켓

06 환율변동으로 발생하는 손해는?

ⓐ 적자
ⓑ 환율 손해
ⓒ 환차익
ⓓ 환차손

07 기업 또는 정부가 계약대로 채무를 상환할 수 없는 채무불이행 상태를 말하는 것은?

ⓐ 디폴트
ⓑ 인플레이션
ⓒ 정크본드
ⓓ 모라토리엄

08 주식 소유를 통해 다른 회사(종속회사 또는 자회사)를 지배하는 회사는?

ⓐ 주주회사
ⓑ 지주회사
ⓒ 주지회사
ⓓ 지지회사

09 은행의 예금금리와 대출금리 간의 차이를 말하는 것은?

ⓐ 환율
ⓑ 여신
ⓒ 대출이자
ⓓ 예대마진

10 한 나라 또는 일정국가의 경제가 인접한 다른 국가나 보편적인 세계경제의 흐름과 달리 독자적인 노선을 보이는 현상은?

ⓐ 동조화
ⓑ 사베인-옥슬리
ⓒ 엑슨-플로리오
ⓓ 디커플링

11 비상 상황에서 벗어나 금리를 인상하는 등 경제정책 기조를 원래 상태로 되돌리는 것은?

ⓐ 비상구전략　　　　　　　　ⓑ 금리전략
ⓒ 출구전략　　　　　　　　　ⓓ 탈출전략

12 영국 런던에서 우량은행끼리 단기자금을 거래할 때 적용하는 금리는?

ⓐ 리보금리　　　　　　　　　ⓑ 바보금리
ⓒ 미모금리　　　　　　　　　ⓓ 니모금리

13 금융권은 제1, 제2, 제3금융권으로 나뉘는데, 다음 중 성격이 다른 하나는?

ⓐ 보험사　　　　　　　　　　ⓑ 증권사
ⓒ 지방은행　　　　　　　　　ⓓ 상호저축은행

14 미래의 상품을 현재에 미리 사두거나 파는 것은?

ⓐ 현물　　　　　　　　　　　ⓑ 과거물
ⓒ 미래물　　　　　　　　　　ⓓ 선물

15 증권거래소에서 매매할 수 있는 품목(종목)으로 지정하는 일은?

ⓐ 상장　　　　　　　　　　　ⓑ 상패
ⓒ 트로피　　　　　　　　　　ⓓ 성장

✔ 맞힌 정답의 개수를 세어보세요. 정답은 아래에 있습니다.

12개 이상

경제 척척박사

이 정도 경제 상식쯤은 땅 짚고 헤엄치기인 당신. 그러나 경제 상식은 꾸준히 업데이트하는 것이 중요하니 너무 자만하지 마세요!

8~11개

어설픈 안다박사

들으면 아는데 정확한 개념은 알쏭달쏭한 당신. 아는 것도 되짚으면서 경제 개념을 확실하게 잡아보세요!

4~7개

왕초보 경제박사

용어들은 낯이 익은데 그놈이 그놈 같아 헷갈리는 당신. 초보 딱지를 떼려면 경제에 재미있게 접근하는 것부터 시작하세요!

3개 이하

나는 경제 울렁증

경제하고는 궁합 제로인 당신. 하지만 이 책과 함께라면 경제도 결코 어렵지 않다는 것을 알게 될 거예요!

> 〉 그럼 다 같이 즐거운 경제 상식 속으로 출발~! 〈

정답

1 ⓐ | 2 ⓓ | 3 ⓑ | 4 ⓑ | 5 ⓑ | 6 ⓓ | 7 ⓐ | 8 ⓑ | 9 ⓓ | 10 ⓓ | 11 ⓒ | 12 ⓐ | 13 ⓒ | 14 ⓓ | 15 ⓐ

첫째마당
1 경제 기초체력 쌓기

넷째마당

4 세계경제 시야 넓히기

**Common Sense Dictionary
of Economics**

1

첫째
마당

경제 기초체력 쌓기

001

경기는 일정 주기로
상승과 하강을 반복한다
콘드라티예프 파동

역사를 뒤돌아보면 엄청난 기술혁신이 일어나 인류 사회를 송두리째 바꾼 사례가 많습니다. 산업혁명 초기인 1800년대 초 발명된 증기기관차는 마차에만 의존해온 삶에 혁명적인 변화를 가져왔습니다. 1850년대 초반에는 석탄으로 제련하는 기법이 개선돼 제철산업이 급속한 발전을 이뤘죠. 그 후 50년이 지난 1900년대에는 화학공업이 우리의 삶의 지형을 크게 바꿨으며, 1950년대에는 자동차가 일반화되었습니다. 이후 1990년대에는 정보기술(IT)혁명 바람이 거세게 불어 전 세계는 정보화 시대로 대진전을 이뤄냈습니다.

앞서 설명한 굵직굵직한 역사적 사건이 발생한 시점을 보면 공교롭게도 대략 50년 주기입니다. 이처럼 특정 기간을 주기로 기술혁신이 이뤄진 것을 연구한 학자가 옛 소련 경제학자 니콜라이 드미트리예비치 콘드라티예프입니다.

콘드라티예프는 자본주의가 특정 시점(평균 45~60년)을 계기로 경기순환곡선을 그린다는 점

니콜라이 콘드라티예프

을 발견했습니다. 경기순환곡선은 경기의 상승과 하강이 반복되는 경기순환 과정을 나타내는 곡선입니다.

경기는 경제활동의 전반적인 흐름에 대한 진단을 말합니다. 일반적으로 경기는 상승과 하락을 끊임없이 반복하는 경향을 보입니다. 콘드라티예프가 주장한 점은 자본주의 경제체제가 침체와 회복의 사이클을 탄다는 점을 강조한 것입니다.

그는 이를 입증하기 위해 독일, 영국, 프랑스 등 당시 주요 국가 경제 상황을 면밀하게 분석했습니다. 그리고 자본주의 체제가 주기의 상승 국면에 경제적 호황을 누린 후 경기침체 국면에 접어들면 기술혁신의 씨앗을 뿌리고, 다시 상승 국면에 꽃을 피운다고 결론을 내렸습니다. 이것을 흔히 **콘드라티예프 파동**(Kondratiev Waves) 이론이라고 합니다.

다음 그래프를 보면 장기적으로 파동을 그리며 상승과 하강을 순환하고 있습니다. 구체적으로 설명하면 경기는 호황, 경기침체, 불황, 회복의 네 가지로 나눠져 있습니다. 즉, 경기 상승과 하강이 45~60년 주기로 마

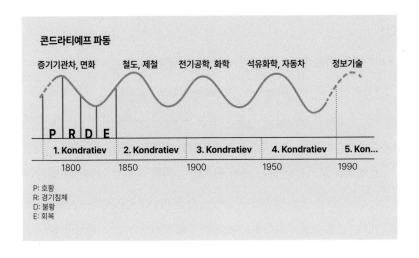

치 물결 모양처럼 반복하고 있다는 얘기지요. 콘드라티예프는 인류 역사가 45~60년을 주기로 고도성장과 저성장이 번갈아 일어나 세계경제에 큰 획을 긋는 대발명이나 대전환이 이뤄졌다고 주장했습니다.

그런데 재미있는 점은 특정 시점을 계기로 기술혁신이 이뤄지거나 경제가 발전할 것이라는 학설은 콘드라티예프만 주장한 것은 아닙니다.

키친 파동(Kitchin Cycles)은 영국 사업가 겸 통계학자 조셉 키친이 내놓은 학설입니다. 키친 파동은 재고순환(Inventory Cycles)이라고도 하는데, 이는 키친이 그의 이론을 정립할 때 경기순환의 가장 중요한 요소로 재고(在庫)를 꼽았기 때문입니다.

다양한 경기순환 파동이론

구분	기간
키친 파동	3~5년
주글라 파동	7~11년
쿠즈네츠 파동	15~25년
콘드라티예프 파동	45~60년

조셉 키친은 1920년대 미국과 영국의 금리, 도매 물가 자료를 분석해 재고 현황을 파악한 결과 경기순환이 약 40개월을 주기로 성장하고 퇴보한다는 점을 알아냈습니다. 키친 파동은 사이클을 타는 시점이 비교적 짧아 우리가 일상생활에서 흔히 말하는 경기순환의 기준이 됐습니다.

이에 비해 주글라 파동(Juglar Cycles)은 1862년 프랑스 의사 겸 통계학자 클레망 주글라가 제시한 것으로 고정자산(Fixed Assets)에 대한 투자를 통해 7~11년 간격으로 경기가 부침을 거듭한다는 이론입니다.

고정자산은 기업이 가진 자산 가운데 토지를 비롯해 감가상각 대상인 기계·설비, 건물 등을 말합니다. 감가상각을 피하려면 자동차를 새로 구입하거나 건물을 새롭게 단장하는 개보수 등에 대한 투자가 이뤄져야 합니다.

이 내용을 정리하면 '기업의 설비투자 증가 → 생산 증가 → 과잉생산 → 기업 설비투자 감소'로 이어지는 경기순환을 말합니다.

주글라 파동은 기업의 설비투자가 7~11년 사이에 주기적으로 이뤄진다는 점에 토대를 두고 있습니다. 때문에 주글라 파동을 흔히 설비투자순환이라고도 부릅니다.

쿠즈네츠 파동(Kuznets Cycles)도 있습니다. 미국 경제학자 사이먼 스미스 쿠즈네츠는 한 나라의 경제성장률이 평균 15~25년을 주기로 순환한다는 점을 알아냈습니다.

이에 따라 그는 인구 증가와 건축물 수명을 토대로 이른바 건축순환주기론을 제시했습니다. 쿠즈네츠는 집 가격과 임대료가 크게 오르는 등 부동산 수요가 늘면 새로운 집이 등장하고, 다시 수요와 공급이 균형을 이뤄 집 가격 오름세가 잠잠해지면 건축 수요도 진정된다고 설명했습니다.

그러나 인구가 다시 늘어나고 낙후지역에 대한 도시화가 이뤄지면 기존의 노후화된 건물을 새로 바꾸려는 수요가 늘어나 건축 붐이 또다시 일어난다고 강조했습니다. 이러한 점 때문에 쿠즈네츠 파동을 흔히 건설순환이라고 부릅니다. 건설투자의 주기를 토대로 한 쿠즈네츠 파동은 결국 15~25년에 이르는 장기 순환을 잘 보여줍니다.

경제판 '제 논에 물 대기'
근린궁핍화 정책

경제학 이론 가운데 근린궁핍화 정책이라는 게 있습니다. 말 그대로 '가까운 이웃을 가난하게 만들다'라는 의미로 보면 됩니다. 근린궁핍화 정책은 원래 영어 'Beggar Thy Neighbour'에서 유래했습니다. 이때 'Thy'는 '당신의(Your)'의 옛날 단어입니다.

이 표현은 서양식 카드놀이 트럼프에 '상대방 카드를 전부 빼앗아 온다'는 게임에서 출발했습니다. 이 게임은 상대방의 카드를 모두 가져오면 끝이 납니다. 이를 경제학에 접목하면 자국 경제를 살리기 위해 다른 나라 경제를 희생시키는 상황이 빚어질 것입니다. 결국 근린궁핍화 정책은 자국 이익만을 추구한 나머지 교역국 경제에 큰 손해를 끼치는 정책을 뜻합니다.

이 용어를 누가 맨 처음 썼는지는 아직도 논란이 되고 있습니다. 일부 경제학자들은 현대경제학의 아버지 애덤 스미스가 1776년에 출간한 《국부론》에서 처음 언급했다고 지적합니다.

스미스의 《국부론》이 세상에 처음 모습을 드러내기 전까지만 해도 영국, 프랑스, 스페인 등 대다수 유럽 주요 국가 경제학은 중상주의에 바탕을 뒀습니다. 중상주의는 '국가가 경제적 이익을 극대화하기 위해 주변 국가를 가난하게 만들어야 한다'고 주장했습니다. 하지만 스미스는 장기적인 관점에서 볼 때 자유무역이 더 많은 혜택을 가져올 것이라고 믿었습니다. 근린궁핍화 정책을 통해 교역국가에게 피해를 주면 피해를 당한 교역국도 비슷한 정책으로 무역 보복을 하기 때문이죠.

그렇다면 근린궁핍화 정책의 교과서적인 사례를 한번 배우기로 하겠습니다. 1985년 9월 22일 미국 뉴욕시에 있는 플라자호텔. 이곳에는 미국, 일본, 서독, 프랑스, 영국의 선진 5개국(G5) 경제수장이 한 자리에 모여앉았습니다. 회의는 20분 만에 끝났지만 이날 모임은 세계경제질서를 뒤흔든 역사적 사건이었습니다. 미국 달러를 제외한 주요 통화가치를 올리는 내용을 담은 '플라자 합의(The Plaza Accord)'가 발표됐기 때문이죠.

플라자 합의의 표면적 명분은 세계경제의 불균형을 해소한다는 것이었습니다. 그러나 속내는 무역적자와 재정적자로 골머리를 앓아온 미국이 대미(對美)수출로 짭짤하게 재미를 본 일본과 독일에 엔화와 마르크화 가치를 높여 두 나라 수출 규모를 줄이라는 압력을 주기 위한 장(場)이었습니다.

미국의 이 정책은 효험을 발휘했습니다. 플라자 합의 직전 달러당 240~250엔대였던 엔달러 환율은 1985년 말 200엔, 1988년에는 120엔대까지 급락해 3년 만에 반토막이 났고, 2024년 3월 22일 현재는 151.23엔까지 내려갔습니다. 이 때문에 일본제품 가격은 세계무대에서 두 배로 껑충 뛰어올랐습니다.

플라자 합의 당시 미국의 경우처럼 역사적으로 경상수지 적자에 시달리는 국가들은 자국 통화가치 절하(切下, 화폐가치를 낮춤)를 유도해 위기를 돌파하는 근린궁핍화 정책 카드를 사용해왔습니다.

그런데 근대 경제사를 살펴보면 이러한 법칙이 항상 성립하는 것은 아닙니다. 한 국가의 대외경쟁력은 창의성과 혁신이라는 창조경제에서 비롯하기 때문입니다. 미국이 플라자 합의로 일본을 압박했지만, 오히려 일본기업은 제품 생산성 향상과 기술혁신을 통해 세계시장에서 '메이드 인 재팬' 브랜드 파워를 높여 환율에 대한 내성을 키웠습니다.

근린궁핍화 정책은 현재진행형입니다. 미국과 중국 간에도 계속되고 있기 때문입니다. 2009년부터 2017년까지 미국 대통령으로 재임한 버락 오바마는 2015년 이른바 '교역촉진법'을 제정했습니다. 교역촉진법 규정을 살펴보면 이른바 베넷 해치 카퍼(BHC) 수정법안이라는 내용이 담겨있습니다. BHC 수정법안에는 미국을 상대로 막대한 무역흑자를 거두는 나라에 대한 구체적인 제재 방안이 있습니다.

BHC 수정법안을 좀더 살펴보면, 미국을 상대로 한 해 200억 달러(약 22조 5,200억 원) 이상 무역흑자, 한 해 미국 국내총생산(GDP)의 2%를 초과하는 경상수지 흑자, 한 해 미국 GDP의 2%를 초과하는 외환을 순매수 등 3가지 항목이 눈에 뜁니다. 이 가운데 두 가지를 충족하면 '환율 관찰 대상국'에 오르고 세 가지 모두 해당하면 종합무역법상 환율조작국에 준하는 '심층 분석 대상국'으로 지정합니다. 즉, 교역국이 환율을 조작해 미국과의 교역에서 대규모 흑자를 낸 나라에 제재를 가하겠다는 내용입니다. 사실상 중국을 겨냥한 대목입니다.

이를 보여주듯 미국은 중국이 BHC 수정법안 3가지 항목 가운데 대미

(對美) 무역흑자 3,108억 달러(약 350조 원) 요건만 충족했지만 중국을 '환율 관찰대상국'에 포함했습니다.

우리나라도 예외는 아닙니다. 일본정부가 2019년 한국에 대해 반도체 핵심소재 수출을 규제한 점도 대표적인 근린궁핍화 정책의 예입니다. 일본은 당시 수출규제가 전략물자 관리 부실에 따른 조치라는 궁색한 변명을 늘어놨지만 사실은 한국경제 핵심축인 반도체와 디스플레이 산업에 비수를 꽂은 것이나 마찬가지입니다. 근린궁핍화 정책의 최대 피해자였던 일본이 가해자로 돌변한 셈입니다.

애덤 스미스가 설파한 것처럼 세계경제가 더욱 협력하고 발전하려면 근린궁핍화 정책이 아닌 자유무역을 권장해야 하지만 최근 상황을 보면 세계 주요국이 근린궁핍화 정책의 치명적인 유혹을 쉽게 떨쳐버리지 못하는 모습입니다. 교역국 간 협력과 조정을 해야 하는 국제기구도 영향력이 예전과 비교해 크게 약해진 모습입니다.

중국과 미국이 세계 자유무역 기조를 적극적으로 지원하고 WTO 등 관련 기구가 미국, 중국은 물론 전 세계 국가를 상대로 공정한 게임을 하도록 영향력을 발휘하지 못한다면 세계경제는 보호무역과 자국 이기주의로 점철된 안갯속 행보를 내딛게 될 것입니다.

가상세계와 현실이 공존하는 세상
메타버스

메타버스(Metaverse)가 최근 정보통신기술(ICT) 분야에서 뜨거운 감자가 되고 있습니다. 메타버스는 가상을 뜻하는 '메타(Meta)'와 '현실세계(Verse)'를 합친 말입니다.

메타버스를 기술적인 측면에서 설명하면 가상현실(Virtual Reality), 증강현실(Augmented Reality) 그리고 사물인터넷(IoT, the Internet of Things) 등 ICT가 함께 결합한 결과물입니다. 가상현실은 컴퓨터가 만든 가상세계에서 사람이 마치 실제와 같은 체험을 할 수 있는 컴퓨터 기술입니다. 증강현실은 현실세계에서 3차원(3D) 가상세계를 경험할 수 있는 기술이지요. 사물인터넷은 사물에 센서를 부착해 정보를 실시간으로 모은 후 사람이 개입하지 않고 사물끼리 인터넷을 통해 정보를 주고받는 기술을 말합니다.

그렇다면 메타버스와 앞서 설명한 가상현실, 증강현실은 어떤 차이가 있을까요? 가상현실과 증강현실이 실제 현실과 거리를 둔 말 그대로 '상상 속 세상'을 보여준다면 메타버스는 ICT기술을 통해 가상세계와 현실이 섞여 있는 융합된 형태를 말합니다. 메타버스에는 현실과 가상공간을 이어주는 내 아바타(Avatar)가 등장합니다. 아바타는 사람을 대신해 온라인에서 활동하는 캐릭터를 말합니다. 쉽게 설명하면 메타버스에서는 실제 현실 속 개개인이 만들어낸 아바타가 가상세계에서 만나 서로 얘기를 나누고 업무를 보는 세상이 펼쳐집니다.

그렇다면 증강현실, 가상현실, 아바타가 최근 등장한 기술이 아닌데 메타버스가 이처럼 각광받는 이유는 무엇일까요? 가장 큰 이유는 신종 코로나바이러스 감염증(코로나19)에 따른 결과입니다. 코로나19가 전 세계 곳곳에서 창궐하면서 사람이 직접 만나지 않고 인터넷으로 접촉하는 '언택트(Untact, 비대면)' 문화가 확산됐습니다. 특히 스마트폰, 태블릿 등 디지털 기기에 매우 익숙한 이른바 'MZ세대(143장 참고)'가 메타버스 문화를 이끌고 있습니다. MZ세대는 1980년대 초반~2000년대 초반 출생한 밀레니엄(M) 세대와 1990년대 중반~2000년대 초반 출생한 Z세대를 아울러 이르는 말입니다.

이뿐만이 아닙니다. 메타버스는 기업문화도 바꾸고 있습니다. 가상 회의실에 전 세계 곳곳에서 근무하는 직원 아바타가 등장해 실시간으로 사업 전략과 대응책 등을 논의하는 회의도 열 수 있기 때문입니다.

메타버스 인기에 힘입어 미국에서는 게임업체 로블록스(Roblox)가 주목을 받고 있습니다. 창업자 데이비드 바수츠키가 2014년 설립한 로블록스는 메타버스에 아동 게임 레고(Lego)처럼 생긴 아바타를 등장시킵니다. 이들 아바타는 메타버스에서 집을 짓고 물건을 사고팔며 때로는 전쟁도 벌입니다. 물건을 거래할 때는 가상화폐 '로벅스(Robux)'를 씁니다.

로블록스는 코로나19로 등교가 사실상 중단되자 미국 초등학생을 중심으로 16세 미만 청소년의 55%가 이 게임에 가입할 정도로 선풍

로블록스의 가상화폐 로벅스

적인 인기를 얻고 있습니다. 하루 평균 접속자가 4,000만 명에 육박할 만큼 10대들 사이에서 폭발적 인기를 얻은 로블록스는 2021년 3월 10일 뉴욕증권거래소(NYSE)에 상장했는데 시가총액이 43조 원에 달하는 기염을 토했습니다.

전문기관이 보는 메타버스 시장 전망도 매우 밝습니다. 글로벌 시장조사업체 스트래티지애널리틱스는 전 세계 메타버스 시장규모가 2025년 2,800억 달러(약 316조 원)에 이를 것으로 전망합니다. 메타버스 시장의 출현으로 기존 가상현실, 증강현실 시장도 더욱 커질 것으로 보입니다. 세계적인 컨설팅업체 프라이스워터하우스쿠퍼스(PwC) 자료에 따르면 전 세계 가상현실과 증강현실 시장은 2019년 464억 달러(약 52조 4,000억 원)에서 2030년 1조 5,000억 달러(약 1,694조 원)로 성장할 전망입니다.

이와 같은 성장잠재력에 정부도 메타버스 육성에 적극 나서고 있습니다. 정부와 과학기술정보통신부 등 관련 부처가 '신산업 전략지원 태스크포스팀'을 발족해 5대 핵심과제 중 하나로 메타버스를 선정했기 때문입니다. 정부의 이러한 움직임에 SK텔레콤 등 통신업체를 비롯해 게임업체 엔씨소프트, 인터넷 기업 네이버 등도 메타버스 기술 첨단화에 주력하는 모습입니다.

004

소득분배의 차이로 알아보는
경제적 불평등 지표

소득수준에 따른 경제적 불평등은 어떻게 보면 인류 역사와 함께합니다. 불평등과 이에 따른 경제적 빈곤, 전쟁은 오랫동안 인류의 어두운 한 페이지를 장식하고 있기 때문입니다.

소득 불평등 정도를 보여주는 대표적인 지표가 로렌츠 곡선(Lorenz Curve)입니다. 국민들의 소득 차이를 나타낸 소득분배 곡선이지요.

로렌츠 곡선의 가로축은 소득액 기준 누적 인구수를, 세로축은 한 계층이 벌어들인 소득이

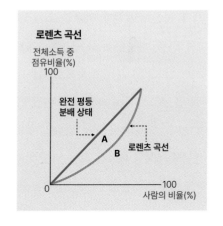

국민 전체 소득에서 차지하는 누적비율을 말합니다.

로렌츠 곡선은 활처럼 휘어진 모습입니다. 완전 평등 분배 상태(소득 균등분배)를 나타내는 그래프와 로렌츠 곡선 사이의 면적을 A라고 하고 소득 균등분배선과 X축이 만드는 삼각형의 면적을 B라고 합니다. A가 넓을수록

한 나라 계층 간 소득 격차가 크다는 것을 의미합니다.

팔마비율(The Palma Ratio)도 중요한 지표 중 하나입니다. 팔마비율은 소득 상위 10% 인구의 소득점유율을 하위 40% 인구의 소득 점유율로 나눈 값입니다. 팔마비율은 수치가 클수록 부자와 가난한 사람 간 소득 양극화가 크다는 얘기입니다. 쉽게 설명하면 팔마비율은 중산층 수준을 보여주는 지표인 셈이지요. 일반적으로 팔마비율이 올라가면 중산층 소득점유율이 줄어듭니다.

그렇다면 우리나라의 팔마비율은 어느 정도일까요? 우리나라는 팔마비율이 2011년 1.74를 기록한 후 2013년 1.59, 2017년 1.44, 2021년 1.2로 해마다 낮아지고 있습니다. 만족할만한 수준은 아니지만 소득 불평등이 개선되고 있는 모습입니다.

또 다른 소득분배 지표인 소득 5분위 배율도 주목할 만한 내용입니다. 소득 5분위 배율은 소득 구간을 5개로 정하고 소득수준 상위 20% 가구 소득을 하위 20% 가구 소득으로 나눈 것을 말합니다. 이에 따라 소득 5분위 배율을 '20:20 배율(20:20 Ratio)'이라고도 부릅니다. 또는 5분위를 뜻하는 영어 퀸타일(Quintile)을 써서 '퀸타일 배율'로 칭하기도 합니다.

소득 5분위 배율은 모든 가구가 같은 소득을 올려 소득분배가 완전 균형을 이루면 배율 값은 1이 됩니다. 그러나 모든 소득이 상위 20%에만 집중하면 하위 20% 소득이 0이 되기 때문에 5분위 배율은 무한대로 커집니다. 따라서 소득 5분위 배율 수치가 커질수록 경제적 불평등이 커집니다.

평균 빈곤갭(Poverty Gap)도 비교적 최근에 등장한 지표입니다. 평균 빈곤갭을 이해하기 위해 우선 중위소득이라는 개념을 알 필요가 있습니다. '중위(中位)'라는 말은 '가운데 있다'는 말입니다. 결국 중위소득은 소득 수준을 줄 세웠을 때 한가운데 있는 소득을 뜻합니다.

빈곤갭은 일반적으로 중위소득과 비교해 그 아래 계층 평균소득 비율을 뜻합니다. 좀 더 쉽게 설명하면 평균 빈곤갭은 중위소득의 50~60%에 못 미치는 빈곤선 밑 계층(빈곤인구)의 평균소득과 빈곤선(중위소득 50~60%) 소득과의 차이를 나타냅니다. 우리나라의 평균 빈곤갭은 36.03%로 세계 선진국 클럽이라고 불리는 경제협력개발기구(OECD) 37개 회원국 평균치(28.59%)보다 높은 편입니다.

효율적인 소비를 추구하는
스팁소비

최근 소비 추세 가운데 두드러진 성향이 있습니다. 바로 스팁소비입니다. 스팁소비의 STEEP은 'Sharing, Toward the health, cost-Effective, Experience, Present'의 글자를 따서 만든 용어입니다.

그렇다면 스팁소비는 무슨 뜻일까요? 'S'는 공유형 소비, 즉 이제는 일상생활의 한 축이 된 '공유경제'를 말합니다. 제품을 따로 구입하지 않고 일정 비용을 지불한 후 여러 사람과 함께 사용하는 독특한 형태의 경제방식을 뜻합니다.

'T'는 웰빙형 소비를 말합니다. 몸에 좋은 유기농 제품을 구입하고 몸을 건강하게 하기 위한 헬스 등 건강관리에 아낌없이 지갑을 여는 소비 패턴을 뜻합니다.

'E'는 실속형 씀씀이입니다. 소비를 효율적으로 한다는 뜻입니다. 스마트폰 등 스마트 기기를 통해 가격 등 상품 정보를 얻고 제품 사양을 꼼꼼히 비교해 꼭 필요한 제품을 구입하는 방식을 말합니다.

또 다른 'E'는 간접경험형 소비입니다. 이 소비 방식은 소비자가 직접 발품을 팔아 오프라인 매장에 가지 않고 가상현실(VR)이나 증강현실(AR) 기술을 사용해 제품을 미리 경험하고 구매하는 것이지요.

마지막으로 'P'는 현재 소비의 중요성을 알려줍니다. 소비자가 미래 수요를 대비해 제품을 구입하는 것도 좋지만, 현재 삶의 가치와 행복도를 높이기 위해 지금 판매하는 제품을 사서 소비하는 방식입니다.

그렇다면 스팁소비가 최근 관심을 모으는 이유는 무엇일까요? 어떻게 보면 스팁소비는 경기침체에 따른 결과물입니다. 소비자는 경기가 불황일 때 지갑에서 꺼내는 돈을 현명하게 쓰려는 성향을 보입니다. 이에 따라 굳이 제품을 사지 않고 다른 사람과 공유하거나 스마트폰을 통해 제품 정보를 파악한 후 가격이 싼 곳에서 구입해 가성비(가격 대비 성능)를 추구합니다.

스팁소비와 함께 웹루밍(Webrooming)도 조명을 받고 있습니다. 웹루밍은 '웹(Web)'과 '쇼루밍(Showrooming)'의 합성어입니다. 쇼루밍은 제품을 오프라인 매장에서 확인한 후 구매는 가격이 더 싼 온라인 쇼핑몰에서 하는 것을 뜻합니다. 오프라인 매장이 말 그대로 쇼룸(전시실) 역할만 한다는 뜻이지요.

그렇다면 웹루밍은 구입하려는 제품의 정보를 온라인에서 얻은 후 온라인보다 가격이 더 싼 오프라인 매장에서 제품을 구입하는 것을 말합니다. 이에 따라 웹루밍은 쇼루밍과 반대라는 뜻에서 '역(逆)쇼루밍'이라고도 합니다.

온라인 매장에 손님을 빼앗긴 오프라인 상점의 반격이 바로 '웹루밍'입니다. 오프라인 매장은 고객에서 파격 할인 이벤트를 펼치거나 가격 할인 카드를 나눠주며 고객 잡기에 나서고 있습니다.

006

안정적인 경제력으로 소비를 주도한다
욜디락스

한국이 고령화사회로 진입하면서 소비문화 풍속도가 크게 바뀌고 있습니다. 욜디락스, 쏠드족, 파이어족 등이 대표적인 사례입니다. 욜디락스(Yoldilocks)는 '욜드(Yold)'와 '골디락스(Goldilocks)'를 합쳐 만든 말입니다.

Yold는 영어 'Young'과 'Old'를 합친 말입니다. Young 하면서 Old 하다는 거지요. 제2차 세계대전(1939~1945년) 이후 태어난 세대인 이들은, 나이는 많지만 비교적 젊게 사는 점이 특징입니다. 골디락스(20장 참고)는 경제가 성장세를 보이지만 물가가 오르지 않는 이상적인 상태를 뜻합니다. 결국 욜디락스는 젊은 노년층인 욜드(Yold)족(族)이 경제 성장을 이끄는 것을 뜻합니다.

신종 코로나바이러스 감염증(코로나19)의 여파로 소비 심리가 살아나지 못하는 경제 상황에서 욜드족은 필요하면 지갑을 과감하게 열어 소비하는 성향을 보이고 있습니다. 이들은 여전히 직장에 다니고 있거나 은퇴한 지 얼마 되지 않아 든든한 퇴직금에 이미 안정적인 경제력까지 갖춰 비교적 여유로운 생활을 할 수 있기 때문입니다.

이에 따라 욜드족을 겨냥해 은행, 병원 등이 맞춤형 서비스 개발에 고민하는 모습입니다. 어떻게 보면 욜드족이 저성장 시대를 헤쳐 나갈 든든한 성장동력으로 자리매김을 하고 있는 셈입니다.

쏠드(Sold)족(族)도 최근 집중 조명을 받는 계층입니다. 'Sold'는 '스마트(Smart)'와 '올드(Old)'를 합쳐 만든 말입니다. 스마트폰 등 디지털기기가 널리 보급되면서 60~70대 연령층 가운데 스마트폰을 잘 활용하는 이들이 갈수록 늘고 있습니다. 이들 계층이 디지털 기술 사회에 잘 적응하고 있다는 얘기입니다.

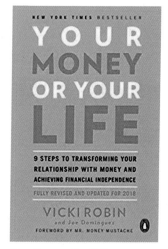

《Your Money on Your Life》

파이어(FIRE)족(族)은 1992년 미국 작가 비키 로빈과 월가(街) 재정 분석가 조 도밍후에즈가 함께 쓴 《Your Money Or Your Life》에서 처음 사용됐습니다.

'FIRE'는 'Financial Independence, Retire Early', 즉 재정적으로 독립하고 일찍 은퇴한다는 뜻이지요. 이들은 젊은 시절에 돈을 많이 모아 노후자금을 마련해 조금 일찍 직장생활을 마감하는 것을 목표로 합니다.

007

기업의 비재무적 성과를 평가하는
ESG 경영

기업이 많은 이윤을 내 주주들에게 배당(Dividend)을 잘하고 고용 창출에 앞장서는 것이 기업 운영을 잘하는 것으로 여기던 때가 있었습니다. 그러나 이윤 창출 못지않게 사회와 소비자들로부터 공감을 얻어내야 하는 시대가 왔고 이제는 이른바 지속 가능한 성장(Sustainable Growth)으로 이어집니다.

국제사회는 각국이 경제발전을 지속하면서 환경파괴는 최소화하는 방안을 마련하는 데 부심하고 있습니다. 이에 따라 유엔총회 산하 '세계 환경 개발 위원회(WCED)'는 1987년 〈인류 공통의 미래〉라는 보고서를 통해 '지속 가능한 발전(Sustainable Development)'이라는 새로운 개념을 선보였습니다. 이 보고서는 현세대의 과도한 자원개발이 후세대의 복지를 위협하지 않아야 하며 이를 위해 지속성·형평성·효율성을 토대로 성장과 발전이 이어져야 한다고 강조했습니다.

이와 같은 시대적 변화에 발맞춰 재계가 눈을 돌린 분야가 '기업의 사회적 책임(CSR, Corporate Social Responsibility)'입니다. 이는 사회가 기업에 기대하는 사회적 의무를 충실하게 이행해야 한다는 점을 강조한 것입니다. 다소 광의(廣義)의 개념으로 출발한 CSR은 개인처럼 기업도 지역사회 한 구성원으로 권리 못지않게 책임을 갖는다는 기업윤리 선언인 셈입니다.

하지만 CSR이 너무 추상적이고 방대하다는 지적이 끊이지 않았고, 이에 따라 CSR을 좀 더 구체적으로 보완한 ESG 경영이 등장했습니다. ESG는 'Environmental(환경), Social(사회적 가치), Governance(지배구조)'의 머리글자로 만든 합성어입니다. ESG는 기업의 비재무적(非財務的) 성과를 측정하는 척도인 셈이지요.

앞서 설명한 CSR 못지않게 ESG 역시 기업은 물론 주주들의 최대 관심사가 됐습니다. 대표적인 예가 미국 최대 정유업체 엑슨모빌(ExxonMobile)입니다. 2017년 5월 엑슨모빌 주주총회에서 62%의 주주가 엑슨모빌이 펼치는 사업 중 지구온난화 등 기상 이변을 일으키는 부분에 대한 상세한 보고서를 제출할 것을 요청했습니다. 이는 주주들이 환경보호에 신경을 많이 쓰고 있다는 것을 보여주는 대목이지요.

이런 가운데 최근 자주 등장하는 구호가 탄소중립(Carbon Neutrality)입니다. 탄소중립은 '넷 제로(Net-zero)'를 목표로 합니다. 넷 제로는 이산화탄소 배출량과 흡수량이 같아지도록 이산화탄소 순수(Net) 발생 총량을 0(Zero)으로 한다는 얘기입니다. 기업으로서는 이산화탄소 배출을 억제하는 기술을 개발해야 하고 정부나 환경기구 입장에서는 이미 배출된 이산화탄소를 흡수해 없애는 방법을 함께 고민해야 한다는 뜻이지요.

조 바이든 미국 대통령은 2021년 1월 20일 대통령 취임 후 이산화탄소 등 온실가스 배출을 억제하는 '파리기후협약'에 복귀해 탄소중립 정책을 본격화하고 있습니다. 파리기후협약은 도널드 트럼프 전(前) 대통령이 미국기업에 불리하다며 탈퇴했었지요.

이뿐만이 아닙니다. 유럽연합(EU)과 심지어 중국도 탄소 배출 기업이 만든 수입 제품에 세금을 추가 부과하는 '탄소 국경세(Carbon Bordex Tax)' 도입을 추진 중입니다. 이제는 탄소 배출이 많은 제품은 수출도 하기 어려운 세상이 온 것입니다.

이처럼 전 세계가 친환경을 최우선으로 여기는 친환경 경제를 만들기 위해 노력하는 가운데 화석연료 고갈에 따른 대체 에너지로 수소가 각광을 받고 있습니다. 이른바 수소경제(Hydrogen Economy)의 등장입니다.

전기로 물을 전기분해해 얻는 수소에너지는 태양열이나 풍력처럼 기후에 따라 제한적이지 않고 자연친화적입니다. 이에 따라 세계 각국은 수소를 생산하는 기술 개발에 발 빠른 모습을 보이고 있습니다. 우리나라도 '수소경제 활성화 로드맵'을 발표하고 오는 2040년까지 전체 도시 가운데 30%를 수소로 운영하는 청사진을 마련해 눈길을 끌고 있습니다. 이를 위해 정부는 2040년까지 수소 승용차 275만 대, 수소 버스 4만 대, 수소 트럭 3만 대를 보급해 한국을 수소 경제 선도국가로 만들겠다는 야심찬 계획도 마련했습니다.

008

소비자가 진화한다
-슈머

프로슈머(Prosumer)는 세계적인 미래학자 앨빈 토플러가 자신의 책《제 3의 물결》에서 처음 사용한 용어로, 생산자(Producer)와 소비자(Consumer)를 합성한 신조어입니다. 한마디로 상품 제조과정에 소비자가 깊숙이 관여해서 자신이 원하는 대로 제품을 생산해내는 '생산적 소비자'를 말하는 것입니다.

기업들은 프로슈머 마케팅을 활발하게 사용합니다. 한 예로 LG하우시스는 주부 프로슈머 그룹 '지엔느'를 15년째 운영하며 제품개발부터 마케팅까지 고객의 소리를 듣고 있죠.

기업들이 프로슈머 마케팅을 추진하는 데는 크게 4가지 이유가 있습니다. 첫째, 고객만족도 증대효과가 있습니다. 소비자가 제품개발에 참여하면 고객의 요구사항을 제품에 그대로 반영할 수 있어서 고객만족도가 높아집니다. 둘째, 비용절감효과를 거둘 수 있습니다. 고객의 취향을 반영하므로 신상품 개발을 위해 별도로 비용을 들여 시장조사를 할 필요가 없습니다. 셋째, 고객선점효과를 기대할 수 있습니다. 소비자가 특정제품의 개발에 관여할 경우 경쟁업체 제품을 구입할 가능성이 크게 낮아지고, 결과적으로 탄탄한 단골고객층을 확보할 수 있습니다. 넷째, 제품의 결함이나 안전성 등을 미리 검증할 수 있습니다. 상품 결함으로 발생한 손해를 유통업체 대신 공급자가 직접 보상해주는 제조물책임법(PL)이 발효됨에 따라, 소비자가 미리 제품의 결함과 안정성을 검증하는 것은 기업에 많은 도움이 됩니다.

프로슈머에서 한 단계 더 진보한 크리슈머(Cresumer=Creative+Consumer), 즉 '창조적 소비자'도 있습니다. 크리슈머는 기존의 옷이나 상품을 변형해 자신만의 디자인으로 만들거나 두 상품을 합쳐서 새로운 상품을 만드는 등 기존 콘텐츠를 편집해 자신만의 독특한 콘텐츠를 선보이는 창조적인 소비자입니다.

프로슈머 바람은 국내 광고업계에도 불어서 소비자가 광고 제작과정에 직접 참여해 의견을 제안하는 애드슈머(Adsumer=Advertising+Consumer)도 등장했습니다. 여기에 현명한 의료 소비자를 뜻하는 메디슈머(Medisumer), 제품의 가격과 효능, 실용성 등을 꼼꼼하게 파악하는 소비자를 뜻하는 스마트슈머(Smartsumer), 가짜 제품에 담겨 있는 나름의 개성과 가치를 추구하는 페이크슈머(Fakesumer), 소용량 제품, 1인 제품을 선호하는 싱글슈머(Singlesumer), 기존 제품을 자신이 원하는 방식으로 다시 만들어 사용하는 모디슈머(Modisumer), 물건을 살 때 사용 목적 외에 제품의 신선함 등 재미를 찾아 구매를 결정하는 펀슈머(Funsumer), 새 제품을 사지 않고 중고품을 구입해 가성비(가격 대비 성능)를 추구하고 소비도 줄여 환경보호와 자원재활용에 기여하는 세컨슈머(Seconsumer), 밥값은 아끼지만 명품브랜드 구입에 아낌없이 지갑을 여는 앰비슈머(Ambisumer), 자신이 좋아하는 제품 브랜드에 꽂혀 신제품이 나올 때마다 습관적으로 제품을 구입하는 팬슈머(Fansumer) 등 소비자의 개성을 반영한 새로운 소비형태가 매일 등장하고 있습니다.

그러나 빛이 있으면 그늘도 있는 법, 진상 소비자인 **블랙 컨슈머**(Black Consumer)도 있습니다. 블랙 컨슈머는 자신이 구매한 상품의 교환이나 보상금을 목적으로, 의도적으로 기업에 악성 민원을 제기하는 소비자를 말합니다. 각종 SNS를 통해 소문이 삽시간에 일파만파 퍼지는 시대인지라, 기업은 이러한 블랙 컨슈머들 때문에 골치를 앓고 있다고 합니다.

소비자권익 측면에서 소비자가 제품에 대한 불만을 자유롭게 말하고 표출하는 것은 환영할 만한 일입니다. 하지만 허위제보, 업무방해, 블랙 컨슈머 등에 대한 법적규제가 강해지고 있는 만큼, 기업에 불만사항이 있다면 그에 대한 증거를 남기고 합리적으로 대응해야 하는 때가 아닌가 합니다.

나라의 존폐 여부는 인구가 결정한다
인구절벽

사회 현상을 유심히 살펴보면 '절벽'이라는 용어가 많이 등장합니다. 우리가 여기서 다루려고 하는 인구절벽 외에도 '재정', '소비', '고용' 등과 같은 경제현상에도 절벽이라는 단어가 붙어 있습니다. 한마디로 '절벽의 시대'인 셈입니다.

인구절벽은 생산가능인구(Working Age Population) 비율이 급속히 줄어드는 현상을 말합니다. 생산가능인구란 연령층이 15~64세에 속하는 인구 계층으로 직장이나 창업, 자영업 등을 통해 생산(경제활동)할 수 있는 연령층을 뜻하죠.

인구절벽이 벌어지면 구체적으로 어떤 일이 일어날까요? 당장 기업들은 경영난을 겪을 수 있습니다. 우리나라의 주력산업이라고 할 수 있는 자동차, 조선, 철강 등 많은 인력 투입이 필요한 이들 산업은 인구절벽에 따른 생산가능인구 감소로 노동력 확보에 어려움을 겪을 수 있다는 얘기지요.

그뿐만 아닙니다. 자동차 등 제조업 분야 이외에 일반 유통업체도 인구절벽에 직격탄을 맞고 있죠. 한 예로 신생아 출생 감소로 분유와 우유, 유아용 기저귀 등 관련 업체가 크게 휘청거리고 있습니다.

그렇다면 인구절벽에 따른 문제점을 해결할 수 있는 방법이 없을까요? 이미 인구절벽을 겪고 있는 일본의 사례를 살펴봅시다. 2015년 아베 신조 일본 전 총리는 국가의 핵심과제로 일명 '1억 총활약 사회'를 내세웠습니다. 구호가 다소 거창하지만, 그만큼 인구 확보를 최우선 과제로 삼았다는 것이죠.

일본이 저출산·고령화 사회에 대비해 인구 총 1억 명이 전부 활약하는 사회를 만들 계획을 세우고 있습니다. 앞으로 50년 후에도 인구 1억 명을 유지하면서, 청년층은 물론 고령층, 여성, 장애인까지 모두 포용해 이들이 일본 사회에서 활약할 수 있는 구조를 만들겠다는 겁니다. 이를 통해 일본은 경제 성장을 지속하면서 육아를 지원하고 노년에도 안심하고 살 수 있는 사회보장제도를 마련할 계획입니다.

우리로서는 우리나라와 산업, 경제 분야에서 유사성을 갖고 있는 일본이 이러한 정책을 펼치고 있는 것을 눈여겨볼 필요가 있습니다. 한국도 인구절벽에 따른 경제적 충격을 줄이기 위해 여성인력과 고령자가 경제 활동에 적극 참여할 수 있도록 권장하고 외국 우수인력을 유치해 이들을 활용하는 방안 등을 적극 검토해야 하는 시대를 맞이한 셈입니다.

010

내 것 아닌 공유지니까 막 써
공유지의 비극

지하철이나 공공장소에 있는 화장실은 대부분 지저분합니다. 국립공원에서도 여기저기에 쓰레기가 수북이 쌓여 있는 것을 쉽게 볼 수 있습니다. 또 비가 온 후에 강에 몰래 폐수를 버리는 기업체도 있고, 연안 어장에서 촘촘한 그물로 치어(알에서 나온 지 얼마 안 되는 어린 물고기)까지 잡아 어자원을 고갈시키는 행태도 종종 벌어집니다.

그렇다면 공공장소 화장실이나 국립공원은 왜 지저분하고, 치어들은 어째서 보호받지 못하는 것일까요? 물론 낙후된 시민의식도 문제지만, 근본적인 이유는 내 것이 아니기 때문입니다. 만일 자기 집 화장실을 지하철 화장실처럼 엉망진창으로 사용하고 방치한다면 당장 집에서 쫓겨날 겁니다. 또 국립공원이 자기 집 마당이라면 쓰레기를 마구 버리거나

쓰레기가 방치돼 있는 공유지

더럽히지 않겠죠?

옛날 어떤 마을에 누구나 가축을 풀어 키울 수 있도록 개방된 땅이 있었습니다. 이 땅은 개인의 소유가 아닌 공동의 땅, 즉 공유지(公有地)였습니다. 마을 주민들은 각자 자기 땅을 갖고 있었지만 아끼느라 사용하지 않고, 이 공유지에 자신들이 기르는 가축을 가능한 한 많이 풀어놓았습니다. 아무런 비용도 부담하지 않고 넓은 목초지에서 가축에게 신선한 풀을 마음껏 먹일 수 있었지요.

각 농가는 공유지에 방목하는 자신의 가축 수를 늘리기에만 급급했습니다. 주민들의 이러한 이기적인 행동으로 공유지는 곧 가축들로 붐비게 됐으며, 결국 가축이 먹을 만한 풀이 하나도 없는 황량한 땅으로 변하고 말았습니다.

이것은 미국 캘리포니아대학의 미생물학자 가렛 하딘이 1968년 과학잡지 《사이언스》에 기고한 논문인 〈공유지의 비극〉에 나오는 내용입니다. 경제학자도 아닌 미생물학자 하딘의 이론이 경제 분야에서 큰 관심을 모으는 이유는 무엇일까요?

가렛 하딘

하딘은 공유지의 비극 이론에서 인구가 많지 않을 때는 땅, 바다, 호수, 늪처럼 공동으로 소유하는 공유지(경제용어로는 '공공재'라고 하지요)가 넉넉해서 설령 오염되더라도 자정 능력이 충분해 회복될 수 있다고 말합니다. 그러나 인구가 팽창하고 개인이 공유지로 얻을 수 있는 이윤을 극대화하려고 하면 결국 공유지는 파괴됩니다. 이는 개인은 물론 전체 공동체에도 손해입니다.

하딘은 공유지의 비극을 막기 위해 "개인의 자유는 무한한 것이 아니라 사회적 필요를 반영해야 하며, 필요하다면 강제성도 동반해야 한다"라고 강조했습니다. 자유를 침해하는 것 아니냐는 반론도 있지만, 개인의 이익으로 인해 공공의 이익이 훼손되는 것은 막아야 한다는 것이죠.

기업의 오염물질 방류를 막기 위해서는 정부가 공유지를 해치는 행위에 대해서는 세금을 매기고, 공유지를 살리는 행위에 대해서는 보조금을 주면 됩니다. 국립공원 훼손을 막기 위해서는 입장료를 부과하면 됩니다. 관광객이 급증하면서 발생하는 환경훼손 비용을 그들에게 전가시키기 위해서죠.

영국 정치사상가 토머스 홉스는 국가권력이 반드시 갖춰야 할 요건으로 '국민을 보호할 수 있는 강력한 힘'을 강조했습니다. 프랑스 철학자 장자크 루소도 '국민의 자연권을 보호하는 것이 국가의 가장 중요한 임무'라고 역설했습니다.

기업이 경영활동을 하는 데 지장을 주는 정부 규제를 없애는 것은 시대적 책무입니다. 그러나 기업과 관련 당국이 안전불감증과 적당주의로 일관하는 공유지의 비극을 연출한다면 '보이지 않는 손'인 시장 메커니즘보다는 '보이는 손'인 정부 규제가 더 필요할지도 모릅니다. 국민 생명과 직결되는 꼭 필요한 규제는 매우 엄격하게 해 시장 규율을 살리면서 국가를 안전하게 운용하는 지혜가 필요하다는 얘기입니다.

공유지의 비극은 어떤 관점에서 보면 깨진 유리창 이론(Broken Windows Theory)과 맥락을 같이 합니다. 깨진 유리창 이론은 미국 스탠퍼드대 심리학과 교수 필립 짐바르도가 1969년에 발표했습니다.

짐바르도 교수는 이 이론과 관련해 재미있는 실험을 했습니다. 그는 치안이 허술한 곳에 자동차 두 대를 배치했습니다. 자동차 한 대는 보닛만 조금 열어 두고 다른 자동차 한 대는 자동차 유리창을 조금 깬 상태로 차를 뒀습니다. 1주일 후 실험장소에 다시 와보니 보닛만 열어 둔 자동차에는 특별한 변화가 없었지만, 유리창을 깬 상태로 주차한 차는 배터리, 타이어가 없어지고 차에 낙서와 오물이 담겨 있어 결국 폐차를 해야 했습니다.

깨진 유리창 이론이 주는 교훈은 깨진 유리창이라는 작은 허점을 방치하면 이를 계기도 더 큰 범죄가 이어진다는 점입니다. 일종의 공유지의 비극인 셈이지요. 결국 이 이론은 사소해 보이는 것을 등한시하면 결국 전체가 무너진다는 내용을 담고 있습니다.

1991년 노벨경제학상을 받은 영국의 경제학자 로널드 코스는 공유지에 재산권이 명확하게 확립되면, 경제주체들이 협상을 통해 문제를 해결할 수 있다는 코스의 정리(Coase Theorem)를 발표했습니다. 공유로 두기보다는 재산권 확립을 통해 사유로 전환하는 것이 공유지를 더 효율적으로 관리하는 방법이라고 주장한 것이죠. 호수에 사유재산권이 확립되면 수질오염을 막기 위한 CCTV 설치 등 엄격한 관리가 이루어질 테니까요.

지금 당장 코스의 주장대로 공공재를 특정 개인이나 단체의 소유로 만들 수는 없습니다. 하지만 모두의 것은 누구의 것도 아니라는 생각이 끊임없이 공유지의 비극을 낳고 있는 현실을 감안할 때, 코스의 주장은 충분히 눈여겨 볼 만한 대목입니다.

011

물가가 지속적으로 상승하는
인플레이션

금고에 숨겨둔 1억 원은 5년 후에도 1억 원의 가치를 유지할까요? 아쉽지만 그렇지 않습니다. 물가가 꾸준히 오르니까요. 인플레이션(Inflation)은 물가가 상승해 화폐가치가 떨어지는 경제현상을 말합니다. 급격한 물가상승은 서민을 힘들게 하지만, 인플레이션은 경기활성화의 증거라고 할 수도 있습니다.

기업의 실적이 좋아 근로자들의 월급이 늘어나면 선순환으로 가계에 돈이 많아져 소비가 늘어나는데, 그 수요만큼 제품 공급이 제대로 이뤄지지 않을 때 물가상승이 발생합니다. 이를 '수요 인플레이션' 또는 '초과수요 인플레이션'이라고 합니다.

그러나 국제유가 상승, 흉작으로 인한 농산물 가격 상승으로 제품을 만드는 비용이 상승해서 일어나는 '비용 인플레이션' 또는 '비용인상 인플레이션'은 경제에 악영향을 미칩니다.

하이퍼인플레이션(Hyperinflation)도 눈여겨볼 대목입니다. '과도하거나 지나치다'는 뜻을 담은 '하이퍼(Hyper-)'와 인플레이션의 합성어인 하이퍼인플레이션은 물가상승이 정부 금융당국의 통제를 벗어난 상황을 말합니다.

일반적으로 경제학에서 연간 물가상승률이 3%를 넘으면 인플레이션 우려가 있다고 합니다. 그러나 연간 물가상승률이 200%를 넘으면 하이퍼인플레이션에 속합니다. 하이퍼인플레이션은 물가 시스템이 안정된 선진국에서는 거의 일어나지 않습니다. 주로 전쟁이나 혁명 등 사회가 대혼란에 빠진 상황에서 정부가 재정을 지나치게 방만하게 운용해 통화량을 대규모 공급할 때 나타나기 때문입니다.

인류 역사상 가장 놀라운 하이퍼인플레이션 사례 가운데 하나가 독일입니다. 독일은 제1차 세계대전에 패배한 후 1921년 6월부터 1924년 1월 사이 물가가 무려 10억 배 폭증했습니다. 1923년 당시 독일 정부는 하이퍼인플레이션을 막기 위해 렌텐은행을 설립하고, 독일 화폐 마르크에 기반해 '렌텐마르크(Rentenmark)'라는 임시 통화를 발행했습니다.

렌텐은행은 1924년 '1조 마르크=1렌텐마르크'로 바꾸는 이른바 '디노미네이션(Denomination, 화폐단위변경)'을 단행했습니다. 디노미네이션은 화폐가치를 그대로 유지하면서 화폐 액면 단위를 100분의 1 혹은 1,000분의 1로 내리는 것을 말하는데, 독일의 경우에는 화폐 액면 단위를 1조분의 1로 일치시킨 것입니다.

렌텐마르크가 시중에

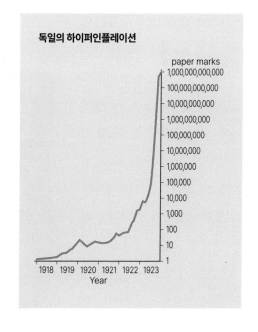

페이퍼 마르크

독일의 하이퍼인플레이션

paper marks
1,000,000,000,000
100,000,000,000
10,000,000,000
1,000,000,000
100,000,000
10,000,000
1,000,000
100,000
10,000
1,000
100
10
1

1918 1919 1920 1921 1922 1923
Year

유통되면서 독일의 하이퍼인플레이션은 수습단계에 들어갔습니다. 이를 경제학에서는 '렌텐마르크의 기적'이라고 부릅니다. 오늘날 독일은 통화를 유로(Euro)화로 바꿔 마르크화는 역사 속으로 사라졌습니다만, '렌텐마르크의 기적'은 통화 가치 안정과 건전재정의 중요성을 다시 일깨워주는 사례가 아닐 수 없습니다.

한편, 인플레이션의 반대말은 디플레이션(Deflation)입니다. 이는 시중에 통화량이 크게 줄어들어 물가가 하락하고 경제 활동이 침체되는 현상을 말합니다. 수요부진으로 디플레이션이 발생하면 기업의 채산성이 악화되면서 고용과 소득이 줄어듭니다.

정부는 물가가 지나치게 오르면 중앙은행인 한국은행이 금리를 올리거나 정부 재정지출을 줄여 통화량을 조절함으로써 물가상승의 고삐를 늦추려고 합니다. 이와 반대로 경기가 좋지 않은 디플레이션 때는 금리를 내리거나 정부 재정지출을 늘리는 방법으로 현실경제에 개입합니다.

그런데 현실경제는 이렇게 단순하지 않습니다. 스태그플레이션(Stagflation)은 경기침체를 뜻하는 '스태그네이션(Stagnation)'과 물가상승을 뜻하는 '인플레이션'을 합친 말입니다. 한마디로 하면 '저성장·고물가 상태'를 뜻하죠. 스태그플레이션은 일반적인 경제이론에서는 조금 벗어난 현

상입니다. 경기가 좋으면 수요가 많아져 물가가 전반적으로 오릅니다. 반대로 경기가 침체되면 제품 수요가 줄어들어 제품의 가격이 떨어지지요. 그런데 스태그플레이션 상태에서는 경기침체 상태에서도 물건 가격이 오히려 오릅니다. 즉, 경기불황과 인플레이션이 공존하는 이상한 상황인 거죠.

국제유가 등 원자재 가격이 오르면 제품을 만들어내는 생산비용이 올라가 제품 가격도 함께 오르게 마련입니다. 물가가 오른 만큼 기업도 직원들 월급을 올려주면 좋겠지만, 원자재 등과 같은 생산비용의 부담 때문에 월급을 동결하거나 거의 올려주지 못하게 되죠. 그러면 소비활동이 거의 일어나지 않습니다.

제품을 만들고 이를 팔아서 직원들에게 월급 등을 줘야 하는 기업 입장에서는 제품의 판매가 부진하고 소비도 주춤하니 경영활동에 차질이 생깁니다. 결국 직원들을 해고하는 구조조정을 하게 되죠. 그래도 버틸 수 없다면 결국 기업이 문을 닫게 되는 거고요.

스태그플레이션 상태에서는 경제위기를 해소할 마땅한 방법이 없습니다. 경기침체를 되살리기 위해 금리를 내리거나 재정지출을 늘리면 물가만 더욱 오르기 때문입니다. 스태그플레이션을 해소하려면 기술혁신이나 산업 구조조정을 통해 경제의 펀더멘털(Fundamental, 기초적인 여건이나 체질)을 강화시키는 수밖에 없습니다.

012

전쟁터의 술수와 방어전략들
적대적M&A

자유시장경제에서 한 기업이 다른 기업을 인수하는 것은 흔히 볼 수 있는 광경입니다. 문제는 기업을 인수하는 방식과 태도인데, 상대방의 동의 없이 강행하는 '적대적M&A'는 간혹 큰 문제가 됩니다.

그럼 적대적M&A는 어떤 방식으로 시도될까요? 가장 일반적인 방법은 공개매수(Tender Offer)입니다. 특정 기업을 인수하기 위해 주식을 공개매수한다는 의사를 밝히고, 현재 시가보다 비싼 가격으로 살테니 주식을 팔라고 제의하는 것입니다. 그런데 이 경우 짧은 기간에 인수하려는 기업의 주식을 특정가격으로 사들이기 때문에 인수 대상 기업도 이에 맞서 적극적인 태도를 취함으로써 주가가 오릅니다.

시장을 쥐락펴락하는 기업이 혁신적인 기술을 갖춘 기업을 인수해 혁신기업의 등장을 막는 이른바 킬러 인수(Killer Acquisitions)도 있습니다. 킬러 합병이라고도 불리는 이 전략은 주로 대기업이 혁신 소기업을 인수해 소기업의 혁신제품 개발을 막는 것이지요.

이 방식은 시장의 잠재적인 경쟁자를 없앨 수 있는 점은 있지만 기술혁신 활동을 막아 사회 전체에 피해를 준다는 지적도 있습니다. 대표적인 예가 미국 대형 의료장비 제조업체 코비디엔(Covidien)입니다.

코비디엔은 인공호흡기 시장에서 강자로 군림했지만 2010년 미국 신생 의료업체 뉴포트 메디컬(Newport Medical)의 등장으로 골머리를 앓았습니다. 뉴포트 메디칼의 미국 연방정부와 손잡고 싼 가격의 휴대용 인공호흡기를 개발했기 때문입니다. 생존의 위협을 느낀 코비디엔은 결국 뉴포트 메디칼을 인수해 저가 인공호흡기 양산을 중단시켰습니다.

곰의 포옹(Bear Hug) 전략도 있습니다. 곰의 포옹은 인수 기업이 인수 대상 기업에 공개매수를 선언한 후 인수 대상 기업 최고경영자에게 기업 인수에 저항하지 말도록 권유하는 것을 말합니다.

대표적인 사례가 세계적인 기업 사냥꾼 칼 아이칸이 2006년 국내 담배기업 KT&G에 사용한 적대적M&A 전략입니다. 당시 KT&G 주식 6.59%를 갖고 있던 칼 아이칸은 KT&G 경영진에 편지를 보내 공개매수를 통해 회사를 인수할 수 있다는 압박과 함께 구체적인 매수가격을 제시했습니다. 쉽게 설명하면 회사 경영권을 넘기는 협상에 응하지 않으면 회사를 통째로 인수하겠다는 협박인 셈이지요. 아이칸의 이러한 전략은 성공을 거둬 그는 주식 매각차익 1,358억 원과 배당금 124억 원 등 총 1,482억 원을 챙기고 한국을 떠났습니다.

간혹 특정 기업의 인수를 목표로 하기보다는 주가의 시세차익을 노리고 공개매수를 하는 경우도 있습니다. 인수 대상 기업의 주식을 대거 사들인 후, 경영권을 담보로 잡고 대주주에게 편지를 보내 이미 사들인 주식을 비싼값에 되파는 것인데, 이를 그린메일(Green Mail)이라고 합니다. 달러 지폐가 초록색이어서 이런 이름이 붙었습니다. 이러한 투자자들을 그린메일러(Green Mailer)라고 하는데, 이들은 대부분 '기업사냥꾼'입니다. 더러는 대주주를 협박하면서 주식 매입을 강요하기도 하는데, 이는 특별히 블랙메일(Black Mail)이라고 합니다.

또 다른 적대적M&A 방식으로는 위임장대결(Proxy Fight)이 있습니다. 주주총회에서 의결권을 갖고 있는 위임장을 많이 확보해 현재 이사진이나 경영진을 물러나게 하는 방법입니다. 의결권은 '집단의 결정에 참여해 의사를 표시할 수 있는 권리'를 말합니다.

일반적으로 특정 기업을 인수하려는 기업이 인수 대상 기업의 지분을 50% 이상 얻는 것은 사실상 불가능합니다. 이에 따라 주주총회에서는 기존 경영자와 매수자 간에 표 대결이 벌어집니다. 이때 양측 모두 소수 주주의 의결권을 위임받아 경영권을 주장하죠. 평소 주주를 철저히 관리한 기업은 우호적 소수 주주를 확보해 매수자보다 적은 지분으로도 경영권을 보장받을 수 있습니다. 하지만 인수 대상 기업이 평소 주주관리에 소홀했다면 경영권 확보가 어려워지겠죠.

그럼 적대적M&A에 맞서는 방어전략에는 어떤 것이 있을까요? 우선 역(逆)공개매수를 꼽을 수 있습니다. 인수 기업이 공개매수를 하면 이에 맞서 인수 대상 기업이 오히려 인수 기업의 주식을 사들여 정면대결을 하는 것입니다. 이는 두 회사가 상호 10% 이상의 주식을 보유하는 경우, 상호보유하고 있는 주식의 의결권이 제한되는 상법 규정을 이용한 것입니다. 이와 같은 전략을 '팩맨방어(Pacman Defense)'라고도 합니다.

포이즌필(Poison Pill)이라는 방어전략도 있습니다. 적대적M&A 시도가 있을 때 주주들에게 회사 주식을 싼값으로 팔거나 비싼값으로 회사에 되팔수 있는 권리를 주는 방법입니다. 이렇게 함으로써 인수 기업에 막대한 비용을 전가해 인수 시도를 포기하도록 하는 것이지요.

<u>황금낙하산</u>(Golden Parachute) 전략도 있습니다. 인수 대상 기업의 최고경영자가 거액의 퇴직금을 받을 권리와 자사의 주식을 싼값에 매입할 수 있는 권리(스톡옵션, 158장 참고), 일정 기간 동안 보수와 보너스를 받을 권리 등을 사전에 고용계약에 포함시키는 것을 말합니다. 이를

경영권 내놔!   못 내놔!

통해 기업의 안전성을 확보하고 인수비용을 높이는 것이지요.

한편, 경영자가 아닌 일반 직원들에게 일시에 많은 퇴직금을 지급하도록 규정해 매수 기업의 의욕을 떨어뜨리는 전략도 있습니다. 이는 황금낙하산과 구별해서 <u>주석(朱錫)낙하산</u>이라고 부릅니다.

한편 적대적M&A의 대상이 된 기업에게 적당한 방어수단이 없는 경우에는 현 경영진에게 우호적인 제3의 매수희망자를 찾아 매수 결정에 필요한 각종 정보와 편의를 제공하기도 합니다. 이때 인수 대상 기업의 경영자에게 우호적인 제3의 기업 인수자를 '백기사', 이와 반대로 경영권 탈취를 노리는 쪽을 '흑기사'라고 합니다.

013

부(富)는 높은 곳에서 낮은 곳으로 흐른다
트리클다운 이론

트리클다운 이론은 양동이가 꽉 차 넘쳐흐른 물이 바닥을 고루 적시는 것처럼, 정부가 투자를 늘려 대기업과 부유층의 부를 먼저 늘려주면 중소기업과 저소득층에게도 골고루 혜택이 돌아가 결국 경기가 활성화되고 덩달아 경제발전과 국민복지가 향상된다는 이론입니다. 고소득층의 소비지출을 늘리면 자연스럽게 저소득층의 소득이 확대된다는 말이지요.

많이 들어본 논리입니다. 과거 이명박 정부의 경제정책(소위 MB노믹스)도 트리클다운 이론에 기초한 것이었습니다. MB노믹스에서는 대기업들이 요구하는 규제철폐를 과감하게 실시하고 세금도 크게 줄여줬죠. 세금 혜택과 수출 호조로 대기업은 많은 돈을 벌었고, 이 돈을 사내유보금 형식으로 쌓아놓았습니다. 사내유보금은 기업이 매출 급감 등 위기에 대비해 회사 내에 보관하는 돈을 말합니다.

문제는 기업들이 쌓아놓은 돈으로 투자에 적극 나서지 않고 위기관리에만 신경 쓰면서 일어납니다. 급변하는 경기와 미래에 대한 불확실성 때문에 투자를 줄이는 것이죠. 기업이 투자라는 수도꼭지를 꼭꼭 잠그다보니 중산층과 서민층에게 이른바 낙수효과가 스며들지 못하는 상황이 발생합니다. 부와 소득이 최상위에 집중되면서 빈부격차가 커지고, 중하위계층의 가계 부채 부담은 더욱 늘어나게 됩니다.

이러한 점을 깨달은 조 바이든 미국 대통령은 2021년 10월 고소득층과 대기업에 1조 7,500억 달러(약 2,108조 원)에 이르는 '부자 증세' 방안을 마련했습니다. 바이든 대통령은 "낙수효과가 전혀 작동하지 않았고 미국 경제를 키우는 가장 좋은 방법은 위로부터가 아니라 아래와 중간으로부터라는 사실을 반영하는 예산안"이라고 설명했습니다.

하지만 바이든 대통령 계획이 그대로 실현될지는 아직 불투명합니다. 증세 법안이 의회를 통과해야 하는데 야당인 공화당이 강하게 반대하고 있기 때문입니다. 공화당은 대통령 구상이 국가 재정난을 심화하고 산업 경쟁력을 떨어뜨린다는 이유로 받아들일 수 없다고 강조하고 있습니다.

그렇다면 빈부격차 심화 현상을 해소하려면 어떻게 해야 할까요? 가장 쉬운 방법 중 하나가 이른바 '분수효과'입니다. 분수에서 뿜어져나온 물이 아래로 흐르듯 정부가 저소득층 소비를 늘려 전체 경기를 부양하자는 이론이지요.

소득불평등은 계층 간 갈등으로 이어지며 사회적 불안을 야기합니다. 소득불평등을 완화하는 법과 제도 창출에 최종 책임을 지닌 정치권과 정부의 현명한 선택이 그 어느 때보다 필요합니다.

014

짝퉁이 진품을 이기는
그레셤의 법칙

그레셤의 법칙(Gresham's Law)은 영국의 금융업자 겸 사업가인 토머스 그레셤이 주장한 이론으로, 흔히 '악화(惡貨)가 양화(良貨)를 구축(驅逐, 내쫓다)한다'라는 말로 정의됩니다.

그럼 '악화'와 '양화'는 무엇일까요? 과거 영국에서는 귀금속인 금화나 은화가 화폐로 유통됐습니다. 그런데 경제가 나빠지면서 화폐에 들어가는 금이나 은의 함량을 줄여서 발행하게 됐지요. 그러자 너나 할 것 없이 이런 돈(악화)만 사용하고, 금이나 은의 함량이 높은 돈(양화)은 장롱 속에 깊이 숨겨놓고 쓰지 않았습니다. 결국 시중에는 점차 악화만 유통되고 양화는 사라지는 현상이 빚어졌습니다. 말 그대로 악화가 양화를 내쫓은 셈입니다.

사실 요즘에도 이같은 법칙이 적용됩니다. 대부분의 사람이 빳빳한 신권 지폐보다 너덜너덜한 구권 지폐를 먼저

쓰는 것처럼 말이죠.

5만 원권의 사례를 통해서도 그레셤의 법칙을 알 수 있습니다. 2009년 10만 원 수표 발행 비용을 줄이고 거래의 편의를 도모한다는 목적으로 5만 원권 지폐가 발행됐습니다. 일반적으로 은행을 떠난 화폐 중 80%는 은행으로 돌아오지만 5만 원권은 예외입니다. 2021년 상반기 5만 원권의 환수율은 18.5%에 그쳤습니다. 같은 기간 1만 원권의 환수율은 98%입니다. 2021년 상반기에 발행된 5만 원권은 총 11조 1,700억 원인데요. 이렇게 많은 5만 원권은 모두 어디 있는 걸까요?

이는 신종 코로나바이러스 감염증(코로나19), 초저금리 등으로 사람들이 고액권을 중심으로 현금 축재 심리가 높아진 것을 보여줍니다. 또한 과세를 피하기 위해 자산가들이 현금을 별도로 보관하거나, 증여세를 피할 목적으로 자녀에게 줄 돈을 현금으로 인출해 넘기는 경우도 있는 것으로 알려졌습니다. 사회적 상황이나 세금회피 등의 요인(악화)이 5만 원권(양화)을 내쫓고 있는 셈입니다.

그레셤의 법칙은 원래 경제용어지만, 요즘은 품질이 좋은 제품 대신 저질 제품이 판을 치는 사회현상을 가리킬 때도 쓰입니다. 정품 소프트웨어보다 복사한 프로그램이 더 많이 유통되는 현상, 기업 임원이 똑똑한 사람 대신 멍청하고 말 잘 듣는 사람을 더 키워서 똑똑한 사람이 조직을 떠나게 만드는 것, 석유를 주무기로 삼는 막강한 석유 메이저회사(엑슨모빌, 로열더치셸, 브리티시페트롤리엄 등)들이 전 세계의 석유 장악력을 계속 유지하기 위해 친환경 자동차의 출현을 달갑지 않게 여기는 것 등이 모두 여기에 포함됩니다.

015

비쌀수록 잘 팔리는
베블런효과

일반적으로 제품의 가격이 오르면 수요가 줄어들게 마련입니다. 그런데 가격이 올라도 수요에 변화가 없는 경우도 있습니다. 이런 현상을 베블런효과(Veblen Effect)라고 합니다. 이는 가격이 오르는데도 일부 부유층의 과시욕이나 허영심 때문에 수요가 줄지 않는 현상을 가리킵니다.

이 용어는 미국의 사회학자 소스타인 베블런이 1899년에 출간한《유한계급론》에서 "상층계급의 두드러진 소비는 사회적 지위를 과시하기 위해 지각 없이 이루어진다"라고 말한 데서 유래했습니다. 베블런은 이 책에서 물질만능주의를 비판하며 상류층의 각성을 촉구했습니다.

소스타인 베블런

베블런효과의 대표적인 사례로는 최고급 수입차, 명품 가방, 최고급 가전제품, 고가의 귀금속류 등이 불티나게 팔리는 현상을 들 수 있습니다. 물론 이 중에는 제품이 꼭 필요해서 사는 경우도 있지만, 자신의 부를 남에게 과시하거나 허영심을 채우기 위해 구매하는 경우가 더 많습니다. 그러다 보니 고가 명품은 값이 오를수록 수요가 더 늘고, 값이 떨어지면 오히려 구매를 기피하는 현상까지 나타납니다.

물론 자본주의사회에서 타인의 소비성향을 집단적으로 비난할 수는 없습니다. 소비행태는 절대적으로 개인에게 국한된 것이기 때문입니다. 그러나 사치성 소비가 많아지는 것이 문제가 되는 이유는, 이러한 소비행태가 급기야는 가짜 명품인 짝퉁(모조품)의 대량 생산을 부추기고, 자신의 경제규모에 걸맞지 않은 과소비를 조장할 수 있기 때문입니다.

최근에는 가격 싸고 양 많은 제품을 찾는 이른바 '반베블런족'도 등장하고 있습니다. 이들에게 가장 중요한 것은 가성비(가격 대비 성능)입니다. 유통업체 이마트는 이러한 반베블런족을 타깃으로 자체 브랜드 '노브랜드'를 선보여 거울, 의자 등 총 1,300여 가지에 달하는 상품을 판매하고 있습니다. 노브랜드의 눈부신 성장은 별다른 홍보 없이 입소문만으로 대박을 이뤄냈다는 점이 눈에 띄는 대목입니다. 저성장 시대를 맞아 가격이 싸면서도 품질은 크게 차이가 나지 않는 제품을 선호하는 시대가 열리고 있는 것일까요?

이마트 노브랜드 상품들

016

산을 볼 것이냐 나무를 볼 것이냐
거시경제학

　흔히 경제학을 '인간의 무한한 욕구를 충족시키기 위해 희소한 자원을 어떻게 활용할 것인지를 연구하는 학문'이라고 말합니다. 인간의 물질적인 욕망은 무한한데 이를 충족시키는 자원의 양은 제한돼 있죠. 한정된 자원을 어떻게 배분하고 활용해야 하는지를 탐색하는 학문이 바로 경제학입니다.

　경제를 공부하면서 자주 듣는 미시경제학(Micro-economics)과 거시경제학(Macro-economics)은 세상이 어떻게 돌아가는지를 어떤 관점으로 바라보는지에 따라 나뉩니다. 비유해서 설명하자면 산에 올라 나무를 보는지(미시), 아니면 산 전체를 보는지(거시)의 차이입니다. 예를 들어 옷값, 택시비, 커피

값 등의 개별 가격이 미시경제학에 속한다면, 각 물건의 평균가격을 나타내는 물가는 거시경제학에 속하죠.

미시경제학은 경제활동의 주체인 가계(소비자)와 기업(생산자), 정부의 선택과 행동을 하나하나 구분해서 분석하고, 시장의 균형에 관심을 갖습니다. 기업에서 생산량을 어떻게 조정해서 가격수준을 어떻게 유지하면 이윤이 극대화되는지 등을 연구하죠. 미시경제학은 가격을 비롯해 기업매출, 독점·과점(45장 참고), 가계소득, 저축 등 다양한 시장에서 자원배분이 어떻게 이루어지는지를 가계와 기업의 행동을 분석해 설명합니다.

이에 비해 거시경제학은 한 나라 전체의 경제현상을 분석해서 국가 전체의 소비, 투자 등을 연구합니다. 거시경제학은 경제주체 활동의 합을 대상으로 하며, 국민경제를 큰 그림으로 보는 학문입니다. 경제의 안정과 성장에 초점을 두지요. 국내총생산(GDP, 44장 참고)과 국민소득, 물가, 실업률, 고용률, 경제성장, 국제수지, 환율 등이 거시경제학의 연구분야입니다.

거시경제학은 국가 단위의 경제 상황을 이해하고, 현 상황에서 예상되는 변수에 따라 미래의 경제 상황을 예측합니다. 그리고 예측한 경제 상황에 대해 어떤 대책을 세울 수 있는지를 고민하죠.

거시경제학에서의 가장 큰 논쟁점은 '경기가 나쁠 때 정부가 개입해야 하는가, 아니면 시장의 보이지 않는 손(자율적 기능, 38장 참고)에 맡겨둬야 하는가?'입니다. 학자에 따라서 의견이 갈리는 지점이지요. 정부가 개입하지 않고 시장이 자유롭게 경제활동을 해야 한다고 주장하는 자유주의와 달리 정부 개입을 옹호하는 대표적인 학자가 바로 존 메이너드 케인스입니다. 경제학파에서는 케인스와 같은 생각을 가진 학자들을 '케인지언(Keynesian)'이라고 부릅니다.

하지만 케인지언의 이론에 따라 정부가 시장에 개입해 1970년대 오일 쇼크 등의 경제 문제를 발생시키자, 다시 시장에 자유를 줘야 한다고 주장하는 '신자유주의'가 대두되기도 했습니다.

신자유주의는 정부의 무조건적인 배제보다는 최소한의 복지를 보장하고, 국민의 안전을 보장하는 선에서 정부의 개입이 필요하다고 주장한다는 점에서 극단적으로 정부의 개입을 반대하는 자유주의와 다른 모습을 보입니다.

경제학은 우리 세상이 어떻게 돌아가는지에 관심을 갖는 학문입니다. 산만 보는 거시경제학의 렌즈나 나무만 보는 미시경제학의 렌즈만으로 우리 사회 전체를 온전하게 볼 수는 없을 겁니다. 그래서 경제학은 끊임없이 새로운 분파를 만들며 진화하고 있죠. 경제를 올바르게 바라보기 위해서는 하나의 관점만 고집하지 않고 다양한 관점을 편견 없이 수용하는 자세가 필요합니다.

017

경제를 동물에 빗댄다?
매파와 비둘기파

"미국 트럼프 안보라인을 매파가 잡고 있어 균형을 잡을 비둘기파가 없는…", "북한에도 매파와 비둘기파가 있는…"

동물원 얘기가 아니라 정치 뉴스에 등장하는 말입니다. 그렇다면 많은 새 가운데 유독 매와 비둘기만 등장하는 이유는 무엇일까요? 매 대신 독수리, 비둘기 대신 꿩이나 까치를 사용되면 안 될까요?

'매파'나 '비둘기파'는 영어에서 유래한 용어입니다. 매(Hawk)는 자기보다 몸집이 작은 새나 농가의 닭 등을 주로 잡아먹고 살지요. 그러다보니 성격이 난폭합니다. 그래서 매에서 파생된 매파(Hawkish)는 강경하고 엄격하며 보수적이라는 뜻이 담겨 있습니다.

매파는 대외적인 문제가 발생했을 때 무력 등 군사적인 방법을 통해 해결하는 것을 선호합니다. 따라서 무력침공 등을 주저하지 않고 사용하며 상대방을 강경하게 밀어붙이는 정당이나 집단을 흔히 매파라고 합니다. 한마디로 '강경파'인 셈입니다.

그렇다면 비둘기(Dove)는 어떤 새일까요? 비둘기는 흔히 '평화의 상징'이라 불리죠. 그래서 비둘기는 흔히 각종 행사나 평화를 기원할 때 하늘로 날려 보내는 새이기도 합니다. 비둘기는 상대방과 공생, 공존하는 스타일이죠.

여기에서 파생된 비둘기파 (Dovish)는 대외정책 등을 비롯한 각종 정책에서 평화를 추구하고, 성향도 '부드러운 온건파'를 뜻합니다. 따라서 비둘기파는 대외정책에서 무력침공보다는 협상과 대화를 통해 사태를 해결하는 평화주의적인 정당이나 집단을 뜻합니다.

금융정책에도 매파와 비둘기파가 등장합니다. 금융시장에서 매파와 비둘기파는 통화정책을 담당하는 중앙은행 총재, 금융통화위원 등의 성향을 구분하는 말로 주로 사용됩니다.

정치·외교 무대에서 매파가 매우 잔인한 이미지를 주는 반면, 경제 분야에서는 조금 차이가 납니다. 매파는 경기가 과열 조짐을 보이면 기준금리를 올려 시중에 풀려 있는 통화를 거둬들여 물가를 안정시키자고 주장합니다. 한마디로 금리 인상에 찬성하는 '통화 긴축파'인 셈입니다. 이에 비해 비둘기파는 경기를 부양하기 위해서는 금리를 인하해 시중에 돈을 풀어야 한다고 주장합니다. 금리 인하에 찬성하는 '통화 완화파'인 셈입니다.

한국은행을 예로 들어보겠습니다. 한국은행에는 총재를 포함한 7명의 금융통화위원이 금리와 관련된 통화정책을 결정합니다. 이들 7명의 의견이 모두 같지는 않습니다. 일부는 매파, 일부는 비둘기파일 수 있지요. 이들 7명의 성향을 잘 파악해야 향후 금리정책의 방향을 가늠할 수 있습니다.

미국에도 한국의 금융통화위원회와 비슷한 역할을 하는 연방공개시장위원회(FOMC)가 있습니다. 이들 구성원 역시 매파와 비둘기파의 성향을 갖고 있기 때문에 이들의 성향에 따라 미국의 금리정책이 결정되고, 세계 경제가 그 영향을 받습니다. 이들 중 누가 매파이고 비둘기파인지 살펴보면 미래의 경제를 예측할 수 있겠죠?

우리나라 금융통화위원회에는 매파와 비둘기파 외에 조류 두 마리가 더 있습니다. 바로 '올빼미파'와 '오리파'입니다.

올빼미파를 쉬운 말로 표현하면 '중립파'입니다. 매파와 비둘기파처럼 금리정책에 확실한 입장을 표명하지 않고 경제 상황에 따라 때로는 금리 인상, 때로는 금리 인하, 혹은 금리 동결 등을 주장하는 이들을 말합니다.

한편 오리파는 '임기가 곧 끝나는 금융통화위원'을 지칭합니다. 흔히 임기 만료를 앞둔 공직자를 '레임 덕(Lame Duck, 절름발이 오리)'이라고 하죠. 마치 뒤뚱거리며 걷는 오리처럼 남은 임기 동안 정책에 별다른 관심이 없고, 일관성도 없는 이들을 뜻합니다. 경제 상황에 따라 매, 비둘기, 올빼미, 오리 등 각종 조류가 등장하는 곳이 금융시장인 셈이지요.

018

국가도 부도가 난다고?
모라토리엄

이런 기사를 본 적이 있을 겁니다.

"경기도 성남시가 2010년 무려 7,285억 원에 달하는 부채를 상환하지 못해 모라토리엄을 선언했다."

"미국령 푸에르토리코가 720억 달러(약 83조 원)에 달하는 채무를 갚지 못해 지난 2016년 4월 결국 모라토리엄을 선언했다."

모라토리엄(Moratorium)은 우리말로 하면 '채무지불유예'입니다. 지불해야 하는 채무를 유예한다는 것은 국가 또는 기업이 부채를 갚아야 하는 시점이 됐지만 그 액수가 너무 커서 일시적으로 부채상환을 연기하는 것을 말합니다.

기업이 부도 선언을 하면 법정관리에 들어가는 것처럼, 한 국가가 모라토리엄을 선언하면 법정관리격인 리스케줄링(Rescheduling) 작업에 들어갑니다. 리스케줄링이란 '채무를 재조정하는 것'을 말합니다.

모라토리엄을 선언하면 채무를 해결하기 위해 채무국과 채권국 간에 협상이 시작됩니다. 보통 채무삭감, 이자감면, 상환기간 유예 등에 대해 협상하지요. 또한 이 기간 동안 해당 국가의 기업들은 예금지불에 제한을 받기 때문에 자금이 충분하지 못한 기업은 자금조달이 어려워져서 연쇄부도가 날 확률이 높습니다.

한 국가가 모라토리엄을 선언하면 돈 문제에서 두 손이 꽁꽁 묶이는 신세가 됩니다. 또 국제사회에서 신뢰성과 장래성이 추락하기 때문에 자금을 얻어 쓰는 것이 사실상 불가능해지지요. 외상거래는 꿈도 꿀 수 없고, 모든 거래에서 현금결제를 해야만 합니다.

그럼 디폴트(Default)는 모라토리엄보다 조금 나은 것일까요? 아닙니다. 모라토리엄이 빚 갚는 시점을 뒤로 미루는 것이라면, 디폴트는 '빚에 대한 원금이나 이자를 도저히 지불할 수 없는 상태'를 말합니다. 즉 '채무불이행' 상태입니다. 한마디로 배 째라는 것이지요. '디폴트 = 국가(기업)파산'인 셈입니다.

모라토리엄과 디폴트의 대표적인 예가 푸에르토리코입니다. 미국 자치령 중 하나인 푸에르토리코는 83조 원의 빚에 시달리다 2016년 4월 결국 모라토리엄을 선언했습니다.

푸에르토리코는 2015년부터 720억 달러(약 83조 3,100억 원)에 이르는 부채에 시달리며 미국에 수차례 부채를 조정해 달라고 요청했으나 거부당하자 모라토리엄을 선언할 수밖에 없었죠. 결국 재정위기에 처한 푸에르토리코는 2017년 5월에 디폴트를 신청했습니다. 미국 자치령인 푸에르토리코의 파산규모는 720억 달러로, 지금까지 미국 지방정부 가운데 파산규모가 최대였던 2013년 디트로이트의 180억 달러(약 20조 3,400억 원)를 크게 앞질렀습니다.

우리나라의 지자체도 모라토리엄을 맞는 수모를 당했습니다. 경기도 성남시는 이른바 '국내 제1호 모라토리엄'이라는 굴욕을 당했지요. 성남시는 방만한 예산집행과 부동산경기 침체로 인한 세수 부족으로 2010년 7월 12일 모라토리엄을 선언했습니다. 성남시는 당시 7,285억 원의 부채를 안고 있었습니다. 성남시는 그후 3년 6개월 만인 2014년 1월 모라토리엄을 졸업했지만, 국내 지자체도 방만하게 경영할 경우 모라토리엄과 같은 위기를 겪을 수 있음을 보여주는 대표적인 사례로 남았습니다.

019

상처뿐인 영광
승자의 저주

치열한 경쟁에서 이기면 승리의 기쁨을 만끽하는 것이 당연합니다. 그런데 승리한 것이 오히려 저주스럽다는 뜻의 승자의 저주(Winner's Curse)라는 말이 있습니다.

승자의 저주를 이해하려면 고대 역사에서 '피로스 왕의 승리'를 먼저 알아야 합니다. 고대 로마의 철학자 겸 저술가인 플루타르코스(우리에게는 영어식 발음인 '플루타크'로 알려져 있죠)가 쓴 《영웅전》에 따르면, 피로스는 기원전 3세기 고대 에피루스 왕국의 왕입니다. 피로스 왕은 기원전 280년에 2만 5,000여 명의 군대를 이끌고 로마를 침공해 승리를 거뒀습니다. 그러나 이에 따른 희생은 컸습니다. 병사 가운데 70%가량을 잃고 만 것입니다. 결국 피로스 왕의 승리는 이익이 별로 없는 승리, 즉 상처뿐인 영광이라고 할 수 있었지요.

에피루스 왕국의 피로스 왕

그래서 승자의 저주는 다른 말로 '피로스의 저주'라고도 합니다. 즉 치열한 경쟁에서 이겨 승리를 거뒀지만 그 과정에서 너무 많은 것을 잃어 결과적으로 손해가 큰 것을 말합니다. 미국의 행동

경제학자 리처드 세일러가 1992년 《승자의 저주》라는 책을 세상에 내놓으면서 널리 알려졌습니다.

우리나라에도 이와 같은 사례가 있습니다. 2015년 7월, 서울 시내 면세점 신규 입찰에서 승리한 한화그룹의 갤러리아면세점이 바로 그 주인공입니다. 당시 입찰에는 롯데면세점, 신세계DF, 이랜드 등 5곳이 참여해 치열한 경쟁을 벌였지만, 결국 사업권을 쟁취한 것은 갤러리아면세점과 HDC신라면세점이었습니다. 구체적인 입찰 금액은 밝혀지지 않았지만, 중국인 관광객 급증에 따른 면세점 사업의 꾸준한 성장세로 미뤄 볼 때 상당한 금액이었을 것으로 추측됩니다.

하지만 일각에서는 이 치열한 경쟁을 뚫은 갤러리아면세점을 승자의 저주 사례로 봅니다. 가장 큰 이유는 면세점 낙찰 이후 실적 부진이 계속 이어졌기 때문입니다. 2014년까지만 해도 갤러리아면세점의 영업이익은 334억 원이었지만, 2015년 12월 서울 시내 면세점 사업을 시작한 이후 지속적으로 매출 하락세를 보이다 2019년 9월 1,200억 원의 적자만 남기고 3년 9개월 만에 문을 닫았습니다. 서울 시내 면세점 간의 지나친 가격 경쟁과 사드 배치 여파로 중국인 관광객의 발길이 끊긴 점 등이 자진 폐점의 이유로 꼽힙니다.

승자의 저주는 경매나 기업 인수합병(M&A)에서도 많이 인용됩니다. 기업이 인수 경쟁에 몰입하다 보니 적정가치를 크게 웃도는 금액을 지불하게 되고, 그 결과 인수로 인한 시너지효과는 별로 얻지 못하고 오히려 인수자금을 마련하느라 손해를 보는 거죠. 다음 표는 기업 인수합병으로 인해 승자의 저주에 빠진 기업들의 대표적인 사례입니다.

승자의 저주 대표적 사례

회사	피인수업체	결과
금호아시아나그룹	대우건설, 대한통운	대우건설 재매각, 대한통운 매각 추진
대한전선	남광토건, 명지건설	사옥 부지와 자회사 매각
동부그룹	아남반도체	자회사 매각 추진
유진그룹	하이마트	자산 일부 매각
이랜드그룹	홈에버	홈플러스에 홈에버 재매각

승자의 저주를 떨쳐버린 사례도 있습니다. SK그룹의 반도체업체 SK하이닉스의 사례가 대표적이죠. SK하이닉스는 현대그룹이 1983년에 세운 '현대전자산업'의 옛 이름입니다. 현대전자산업은 창립 6년 만에 세계 반도체 시장점유율 20위권에 진입하는 성과를 냈지만, 1999년 외환위기 직후 LG반도체와 합병하는 신세가 됐습니다. 당시 두 회사가 한몸이 되면서 회사가 떠안은 빚이 무려 15조 원이 넘었습니다.

종합전자회사였던 현대전자산업은 '메모리 반도체 전문 기업'으로 회사의 체질을 바꾸기로 하고, 당시 운영하고 있던 메모리 반도체 이외 사업부문을 모두 팔아 치우고 현대그룹으로부터 분리했습니다. 또한 2001년 3월 회사 이름을 '하이닉스반도체'로 바꿨습니다.

그러나 하이닉스반도체의 앞길은 순탄하지 않았습니다. 2000년대 초반의 반도체 가격이 급락했기 때문입니다. 결국 하이닉스반도체는 시장에 매물로 나오는 신세가 됐습니다. 이에 최태원 SK회장은 2011년 약 3조 4,000억 원에 하이닉스반도체를 인수하며 회사 이름을 'SK하이닉스'로 바꿨습니다.

이에 대해 재계 일각에서는 SK의 하이닉스반도체 인수가 승자의 저주가 될 것이라고 입을 모았습니다. 이를 입증이라도 하듯 SK하이닉스는 인수 이듬해인 2012년 2,273억 원의 영업적자를 냈죠.

그러나 SK하이닉스는 2021년 연간 기준 매출액이 42조 9,978억 원으로 2020년 대비 34.8% 늘었습니다. 또한 2021년 영업이익은 12조 4,103억 원으로 2020년과 비교해 무려 147.6%나 급증했습니다. 이는 반도체 시장 최대 호황기로 알려진 2018년 실적을 크게 뛰어넘는 수준이며 창사 이래 최대 연간 매출로 기록됐습니다.

물론 전 세계를 뒤흔든 신종 코로나바이러스 감염증(코로나19) 팬데믹에 따른 글로벌 경기침체와 반도체 공급망 차질로 SK하이닉스 등 반도체 제조업체가 2022~2023년 매출과 영업이익이 크게 줄었지만 인공지능(AI) 시대에 따른 반도체 수요가 급증할 것으로 보여 SK하이닉스의 앞날은 밝습니다.

020

고성장에도 물가가 오르지 않는
골디락스

골디락스(Goldilocks)는 '경제가 성장세를 보이고 있는데도 물가가 상승하지 않는 상태'를 말합니다. 일반적으로 경제가 고성장을 거듭해 국민소득이 늘어나면 물가가 오르고 국민소득이 줄어들면 물가가 내려가는데, 골디락스는 고성장 중인데도 물가가 오르지 않는 바람직한 상황인 거지요.

골디락스는 '금(Gold)'과 '머리카락(Lock)'의 합성어로, '금발머리'라는 뜻입니다. 금발머리와 경제는 아무런 관계도 없는데 왜 이런 표현이 생겼을까요? 골디락스는 영국의 낭만파 시인 로버트 사우디가 1837년에 쓴 동화 《골디락스와 곰 세 마리》에서 유래한 말입니다.

금발머리 소녀 골디락스가 숲속을 거닐다 우연히 곰 세 마리가 살고 있는 집을 발견합니다. 그 집에는 아빠 곰, 엄마 곰, 아기 곰이 살고 있었는데, 마침 곰 가족은 모두 외출하고 없었습니다. 집 안을 둘러보던 골디락스는 곰이 끓여놓은 수프 세 접시를 발견합니다. 수프는 각각 뜨겁고, 차갑고, 적당히 따뜻했습니다.

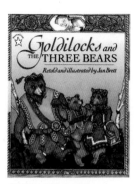

《골디락스와 곰 세 마리》

허기에 지친 소녀는 그중 적당히 따뜻한 수프를 먹고 그만 잠이 들었습니다. 외출에서 돌아온 곰 가족은 집을 어지럽혀 놓고 태평하게 잠들어 있는 골디락스를 발견하고 으르렁거렸고, 골디락스는 잠에서 깨어 도망쳤다는 이야기입니다.

이 동화는 경제와 관련해 시사하는 바가 많습니다. 우선 소녀가 좋아한 적당히 따뜻한 수프는 경제 상태로 비유하면 '뜨겁지도 차갑지도 않은 호황'을 뜻합니다. 그리고 소녀를 위협한 곰 세 마리는 전 세계경제를 위협하는 고유가, 부동산 거품, 인플레이션(11장 참고)을 뜻합니다.

2015년 미국은 높은 성장세에도 낮은 물가가 유지되는 골디락스 경제를 누렸습니다. 미국에 골디락스 현상이 일어나게 된 원인 중 하나는 '중국'입니다. 세계의 공장으로 불리는 중국이 저렴한 공산품을 전 세계에 대량으로 공급하면서 세계 '근원물가지수(Core Inflation)'를 억제할 수 있었던 것입니다. 근원물가지수는 쉽게 설명하면 식량과 에너지 가격을 제외한 물건들의 물가수준을 분석한 지표입니다. 일반적인 공산품을 중국이 싼값에 제공하다보니 높은 경제성장에 비해 물가는 낮은 골디락스 현상이 벌어졌던 것이지요.

한편 가격이 아주 비싼 상품, 싼 상품, 중간 가격의 상품을 함께 진열해서 중간 가격의 상품을 선택하도록 유도하는 판촉 기법이 있는데, 이때 중간 가격을 '골디락스 가격'이라고 합니다. 사람에게는 본능적으로 극단적인 선택보다 평균값에 가까운 것을 선택하려는 경향이 있는데, 골디락스 가격은 이를 이용한 판매 기법이죠.

돈은 흘러야 제맛
유동성

경제신문이나 기업 관련 자료에 단골로 등장하는 용어가 바로 유동성(流動性, Liquidity)입니다. 한자를 그대로 풀이하면 '흘러 움직이는 성질'인데, 경제에서 유동성은 '자산을 현금으로 바꿀 수 있는 정도'를 뜻합니다. 기업이나 개인이 투자를 할 때는 원하는 시점에 자산을 곧바로 현금으로 전환할 수 있는지가 중요합니다. 유동성은 결국 '자산을 필요한 시점에 손실 없이 현금으로 바꿀 수 있는 정도'를 나타내는 말입니다.

그럼 기업의 유동성에 관해 좀더 자세히 짚어보겠습니다. 기업의 유동성은 기업이 현금 수요에 적절히 대응할 수 있는지를 나타내는 말로, 좁은 의미로는 채무 지불이나 변제 시기에 맞춰 자금을 동원할 수 있는 정도를 나타냅니다.

기업의 유동성이 부족하면 자칫 지급불능이나 파산에 이르게 됩니다. 신용경색이나 자금경색이라는 말은 기업이나 개인이 그만큼 돈이 부족한 상태라는 뜻이죠.

유동성은 또 금융거래에서 얼마나 신속하게 현금으로 바꿀 수 있는지도 나타냅니다. 같은 돈이라도 남에게 빌려준 돈은 수중에 있는 돈보다 유동성

이 낮습니다. 이런 불편을 끼치기 때문에 돈을
빌리는 사람은 빌린 돈에 대한 금리 외에
일정한 금액을 더 얹어서 주어야
합니다. 이것을 '유동성 프리미엄
(Liquidity Premium)'이라고 합니다. 유동
성 프리미엄이 붙으면 대개 금리가 더 높아지게
마련입니다. 은행의 1년 만기 적금보다 3년 만기 적금의
금리가 더 높은 것도 바로 이 때문입니다.

흔히 금리가 낮아지면 기업은 투자를 늘립니다. 낮은 금리를 활용해 돈을 더 많이 빌릴 수 있기 때문에 투자가 늘어나는 것이지요. 그런데 정부가 금리를 내리고 통화량을 늘려도 좀처럼 소비와 투자심리가 살아나지 않아 경기회복이라는 목표를 달성할 수 없는 경우가 있습니다. 이는 소비자도 기업도 미래의 경제 상황을 낙관하지 못해서 현금을 금고에만 쌓아두고 어딘가에 투자하거나 소비하지 않기 때문입니다.

이와 같이 '금리 인하 → 투자확대'로 이어지지 않아 경기부양효과가 나타나지 않는 것을 '유동성 함정(Liquidity Trap)'이라고 합니다. 한마디로 말해 유동성 함정은 시장에 현금이 흘러넘치는데도 기업의 생산과 투자, 가계의 소비가 늘지 않아 마치 함정에 빠진 것처럼 경기가 회복되지 않는 상태를 말합니다.

정부의 돈 잔치는 끝났다
출구전략

출구(出口, Exit)는 말 그대로 '밖으로 나가는 문'입니다. 출구전략(Exit Strategy)은 기본적으로 좋지 않은 상황에서 벗어나려는 전략입니다. 원래 군사용어로, 군대를 안전하게 전선 밖으로 퇴각시키는 시나리오를 뜻합니다. 이 용어는 베트남전쟁 때 미국 국방부에서 처음 사용했는데, 승산 없는 베트남전쟁에서 인명이나 물자의 손실을 최소화하면서 군대를 철수시키는 작전에서 비롯됐습니다.

출구전략은 경제 분야에서도 반드시 필요합니다. 경기침체라는 위기 상황을 빠져나갈 때 쓸 수 있는 경제정책이지요. 좋지 않은 상황에서 철수한다는 의미처럼, 비상 상황에서 벗어나 경제정책의 기조를 원래 상태로 되돌리는 것을 말합니다.

지난 2008년, 세계경제는 미국발 금융위기로 큰 타격을 입었습니다. 이에 따라 세계 각국 정부는 경제위기를 극복하기 위해 금리를 인하하고, 재정지출을 늘리며 세금을 적게 걷는 등의 정책을 취했지요. 이러한 특단의 조치를 통해 기업과 개인이 돈을 쓰게 만들어서 전체 경제를 되살리자는 것이었습니다.

출구전략은 이 같은 조치를 중단하고 다시 원래 상태로 돌아가는 것입니다. 금리를 인상하고, 정부 지출을 축소하고, 세금을 올리고, 기업의 사기 진작을 위해 풀어줬던 규제를 다시 강화하는 것이죠.

그럼 정부는 왜 기업이나 개인에게 베풀어온 아낌없는 사랑을 중단하는 것일까요? 그 이유는 정부의 아낌없는 사랑이 눈덩이처럼 불어나는 재정적자를 감수하면서 베푼 것이기 때문입니다. 출구전략을 계속 미루다가는 자칫 국가의 금고가 바닥나버릴 수도 있지요.

정부의 출구전략 가운데 약발이 가장 빠르고 확실한 것은 기준금리를 인상하는 것입니다. 그동안 경기를 살리느라 금리를 내리는 바람에 개인이나 기업은 은행에서 낮은 이자로 돈을 빌려 쓰고, 또한 정부는 재정지출을 늘리는 등 시중에 유동성(돈)이 과잉공급됐죠. 이는 글로벌 금융위기 이후 세계 주요 국가들이 돈을 풀어서 경제를 살리는 경기부양책을 추진한 데 따른 결과였습니다.

그런데 이처럼 시중에 유동성이 지나치게 많아지자 인플레이션 등 여러 부작용이 발생했습니다. 그러니 이 모든 것의 원인인 금리를 다시 올려서 부작용을 없애려는 것이지요.

출구전략의 최대 고민거리는 "과연 언제 실시해야 하는가?"입니다. 서브프라임모기지(비우량주택담보대출)에서 시작된 2008년 글로벌 금융위기 이후 미국은 양적완화(168장 참고)

정책을 실시하며 경기를 부양해왔습니다. 미국이 과연 언제 출구전략을 실시할지 전 세계가 주시하고 있었죠.

2013년 말 미국의 경제회복을 알리는 지표가 잇달아 발표되면서 미국 연방준비제도이사회(FRB)의 전 의장인 벤 버냉키가 '테이퍼링(Tapering, 142장 참고)'을 언급했습니다. 테이퍼링이란 '갈수록 끝이 좁아진다'는 뜻으로, 점진적으로 조금씩 양적완화를 축소해나가겠다는 의지를 표현한 말입니다. 실제로 미국은 2014년 양적완화 규모를 줄여나가다 2014년 10월 드디어 양적완화 정책의 종료를 선언했습니다.

출구전략은 기업의 경영전략에도 자주 등장합니다. 여기서의 출구전략은 적자가 지속되고 이 같은 상황이 개선될 여지가 보이지 않을 때, 더 큰 손해를 막기 위해 진행 중인 사업을 중단하거나 매입한 사업을 다시 파는 것을 의미합니다. 1998년 우리나라에 입점한 다국적 유통기업 월마트가 2006년 철수한 것, 2013년 서울에 문을 연 미국 의류 브랜드 아베크롬비앤드피치가 2016년 사업을 종료하고 우리나라를 떠난 일, 2017년 사드 사태로 인해 중국에 상주하고 있던 국내 기업들이 철수한 사례 등이 대표적입니다.

기업이 흑자여도 망한다
흑자부도

기업이 장사를 잘해 흑자를 내고 있는데도 부도가 발생할 수 있을까요? 대부분은 그럴 가능성이 없습니다. 왜냐하면 기업이 부도를 낸다는 것은 자금을 결제(지불)할 돈이 바닥났기 때문이니까요.

그런데 거래업체를 잘못 만나면 이런 황당한 일이 발생할 수도 있습니다. 예를 들어 X라는 기업이 있습니다. X는 수년간 지속되는 경기침체에도 불구하고 꼬박꼬박 흑자를 내는 알토란 같은 업체입니다.

하루는 X가 거래업체인 Y로부터 8월 20일이 만기인 5,000만 원짜리 어음을 받았습니다. 그리고 며칠 후 거래업체인 Z로부터 8월 30일이 만기인 1억 원짜리 어음을 받았습니다. X의 박 사장은 8월 20일 Y로부터 5,000만 원이 들어올 것을 예상하고 협력업체 A에게 8월 25일이 만기인 5,000만 원짜리 어음을 끊어줬습니다.

그런데 황당한 일이 발생했습니다. Y가 부도 처리돼 5,000만 원이라는 어음이 휴지조각이 되고 만 것입니다. 박 사장은 A에게 준 어음을 막기 위해 여기저기 돈을 구하러 돌아다녔습니다. 하지만 불과 4~5일 만에 5,000만 원을 구하기란 쉽지 않았습니다. 결국 X는 25일 돌아온 어음을 막지 못해 부도가 나고 말았습니다. 며칠 후면 Z로부터 1억 원을 받을 수 있는데도 말이죠.

이처럼 흑자를 내고 있는데도 부도를 내는 경우가 종종 있습니다. 이를 **흑자부도**라고 하는데, 거래처 부도로 덩달아 부도를 맞게 됐다고 해서 '연쇄부도'라고도 합니다.

어음이 편리한 결제수단인 점은 분명하지만, 흑자부도를 유도할 수 있는 등의 문제점을 안고 있는 것이 사실입니다. 이에 따라 지난 1997년 9월부터는 어음거래에 따른 피해를 줄이기 위해 어음보험제도가 실시되고 있습니다. 결제대금으로 받은 어음에 보험을 들어놓으면 설령 어음을 발행한 업체가 부도 처리되더라도 일정액의 보험금을 받을 수 있도록 한 것입니다.

흑자부도는 기업에만 국한된 이야기가 아닙니다. 우리나라도 1997년 IMF 외환위기나 2008년 리먼브라더스 파산으로 시작된 글로벌 금융위기 때, 환율급등이라는 검은 백조(49장 참고)를 만나 많은 알짜 중소기업이 흑자부도 또는 흑자도산의 위기에 빠졌죠.

다가오는 미래를 정확하게 예측하기는 불가능합니다. 그러나 불확실한 미래 리스크에 어떻게 대비하고 관리할 것인지는 기업의 경영자와 국가의 경영자 모두가 꼭 알아야 할 필수사항입니다.

024

소수의 부유층만 공략한다
파레토의 법칙

국내기업이 주력하고 있는 것 중 하나가 이른바 VIP마케팅(혹은 귀족마케팅)입니다. 말 그대로 부유층을 겨냥한 마케팅 전략으로, 고객층을 다양화하는 것도 중요하지만 실제로 기업에 돈을 벌어다주는 계층은 부유층이라는 것에 주목한 마케팅 기법입니다.

이러한 VIP마케팅은 파레토의 법칙(Pareto's Law)을 기반으로 한 것입니다. 파레토의 법칙은 1897년 이탈리아 경제학자 빌프레도 파레토가 발

빌프레도 파레토

견한 것으로, 그는 19세기 영국의 부와 소득 유형을 연구하다 "전체 인구의 20%가 전체 부의 80%를 차지하고 있다"라는 사실을 발견합니다. 흔히 '20:80 법칙'으로 통용되는 이 개념은 마케팅에서 보면 20%의 VIP고객이 80%의 매출을 올려준다는 말이 됩니다.

그리고 제품의 종류가 많아지면 매출도 오를 것으로 생각하지만, 실제로는 기업의 전체 수익 중 70~80%가 전체 제품 중 20%에서 나옵니다. 이는 상품군을 무조건 늘리거나 모든 제품에 대해 영업활동을 하는 것이 비용

대비 효과 면에서 경쟁력이 떨어진다는 사실을 잘 보여주는 대목입니다.

이에 따라 기업들은 여러 고객의 다양한 욕구를 충족시키기 위해 다양한 제품을 선보여온 지금까지의 마케팅 전략에서 탈피해, 선택과 집중이라는 차원에서 소수의 스타상품에 대한 영업활동을 더욱 강화하고 있습니다.

파레토의 법칙을 가장 잘 이용하는 업종으로는 항공, 백화점, 카드회사를 들 수 있습니다. 특히 카드회사들은 어마어마한 돈을 사용하는 상위 1% 고객을 대상으로 특별한 신용카드를 발급하고, 그들에게 최고의 서비스를 제공합니다. 일명 블랙카드라고 불리는 아메리칸 익스프레스의 센추리온 카드가 그 예입니다.

이 카드는 퍼스트 클래스 항공기 탑승 시 리무진 서비스, 세계 유명 상점에서 개인 쇼핑 서비스, 유명 호텔 객실 업그레이드 등의 서비스를 제공합니다. 카드 발급 기준도 무척 까다로운데 연간 지출금액이 최소 25만 달러(약 2억 9,000만 원) 이상이고 또 누구나 인정하는 자산가여야 합니다. 블랙카드를 가진 대표적인 인사로는 마이크로소프트의 빌 게이츠, 도널드 트럼프와 비욘세 부부 등이 있습니다.

이러한 소수 고객을 위한 특별한 서비스는 대다수 사람들에게 위화감을 줄 수 있지만, 회사에는 확실한 매출 수단이 되기 때문에 많은 회사가 VIP 마케팅을 적극 활용하고 있습니다.

아메리칸 익스프레스의 센추리온 카드

025

남들이 사니까 나도 산다!
펭귄효과

남극에 사는 펭귄을 유심히 살펴보면 한 가지 재미있는 점을 발견할 수 있습니다. 맨 앞에 서 있는 펭귄 한 마리가 바다에 뛰어들면 잠시 후 나머지 펭귄들도 그를 따라 모두 뛰어드는

것이지요. 마치 코미디를 보는 것 같습니다.

이러한 펭귄의 독특한 행태는 사람의 행동을 경제학적 관점에서 바라보는 행동경제학자들의 관심을 끌었습니다. 이후 행동경제학자들은 많은 연구 끝에 펭귄효과(The Penguin Effect)라는 이론을 발표했습니다.

펭귄효과는 한 사람이 특정 제품을 구입하면 다른 사람도 그 제품을 앞다퉈 구매하는 모습을 뜻합니다. 펭귄 한 마리가 물에 뛰어들면 나머지 펭귄도 뒤를 따라 뛰어들듯이 사람들이 소비를 할 때도 한 사람의 구매가 다른 이에게 영향을 미친다는 것이지요.

대다수 소비자는 제품을 구매할 때 다소 주저하는 경향이 있습니다. 그

제품의 품질이나 가성비(가격 대비 성능)와 같은 제품 가치를 잘 알지 못하는 상태로 지갑에서 선뜻 돈을 꺼내기가 쉽지 않기 때문입니다. 가성비가 떨어지는 제품을 구입하거나 다른 사람의 제품 구매행위를 생각 없이 따라 하면 '호구'가 되기 십상입니다.

이처럼 소비자가 제품을 선뜻 구매하지 않을 때 누군가가 나서서 제품을 구입하고, 나머지 사람들도 구매대열에 합류하는 것을 펭귄효과라고 합니다. 펭귄효과는 우리 속담의 '친구 따라 강남 간다'라는 말과도 일맥상통합니다.

여기에서 한 가지 짚고 넘어가야 할 대목이 있습니다. 앞서 소개한 펭귄 무리 가운데 제일 먼저 물에 뛰어드는 펭귄을 뭐라고 부를까요? 정답은 '퍼스트 펭귄(The First Penguin)'입니다.

퍼스트 펭귄이라는 용어는 미국 카네기멜론 대학교의 컴퓨터공학 교수 랜디 포시가 처음으로 사용했습니다. 퍼스트 펭귄은 위험하고 불확실한 환경에서도 용기를 내 가장 먼저 도전하고, 다른 이들이 함께 참여하도록 이끄는 리더십과 용기를 지닌 사람을 뜻합니다. 다시 말해 선구자인 셈이지요.

기업 관점에서 보면 퍼스트 펭귄은 기업가 정신이 충만한 기업인들을 말합니다. 기업가 정신은 때로는 위험이 도사리고 있지만 계속 혁신해 나가면서 기업활동을 야심 있게 펼치는 기업가 고유의 가치관을 말합니다. 한국은 한때 기업가 정신의 모범국가로 꼽혔습니다. 그런데 어느 순간 야심찬 기업가 정신은 사라지고 비관론의 목소리가 힘을 얻은 듯한 모습을 보이고 있습니다.

한 국가 경제발전에 퍼스트 펭귄은 기업입니다. 한국 경제가 현재 위기를 극복하려면 기업인이 도전정신을 발휘하는 야심 찬 기업가 정신을 발휘해야 합니다. 밖으로는 더욱 격렬해질 미국과 중국의 패권전쟁과 이에 따른 글로벌 공급망 재편, 자국 우선주의 등 격동의 흐름 속에서 새로운 길을 찾아가야 하는 게 우리의 운명이기 때문이죠.

다소 거창해 보이지만 퍼스트 펭귄은 우리 주변에서도 쉽게 찾아볼 수 있습니다. 대표적인 예로 영화배우나 가수 등 연예인을 꼽을 수 있습니다. 일반 소비자들은 이들 유명인사가 추천하는 제품을 쉽게 구입하는 성향을 보이죠.

이러다 보니 많은 기업이 드라마에 신제품을 협찬하거나 인기 SNS 스타들에게 제품을 보내 사용 후기를 올리는 마케팅을 진행합니다. 즉, 소비자들에게 '많은 사람이 사용하는 좋은 제품'이라는 인상을 심어주기 위해 노력하는 것이지요.

펭귄효과는 군중심리에 호소한다는 측면에서 볼 때 '밴드왜건효과(32장 참고)'와 비슷합니다. 그러나 펭귄효과나 밴드왜건효과는 어떤 상황이나 상품을 치밀하게 분석한 선택이 아니라 다른 이의 선택에 무차별적으로 휩쓸리게 만드는 쏠림 현상을 초래할 수 있지요.

이러한 문제점을 막기 위해 남들보다 앞서 나가는 자세와 용기 못지않게 상황을 면밀하게 파악하는 안목과 판단력이 필요합니다. 남들이 하니까 따라 하는 '묻지마 투자'로 깡통을 찬 사람들이 한두 사람이 아니기 때문입니다.

잘 모르면 바가지 쓰는 곳!
레몬마켓

신맛이 나는 과일, 레몬 좋아하나요? 레몬은 비타민 C 성분이 많아 감기 예방효과가 있습니다. 그러나 특유의 신맛 때문에 거부감을 나타내는 사람도 많습니다. 눈살을 찌푸리게 할 만큼 신맛을 내는 레몬에 거부감을 나타내는 것은 외국에서도 마찬가지입니다.

이런 속성에 빗대어 영어에서도 '레몬'이라고 하면 '결함이 있고 완벽하지 않아 만족스럽지 못한 사람이나 사물'을 뜻합니다. 쉽게 설명하면 불량품, 불쾌한 것 혹은 불쾌감을 주는 사람이라는 뜻이지요.

레몬의 이러한 성격을 학문적 관점에서 본 경제학자가 있습니다. 바로 미국 캘리포니아대 버클리 교수 조지 애컬로프가 그 주인공입니다. 애컬로프 교수는 1970년 미국 경제 학술잡지에 〈레몬시장: 품질의 불확실성과 시장 메커니즘〉이라는 논문을 발표했습니다.

애컬로프 교수가 이 논문에서 주장한 레몬마켓은 시장에서 제품을 판매하는 이와 제품을 구입하는 소비자가 같은 정보를 공유하지 못해 결국 품질에 문제가 있는 저급품이 유통되는 상황을 말합니다.

레몬마켓에서 제품을 판매하는 이들은 그 제품의 장점 못지않게 단점

도 잘 알고 있습니다. 하지만 제품을 사려
는 구매자는 제품의 품질을 판매자만큼 알
기 어려운 게 현실이죠. 제품을 판매하는
이들이 제품의 단점까지 구매자에게 시시
콜콜 설명해주지는 않으니까요. 이러한 현
상을 '정보의 비대칭성(58장 참고)'이라고도

조지 애컬로프 교수

합니다. 파는 이들과 사는 이들 간의 정보 불균형은 결국 시장 실패(Market
Failure)로 이어집니다.

애컬로프 교수는 이 논문에서 레몬마켓의 대표적인 예로 중고차 시장을
들었습니다. 그는 중고차가 겉보기에는 번지르르하지만 차량 속은 레몬의
시큼한 맛처럼 문제가 있을 수 있다고 지적했습니다.

중고차 판매업자는 중고차를 사려는 이에게 차량의 모든 정보, 특히 차
량의 문제점을 자세히 알려주지 않지요. 차량의 장점보다 단점이 많으면 그
중고차를 사려고 하지 않기 때문입니다. 이처럼 정보의 격차가 있는 시장에
서 품질이 좋은 차량보다 낮은 상품이 선택되는 '역선택(Adverse Selection)'이
이뤄지게 됩니다.

중고차 시장의 또 다른 특징은 '가격'입니다. 일반 시장에서는 제품 가격
이 떨어지면 수요가 늘어나게 마련입니다. 그런데 중고차 시장은 다릅니다.
자동차 가격이 눈에 띄게 낮으면 중고차 구입자들은 '이 중고차에 문제가
있는 것 아닐까? 사고를 여러 차례 겪었거나 차량 정비가 잘 안 된 차일지
도 몰라'라는 생각을 하게 됩니다. 이러다 보니 낮은 가격의 중고차는 시장
에서 외면받습니다. 하지만 중고차 시장에 품질은 나쁘지만 가격만 비싼 차
량이 유통되면 소비자들은 점차 외면할 것이고, 결국 중고차 시장은 타격을

입을 수밖에 없습니다.

이를 해결하기 위한 해법이 레몬법(Lemon Law)입니다. 레몬법은 차량이나 전자 제품에 결함이 생기면 제조업체가 소비자에게 제품을 교환하거나 환불, 보상해주는 소비자 보호법입니다. 미국에서 처음 도입한 이 법으로 미국 중고차 판매업자들은 판매한 차량에 대해 일정 기간 수리를 보증해야 합니다. 우리나라도 2019년 1월부터 레몬법이 시행 중입니다. 한 예로 중고차의 성능이나 상태가 성능 점검 기록과 다르면 수리비를 보상하는 상품인 중고차 성능-상태점검 책임보험을 도입했습니다.

또한 중고차 매매업체, 차량 제조사, 금융사가 손을 잡고 중고차 관련 상품을 내놓은 사례도 있습니다. 예를 들어 차량 제조업체가 자사 중고차를 보장하는 보증 제도를 만들고 중고차 매매 플랫폼을 제공하는 방식입니다. 이럴 경우 중고차를 구입하려는 소비자로서는 중고차 상태를 정확하게 확인할 수 있게 됩니다.

여기서 퀴즈 하나! 중고차 시장을 비롯한 '레몬마켓'과 달리 비교적 좋은 중고 제품이 거래되는 곳을 무엇이라고 부를까요? 정답은 피치마켓(Peach Market, 복숭아 시장)입니다. 레몬의 신맛이 아닌 복숭아의 달콤한 맛을 느낄 수 있는 피치마켓에서는 소비자와 생산자, 혹은 경제주체 간에 정보가 잘 공유돼 소비자가 원하는 고품격 서비스나 제품을 얻을 수 있습니다.

027

실업률이 1% 늘어나면
GDP는 2.5% 줄어든다?
오쿤의 법칙

실업이 우리 일상생활에 얼마나 큰 영향을 미치는지는 굳이 강조할 필요가 없을 것 같습니다. 직업은 생존, 행복과 직결돼 있기 때문이죠. 그런데 요즘 우리나라 청년실업률을 보면 한숨이 절로 나옵니다. 우리나라의 청년실업률이 2014년 이래 6년째 9%대에서 좀처럼 줄어들지 않고 있기 때문입니다.

이러다 보니 자신의 인생을 긴 안목으로 조망하고 설계해야 할 청년들이 구직난에 '5포세대(연애·결혼·출산·취업·주택 포기)'를 지나 꿈과 희망마저 포기한 '7포세대'라는 자조적 유행어를 던지는 실정입니다.

미국 사회심리학자 리언 페스팅거가 주장한 '인지부조화이론(Cognitive Dissonance Theory)'처럼 뭐 하나 제대로 되는 게 없어 암울한 시절을 보내는 청년들이 현실과 이상의 괴리를 극복하지 못해 빚어낸 슬픈 자화상을 보는 듯합니다.

지난 1957년에 등장한 인지부조화이론은 가슴에 품은 이상과 현실이 다르면 처음에는 이상과 현실 사이의 괴리에 괴로워하다 결국 자신 생각을 현실에 맞추려는 모습을 일컫습니다. 일종의 자기 합리화인 셈입니다.

실업이 국가경제에 미치는 부정적 영향도 무시할 수 없습니다. 이와 관련해 1962년 미국 경제학자 아서 멜빈 오쿤이 내놓은 오쿤의 법칙(Okun's Law)이 다시 조명을 받고 있습니다. 당시 미국 명문 예일대 교수였던 오쿤은 실업률이 1% 늘어나면 국내총생산(GDP)은 2.5% 떨어진다는 이론을 내놓았습니다.

아서 멜빈 오쿤

현대에서 오쿤의 법칙은 '실업률 = 자연실업률 - 0.5 × GDP 갭'으로 적용됩니다. 자연실업률은 '정상적인 경제 상황이라면 발생할 수밖에 없는 구조를 가진 실업률'을 말합니다. 예를 들어 기술의 발전을 따라가지 못하는 기업이 생기면서 발생하는 노동률 감소에 의한 구조적 실업이나 개인이 원하는 일자리를 얻기 위해 현재 다니는 직장을 그만두고 실업 상태가 되는 자발적 실업이 있게 마련입니다. 이 두 가지 요인에 의해 발생하는 실업률을 흔히 '자연실업률'이라고 합니다.

여기에서 한 가지 짚고 넘어가야 할 것은 완전고용이 실업률 0%를 뜻하는 것이 아니라는 겁니다. 완전고용은 일자리를 찾는 사람의 숫자와 현재 얻을 수 있는 일자리의 숫자가 거의 비슷한 상태를 말합니다.

실업률이 0%가 되는 것은 현실적으로 불가능합니다. 앞서 설명한 자연실업률처럼 실직자는 언제 어디서나 나올 수 있기 때문입니다. 이에 따라 대다수 경제학자들은 실업률이 4.6~5% 정도일 때 가장 이상적인 고용시장이 형성된다고 강조합니다.

그렇다면 오쿤의 법칙에서 언급한 '0.5'는 무엇일까요? 0.5는 '오쿤의 계수(Okun's Coefficient)'입니다. 오쿤의 계수는 실업률과 경제성장률 간의 상관

관계를 나타냅니다. 오쿤의 계수에서는 미국은 실업률이 1% 증가하면 경제 성장률은 2.5% 감소하는 것으로 나타났습니다.

오쿤의 법칙에 등장한 GDP 갭(GDP Gap)도 중요한 개념입니다. GDP 갭은 흔히 '산출물 갭(Output Gap)'이라고도 불리며, 잠재 GDP와 실질 GDP의 차이를 뜻합니다. 잠재 GDP와 실질 GDP 차이를 통해 경기가 침체됐는지, 과열됐는지를 알 수 있습니다. 즉 '실질 GDP − 잠재 GDP'의 결과가 플러스이면 경기가 과열된 것(인플레이션 갭)을 뜻하고, 마이너스이면 경기가 침체된 것(디플레이션 갭)을 뜻합니다.

오쿤의 법칙과 관련해 반드시 알아둬야 할 것은 '경제고통지수(Misery Index)'입니다. 경제고통지수는 물가상승률과 실업률의 합으로 국민들이 느끼는 삶의 무게를 수치로 나타낸 것입니다.

예를 들어 한 나라의 물가상승률이 5%이고 실업률이 11%일 경우, 이 나라의 경제고통지수는 16이 됩니다. 결국 경제고통지수는 수치가 높을수록 경제적 고통이 크다는 얘기입니다.

현대경제연구원이 발표한 보고서에 따르면, 2023년 1월 우리나라의 경제고통지수는 8.8을 기록했습니다. 생활고로 시름에 빠진 국민이 날이 갈수록 늘어나고 있다는 슬픈 얘기입니다.

028

빛 좋은 개살구
분식회계

글로벌 경쟁시대를 맞아 기업의 경영투명성 확보가 시급한 과제로 등장했습니다. 그러나 경영실적을 속이는 분식회계(粉飾會計, Window Dressing Accounting)를 하는 기업이 아직도 남아 있습니다. 분식회계란 기업이 실제 경영실적보다 좋게 보이기 위해 자산이나 이익을 부풀려 계산하는 회계방식을 말하며, 다른 말로 '분식결산'이라고도 합니다.

분식회계를 좀더 자세히 살펴봅시다. 분식(粉飾)은 '실제보다 좋게 보이려고 사실을 숨기고 거짓으로 꾸민다'는 뜻입니다. 말 그대로 기업의 실제 재정 상태나 경영실적을 속이고 좋은 상태인 것처럼 보이도록 부풀려 계산하는 것이지요. 분식회계를 의미하는 영어(Window Dressing)도 '진열창에 장식한다'는 뜻입니다. 백화점이나 명품점을 보면 진열창에 제품을 멋있게 전시해 고객의 구매욕구를 자극하죠.

기업들은 분식회계를 통해 경영이 악화됐지만 장사를 잘한 것처럼 회계장부를 거짓으로 꾸밉니다. 또 경영악화에 따른 주주들의 비난을 피하거나 심지어 탈세할 목적으로 분식회계를 저지르기도 합니다.

대표적인 분식회계 사례로는 팔지도 않은 물품의 매출전표를 끊어 매출

채권(외상매출금 + 받을 어음)을 부풀리거나, 매출채권의 대손충당금(기한까지 미회수액으로 남아 있는 금액에서 회수가 불가능한 것으로 추정되는 금액을 비용 처리하기 위해 설정하는 계정)을 고의로 적게 잡아 이익을 부풀리거나, 아직 팔리지 않고 창고에 쌓여 있는 재고자산의 가치를 장부에 과대계상(지나치게 많이 계산해 올려놓는 것)하는 것 등을 들 수 있습니다.

분식회계로 꼼수를 부리고자 하는 기업들의 욕망은 끊이지 않습니다. 대우조선해양의 분식회계가 대표적인 사례입니다. 대우조선해양은 2012년부터 3년 동안 무려 5조 원대의 회계사기를 저질렀고, 검찰의 조사가 시작되자 2014년 영업 손실을 그제야 4,711억 원 흑자에서 7,429억 원 적자로 바꾸기도 했죠. 대우조선해양의 수조 원대 분식회계 혐의를 알고도 묵인한 딜로이트안진 회계법인은 2017년 금융위원회로부터 1년 영업정지 제재를 받는 처지가 됐습니다.

한편 고액의 세금을 피하거나 종업원의 임금을 인상해주지 않기 위해 실제보다 이익을 줄여서 계산하는 이른바 '역(逆)분식회계'도 있습니다.

분식회계는 대부분 부실한 회계감사와 장부조작에서 출발합니다. 주주를 속이고 기업의 정확한 현황을 숨기는 것은 중범죄임에도 불구하고, 잊을 만하면 분식회계 사건이 주요 뉴스로 등장하는 현실이 씁쓸할 따름입니다.

029

하나를 얻으면 하나를 잃는
기회비용

　기회비용(機會費用, Opportunity Cost)은 '여러 선택지 중에서 하나를 선택했을 때 포기한 나머지 대안 중 가장 좋은 것의 가치'를 뜻합니다. 즉, 어떤 재화의 여러 가지 용도 가운데 하나를 취하고 나머지를 포기할 경우, 포기하지 않았더라면 얻었을 이익 중 가장 큰 것을 기회비용이라고 합니다.

　기회비용은 명시적 비용(明示的費用, Explicit Cost)과 암묵적 비용(暗默的費用, Implicit Cost)을 합한 것입니다. 이 2가지 비용에 대해 알아볼까요?

　여기 홍길동이라는 대학생이 있습니다. 홍길동이 대학에 입학하기 위해 쓴 대학 수업료, 기숙사비, 책값, 식비 등 직접 지출한 비용을 명시적 비용이라고 합니다.

　그런데 만약 홍길동이 대학에 입학하지 않고 고등학교를 졸업 후 바로 4년 동안 직장생활을 해서 1억 원을 벌었다면 이것도 대학 진학에 따른 비용으로 봐야 합니다. 대학 입학에 따른 돈을 지불하지 않지만, 대학생을 선택함으로써 얻지 못하는

비용을 암묵적 비용이라고 합니다.

또 다른 예를 들어볼까요? 줄리엣은 남자친구와 함께 영화관에 가기로 했습니다. 줄리엣은 영화를 보는 동안 시간당 1만 원인 아르바이트를 하지 못해 아쉬웠지만 그래도, 오랜만에 남자친구와 시간을 보내기로 했죠. 영화를 보는 비용은 1만 2,000원입니다. 이 상황에서의 기회비용은 얼마일까요?

'기회비용＝명시적 비용＋암묵적 비용'이라는 공식에 따라 먼저 명시적 비용을 알아보겠습니다. 명시적 비용은 실제 지출한 영화 관람료 1만 2,000원입니다. 그리고 암묵적 비용은 아르바이트를 하지 못해 포기한 2만 원(영화 두 시간 관람)입니다. 이에 따라 총 기회비용은 1만 2,000원에 2만 원을 더한 3만 2,000원입니다.

또 다른 예로 미국 로스앤젤레스 시가 나대지(裸垈地, 지상에 건축물이 없는 땅)를 보유하고 있다고 가정해보겠습니다. 로스앤젤레스 시에서 이곳에 병원을 지을 경우 기회비용은 얼마일까요? 나대지에 병원 대신 스포츠센터를 짓거나, 주차난을 해소해줄 수 있는 주차장을 설치하거나, 로스앤젤레스 시가 안고 있는 부채를 줄이기 위해 그 땅을 매각한다고 가정해봅시다. 이때의 기회비용은 스포츠센터를 짓거나, 주차장을 짓거나, 땅을 매각하는 것 중 가장 큰 가치를 갖고 있는 것이 됩니다.

030

본전 생각이 나서 포기 못 하겠네
매몰비용

"가다가 중지하면 아니 간만 못하다"라는 옛말이 있습니다. 한 번 일을 시작했으면 끝까지 놓지 않는 근성을 가져야 한다는 말이지요. 경제활동에서도 끝장을 보려는 심리가 작용하게 마련인데요. 시작한 일이 성공 가능성이 낮거나 잘못된 결정에 따른 것이라고 하더라도 그동안 투자한 것이 아까워 쉽게 포기하지 못하는 경우가 이에 해당합니다. 즉, 본전을 뽑아야 직성이 풀리는 것이지요.

이처럼 본전 생각이 나서 쉽게 포기하지 못하고 집착하는 것을 경제학에서는 '매몰비용의 오류(Sunk Cost Fallacy)'라고 합니다. Sunk는 '(물 따위에) 가라앉다'는 뜻이고, 이를 번역한 우리말 매몰(埋沒)은 '보이지 않게 파묻거나 파묻힘'이라는 뜻입니다. 즉, 매몰비용은 '이미 지출해서 회수가 불가능한 비용'을 말합니다. 물건이 강이나 바다에 가라앉아 버리면 다시 건질 수 없듯이 비용이 과거 속으로 가라앉아 현재 시점에서 다시 쓸 수 없다는 뜻입니다. 쉽게 말하면 이미 '엎질러진 물'인 셈이지요.

매몰비용은 일반적인 고정비용과는 다릅니다. 공장, 토지 등으로 대표되는 고정비용은 팔아서 현금화할 수 있습니다. 그렇다면 매몰비용의 대표적인 예로는 무엇이 있을까요? 동물원 입장권이나 영화 관람료, 콘서트 티켓 등을 꼽을 수 있습니다.

예를 들어보지요. 친구들과 영화나 연극을 보러 갔습니다. 내용이 너무 재미없고 지루해서 '중간에 나와서 맥주라도 한 잔할까?' 하는 생각도 들지만, 이미 낸 관람료가 아까워서 끝까지 참고 봅니다. 콘서트 티켓 역시 이와 마찬가지입니다. 티켓을 10만 원에 구입했는데 콘서트하는 날 서둘러 나오다 그만 잃어버리고 말았습니다. 이럴 때는 어떻게 해야 할까요? 10만 원을 주고 티켓을 다시 사거나, 아무리 유명한 가수라도 20만 원(잃어버린 티켓 값까지 생각해서)이나 지불할 수는 없다고 생각한다면 그냥 집으로 돌아가야 하겠지요. 이때는 분실한 10만 원짜리 티켓이 매몰비용이 됩니다.

주식이나 부동산 시세도 이와 마찬가지입니다. 주식 가격이 크게 떨어지면 차라리 손절매(損切賣, 주가가 앞으로 더 떨어질 것을 예상해 보유 중인 주식을 손해를 감수하고 매입가격 이하로 파는 것)를 해야 하는데, 원금 생각이 나서 하지 못합니다. 아파트 역시 가격이 떨어지면 조금 손해를 보더라도 파는 것이 차라리 나을 수 있는데, 본전 생각이 나서 팔지 못하고 전전긍긍하게 됩니다.

힝~
본전(매몰비용)
생각에 눈물이…

앞서 얘기한 것처럼 매몰비용은 어떤 선택을 하더라도 다시 돌려받을 수 없는 비용입니다. 그러니 과거 지출에 연연하지 말고 새로운 대안을 찾는 것이 상책입니다. 하지만 인간은 과거에 투입한 매몰비용에 미련과 안타까움이 남아 불합리하게 집착합니다. 이것이 바로 '매몰비용의 오류'입니다.

매몰비용의 오류를 저지르는 대표적인 예로는 카지노 등 도박판을 전전하는 사람을 들 수 있습니다. 한두 번 돈을 잃으면 그만 손을 털고 일어나야 하는데, 기어코 본전을 되찾고 대박을 터뜨리겠다는 욕심으로 도박을 계속하다가 결국 남은 돈마저 잃게 되지요. 본전 생각이 간절할수록 더 큰 손실을 볼 수 있다는 진리를 깨닫지 못하는 것입니다.

또 유명한 예는 콩코드의 오류입니다. 초음속 여객기 중 하나인 콩코드는 영국과 프랑스가 협력해서 개발했습니다. 하지만 소음과 대기오염 등의 문제가 심각했습니다. 그리고 탑승객 수가 한 번에 100여 명 정도에 그쳐서 돈을 많이 벌 수 있는 것도 아니었지요. 처음 콩코드 개발에 관심을 보였던 미국은 결국 개발을 포기했습니다.

하지만 영국과 프랑스는 기존에 퍼부은 막대한 투자비용이라는 본전 때문에 울며 겨자 먹기로 초음속 여객기 개발을 지속해 마침내 상업운행을 시작했습니다. 그 결과, 앞서 얘기한 기술적 문제점과 수익성 부족으로 막대한 손실을 입고 말았습니다. 여기서 미국은 매몰비용을 고려하지 않고 합리적인 결정을 내린 반면, 영국과 프랑스는 매몰비용에 얽매여 손해 보는 결정을 한 셈입니다.

소비자와 가까운
전방산업

전방산업과 후방산업은 전체 생산흐름에서 산업의 앞뒤에 위치한 업종을 말합니다. 쉽게 말해 제품의 소재를 주로 만드는 업종을 후방산업, 최종 소비자가 주로 접하는 업종을 전방산업이라고 보면 됩니다.

구체적인 예를 들어보겠습니다. '대한민국유업'이라는 회사가 있습니다. 대한민국유업에 우유를 납품하는 낙농산업은 대한민국유업의 후방산업입니다. 또한 대한민국유업은 일반 소비자에게 우유를 판매하기도 하지만 제과업체에 우유를 납품하기도 합니다. 이럴 때 제과업체는 대한민국유업에게는 전방산업이 됩니다. 제과업체의 입장에서는 낙농산업과 대한민국유업

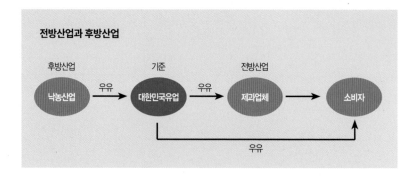

이 모두 후방산업이 됩니다.

전자산업은 어떨까요? 전자산업의 입장에서는 반도체업체가 후방산업입니다. 물론 반도체업체의 입장에서는 전자산업이 전방산업이 됩니다. 구체적인 예를 들어볼까요? 반도체의 경우 메모리 반도체, OLED 디스플레이 등과 같은 부문이 전방산업입니다. 이에 비해 반도체 장비·소재·부품 등은 후방산업입니다.

전체 생산흐름으로 보아 산업을 전방산업과 후방산업으로 나누지만, 한 산업의 경기에 따라 전방산업과 후방산업에 미치는 연관효과가 특별히 큰 산업 분야가 있습니다. 예를 들어 자동차산업이 불황에 빠졌다고 가정해봅시다. 이럴 경우 후방산업인 부품업체, 제철업체 등 소재를 만드는 산업에 미치는 영향이 클 것입니다. 전방산업인 타이어업체나 자동차 판매업체도 타격을 입기는 마찬가지입니다. 이처럼 전방산업과 후방산업에 모두 영향을 미치는 것을 '전후방산업 연관효과'라고 합니다.

우리나라의 업종 가운데 전후방산업 연관효과가 가장 큰 것은 바로 철강산업입니다. 전방효과는 특정산업이 다른 산업에 얼마나 판매되는지, 후방효과는 특정산업이 다른 산업 생산물을 얼마나 많이 구입하는지를 따집니다. 자동차, 선박, 가전제품, 건설에 이르기까지 철강제품이 쓰이지 않는 산업이 없기 때문에 철강산업의 전방효과는 높을 수밖에 없죠. 또한 철강산업은 대형 장치산업이기 때문에 기계나 설비구입 규모 역시 엄청나 후방효과도 가장 큽니다. 이처럼 전후방산업 연관효과가 크다는 것은 그만큼 투자, 고용, 성장 등과 같은 모든 면에서 경제에 미치는 영향이 크다는 이야기입니다.

032

친구 따라 강남 가는
밴드왜건효과

'친구 따라 강남 간다'라는 속담이 있지요. 남에게 이끌려 덩달아 같이 하게 되는 것을 뜻합니다. 이처럼 군중심리에 영향받아 따라하게 되는 현상을 밴드왜건효과(Bandwagon Effect)라고 합니다.

밴드왜건은 서커스나 정치집회 때 행렬의 맨 앞에서 밴드를 태우고 다니며 분위기를 유도하는 자동차입니다. 서커스단이나 곡마단이 들어오면 행렬의 맨 앞 밴드왜건을 운행하면서 북을 치고 트럼펫을 연주합니다. 그러면 어린아이들뿐 아니라 어른들도 궁금해서 모여들고, 이를 본 다른 사람들까지 몰려들지요.

자, 모두들 오세요~

우리나라에도 이미 수백 년 전부터 밴드왜건과 같은 것이 있었습니다. 명절이나 마을행사가 있을 때 농악대가 풍악을 울리며 길놀이를 해서 사람들을 모았죠.

사실 밴드왜건효과는 정치용어로 시작했습니다. 1848년 미국 대통령선거에 후보로 출마한 재커리 테일러의 선거운동을 위해, 유명한 서커스 광대인 댄 라이스가 밴드를 결성해 유권자들을 공략한 데서 비롯됐습니다.

현대 정치에서 밴드왜건효과는 '될 사람을 뽑자'라는 의미로 통용되기도 합니다. 특히 선거를 앞두고 실시되는 여론 조사에서 지지율이 높은 정치인에게 표가 몰리는 현상도 밴드왜건효과 중 하나입니다.

밴드왜건효과는 경제학에서도 자주 사용하는 개념입니다. 소비에는 대개 수요의 법칙이 작용하지만, 때로는 가격과 관계없이 수요가 폭발하는 예외현상을 보입니다. 앞서 얘기한 것처럼 남들이 특정제품을 사는 것에 자극받아서 덩달아 같이 사게 되는 것이죠.

여기서 퀴즈 하나! 사람들이 모두 특정제품을 사려고 치열한 경쟁을 벌이지만 나 혼자만 그 제품을 구매하지 않는 현상은 무엇이라고 할까요? 정답은 스놉효과(Snob Effect)입니다. Snob은 '남들을 깔보며 혼자 잘난 척하는 사람'이라는 뜻입니다. 우리말로는 '속물효과'라고 하지요.

스놉효과가 작용하면 많은 사람이 서로 사려고 하는 인기제품을 소비하지 않습니다. 즉, 우월감에 빠져서 남들이 구입하는 제품을 깔보고 사지 않는 것이지요. '나는 다른 이들과 달라'라는 생각이 강하게 작용하는 겁니다. 다른 사람들과 구별 짓고 한 마리 우아한 백로처럼 자신만의 개성을 추구하는 소비행태를 보이기 때문에 다른 말로는 '백로효과'라고도 합니다.

스놉효과의 대표적인 예로는 값비싼 고급가구, 좀처럼 얻기 힘든 한정판, 희귀 예술품을 찾고 구매하는 것을 들 수 있습니다.

033

소비자가 경기를 전망하는
소비자신뢰지수

소비자신뢰지수(CCI)는 미국의 민간 경제기관인 컨퍼런스보드가 매달 미국 내 5,000가구를 대상으로 조사한 자료를 바탕으로 만들어집니다. 설문 내용은 현재 지역경제 현황을 비롯해 고용실태, 6개월 후의 지역경제와 고용전망, 가계수입 등으로 폭이 넓습니다.

이 지수의 기준시점은 CCI를 처음 실시한 1985년입니다. CCI를 계산할 때는 1985년 평균치를 100으로 삼아서 비율로 표시합니다. 설문 대상자에게 현재와 미래의 재정 상황, 소비자가 보는 경제 전반의 물가, 구매조건 등에 관해 다양한 조사를 실시해서 매월 마지막 화요일 오전 10시(현지시간)에 발표합니다. 발표하는 지수가 100을 넘으면 소비자들이 경기를 낙관적으로 보고 있다는 뜻입니다.

그럼 왜 이런 조사를 할까요? 미국에서는 국내총생산(GDP)에서 소비자지출이 차지하는 비중이 무려 3분의 2에 이릅니다. 따라서 이들 설문 대상자들의 반응이 향후 미국 경기와 소비지출 동향을 파악하는 데 큰 도움을 줍니다. 또한 미국 국민들이 소비하는 대부분의 제품은 수입품입니다. 전 세계경제의 큰손인 미국 국민이 소비를 많이 하면 미국을 상대로 수출하는 국가들의 경기도 따라서 좋아지죠. 그래서 미국 뿐 아니라 미국과 거래하는 국가들도 눈여겨보는 지표입니다.

2분기 이상 지수가 100 미만이면 컨퍼런스보드는 경기후퇴(Recession, 불경기)를 선언합니다. 이 때문에 미국 연방준비제도이사회(FRB)는 금리 인상 여부를 결정할 때 CCI를 유심히 살펴봅니다.

참고로, 경기를 전망하는 또 다른 지표인 경기종합지수는 각종 경제 지표의 전월 혹은 전년 같은 기간 대비 증감률을 종합해서 작성하며, 현재의 경기 상태를 판단하거나 앞으로 경기가 어떻게 될지를 예측하는 지표입니다.

경기종합지수 중 하나인 선행(先行)지수는 가까운 장래(향후 6~7개월)의 경기동향을 예측하는 지표로 쓰입니다. 이 밖에 현재의 경기 상황을 파악하는 동행(同行)지수, 경기동향을 최종확인하는 데 쓰는 후행(後行)지수 등이 있습니다. 우리나라 통계청에서도 1981년 3월부터 매달 경제에 대한 소비자들의 전반적인 인식을 종합적으로 파악할 수 있는 지표인 소비자심리지수(CSI)를 발표하고 있습니다.

034 기업이 경기를 전망하는
기업경기실사지수

기업경기실사지수(BSI)는 경기에 대한 기업인의 예측을 수치화한 것으로, 경기동향을 파악하는 데 도움을 줍니다. BSI가 다른 지수들과 다른 점은 기업인의 주관적인 평가를 주축으로 작성한다는 점입니다. 정부의 입장에서는 경기에 대한 기업인의 시각을 알 수 있는 좋은 지표인 셈입니다.

BSI는 전체 응답업체 중 현재 경기가 호전됐다고 보는 업체 수의 비율에서 악화됐다고 보는 업체 수의 비율을 차감한 값에 100을 더해 지수를 산정합니다.

BSI는 0~200 사이의 수치로 표시하며 100 이상이면 경기가 확장 국면에 들어갔음을 보여주고, 100 미만이면 수축 국면에 들어갔음을 보여줍니다. 즉, BSI가 100을 넘으면 경기가 좋을 것이라 예측하는 기업이 더 많다는 뜻이고, 100 미만이면 이와 반대라는 뜻입니다.

미국, 일본 등 50여 개국에서 실시하고 있으며, 우리나라에서는 한국은행, 대한상공회의소, 전경련, 산업은행, 중소기업은행 등이 BSI를 작성해 발표하고 있습니다.

그럼 여기서 퀴즈! 지난달 BSI가 70이었는데, 이번 달 조사에서 85로 높아졌다면 기업인들이 경기가 개선됐다고 보는 것일까요? 정답은 '아니다' 입니다. 기준치인 100에 미치지 못했으므로, 여전히 경기가 호전됐다고 보는 이가 적다는 얘기입니다. 이전 달보다 경기를 비관적으로 바라보는 기업이 다소 줄기는 했지만, 아직도 과반수의 기업인들이 경기를 부정적으로 전망하고 있다는 뜻입니다.

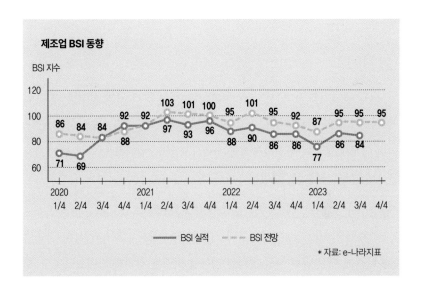

제조업 BSI 동향

BSI 지수

― BSI 실적   ---- BSI 전망

* 자료: e-나라지표

기업활동의 감시꾼
사외이사제

기업 경영방식 중 하나인 **사외이사제**(社外理事制)는 회사 경영에 직접 관여하는 이사 외에 외부 전문가를 이사회 구성원으로 선임하는 제도입니다. 이미 미국과 영국이 사외이사제를 채택하고 있고, 일본도 이와 유사한 기능을 갖춘 외부감사제를 도입했습니다. 우리나라도 1998년부터 상장회사는 의무적으로 사외이사를 두도록 규정하고 있습니다.

사외이사제는 주식회사의 3대 기관인 주주총회, 감사, 이사회 가운데 2개 기관에 대한 임원 선임과 관련 기능을 바꾸는 결과를 가져왔습니다. 지금까지 기업 내부에서 의사결정권을 쥐고 있던 이사회가 외부 감시기구로 독립하는 계기가 마련된 것입니다.

참고로 전에는 회사 업무를 집행하는 경영진이 모두 이사회에 참여했지만, 최근에는 경영진과 이사회 간부를 구분하는 추세입니다. 결국 이사회의 수장은 회장(Chairman), 경영진의 장은 사장(President) 또는 최고경영자(CEO)가 되는 것이죠.

사외이사로는 주로 다른 기업체에서 임원으로 근무한 사람을 비롯해 교수, 공무원 등이 임명되고 있습니다.

사외이사제를 도입하는 이유는 크게 2가지입니다.
첫째, 사외이사는 회사 경영진과 무관하기 때문에 이
들이 이사회에 참여하면 회사 대주주의 전
횡을 막을 수 있습니다. 이는 회
사 운영이 자칫 그릇된 방향으로
나아가는 것을 미연에 방지하는
기능을 합니다.

둘째, 제삼자의 입장에서 객관
적으로 회사의 경영 상태를 감시하
고 조언할 수 있습니다. 결국 사외이사제는 기업의 지배구조와 경영방식이
투명하고 선진적인 형태를 갖추는 데 도움을 주는 제도입니다.

하지만 실제로 사외이사제를 실시해보니 회사 경영진과 사외이사들의
유착 관계, 교수나 관료 출신들의 사외이사직 독식 등과 같은 여러 가지 문
제점이 나타났습니다. 이들은 기업 감시와 조언이라는 본래의 취지에서 벗
어나 자신들의 이익만 추구하는 이익집단의 형태를 띠게 됐죠.

민영화 공기업으로는 처음으로 전·현직 사장이 모두 재판에 회부되는
사건을 겪은 KT&G도 경영진의 비행을 견제해야 할 사외이사가 제역할을
하지 못한 대표적인 사례입니다. 2016년 6월 KT&G의 전·현직 주요 임직
원과 협력사 및 납품업체 임직원, 광고주 등이 납품이나 인사 청탁을 목적
으로 뒷돈을 챙긴 혐의로 무더기로 기소됐습니다.

임직원의 비리를 감시하고 견제해야 할 사외이사들이 있었지만, 상근
직이 아닌 비상근직이어서 임원들의 보고에 의존해 주요 의사결정을 하다
보니 감시 기능을 제대로 수행하지 못한 것이죠.

이와 반대로 기업 CEO가 처음부터 자신의 권력을 뒷받침해줄 사외이사를 선정하는 경우도 있습니다. 대우조선해양은 분식회계(28장 참고) 문제로 큰 위기를 맞았지만, 정부의 전폭적인 지원을 받아 구사일생으로 살아났습니다. 그런데 정부의 이러한 지원이 대우조선해양과 정부 고위층 간의 인맥 덕분이라는 지적이 있었죠. 사실 대우조선해양은 그동안 조선 분야와는 전혀 관련이 없는 정치권 인사들을 사외이사로 지명했습니다. 이른바 '정피아(정치인+마피아)' 혹은 '관피아(관리인+마피아)'라고 일컬어지는 국회의원 출신, 시장(市長) 보좌관 출신들이 대거 포함돼 있습니다. 이들은 2008년부터 2010년까지 있었던 이사회에서 단 1건의 반대 의견도 내지 않았을 만큼 허울뿐인 사외이사 역할을 해왔습니다.

이런 조사결과만 놓고 본다면, 대주주의 방만한 경영을 막고 경영투명성을 높여 기업의 지배구조를 개선하자는 사외이사제의 취지가 무색할 지경입니다. 그래서 2014년 금융당국은 사외이사제도 모범규정을 내놓았습니다. 이 모범규정은 사외이사제도 임기를 2년에서 1년으로 축소하고, 매년 금융회사 자체 평가와 2년마다 외부기관 평가를 실시할 것을 골자로 하고 있습니다.

036

나라경제의 가계부
경상수지

국제수지는 일정 기간 동안 한 나라가 외국과 거래해온 모든 국제거래를 정리한 통계표를 말합니다. 한마디로 '나라경제의 가계부'입니다. 여기서 일정 기간은 보통 1년을 의미하지만, 분기별 집계처럼 1년 미만 또는 1년 이상으로 정할 수도 있습니다.

국제수지를 전체적으로 종합한 것을 '종합수지'라고 하며, 이 종합수지는 다시 '경상수지'와 '자본수지'로 나눠집니다.

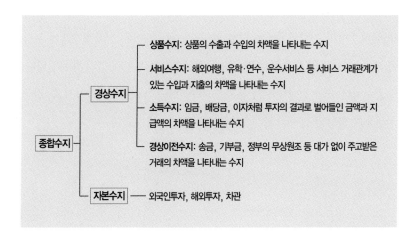

경상수지(Current Account)는 제품이나 해외에 서비스를 사고판 총액에서 받은 돈과 내준 돈의 차액을 말합니다. 즉, 해외에서 벌어들인 돈에서 해외에 내준 돈을 뺀 금액입니다. 경상수지에는 상품수지, 서비스수지, 소득수지, 경상이전수지의 4가지 종류가 있습니다.

상품수지는 우리나라가 해외에 상품을 수출해서 벌어들인 금액에서 상품을 수입하면서 외국에 내준 금액을 뺀 것입니다. 서비스수지는 외국과 서비스를 거래해 벌어들인 금액과 지불한 금액의 차액을 말합니다. 소득수지는 우리나라 기업이 해외에 투자해 얻은 이자와 외국에 진 빚에서 생긴 이자 간의 차액을 말합니다. 경상이전 수지는 상거래를 목적으로 하지 않는 국제송금 등의 수지를 말합니다.

자본수지(Capital Account)는 제품이나 서비스 거래가 아니라 우리나라 기업, 금융기관과 외국 기업, 금융기관이 서로 돈을 꾸거나 빌려주는 거래를 통해 생기는 수입과 지출의 차액을 말합니다. 외국인투자, 해외투자, 차관 등이 이에 해당합니다.

앞에서 설명한 여러 수지 가운데 가장 중요한 것은 '경상수지'입니다. 흔히 국제수지라고 하면 경상수지를 의미하는데, 그 이유는 국제거래에 포함된 상품, 서비스의 수출입실적이 모두 경상수지에 포함돼 있기 때문입니다. 수출실적이 좋아 경상수지가 흑자를 기록하면 국내경기도 좋아지고, 결국 국민소득 향상과 일자리 창출로 이어집니다.

037

작은 기업이 큰 기업을 삼키는
보아뱀 전략

프랑스 소설가 생텍쥐페리의 《어린 왕자》를 읽어보셨나요? 1943년에 출간된 이 소설에는 그림이 많이 등장합니다. 그중에 중절모 그림이 있습니다. 그런데 사실 이 중절모는 자기보다 몸집이 몇 배나 큰 코끼리를 삼킨 보아뱀입니다. 만일 코끼리가 살기 위해 몸부림치면 보아뱀의 몸통이 터져 위험할 수도 있을 것입니다.

경영학에서는 이 보아뱀처럼 자산이 작은 회사가 자기보다 훨씬 규모가 큰 회사를 인수하는 것을 보아뱀 전략이라고 부릅니다. 대표적인 예가 '효성'과 '하이닉스'입니다. 지난 2009년 9월 자산규모가 6조 원인 효성그룹이

나보다 큰 기업을
꿀꺽하는
보아뱀 전략

자산규모 13조 원이 넘는 하이닉스를 인수하겠다고 발표해서 국내는 물론 해외 투자자들까지 깜짝 놀라게 했습니다. 섬유산업에 특화돼 있어서 우리 나라 섬유업계의 대표격인 효성이 향후 반도체사업을 하겠다는 취지에서 법정관리 중인 하이닉스를 인수하겠다는 의사를 밝힌 것입니다. 즉 보아뱀 인 효성이 코끼리인 하이닉스를 삼키려고 한 것이지요.

하지만 효성에게 하이닉스는 너무 큰 코끼리였습니다. 또한 효성의 야 심을 뒷받침하기에는 현실이 너무 냉혹했습니다. 우선 반도체사업은 기술 첨단화를 위해 지속적으로 투자해야 하는 업종 중 하나입니다. 업계 전문가 들은 반도체사업에는 적어도 해마다 1조 원 이상의 막대한 설비투자가 필 요하다고 지적합니다.

사실 반도체는 생각처럼 그렇게 돈을 많이 벌 수 있는 업종이 아닙니다. 효성은 그룹의 외형확장과 사업다각화를 위해 반도체기업을 인수하려고 했지만, 한 해에 1조 원이 넘는 투자를 계속하기란 쉽지 않았죠. 이러한 현 실적인 문제 때문에 효성그룹은 결국 2달 만에 하이닉스 인수를 포기했습 니다.

보아뱀 전략을 성공적으로 구사해 기업을 성장시킨 국내 사례도 있습니 다. 2021년 2월에는 현대중공업그룹 산하 건설기계 업체 현대건설기계가 동종업체 두산인프라코어를 8,500억 원에 인수해 화제가 됐습니다. 국내 건설기계 시장에서 두산인프라코어의 시장 점유율은 40%로 현대건설 기계 (25%)보다 약 2배가 많습니다. 글로벌 건설기계 시장에서도 두산인프라코어 시장 점유율은 3.7%로 9위, 현대건설기계는 1.5%로 20위입니다.

이에 대해 작은 기업이 동일 업종 큰 기업을 인수하면 합병에 따른 혜택 보다는 재무적인 부담이 크지 않겠느냐는 분석이 나왔습니다. 그러나 다행

히도(?) 현대건설기계가 아닌 현대중공업그룹의 지주회사 현대중공업지주가 두산인프라코어를 사들였습니다. 결국 현대건설기계는 돈을 안 낸 셈이지요.

재규어와 랜드로버를 인수한 타타모터스

이처럼 보아뱀 전략을 잘 활용한 기업은 외국에도 많습니다. 대표적인 예가 인도의 '타타그룹'입니다. 글로벌 기업으로 부상하려는 타타그룹은 짧은 기간에 기업규모를 키우고 인재와 기술력을 갖추기 위해 보아뱀 전략을 추진했습니다. 먼저 타타그룹 계열사로서 세계 56위에 머물렀던 타타스틸은 지난 2007년 세계 9위 조강생산 능력을 가진 영국 코러스를 121억 달러에 인수해 단숨에 세계 5위의 철강회사로 도약했습니다. 세계에서 가장 싼 자동차를 만드는 타타모터스 역시 지난 2008년 영국의 세계적 자동차 브랜드 재규어와 랜드로버를 23억 달러에 인수해 글로벌기업으로 발돋움했습니다.

2024년에도 보아뱀 전략은 여전히 모습을 드러내고 있습니다. 식품업체 하림이 2024년 2월에 HMM(옛 현대상선)을 인수하려 했지만 결국 실패했기 때문입니다. '보아뱀' 하림이 '코끼리' HMM 인수에 필요한 자금(6조 4,000억 원)을 충분히 마련하지 못해 인수 노력이 수포로 돌아갔기 때문이죠.

결국 보아뱀 전략은 어떻게 활용하느냐에 따라 기업에 득이 될 수도 있고, 실이 될 수도 있습니다.

038
수요와 공급이 자연적으로 이뤄지는
보이지 않는 손

보이지 않는 손(Invisible Hand)은 영국 고전파 경제학자 애덤 스미스가 《국부론》과 《도덕감정론》에서 사용한 표현입니다. 시장에서는 개개인의 모든 이해관계가 결국 자연적으로 조화를 이뤄나간다는 이론입니다.

애덤 스미스

좀더 쉽게 설명하면 이렇습니다. 일반적으로 상품매매는 상품에 대한 소비자의 수요와 공급이 일치할 때 이뤄집니다. 그런데 상품을 팔려는 사람은 되도록 높은 가격에 팔려고 할 것이고, 물건을 사려는 소비자는 되도록 싼값에 사고 싶을 겁니다. 만일 수요에 비해 물건이 적게 나오면 어떻게 될까요? 그 제품의 가격은 올라갈 수밖에 없습니다.

그러나 경쟁업체들이 서로 가격을 내리면서 소비자를 공략하면 가격이 다시 내려갑니다. 또한 제품 가격을 높게 정했더라도 이를 찾는 사람이 없으면 가격은 떨어질 수밖에 없습니다.

이처럼 상품에 대한 수요와 공급이 자연적으로 이뤄지는 것을 두고 보이지 않는 손이 작용한다고 말합니다. 일부에서는 보이지 않는 손을 '시장의 기능'이라고도 부릅니다.

　제품의 수요와 공급을 놓고 소비자와 공급자가 벌이는 시비가 다소 혼란스럽게 보일지 모르지만, 이는 자유경쟁을 통한 자율성을 강조하는 자본주의의 기본 개념입니다. 서로 상충되는 이해관계가 오히려 모든 거래 당사자에게 이익을 가져다주는 것이 자유경쟁시장의 매력이죠.

　그렇다면 여기서 질문 하나! 보이지 않는 손이 있다면 '보이는 손'도 있을까요? 정답은 '그렇다'입니다. 보이지 않는 손이 시장의 기능과 관련이 있는 반면, 보이는 손은 정부의 역할과 관련이 있습니다.

　보이는 손(Visible Hand)은 영국의 경제학자 존 메이너드 케인스가 강조한 개념입니다. 케인스는 보이는 손, 즉 정부가 경기침체와 불황으로부터 국민을 보호하는 역할을 해야 한다고 강조했습니다. 경제위기에 처했을 때는 시장에 그냥 맡겨두는 것보다 정부가 적극적으로 개입해 정책을 실행하는 것이 더 효과적이라는 논리입니다.

존 메이너드 케인스

　그렇다면 근래에 보이지 않는 손 못지않게 보이는 손에 관심이 쏠리는 까닭은 무엇일까요? 미국발 금융위기와 서유럽 경제위기 등 잇따른 경제정책 실패에 '작은 정부'와 '규제완화'의 허점이 있다는 분석이 나오면서, 시장을 그냥 내버려두기보다는 정부가 적극적으로 개입해 위기를 해소해주기를 바라는 목소리가 커졌기 때문이지요.

　즉, 미국과 유럽 등 주요 국가의 정부가 시장에 과도하게 의존하는 정책에만 집중한 나머지, 자유방임에 필요한 적절한 감독과 위험관리 기능이 마비되면서 위기가 초래됐다고 분석한 것이죠. 이에 따라 자유시장경제에 정부의 개입을 늘려 경제위기를 해소하고 안정을 늘리자는 주장입니다.

1946년 4월 21일 사망한 후 한동안 세간의 관심에서 멀어졌던 케인스가 반세기를 훌쩍 넘긴 후 다시 부활해, 세계경제정책 입안자의 관심사항으로 자리 잡게 된 역사적인 순간인 셈입니다.

케인스의 정책을 주장하는 이들을 네오케인시언(Neo-keynesian), 즉 신케인스학파라고 합니다. 신케인스학파의 대표적인 인물로는 미국 매사추세츠공과대학(MIT) 교수이자 2009년 12월에 별세한 폴 새뮤얼슨을 비롯해, 2008년 노벨경제학상을 받은 뉴욕시립대학 교수 폴 크루그먼, 컬럼비아대학 교수 조지프 스티글리츠, 국제통화기금(IMF) 부총재와 미국 연방준비제도이사회(FRB) 부의장을 역임했던 스탠리 피셔 등을 꼽을 수 있습니다. 이들은 글로벌 경제위기처럼 개인이나 일개 기업이 대처하기 어려운 문제 상황에서 경제를 회생시킬 수 있는 핵심축은 바로 정부뿐이라는 입장입니다.

2008년 글로벌 경제위기 이후 세계경제는 보이지 않는 손보다 보이는 손에 의해 움직이고 있습니다. 미국, 유럽, 일본 등 대부분의 국가에서 금리를 인하하고 양적완화(168장 참고)를 실시하면서 정부가 경제를 쥐락펴락하고 있지요. 세계경제가 복잡한 관계로 얽혀 서로 영향을 주고받고 있기 때문에 앞으로도 정부의 역할은 축소되기 어려울 것으로 예상됩니다.

039

경제를 책임지는 6총사
경제6단체

경제6단체는 우리나라 경제발전을 주도하는 6개 주요 단체를 뜻합니다. 경제6단체를 살펴보기 전에 경제4단체, 경제5단체부터 짚어보겠습니다.

경제4단체는 전국경제인연합회(전경련), 대한상공회의소, 한국무역협회, 중소기업중앙회를 말합니다. 이들 4개 단체는 재계의 이익을 대변하고, 대(對)정부 압력단체 역할을 하고 있습니다. 4개 단체 중 전경련만 순수 민간단체고, 나머지 3개 단체는 사단법인 등 법정단체 혹은 반관반민(半官半民) 단체입니다.

여기에 한국경영자총협회(경총)를 포함하면 경제5단체가 되고, 한국중견기업연합회(중견련)까지 포함하면 경제6단체가 됩니다. 그럼 6개 단체의 역할을 간단히 알아보겠습니다.

전국경제인연합회(FKI): 1961년 설립된 민간 종합경제단체로, 업종별 경제단체와 대기업으로 이뤄져 있습니다. 자유시장경제 창달과 건전한 국민경제 발전을 위해 올바른 경제정책을 구현하고 우리나라 경제의 국제화를 촉진하는 데 설립 목적이 있습니다. 전경련의 가입기준은 내수가 외형

600억 원 이상, 수출 1억 달러 이상이며 건설업체는 외형 1억 5,000만 달러에 달해야 합니다. 이와 같은 가입조건을 감안할 때 전경련은 주로 대기업의 이익을 대변하는 단체입니다.

하지만 2017년 최순실 게이트로 전경련이 정경유착의 온상이었다는 사실이 밝혀지면서 2017년 1월 LG, 포스코, SK, 삼성, 현대자동차가 전경련에서 탈퇴하면서 힘을 잃었습니다. 그 후 재기를 위한 노력을 펼친 결과 전경련은 2023년 9월 19일 '한국경제인협회'라는 이름으로 새롭게 출발했습니다.

대한상공회의소(KCCI): 특별법인 상공회의소법에 의해 설립된 종합경제단체입니다. 각 지역 내 상공업 발전과 지역사회 개발, 전국 상공회의소 통

합과 조정을 통해 국가의 상공업 발전에 기여하는 것을 목적으로 하고 있습니다. 전경련이 주로 대기업 중심으로 구성된 반면, 대한상공회의소는 전경련, 한국무역협회, 중소기업중앙회 회원 등 120만 상공인으로 이뤄진 국내 최대 규모의 경제단체입니다.

한국무역협회(KITA): 1946년 7월에 설립된 사단법인으로, 무역업계의 이익을 대변하고 국가경제 발전과 수출 증대에 기여하는 단체입니다.

중소기업중앙회(Kbiz): 1962년 중소기업협동조합법에 의해 설립된 특수법인으로, 업종별로 조직화된 각 협동조합을 중심으로 운영하며 전체 중소기업의 이익을 대변하는 데 설립 목적이 있습니다. 대기업의 중소기업 업종침해 문제를 가장 관심 있게 다루고 있습니다. 업종침해 문제를 해결하기 위해 하도급분쟁위원회를 설치했으며, 이 때문에 전경련과 다소 불편한 관계에 있습니다.

한국경영자총협회(KEF): 1970년에 설립된 전국 규모의 사용자단체로, 주로 노사화합과 기업 경영 안정화를 위한 활동을 하고 있습니다. 특히 인사관리, 노사관계, 복리후생, 산업안전 등 기업 운영에서 근로자와 관계된 업무를 담당하고 있습니다.

한국중견기업연합회(FOMEK): 중소기업보다 크지만 대기업이나 외국계 기업의 자회사가 아닌 중견기업을 단합시켜 국가와 사회에 기여하기 위해 조직된 단체입니다. 중경련은 2014년 7월 '중견기업 성장 촉진 및 경쟁력 강화에 관한 특별법'에 근거하여 법정 경제단체로 공식 출범하면서 대한상공회의소, 중소기업중앙회에 이어 세 번째 법정 경제단체가 되었습니다.

040

누르면 다른 곳이 부풀어오르는
풍선효과

풍선의 한 곳을 누르면 어떻게 될까요? 다른 곳이 불룩해지겠지요. 이와 마찬가지로 특정분야의 문제를 해결하면 또 다른 분야에 문제가 생기는 현상을 풍선효과(Balloon Effect)라고 합니다.

이 표현은 미국에서 생겼습니다. 외국에서 밀수입되는 마약 문제로 골머리를 앓던 미국정부가 마약 수입 의심국으로 지목한 몇몇 중남미국가에 대해 통관절차를 대폭 강화하는 등 강력한 단속작업을 벌인 적이 있습니다. 미국정부는 이 조치로 미국 내 마약거래가 사라질 것으로 기대했지만, 현실은 그렇지 않았습니다. 마약 밀매업자들이 남미의 다른 지역으로 옮겨 미국 내로 계속 마약을 반입했기 때문입니다.

우리 주변에서 흔히 볼 수 있는 풍선효과의 대표적인 예로는 부동산정책을 들 수 있습니다. 정부가 특정지역의 집값이 급등하는 것을 막기 위해 규제를 강화하면 부동산 수요가 다른 지역으로 몰리면서 다른 지역의 집값이 오르는 현상이 나타납니다. 투기세력을 퇴치하겠다는 취지는 이해할 수 있지만, 이는 정부가 부동산 가격 조정기능을 '보이지 않는 손(38장 참고)'에 맡기지 않고 직접 칼을 댄 결과로 나타나는 부작용인 셈입니다.

2014년 신한금융투자는 단말기유통구조개선법(단통법)의 시행으로 무선 보조금이 감소하자, 유선 보조금이 상승하는 풍선효과가 나타났다고 지적했습니다. 단통법 시행에 따라 통신사들의 눈치 보기가 유선방송 보조금으로 옮겨간 풍선효과가 나타난 것이죠.

담배시장에서도 풍선효과가 나타나고 있습니다. 2015년 정부는 우리나라 흡연 인구를 줄이기 위해 담뱃값을 기존 가격에서 2배가량 인상했습니다. 하지만 담뱃값 인상 후 전체 담배 판매량은 줄었지만 면세점용 담배 판매량은 무려 43%나 늘어난 것으로 확인됐습니다.

흡연을 억제하기 위해 국산 담뱃값을 인상했지만, 골수 흡연계층이 담배를 줄이거나 금연하기보다는 면세점 담배 판매창구로 몰리는 풍선효과가 빚어진 것이지요.

이뿐만이 아닙니다. 부동산 시장이 과열돼 금융당국이 KB국민·신한·하나·우리·NH농협은행 등 5대 시중은행에 주택담보대출을 억제하도록 요구하면서 소비자들이 대출 지원을 받기 위해 은행을 제외한 증권회사, 보험회사, 새마을금고, 신용협동조합 등 제2금융권으로 몰리는 현상도 대표적인 풍선효과입니다.

041

성질 급해서 경제를 망치는
샤워실의 바보

추운 겨울 아침에 졸린 눈으로 샤워실에 들어갑니다. 샤워를 하려고 더운물 수도꼭지를 틀었는데 찬물이 나오네요. 조금만 기다리면 더운물이 나오겠지만, 이를 참지 못하고 더운물이 나오도록 수도꼭지를 끝까지 틉니다. 그러자 갑자기 너무 뜨거운 물이 나와서 손등을 뎁니다. 놀라서 수도꼭지를 찬물 쪽으로 끝까지 돌리자, 이번에는 얼음장같이 차가운 물이 머리 위로 쏟아져나옵니다. 결국 샤워는 못하고 발만 동동거립니다.

이처럼 찬물과 더운물을 오가며 헤매는 상황을 경제학에서는 샤워실의 바보(Fool The Shower)라고 부릅니다. 이 표현은 1976년 노벨경제학상을 수상한 시카고대학 교수 밀턴 프리드먼이 처음 사용했습니다.

프리드먼이 샤워실의 바보라는 표현을 통해 지적한 것은 '정부의 무능'입니다. 바보는 수도꼭지 조작과 그 결과의 시차를 무시한 채 순간의 수온에 따라 즉흥적으로 행동하는 큰 우를 범합니다. 이처럼 정부가 정책을 추진할 때 원하는 결과가 나오도록 기다리면서 세밀한 조정작업을 거치지 않고 즉흥적으로 조치하며 이리저리 왔다 갔다 하면, 뜨거운 물에 데거나 아예 샤워를 하지 못하는 것과 같은 국면을 맞게 될 것이라는 지적입니다.

프리드먼은 자유주의경제학의 신봉자입니다. 조금만 기다리면 보이지 않는 손, 즉 시장이 알아서 더운물이 나오도록 해줄 텐데, 정부가 개입해 정책을 자꾸 바꿔 오히려 경제를 망치고 있다고 꼬집은 것이지요.

우리나라에도 대표적인 예가 있습니다. 바로 정부의 부동산 정책입니다. 정부는 부동산 시장이 뜨겁게 달아오르면 이를 억제하기 위해 부동산대출 규제강화 등과 같은 정책을 내놓습니다. 그 결과 부동산 시장이 침체국면으로 접어들면 이번에는 부동산 시장을 살리기 위해 과도하게 규제를 푸는 정책을 내놓습니다. 그러면 또다시 부동산 시장이 과열되는 등 혼란만 가중되지요.

경기침체 때 정부가 쓰는 금리 인하도 한 예입니다. 그러나 금리 인하가 시중 유동성 공급과 기업의 투자확대로 이어져 경기활성화라는 결과물이 나오기까지는 시간이 많이 걸립니다. 그런데 조급한 정부는 또 다른 경기부양책을 선보이지요. 이러한 조치는 결국 경기과열로 이어지고, 다시 과열을 막기 위한 또 다른 조치를 고민해야 하는 상황이 이어집니다. 이처럼 샤워실의 바보가 되는 상황을 막기 위한 프리드먼의 해법은 간단합니다. 시중에 돈을 풀었다 조였다 하기보다는 제규모 확대에 따라 꾸준하게 안정적으로 통화를 확대공급하는 것이 가장 좋은 경기조절 정책이라는 것이죠.

042 소득분배의 불평등도를 보여주는
지니계수

경제 양극화와 불평등을 묘사한 대표적인 신조어로 '헬조선', '흙수저', '금수저' 등과 같은 단어를 종종 듣곤 합니다. 좀처럼 좁힐 수 없는 경제적 격차와 좌절감이 드러난 용어인 셈입니다. 사실 빈부격차는 인류역사와 함께 이어져온 사회적 현상입니다. '만민평등'을 부르짖는 사회주의 종주국인 중국에서도 빈부격차가 심각한 모습을 볼 수 있죠.

빈부격차와 소득분배의 불평등한 정도를 보여주는 지니계수는 이탈리아의 통계학자이자 사회학자인 코르라도 지니가 1912년 발표한 논문 〈변동성과 이변성〉에 처음 등장한 용어입니다.

지니계수는 0과 1 사이에서 값을 매기는데 1에 가까울수록 소득분배가 불평등함을 의미하며, 흔히 0.4를 넘으면 소득이 상당히 불평등하게 분배됐다는 것을 의미합니다. 선진국 모임인 경제협력개발기구(OECD) 국가들의 지니계수는 대개 0.2~0.5 사이에 분포합니다. 덴마크, 일본, 스웨덴, 벨기에, 체코, 노르웨이 등 상대적으로 소득분배가 양호한 국가들은 지니계수가 0.3 미만이며, 이에 비해 심각한 양극화지역으로 알려진 남미의 칠레, 멕시코 등은 지니계수가 0.4 후반대를 기록하고 있지요.

그렇다면 통계청에서 발표하는 우리나라의 지니계수는 얼마나 될까요? 우리나라는 지난 1992년 0.245를 정점으로 IMF 외환위기를 거치며 급격히 악화됐다가 2011년 0.311, 2014년 0.302, 2015년 0.295로 점점 완화됐고, 2016년 들어 0.335로 소폭 상승했습니다. 그 이후 우리나라 지니계수는 2017년 0.317, 2018년 0.309, 2019년 0.294, 2020년 0.306으로 2019년 이후 다시 상승세입니다. 이는 2020년 전 세계를 뒤흔든 신종 코로나바이러스 감염증(코로나19)에 따른 경제적 악영향과 이에 따른 최저임금 인상률 저조가 주원인으로 파악됩니다. 그러나 수치만 본다면 OECD 34개 회원국 평균치(0.314)에 가까우므로 부의 양극화가 심한 편은 아니죠.

하지만 OECD 주요 회원국의 시장소득 지니계수와 가처분소득 지니계수의 차이를 따져보면 한국의 양극화는 심각해 보입니다. 시장소득 지니계수는 세금과 정부 보조 등을 빼고 실제로 받는 소득인 월급으로만 따지는 것이고, 가처분소득 지니계수는 시장소득에 조세, 재정, 사회보험 등을 통한 재분배를 반영한 소득으로 통계청이 발표하는 아래의 표에 해당하는 지

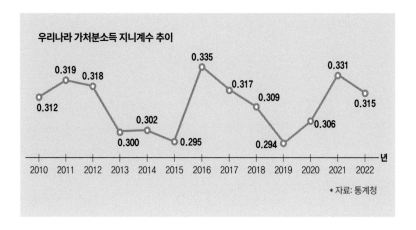

우리나라 가처분소득 지니계수 추이

* 자료: 통계청

수입니다. 시장소득 지니계수에 가처분소득 지니계수를 뺀 값이 클수록 재분배 효과가 높은 것으로 판단합니다.

2016년 기준 OECD의 지니계수 격차는 평균 0.162로 집계되지만, 우리나라는 평균치의 5분의 1인 0.031로 하위권에 속합니다. 가처분소득 지니계수로만 보면 우리나라의 불평등 수준은 OECD 평균치지만, 지니계수 격차로 보면 소득불평등이 높은 상황이라고 볼 수 있습니다.

소득불평등을 알아볼 수 있는 또 다른 지수로는 엥겔지수와 슈바베지수가 있습니다. 엥겔지수(Engel Confficient)란 한 가정의 지출 총액에서 식료품비가 차지하는 비율을 말합니다. 가계소득이 높을수록 엥겔지수가 낮습니다.

슈바베지수(Schwabe Index)는 한 가정의 지출 총액에서 주거비가 차지하는 비율을 의미합니다. 소득수준이 높을수록 주거비의 규모는 높지만, 지출 총액 대비 주거비의 비중은 낮아집니다.

043

해도 고민, 안 해도 고민
기업공개

2012년 5월 18일 뉴욕 타임스 스퀘어의 나스닥증권거래소 대형 스크린에 페이스북의 첫 거래를 환영하는 문구가 내걸렸습니다. 세계 최대 소셜네트워크업체인 페이스북이 자금조달을 위해 기업공개(IPO)를 결정하면서 큰 화제를 모은 것이죠. 당시 공모가는 38달러, 전체 공모규모 184억 달러, 시가총액 1,040억 달러로 인터넷기업으로는 사상 최대 규모였습니다. 하버드대

페이스북(현 메타) 상장을 축하하는 나스닥 전광판

학 기숙사에서 회사를 창업한 지 8년 만에 마크 저커버그는 불과 28세의 나이로 세계적인 억만장자 대열에 합류하게 됐죠.

주식시장에서 기업이 주식을 새로 발행하는 것을 '발행시장(Primary Market)', 한 번 발행된 주식이 여러 투자자의 손을 거치면 '유통시장(Secondary Market)'이라고 부릅니다. 결국 돈은 발행시장에서 투자자로부터 주식이나 채권을 발행한 기업으로 흘러가게 마련입니다.

이처럼 특정 기업 주식이 일반 투자자를 상대로 발행시장에 최초로 나오는 것을 기업공개(IPO)라고 합니다. 기업공개는 회사 주식을 불특정다수의 투자자에게 공개해 분산 소유하도록 하는 것입니다. 참고로, 증권회사를 통해 정해진 절차를 밟아 공개된 주식회사를 '공개법인'이라고 합니다.

그럼 기업공개를 하는 이유는 무엇일까요? 우선 기업은 상장(56장 참고) 심사를 받기 전에 기업공개를 하도록 정해져 있습니다. 기업공개를 한 기업은 회사 경영을 원활하게 하는 자금을 조달(확보)할 수 있습니다. 불특정다수의 투자자를 상대로 기업공개를 하기 때문에 상대적으로 큰 자금을 모을 수 있지요. 또한 상장기업이라는 간판을 얻게 돼 공신력을 확보할 수 있습니다.

물론 얻는 것이 있으면 잃는 것도 있게 마련입니다. 창업주의 입장에서는 자신이 갖고 있던 많은 주식(지분율)이 줄어듦에 따라 자칫 경영권 간섭 혹은 위협까지 받을 수 있습니다. 또한 거래소를 통한 감독당국의 감시와 견제도 만만치 않습니다. 심지어 대주주도 회삿돈을 함부로 쓸 수 없게 되며, 회사 역시 경영실적을 공시해야 하는 등 신경 써야 하는 일들이 늘어날 수 있습니다.

044

장소로 보는 경제지표
GDP

경제용어 가운데 가장 자주 등장하면서도 헷갈리는 것이 바로 GDP, GNP, GNI입니다. 이들의 차이점은 무엇일까요?

GDP는 'Gross Domestic Product'의 약어로 '국내총생산'을 말하며, 국내에서 일정 기간 동안 발생한 재화와 용역을 모두 포함한 것입니다. GNP는 'Gross National Product'의 약어로 '국민총생산'을 말하며, 국민경제가 일정 기간(보통 1년)에 생산한 최종생산물(재화나 서비스)을 시장 가격으로 평가한 총액을 말합니다.

쉽게 풀이하면 GNP는 한 국가의 국민이 국내는 물론 해외에서 만들어 낸 생산물의 총계, GDP는 특정국가 거주민의 국적과 관계없이 국내에서 생산된 최종생산물의 총계를 뜻합니다. 더 쉽게 말하면 GDP는 생산활동이 이뤄지는 장소, GNP는 생산활동에 참여하는 사람들의 국적을 중시합니다.

그럼 외국인이 한국에서 돈을 번 것은 GDP에 포함될까요, GNP에 포함될까요? GDP에 포함됩니다. 반면, 우리나라 사람이 해외에 나가서 벌어들인 돈은 GNP에 포함됩니다.

요즘 우리나라는 경제성장 지표로 GNP 대신 GDP를 사용하고 있습니다.

이는 전 세계 노동이나 자본의 국가 간 이동이 크게 늘고 있는 데서 기인합니다. 결국 국적을 중시한 GNP 기준 성장률은 국가의 고용 현황이나 경기를 제대로 반영하지 못한다는 것이지요. 외국인이 우리나라에서 돈을 벌고 쓰는 것도 우리나라 경제의 한 단면이기 때문입니다.

이와 같은 특징 때문에 유럽국가들은 1970년대 중반부터, 일본과 미국은 1990년대 초반부터 경제성장 지표로 GDP를 쓰고 있습니다. 우리나라도 1995년부터 경제성장 지표를 GNP에서 GDP로 바꿨습니다.

GNI는 'Gross National Income'의 약어로 '국민총소득' 지표입니다. 한 나라의 국민이 일정 기간 생산활동에 참여한 대가로 벌어들인 소득의 합계로, 실질적인 국민소득을 측정하기 위해 교역조건의 변화를 반영한 지표입니다. 즉 소득을 중시한 것이지요. 현재 GNP는 거의 발표되지 않는데, GNP가 하던 역할을 이제는 GNI가 대신하게 됐다고 보면 됩니다.

우리나라는 2017년 1인당 국민소득이 처음으로 3만 달러(31,734)를 넘은 후 2018년 33,564, 2019년 32,115로 3만 대를 유지하고 있습니다. 세계은행에 따르면 2022년 말 현재 한국의 인당 국민소득은 3만 3,000달러 대를 유지할 것으로 보입니다. GNI 순위는 상승해 주요 선진국 7개국(G7) 수준으로 오를 것으로 기대됩니다.

여기서 1인당 국민소득이란 국민총소득(GNI)을 인구 수로 나눈 것을 말합니다. 이 지표는 일반적으로 국민들의 평균적인 생활수준을 알아보기 위해 사용됩니다.

045

혼자 다 해먹고 끼리끼리 다 해먹는
독점과 과점

신문에 자주 등장하는 경제용어로 '독점(獨占, Monopoly)'과 '과점(寡占, Oligopoly)'이 있습니다. 어떻게 다른지 알아봅시다.

독점은 시장을 한 기업이 좌지우지하는 경우를 말합니다. 즉 시장에서 그 물건을 공급하는 기업이 하나밖에 없는 것입니다. 또한 그 물건과 경쟁할 만한 대체재도 없는 상태입니다. 특정시장에서 한 기업이 시장 전체를 지배하면 그 기업이 공급량을 줄여 시장가격을 결정할 수 있습니다. 즉, 가격을 마음대로 인상할 수 있는 독점적 지위를 갖게 됩니다.

물론 부득이하게 독점시장이 형성될 수밖에 없는 경우도 있습니다. 대표적인 예가 전력이나 도시가스, 상하수도 서비스입니다. 이들 사업에는 왜 독점시장이 형성될까요? 이들 독점사업은 모두 초기투자비가 엄청나게 많이 들어가지만, 일단 사업이 자리 잡으면 추가비용을 조금만 지불해도 되므로 어느 순간부터 큰 이윤을 남기는 짭짤한 사업이라는 공통점이 있습니다.

그런데 이들 시장에 새로 진출하는 기업은 엄청난 초기투자비와 함께 기존업체와 치열한 가격경쟁을 벌여야 하는 부담을 안게 됩니다. 특히 기존업체가 새로 등장한 기업을 견제하기 위해 기존 시세보다 낮은 가격의 상품을 내놓을 경우, 신규업체는 생존 위협까지 받는 상황에 처할 것이 뻔합니다.

바로 이런 점들이 독점시장을 가능하게 합니다. 그렇다고 해도 이들 독점기업이 가격을 무한정 올릴 수는 없습니다. 독점기업이 가격을 터무니없이 올릴 경우 소비자는 차라리 제품 구매를 연기하거나 포기할 수도 있기 때문입니다. 또한 정부도 이들 기업이 적정한 가격을 유지하도록 규제할 것입니다.

과점은 '적다'는 단어의 뜻 그대로, 몇 안 되는 기업이 공급의 대부분을 장악하고 있는 것을 말합니다. 어떤 의미에서는 독점과 비슷한 구조라고 할 수 있는데, 독점은 한 기업이 시장을 지배하는 반면, 과점은 몇몇 기업이 시장을 장악한다는 차이가 있습니다.

그럼 과점시장에서 기업은 어떤 방식으로 이윤의 극대화를 모색할까요? 가장 손쉬운 해법은 '담합'입니다. 경쟁업체끼리 합의해서 업체 간에 과열경쟁을 하느라 손해를 보지 말자고 약속하는 것입니다. 과점시장의 가장 대표적인 예가 석유수출국기구(OPEC)의 담합입니다. 전 세계 석유 공급량의 40%를 차지하고 있는 이들은 유가가 약세일 때마다 담합으로 가격을 끌어올렸습니다.

이와 같은 과점체계가 유지되려면 경쟁업체 사이에 악어와 악어새 같은 상호의존적 관계가 지속돼야 합니다. 우리나라의 대표적인 과점시장의 예로는 이동통신, 가전제품, 자동차 등을 들 수 있습니다.

그런데 과점시장에서 업체 간 합의로 제품 가격을 올릴 수는 있지만, 경기침체로 판매가 부진한 상황이라면 얘기가 달라집니다. 과점시장이 형성된 구조에서 한 기업이 판매실적을 올리기 위해 제품 가격을 크게 내리면 나머지 업체도 서둘러 가격인하에 돌입합니다.

이와 같이 소비자 구매가 크게 늘지 않는 가운데 과점시장의 업체들이 경쟁적으로 가격을 내릴 경우, 매출은 늘지 않고 제품 가격만 내리는 결과를 초래해 결국 기업이윤이 크게 떨어지게 됩니다.

046

제조업체의 양심선언
리콜

　최근 신문이나 방송, 온라인 매체에서 자주 등장하는 용어 가운데 하나가 리콜(Recall)입니다. 리콜은 어떤 상품에 결함이 있을 때 제조업체가 그 제품을 회수해서 점검한 후 수리나 교환해주는 것을 말합니다. 우리말로는 '결함보상제', '소환수리제'라고 합니다.

　리콜은 원래 비리를 저지르거나 능력이 떨어지는 대표를 임기가 끝나기 전에 해임할 수 있도록 하는 '주민소환제'를 뜻했습니다. 그러다 경제 분야에도 같은 뜻이 적용됐지요. 물론 정치적 의미와 차별을 두기 위해 미국소비자제품안전법에서는 리콜이라는 용어 대신 '시정조치(Corrective Action)'라는 전문용어를 쓰고 있습니다.

　리콜의 대표적인 사례로는 일본 자동차업체 도요타가 2010년 가속페달 결함으로 1,000만 대를 리콜한 사례입니다. 같은 일본 업체 닛산자동차도 2010년 3월 에어백 결함을 이유로 미국과 캐나다 등 북미 지역에서 알티마 세단 등 99만 대를 리콜했습니다.

　2015년 독일 자동차업체 폭스바겐이 배출가스를 조작한 차량 1,100만 대를 리콜한 것도 대표적인 예입니다. 폭스바겐은 배출가스량을 규정대로 맞추면 연비 하락과 유지비 증가 등으로 이어질 수 있어 배출가스를 조작한 것으로 밝혀졌습니다.

리콜 사례는 여기에서 끝나지 않습니다. 일본 타이어업체 브리지스톤/파이어스톤이 2000년 발생한 교통사고 가운데 46명이 사망하고 수백 건의 차량 교통사고에 이 업체 타이어 제품이 문제가 있다는 조사가 나오자 650만 대에 이르는 타이어를 회수했습니다.

그렇다면 리콜 대상 가운데 자동차가 가장 많은 이유는 무엇일까요? 우선 자동차는 한 나라에서 모든 자동차 부품을 만들지 않고 전 세계 공장에서 저렴한 가격으로 차량 부품을 만들고 있습니다. 그러다 보니 차량 제조에 따른 품질관리가 제대로 이뤄지지 못하고 있죠. 이와 함께 최근 자동차 기술이 기존 가솔린에서 하이브리드나 전기자동차 등 전장화를 추구하면서 차량 제작에 문제점이 생기는 점도 지적할 수 있습니다.

그럼 제조업체 입장에서는 리콜이 득이 될까요, 실이 될까요? 사실 리콜이 기업에 득이 될 리는 없습니다. 리콜을 한다는 것은 제품에 문제가 있음을 소비자들에게 자수하는 것이나 마찬가지이기 때문이죠.

그렇다면 제품에 문제가 있지만 이를 외부에 알리지 않고 끝까지 버틸 경우는 어떨까요? 리콜에는 자발적 리콜과 강제적 리콜이 있습니다. 자발적 리콜은 제조업체가 제품상의 문제점을 파악하고 스스로 리콜을 실시하는 것입니다. 업체는 자사 제품을 산 소비자들에게 서신으로 문제점을 알리고 물품을 거둬들여 수리하지요.

이에 비해 강제적 리콜은 정부가 먼저 결함을 파악하고 제조업체에 리콜을 지시하는 것입니다. 정부마저 제품의 문제점을 알고 있는데 제조업체가 이를 파악하지 못했다는 것에 소비자들이 의구심을 가질 뿐 아니라 당국으로부터 시정조치 명령까지 받아 호미로 막을 것을 가래로 막는 상황이 벌어지지요.

대표적인 예로는 지난 2000년에 있었던 일본의 자동차업체 미쓰비시를 들 수 있습니다. 미쓰비시는 당시 냉동차의 제동장치에 이상이 있는 등 제품상 결함이 있다는 것을 알았지만 이를 조직적으로 은폐했습니다. 그러다 결함 사실이 알려져 무려 63만 대에 달하는 자동차를

미쓰비시의 로고

리콜해야 했습니다. 결함을 숨기다 차량을 대량으로 리콜해야 하는 상황이 되면서 미쓰비시는 한때 도산위기까지 내몰리는 등 수모를 당했지요. 이 사례는 제품 결함을 감추기에 급급한 기업은 결국 소비자들로부터 외면당한다는 것을 보여줍니다.

최근 우리나라도 대다수의 기업이 리콜에 적극적으로 나서고 있습니다. 문제점이 발견되면 리콜해 소비자 만족도를 높이고 이를 통해 제품 재구매로 유도할 수 있기 때문이죠. 결국 제품 결함 논란이 불거진 후 이를 수습하기 위해 거액의 홍보비나 광고비를 지출하는 것보다 떳떳하게 리콜에 나서는 것이 더 효율적인 경영전략이라는 얘기입니다.

독감, 범죄도 미리 예방한다
빅데이터

우리나라가 스마트폰 보급률이 세계 1위라는 사실을 알고 있나요? 스마트폰, 태블릿PC 등 각종 무선기기의 이용으로 정보가 더욱 빨리 움직이게 됐고, 그 양도 폭발적으로 증가하고 있습니다. 이른바 디지털경제가 확산되면서 그 규모를 가늠할 수 없을 정도로 많은 정보가 생산되는 빅데이터(Big Data) 환경이 조성되고 있는 것이지요.

미국 시장조사업체 IDC는 인류 문명 시작 후 2020년까지 축적된 모든 데이터의 총합이 59ZB를 넘겼으며, 2025년에는 175ZB를 기록할 것이라고 예측했습니다. 1ZB는 1조GB로, 무려 아이패드 750억 개의 용량입니다. 이처럼 어마어마한 양의 데이터가 쌓이는 만큼 데이터를 활용한 시장규모도 계속 커지고 있습니다.

이런 빅데이터는 어떻게 활용되고 있을까요? 구글에서는 실시간으로 누적되는 검색어 분석을 통해 미국 보건당국보다도 먼저 시간과 지역별 독감 유행 정보를 제공하는 독감 예보 서비스를 제공하고 있습니다. 특정지역 주민들의 발열, 기침 등 독감과 관련된 단어의 구글 홈페이지 검색빈도를 파악해서 독감환자 확산을 예측하는 것이지요.

또한 빅데이터의 활용 사례는 일상생활에서도 쉽게 찾을 수 있습니다. 즐겨 방문하는 인터넷쇼핑몰 사이트를 열면 그동안 내가 검색한 물건과 가격 등 각종 정보가 화면 옆에 나타나는 것을 볼 수 있습니다. 이는 마케팅의 일환으로 고객이 검색한 흔적을 쇼핑몰이 자동으로 저장하기 때문입니다. 심지어 내가 어떤 상품에 관심이 있는지, 얼마 동안 쇼핑몰에 머물렀는지도 알 수 있지요.

이 외에도 각종 멤버십카드의 가입을 유도해 고객의 정보를 수집하고, 그 정보를 바탕으로 고객의 심리를 분석해 마케팅에 사용하는 것은 아주 흔한 빅데이터의 활용이라고 할 수 있습니다.

정부도 빅데이터를 적극적으로 활용하기 위해 준비하고 있습니다. 특히 범죄 예측에 빅데이터를 활용하는 방안을 우선 추진하기로 했죠. 기존에 보유하고 있는 범죄 데이터에 날씨·공간·지역별 인구통계, 유동인구 등의 정

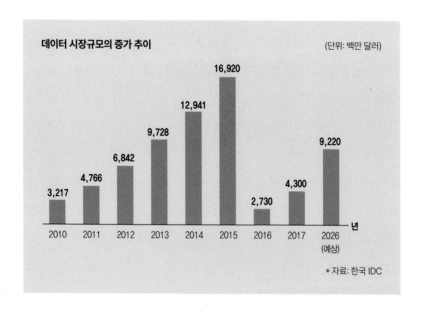

데이터 시장규모의 증가 추이 (단위: 백만 달러)

16,920
12,941
9,728
6,842
4,766
3,217
2,730
4,300
9,220

2010 2011 2012 2013 2014 2015 2016 2017 2026(예상) 년

* 자료: 한국 IDC

보를 더해 장소·시간대별 범죄 발생 가능성을 도출하는 시스템을 구축하기로 한 것입니다.

그러나 나도 모르는 사이에 나의 개인정보가 수집, 유출되는 등 과도한 빅데이터 활용으로 인한 폐해는 아무도 책임지려 하지 않습니다. 2013년 전직 미국 정보기관 요원인 에드워드 스노든은 미국 국가안보국(NSA)이 통화내역과 인터넷 사용내역과 같은 개인정보를 무차별적으로 수집해왔다는 사실을 폭로했습니다. 미국의 공공기관이 페이스북, 구글, 애플, 야후 등 다양한 서버에서 사용자들의 검색기록, 오디오, 동영상, 사진, 이메일등을 수집했다는 것이었죠.

미국정부는 이 사실을 일부 인정하고 수집한 정보를 테러방지 등을 위해서만 썼다고 주장했지만, 국가가 권력을 이용해 개인정보를 수집한 사례는 많은 사람의 분노를 샀습니다. 정보의 양이 방대해질수록 개인정보 보호와 합리적인 정보이용을 위해 더욱 고민해야 할 것입니다.

048

기계끼리 알아서 문제를 해결한다
사물인터넷

인터넷은 사실 사람들의 고유영역이었습니다. 사람들이 인터넷을 통해 연결된 세상(Wired World)을 만들어왔으니까요. 그런데 인터넷이 사람이 아닌 사물과 사물, 쉽게 말해 기계와 기계가 서로 소통하는 도구가 된다면 어떤 일이 벌어질까요?

이른바 사물인터넷(IoT) 말입니다. IoT는 'Internet of Things'의 약어입니다. IoT 말고 IoE(Internet of Everything), 즉 만물인터넷이라고도 부릅니다.

사물인터넷은 사람, 사물, 공간, 데이터 등 모든 것을 인터넷이라는 네트워크를 통해 서로 연결해 정보를 만들고 수집하고 공유하는 기술을 뜻합니다. 쉽게 말하면, 우리 주변에서 흔히 접할 수 있는 인터넷을 통해 기기들이 서로 정보를 주고받는 것이지요.

사물인터넷과 함께하는 모습은 어떠할까요? 서울에 사는 주부 A씨는 아침에 출근하면서 집 안에 있는 전기기기에 미리 예약을 해둡니다. 그리고 퇴근 전 스마트폰으로 집 안의 에어컨을 켜고, 세탁기를 돌려 귀가시간에 맞춰 빨래를 마치고, 집에 설치된 카메라로 언제든지 집 안의 상황을 점검

할 수 있습니다. 영화 같은 삶이 사물
인터넷 기술로 펼쳐지는 것
이지요.

우리 주변에서 쉽게
찾아볼 수 있는 가장 대
표적인 사물인터넷은 '하
이패스(Hi-pass)'입니다. 하
이패스는 고속도로 톨게이
트를 통과할 때 요금이 자동결제되는 시스템이죠. 자동차 내부에 부착된 하
이패스 카드와 톨게이트 시스템이 무선으로 정보를 교환한 후 요금을 결제
하는 방식입니다.

이를 위한 장치가 바로 전자태그 또는 스마트태그라고 불리는 RFID입
니다. 이 장치는 극소형 칩에 상품 정보를 저장하고 안테나를 달아 무선으
로 데이터를 송신하는 역할을 합니다. 이를 활용해 사물들이 인간의 개입
없이 유·무선인터넷으로 정보를 주고받으며 하나의 네트워크로 통합되는
셈이지요.

사물인터넷이라는 혁신적 기술을 맨 처음 생각한 사람은 윌리엄 넬슨
조이입니다. 미국의 컴퓨터 과학자이자 선마이
크로시스템스 공동창립자인 조이는 1999년 스
위스 다보스에서 열린 세계경제포럼(WEF)에서
'D2D(Device to Device) 커뮤니케이션'이라는 개념을
소개했습니다.

윌리엄 넬슨 조이

D2D는 근거리에 있는 모바일기기들끼리 직

접 통신할 수 있는 기술로, 블루투스(Bluetooth)가 대표적인 예입니다. 블루투스는 주로 10미터 안팎의 단거리에서 휴대폰, 노트북, 이어폰·헤드폰 등 휴대기기를 서로 연결해 정보를 교환하는 '근거리 무선기술'을 뜻합니다.

글로벌 시장조사기관 스타티스타(Statista)에 따르면 사물인터넷 기기 대수는 2019년 86억 대에서 2030년 294억 대로 급증할 것으로 보입니다. 가트너는 특히 사물인터넷 기술이 첨단 의료기기, 자동차 센서, 산업로봇 애플리케이션 등 기업 분야에서 광범위하게 활용될 것으로 내다봤습니다.

한국에서도 사물인터넷에 대한 관심이 점점 커지고 있습니다. 이를 방증하듯 정부는 국내 사물인터넷 시장이 오는 2020년까지 30조 원 규모로 커질 것으로 예상하고 이에 대한 대비책 마련에 나서고 있죠.

미래에는 사물인터넷과 인공지능의 결합도 예상됩니다. 인공지능이란 '스스로 생각하는 기계'를 말합니다. 단순히 사람의 입력과 실행에 의해서만 움직이는 것이 아니라 축적한 정보에 의해 자율적인 활동이 가능하죠. 사람의 음성언어를 인식해 스스로 움직일 수도 있고, 사람의 활동 패턴을 파악해 맞춤 정보를 제공합니다.

글로벌 기업들은 인공지능 시장의 미래를 내다보고 투자와 제품 개발에 박차를 가하고 있습니다. 구글은 사용자의 음성을 인식해 동작하는 인공지능 비서 '구글 어시스턴트'를 개발했고, SK텔레콤은 2016년 9월 인공지능 스피커 '누구'를 출시했습니다. KT는 2017년 1월 인공지능 스피커 '기가지니', 네이버는 2017년 8월 인공지능 스피커 '클로바 웨이브'를 각각 선보였습

인공지능 스피커 '누구'

니다.

　모든 사물과 인터넷으로 소통하는 영화같은 세상이 현실로 다가오고 있습니다. 사물인터넷은 IT산업의 판도는 물론, 일상생활 전반을 바꾸는 데 큰 역할을 할 것으로 기대됩니다.

049

세계를 두려움에 떨게 하는
검은 백조

검은 백조(Black Swan)를 본 적이 있나요? 백조(白鳥)는 단어 자체에 흰색이라고 명시돼 있으니 사실 검은 백조는 틀린 표현이지요. 맞는 표현으로 고치면 흑조(黑鳥)가 돼야 할 텐데, 경제학이나 경영학에서는 그냥 검은 백조로 쓰고 있습니다.

'백조 = 흰색'이라는 등식이 깨진 것은 1697년의 일입니다. 네덜란드의 여행가 윌리엄 드 블라밍이 호주 서부의 한 강에서 검은 백조를 목격한 것입니다. 이것으로 검은 백조가 실제로 존재한다는 것이 세상에 알려졌지만,

그래도 여전히 검은 백조는 '좀처럼 찾아보기 힘든 진귀한 존재'나 '불가능하다고 생각하는 상황이 발생하는 것'을 은유적으로 설명하는 표현으로 사용되고 있습니다.

검은 백조가 다시 세간의 관심을 끌기 시작한 것은 지난 2007년입니다. 당시 미국 뉴욕대학 폴리테크닉연구소 교수이던 나심 니콜라스 탈레브는 저서 《블랙 스완》에서

검은 백조

검은 백조를 "극히 예외적이고 알려지지 않아 일어날 가능성이 거의 없지만, 일단 발생하면 엄청난 충격과 파장을 주는 일이나 사건"이라고 설명하면서 세계가 검은 백조에 의해 좌지우지된다고 주장했습니다.

검은 백조의 대표적인 예로 지난 2001년 9·11테러를 꼽을 수 있습니다. 비행기가 대형 빌딩을 주저앉힌 이 사건은 마치 만화나 영화에서나 나올 법한 일이 아닐까요? 특히 미국정부가 각종 테러를 방지하기 위해 천문학적인 돈을 투자하고, 과거 수십년간 테러 방지 예측모델까지 만든 가운데 벌어졌으니 말입니다.

당초 예상을 뒤엎은 도널드 트럼프의 미국 대통령 당선도 검은 백조의 대표적인 사례입니다. 기존 미국 정치계에서 찾아볼 수 없었던 '정치 이단아' 트럼프가 앞으로 미국을 이끌어나갈 국가 지도자가 된 것이죠. 이와 함께 영국이 유럽연합(EU)이라는 가족을 버리고 혼자 살겠다며 뛰쳐나간 브렉시트도 검은 백조의 사례 중 하나로 꼽힙니다.

탈레브는 또 '0.1% 정도의 극단적인 가능성'이 실제로 발생하면 글로벌 경제가 휘청거릴 수 있으므로 미리 이에 대비해야 한다고 경고했습니다. 검은 백조는 우리가 맞다고 믿는 경험적 사실과 컴퓨터를 이용한 정교한 예측도 결국 완전히 믿을 수는 없다는 사실을 보여줍니다. 또한 과거를 아무리 분석해도 미래를 예측하기는 불가능하다는 것도 깨닫게 해줍니다.

언제 어떤 모습으로 나타날지 모르기 때문에 더욱 두려운 검은 백조가 등장하지 않도록 예방하고 대책을 마련하기 위해 전 세계가 합심해야 할 때입니다.

**Common Sense Dictionary
of Economics**

2

둘째 마당

재테크에 도움 되는 금융상식

우리나라 주가는 내가 지킨다
동학개미운동

최근 국내 증권시장에 재미있는 용어가 등장했습니다. 동학개미와 서학 개미가 바로 그것입니다. 그렇다면 '동학', '서학' 그리고 '개미'는 각각 무슨 뜻일까요? 우선 '개미'는 주식시장에서 개인적으로 투자하는 사람, 즉 개인 투자자를 말합니다. 그렇다면 '동학'과 '서학'은 어떤 의미를 담고 있을까요?

동학개미에서 '동학(東學)'은 동학농민운동을 뜻합니다. 동학은 경상북도 경주의 몰락한 양반 출신 최제우가 유교, 불교, 도교를 융합해 1860년에 만든 민족종교입니다. 동학은 '인내천(人乃天, 사람이 곧 하늘이다)'을 주장하며 인간의 존엄성을 강조했죠.

조선 고종 31년(1894) 지방 군수의 수탈과 횡포에 맞서 농민과 동학교도가 힘을 모아 혁명을 일으킨 것이 동학농민운동입니다. 당시 조선 사회를 지배한 신분질서를 타파하려는 반(反)봉건과 반외세 성격을 띤 농민운동이었지요.

동학이 당시 한국 사회의 문제점을 해결하기 위한 취지를 담고 있었듯이 국내 주식시장은 신종 코로나바이러스 감염증(코로나19)이 2년 넘게 이어지면서 주가가 급락하고 설상가상으로 기관 투자자와 외국인 투자자들이 주식시장에 매물을 대거 쏟아내 시장이 큰 타격을 입었습니다. 그리고 이렇게 주식시장에 쏟아지는 매물을 사들여 주식시장을 지탱한 개인 투자자들을 가르켜 동학개미라고 부릅니다.

쏟아지는 외국인 매물을 받아내는 개인 투자자들의 모습이 마치 동학농민혁명을 연상시켜 생긴 말입니다. 이를 잘 보여주듯 코로나19 여파로 2020년 3월 외국인 투자자들이 쏟아낸 매물의 90%를 동학개미들이 사들였습니다. 아마 동학개미의 '탁월한 애국심'이 없었다면 국내 주식시장은 회복하기 힘든 지경까지 추락했을지도 모릅니다.

자칫 치명적인 타격을 입을 뻔했던 주식시장은 동학개미 덕분에 활력을 되찾았으며 이에 따라 증권사는 장사를 잘해 순이익이 사상 최대치를 기록하는 기염을 토했습니다.

반면, 위기 상황에서도 투자수익을 극대화하려는 개미들의 야성적인 충동은 동학개미로 끝나지 않고 있습니다. 미국 증시 등 해외주식에 투자하는 국내 개인 투자자, 서학개미도 덩달아 늘어나고 있기 때문입니다.

그렇다면 서학개미들이 주로 사들이는 종목은 무엇일까요? 정답은 반도체를 비롯해 배터리, 바이오, 인터넷, 게임 등 성장주(Growth Stock)인 것으로 나타났습니다. 성장주는 수익증가율이 높은 기업의 주식을 말합니다. 전기차 배터리(Battery), 바이오(Bioindustry), 인터넷(Internet), 게임(Game) 관련 종목은 흔히 머리글자를 따서 'BBIG' 종목이라고 부르기도 합니다.

BBIG 종목이 서학개미의 러브콜을 받는 배경에는 제4차 산업혁명에 따른 첨단기술 기업을 비롯해 친환경 무공해 전기자동차 시대 개막에 따른 전기차 제조업체 그리고 아마존 등 전자상거래 기업이 계속 발전할 것이라는 전망이 자리 잡고 있습니다.

서학개미 가운데는 미국 증시 외에 유럽 증권시장으로 눈을 돌린 이들도 적지 않습니다. 2024년 2월 기준으로 서학개미가 유럽 주식을 매수한 금액이 2억 8,093만 달러(약 3,741억 원)로 3억 달러에 육박하는 모습입니다.

삼성증권이 2021년 3월 31일 향후 유망 투자지역을 묻는 설문조사를 실시한 결과 약 2,000명에 이르는 서학개미 가운데 70%가 최대 유망 투자지역으로 미국을 꼽았고 중국(17%), 유럽(9%), 신흥시장(3%)이 뒤를 이었습니다. 이에 따라 미국 등 해외주식에 투자하는 서학개미는 갈수록 늘어날 태세입니다.

그렇다면 동학개미, 서학개미 등 개미 투자자들이 급증하는 근본적인 이유는 무엇일까요? 앞서 설명한 것처럼 동학개미의 등장은 개미들의 애국심이 주된 요인이지만 더욱 근본적인 이유를 따져보면 세계 주요국을 엄습한 초저금리 시대를 꼽을 수 있습니다. 미국과 한국이 기준금리를 과감하게 내린 것은 코로나19 여파로 내수 등 경제가 타격을 입을 것으로 예상된 데 따른 조치였습니다.

우리나라에 동학개미와 서학개미가 있다면 미국은 초보 개인 투자자들 사이에서 인기 있는 주식거래 플랫폼 '로빈후드(Robinhood)'에 투자하는 로빈후더(Robinhooder) 일본 개인 투자자 닌자개미, 중국 청년부추 등이 등장했습니다.

그러나 최근 동학개미의 투자전략도 바뀔 조짐을 보이고 있습니다. 국내 기준금리가 2024년 2월 기준 3.50%로 크게 올랐기 때문입니다. 특히 기준금리는 2021년과 비교해 2022년 한 해에만 무려 2.25%포인트가 폭등하는 사태가 발생했습니다. 한국은행이 이처럼 기준금리를 크게 올린 배경은 미국 중앙은행 연방준비제도(Fed)가 기준금리를 큰 폭으로 올린 데 따른 것입니다. Fed는 2022년 5월까지만 해도 기준금리를 1.00%로 유지했지만 치솟는 물가를 잡기 위해 불과 6개월 만인 2022년 11월에는 기준금리가 4.00%로 무려 3.00%포인트 올리는 초강수를 두었고, 이후에도 계속 올라 2023년 8월 기준 5.50%가 되었습니다.

일반적으로 중앙은행이 기준금리를 올릴 경우 '베이비스텝(한 번에 금리 0.25%포인트 인상)'을 취하는 게 대부분입니다. 그런데 미국 내 치솟는 물가 상승에 맞서 Fed가 '빅스텝(한 번에 금리 0.5%포인트 인상)'이 아닌 '자이언트스텝(한 번에 금리 0.75%포인트 인상)'이라는 극약처방을 내린 셈입니다. 이에 따라 동학개미는 증시 약세와 기준금리 인상으로 위험자산인 주식에서 안전자산인 저축성 예금으로 옮겨가는 '자산 리밸런싱(Rebalancing, 자산 재조정)'을 할 가능성이 커졌습니다.

051 5% 이상의 주식을 소유한 주주에게 부여되는 보고 의무
5%룰

최근 국내 재계를 강타하는 여러 이슈 가운데 5%룰이 있습니다. 5%룰은 흔히 '지분 대량 보유 보고 제도'라고 합니다. 즉 투자자가 상장사 주식을 5% 이상 보유하거나 5% 이상 가진 자의 지분 변동이 1% 이상 있을 때, 혹은 지분 보유 목적이나 주요 계약사항에 변화가 있으면 관련 내용을 5일 이내 보고하거나 공시하도록 하는 것을 말합니다.

일반적으로 지분을 5% 이상 보유하는 것은 쉽지 않습니다. 지분을 5% 이상 갖는 이들은 대부분 대주주 혹은 주요 주주이기 때문입니다. 여기에서 잠시 대주주, 최대 주주, 주요 주주를 간단히 정리해보기로 하겠습니다.

대주주는 기업 주식을 많이 소유한 사람을 말합니다. 대주주 가운데 지분이 가장 많은 이가 앞서 설명한 최대 주주입니다. 대부분의 기업 총수가 최대 주주에 속합니다.

대주주 지분율은 확정된 것이 아닙니다. 회사 지분을 50% 이상 보유할 수도 있고 30% 혹은 20%가 될 수도 있습니다. 회사 보유 지분 분포도가 어떻게 이뤄져도 최대 주주는 주식 보유비율이 가장 많습니다. 결국 최대 주주나 대주주는 갖고 있는 지분이 많아 회사 경영권을 쥐고 있는 경우가 대부분이죠.

주요 주주는 기업 의결권이 있는 주식을 10% 이상 가진 주주 또는 회사 주요 의사 결정에 영향을 끼치는 주주를 말합니다. 대부분의 최대 주주 친인척이나 계열사 임원 등이 여기에 포함됩니다.

결국 5%룰은 대주주나 주요 주주 등 주식시장 판도에 큰 영향을 주는 이들의 움직임을 알려줘 이에 따른 시장 파장을 극소화하기 위해 도입된 제도입니다. 대주주나 주요 주주들의 거래정보를 시장에 공개해 공정성과 투명성을 확보하기 위한 취지를 담고 있습니다.

5%룰의 취지는 좋지만 시장 반응은 그렇게 뜨겁지 않습니다. 대표적인 예가 블랙록입니다. 세계 최대 자산운영사 블랙록이 운영하는 '블랙록 펀드 어드바이저스'는 2021년 5월 31일 현대해상 주식 93만 9,711주를 장내 매도했습니다. 이에 따라 블랙록 지분율은 6.0%에서 4.95%로 1.05%포인트 줄었고, 주식 처분 사유를 "투자자금 회수 목적"으로 밝혔죠. 이를 계기로 블랙록은 지분 보유 변경과 관련해 앞으로 외부에 세세한 정보를 공개할 필요가 없어졌습니다.

지분율이 5% 미만으로 떨어졌지만 블랙록은 여전히 현대해상 3대 주주 자리를 지키고 있습니다. 참고로 현대해상 최대 주주는 정몽윤 회장 등 특수관계인으로 총 24.65% 지분을 갖고 있으며 국민연금(8.21%), 블랙록(4.95%) 등이 뒤를 잇고 있지요.

블랙록처럼 세계적인 기업마저 5%룰에 부담을 느끼거나 지분율을 낮추는 이유는 무엇일까요? 투자 세부 정보까지 일일이 외부에 공개되는 것을 원하지 않기 때문입니다. 지분 변화에 대한 정보는 때로는 양날의 칼이 될 수 있습니다. 투명성을 높인다는 취지에 부합할 수 있지만 자칫 경영 기밀이 외부에 유출되는 단점도 안고 있기 때문입니다.

그렇다고 5%룰을 완화하는 것에 대한 문제점이 전혀 없는 것도 아닙니다. 5%룰을 완화해 지분 보유에 대한 공시의무를 소홀히 하면 자칫 투기자본이 한국 기업을 쉽게 공격할 수 있기 때문이죠. 심지어 정부와 정치권이 국민연금을 통해 기업 경영에 개입할 수 있는 소지도 있습니다.

국민연금은 국내 최대 기관 투자자이지만 국민연금을 관리하는 국민연금공단은 보건복지부 산하 준정부기관입니다. 즉, 보건복지부 장관은 국민연금기금운용위원회 위원장이기도 합니다. 결국 정부 입김이 국민연금에 작용할 수밖에 없습니다.

이러다 보니 민간기업 경영 자율성이 훼손되고 있다는 지적도 나오고 있습니다. 준정부기관 국민연금이 민간기업에 사사건건 이러쿵저러쿵 개입하는 데 따른 이른바 연금 사회주의(Pension Fund Socialism)라는 말도 이러한 이유에서 나오고 있습니다.

연금 사회주의라는 말은 현대 경영학의 아버지 피터 드러커가 1976년 미국 연금들이 기업 최대 주주가 된 후 기업 경영에 일일이 간섭한 것을 비판하며 처음 내놓은 개념입니다.

052

감사를 선임할 때는 최대 3%까지만
3%룰

3%룰은 상장기업이 주주총회에서 감사나 감사위원을 선임할 때 대주주 의결권이 있는 주식 중 최대 3%만 행사할 수 있도록 제한한 규정을 말합니다. 의결권은 주주가 주주총회에서 의사결정에 참가할 수 있는 권리죠.

주주총회 이사회는 일반적으로 7~9명의 이사로 이뤄지며 이 중에는 감사위원회 위원도 포함됩니다. 상법에 따르면 자산규모가 2조 원이 넘는 기업은 이사 중 3명 이상을 감사위원으로 둬야 합니다. 감사위원인 이사는 회사 업무와 회계 감독권을 쥐는 중요한 역할을 하기 때문이죠. 현재는 감사위원회가 사내이사 1명, 사외이사 2명으로 이뤄져 있습니다. 이들 3명은 주주총회에서 대주주 의결권으로 선임합니다.

3%룰이 처음 등장했을 때는 별다른 관심을 받지 못했습니다. 대주주 의결권을 3%로 제한하는 건 자본주의 기본원칙에서 어긋나기 때문입니다. 이른바 '1주식 1의결권' 규정을 외면하고 회사 지분을 많이 갖고 있는 이들에게 의결권을 겨우 3%만 갖도록 하는 것은 헌법상 재산권 침해이기 때문입니다.

쉽게 설명하면 A기업 최대 주주 B씨가 회사 지분 40% 이상을 갖고 있으며 주주총회에서 이사 선임에 쓸 수 있는 의결권이 40%가 되어야 하는데 이를 3%로 제한하면 정당하지 않다는 얘기지요. 또한 전 세계를 둘러봐도 3%룰처럼 대주주 권리를 제한하는 나라는 없습니다.

이러한 문제점 때문에 3%룰은 지난 60년 동안 거의 사용되지 않은 카드였습니다. 그런데 60년이 지난 지금 3%룰이 다시 수면으로 떠오른 것입니다. 특히 최근 정부가 밀어붙인 상법 개정에 따르면 감사위원 1명을 처음부터 분리 선임합니다. 그동안 감사위원이 이사회 내에서 선출되다 보니 대주주를 견제하고 소액주주가 권리를 행사하는 데 어려움이 있었기 때문이죠. 또한 대주주 의결권은 3%로 제한했습니다.

3%룰 옹호자들은 대주주가 주주총회에서 감사위원 선출을 좌지우지 못하도록 소액주주가 뽑은 감사위원을 이사회에 참여하도록 해 기업 경영을 투명하게 감시할 수 있다고 주장합니다. 소액주주의 권리를 보호하자는 취지는 이해합니다. 그러나 소액주주 힘을 빌려 감사위원이 된 인물이 회사 경영에 반드시 도움을 준다는 보장도 없습니다. 오히려 이사회에서 나온 경영전략 등 영업비밀이 밖으로 유출될 가능성도 있죠.

특히 감사위원은 이사도 겸임할 수 있어 한국에서 한탕 해 먹으려는 외국계 투기자본이 감사위원이 되면 회사 경영에 부담을 주는 무리한 배당이나 자산 매각 등을 요구해 회사 운영에 차질을 빚을 수도 있습니다.

이처럼 3%룰이 회사 경영 패러다임을 송두리째 바꾸는 사례가 일어났습니다. 2021년 3월 30일 열린 한국타이어앤테크놀로지와 한국앤컴퍼니 주주총회에서 3%룰의 폐해가 발생한 것입니다.

이날 주주총회에서 지분 42.90%를 지닌 최대 주주가 3%룰 규정에 묶여 의결권을 3%밖에 행사하지 못해 자신이 지지하는 회사 사내이사와 감사위원을 이사회에 진입시키는 데 실패했습니다. 소액주주 권익을 보호하고 지배구조 투명성을 높인다는 3%룰이 당초 취지와 달리 경영권 분쟁과 최대주주 권한을 침해하는 사태로 이어진 것입니다.

이처럼 우리나라에서만 찾아볼 수 있는 기업 규제 조항(3%룰)을 비웃기라도 하듯 국내 최대 전자상거래업체 쿠팡이 국내 증시에 상장하지 않고 미국 뉴욕 증시에 상장해 파장을 일으키고 있습니다.

쿠팡은 무려 4조 원이 넘는 적자를 보였지만 기업 경영모델과 성장성이 두드러져 2021년 3월 미국 뉴욕증권거래소(NYSE)에 상장해 5조 원에 달하는 돈을 마련했죠. 더 놀라운 것은 미국이 쿠팡 창업자 김범석 이사회 의장에게 보통주보다 의결권이

차등의결권제도

구분	시행 여부
미국	○
영국	○
프랑스	○
일본	○
한국	×

최대 29배나 많은 차등의결권 주식을 주기로 한 점입니다.

차등의결권은 창업자나 최고경영자 등이 보유한 주식에 보통주보다 많은 의결권을 부여해 회사를 안정적으로 운영할 수 있도록 돕는 것을 말합니다. 이에 따라 만약 김 의장이 갖고 있는 회사 지분이 2%에 불과해도 58%를 보유한 것과 같은 영향력을 행사할 수 있게 되었습니다.

김 의장이 경영악화를 걷고 있는 가운데 만일 국내 증시에 상장했다면 적자 지속 등을 이유로 자칫 회사 경영권을 빼앗길 수도 있었을 것입니다. 이처럼 차등의결권제도는 적대적M&A(12장 참고)에 대한 기업의 경영권 방어 수단 가운데 하나입니다.

차등의결권제도는 미국을 비롯해 스웨덴, 프랑스 등 주요 선진국에서 모두 채택하고 있습니다. 세계 주요 국가들이 혁신기업이 등장해 경영을 유지할 수 있도록 앞다퉈 차등의결권제도를 도입하고 있습니다.

앞서 설명한 미국과 유럽은 물론 공산국가 중국도 검색엔진 '바이두', 온라인상거래업체 '알리바바'에 차등의결권을 주고 있습니다. 심지어 공산주의 국가마저도 기업 발전과 경영권 보호를 위해 차등의결권을 주고 있는 상황에서 우리나라만 다른 나라에서 찾아볼 수 없는 갈라파고스 규제(159장 참고)를 하는 것은 시대착오라는 지적이 나오기에 충분합니다. 쿠팡 사례처럼 한국을 외면하고 해외로 나가는 업체가 더 늘어나지 않을 것이라는 보장을 할 수 없다는 얘기입니다.

053

주인이 아닌 자신을 위해 일하는
주인-대리인 문제

경제학에서 자주 등장하는 개념 가운데 주인-대리인 문제(Principal-agent Problem)가 있습니다. 일반적으로 계약을 통해 권한을 주는 사람은 주인이고 주인 대신 권한을 위임받는 이를 대리인이라고 합니다. 주인은 대리인에게 권한을 넘겨주며 주인을 위해 노력할 것을 요구하고 이에 따른 보상을 주는 계약을 맺습니다.

대리인이 주인 희망대로 일을 하면 좋겠지만 그렇지 않은 경우도 많습니다. 대리인이 주인에게 도움을 주기는커녕 오히려 대리인 자신의 이익을 추구하는 사례도 현실에서 쉽게 찾아볼 수 있기 때문입니다.

대리인이 주인의 이익을 극대화하지 않고 자신의 이익을 추구하면 일종의 '모럴 해저드(Moral Hazard)'가 발생합니다. 모럴 해저드는 한쪽 당사자가 가진 정보나 유리한 상황을 악용해 다른 사람에게 피해를 주는 것을 뜻합니다.

주인-대리인 문제의 가장 쉬운 예는 국회의원 등 선출직 공직자와 유권자의 관계입니다. 주인인 국민, 즉 유권자는 국회의원을 선출해 이들이 국민을 대신해 국정을 잘 운영해주기를 기대합니다. 그런데 정치인이 국민 이익보다는 자신을 지지한 정치세력이나 특정 지역을 위해 나랏돈을 선심 쓰듯 쓴다면 국민의 기대는 실망으로 되돌아오겠지요.

정치인들의 이러한 행태를 흔히 포크 배럴(Pork Barrel)이라고 부릅니다. 포크 배럴은 소금에 절인 돼지고기(Salt Pork)를 담은 통을 말합니다. 마치 농장주가 노예들에게 소금에 절인 돼지고기를 한 조각 던져줄 때 노예들이 이를 먹기 위해 앞다퉈 모이는 것처럼 포크배럴은 국회의원들이 선심성 사업에 필요한 정부재정을 얻기 위해 치열한 경쟁을 보이는 모습을 비꼬는 표현입니다.

포크 배럴 못지않게 주인인 유권자 이익을 대리인 정치인들이 저버리는 행위가 로그 롤링(Log Rolling)입니다. '통나무(Log) 굴리기(Rolling)'라는 뜻인 로그 롤링은 벌채한 통나무를 마을까지 옮기기 위해 두 사람이 서로 보조를 맞추는 데서 유래한 것입니다. 즉, 여야가 각자 원하는 법안을 통과시키기 위해 상대방 법안을 통과시켜 주는 이른바 '정치적인 짬짜미(담합)'를 뜻합니다.

이처럼 포크배럴과 로그 롤링은 대리인 국회의원이 주인 유권자 이익보다 자신들 이익을 추구하는 전형적인 '주인과 대리인 관계'입니다. 이런 주인-대리인 문제는 주로 정보의 비대칭성(Asymmetric Information) 때문에 나타납니다. 정보의 비대칭성은 중요한 정보가 한쪽에만 존재하고 다른 한쪽에는 없는 상황을 말하지요.

정보의 비대칭성이 횡행하는 현실에서 대리인이 주인이 원하는 선택을 하도록 유도하는 방법이 필요합니다. 이를 경제학에서는 '유인 설계(Incentive Design)'라고 부르는데, 성과에 근거한 보상 체계를 정해 대리인이 열심히 노력하도록 유도하는 것을 말합니다.

대표적인 예가 성과급과 스톡옵션(Stock Option)입니다. 스톡옵션은 기업이 임직원에게 일정량의 자기 회사 주식으로 일정한 가격으로 살 수 있는 권리를 주는 것을 말합니다. 이는 회사가 잘되면 임직원이 보유한 주식 가격도 올라가기 때문에 더욱 열심히 일하도록 만드는 당근이 되는 셈이지요.

궁극적으로는 정보의 비대칭성을 없애는 노력도 펼쳐야 합니다. 예를 들어 기업 정보를 투명하게 공개하도록 공시의무를 강화하면 경영진이 주주와 투자자 이익에 손해를 끼치는 결정을 할 가능성은 줄어들기 마련입니다.

054

주식시장 안정을 위해 시간 외에 이뤄지는 대규모 주식매매

블록딜

증권 관련해 온라인이나, 신문, 방송에 자주 등장하는 용어 가운데 블록딜(Block Deal)이 있습니다. '블록 세일(Block Sale)'이라고도 불리는 블록딜은 주식을 대량(Block)으로 거래(Deal)한다는 뜻입니다.

개미라고 불리는 개인 투자자들이 증권거래소에서 주식을 거래하면 일반적으로 거래 물량이 적기 마련입니다. 그런데 블록딜은 개미처럼 주식을 소량으로 사고파는 방식이 아니라 한 번에 대량으로 주식을 거래하는 것을 말합니다.

블록딜에서 이뤄지는 거래 물량은 정해진 것은 없지만 일반적으로 최소 수십억 원 많게는 수조 원 규모에 달하는 대량의 주식을 사고팝니다. 이처럼 블록딜은 거래 물량이 많아 외국인 대형 투자자와 기관 투자자 등 이른바 '큰손'이 주로 활용하는 매매방식입니다.

또한 블록딜은 특정인 혹은 특정 기업에 주식을 대량으로 일괄 매각하는 방식을 사용합니다. 즉 지분을 묶음으로 매각해 블록딜을 '일괄매각'이라고도 부릅니다.

블록딜은 주식을 매도하려는 이와 주식을 매수하려는 기업 대주주, 국민연금과 같은 대형 기관 투자자, 외국인 대형 투자자 외에 중개인(주관사)이 있어야 합니다. 주관사는 증권회사가 대부분입니다. 매도자가 증권사를 중개인으로 정하면 증권사는 주식을 사들일 매수자를 찾기 마련이죠. 결국 블록딜은 증권사를 매개로 삼아 주식을 팔려는 사람과 사려는 사람을 미리 정한 후 거래가 이뤄지는 점이 특징입니다.

거래방식은 매수자가 주가를 제시하는 경쟁입찰 방식과 매도자가 가격과 수량을 정하는 방식으로 크게 두 가지입니다. 경쟁입찰 방식은 주식 매수자가 가격을 제시해 높은 가격을 써낸 곳에 지분을 넘깁니다. 또 다른 방법은 매도자가 매도 가격과 수량을 정한 후 매수 신청 경쟁률에 따라 매수자에게 분배하는 방식입니다. 이처럼 거래 당사자가 이미 정해진 블록딜은 주식 매매 방향과 거래를 미리 알 수 없는 일반 주식시장과는 큰 차이가 있습니다.

블록딜은 또한 일반 주식시장과 다른 시간대에 거래가 이뤄집니다. 우리나라 주식시장은 월~금요일까지 오전 9시에 시작해 오후 3시 30분에 끝납니다. 그런데 블록딜은 시간외매매 방식을 씁니다. 시간외매매라는 말은 정규시간(9:00~15:30) 외에 거래가 성사된다는 얘기지요. 또한 거래가 대량으로 이뤄져 블록딜을 '시간외대량매매(Off-hours Block Trading)'라고도 부릅니다.

그렇다면 블록딜이 당당하고 떳떳하게 정규 매매 거래시간에 이뤄지지 않고 주식시장이 끝난 후에 이뤄지는 이유는 무엇일까요? 가장 근본적인 이유는 주식시장을 안정시키기 위한 것입니다.

주가는 수요(매수자)와 공급(매도자)에 따라 결정되기 때문에 만약 공급이 갑자기 늘어나면 하락하기 마련입니다. 예를 들어 국내 주요 기업 ABC의 주식 300만 주가 장중에 나왔다고 가정해 보겠습니다.

국내 주요 기업인 ABC 주식이 시장에 대량으로 쏟아지면 여러 가지 나쁜 소문이 돌 수밖에 없습니다. 설상가상으로 ABC 대주주가 지분을 장내에 내놓았다는 소식마저 들려오면 ABC 주식을 가지고 있는 일반 소액주주는 물론 기관 투자자도 회사에 나쁜 소식이 있는 것으로 여기고 주식을 앞다퉈 팔아 주가는 폭락합니다.

주가가 급락하면 ABC 대주주도 손해입니다. ABC 대주주는 자신의 지분을 팔아 현금을 어느 정도 확보할 것을 미리 계산했는데 시장에서 주가가 폭락하면 결국 팔고자 했던 가격에 지분을 팔 수 없게 되죠. 그렇다면 ABC 대주주도 지분 매각을 포기할 수 밖에 없습니다. 또한 ABC 주가 폭락은 자칫 전체 주식시장에도 나쁜 영향을 주기 마련이죠.

이에 따라 블록딜은 주식시장에 악영향을 막기 위해 주식시장이 끝난 후에 이뤄집니다. 블록딜을 통해 시장에 충격을 주지 않고도 원하는 값에 지분을 넘길 수 있기 때문입니다.

특히 엄청난 규모의 주식 물량을 파는 사람 입장에서는 주가 폭락에 따른 손해를 볼 일이 없죠. 사는 사람도 손해 보지 않는 장사입니다. 블록딜은 시장이 마감한 당일 기업 종가보다 평균 5~8% 할인된 가격으로 주식을 사들일 수 있기 때문이죠.

그렇다면 블록딜을 하는 이유는 무엇일까요? 가장 일반적인 이유는 기업 총수 등 최대 주주나 대주주가 블록딜을 통해 유동성(돈)을 확보해 기업 인수합병(M&A)이나 투자에 활용할 총알로 쓰기 위한 것이라는 분석이 나옵니다. 또한 블록딜은 지분 매각으로 마련한 자금을 회사 경영 상태(재무구조)를 개선하는 데 쓰일 수도 있습니다. 이럴 경우 회사 재무구조가 좋아지고 기업가치도 더 높아질 수 있습니다.

이와 함께 블록딜은 기업의 기부자금을 마련하기 위한 방법으로 활용되고 있습니다. 대표적인 예가 국내 대표적인 정보기술(IT)업체 카카오입니다. 김범수 카카오 이사회 의장은 2021년 4월 16일 보유 중인 카카오 주식 5,000억 원을 블록딜 했습니다. 이에 대해 카카오측은 김 의장이 기부자금을 마련하기 위해 블록딜을 추진했다며 이번에 마련한 재원은 재단 설립을 포함해 지속적인 기부 활동에 사용할 것이라고 설명했습니다.

김 의장의 따뜻한 의지와 함께 블록딜의 기본 기능에 힘입어 카카오 주가는 떨어지기는커녕 오히려 올라 김 의장의 기업철학과 카카오의 탄탄한 성장가능성을 과시했습니다.

055 디지털 방식으로 사용되는 만질 수 없는 돈
디지털화폐

최근 우리나라 경제를 뒤흔드는 화두 가운데 하나가 디지털화폐(Digital Currency)입니다. 디지털화폐는 디지털 방식으로 사용할 수 있는 형태의 화폐, 즉 손으로 만질 수 없는 돈입니다.

그렇다면 디지털화폐는 전자화폐(Electronic Cash)와 어떻게 차이가 날까요? 전자화폐는 은행에 예금한 내 돈을 전자 기능을 활용해 핸드폰이나 다른 단말기에 저장한 후 사용하는 화폐입니다. 가장 쉬운 예는 상점에서 물건을 구입한 후 삼성페이나 카카오페이와 같은 모바일 애플리케이션(앱)을 이용해 마치 현금처럼 결제하는 방식입니다.

이에 비해 디지털화폐는 크게 가상화폐(Virtual Currency)와 암호화폐(Cryptocurrency)로 나눕니다. 가상화폐는 중앙은행 등 정부가 통제하지 않는 디지털화폐의 한 종류입니다. 가상화폐는 화폐 개발자가 발행하고 관리하며 특정한 가상 커뮤니티에서 사용되는 화폐를 뜻합니다. 가상화폐의 가장 쉬운 예는 인터넷 쿠폰, 모바일 쿠폰, 게임 머니 등을 꼽을 수 있습니다.

이에 비해 암호화폐는 중앙은행이 발행하지 않고 블록체인(Block Chain) 기술을 사용해 디지털화폐를 암호화하고 특정한 네트워크에서 화폐로 사용하는 것을 말합니다.

　가상화폐와 암호화폐는 모두 중앙은행이 발행하거나 관리하지 않는다는 점이 대표적인 공통점입니다. 그러나 암호화폐는 블록체인 기술을 활용해 디지털화폐를 암호화한다는 점이 가상화폐와 차별성을 보이는 대목입니다.

　블록체인 기술이 쓰인 가장 대표적인 암호화폐가 비트코인(Bitcoin)입니다. 2009년부터 발행된 비트코인은 성능 좋은 컴퓨터로 수학 문제를 풀면 대가로 얻을 수 있습니다. 그래서 비트코인을 얻는 과정을 광산업에 빗대어 '캔다'라고 하고 비트코인을 만드는 사람을 '마이너(Miner, 광부)'라고 합니다. 이렇게 만들어진 비트코인은 개인과 개인, 개인과 상점이 거래할 때 사용할 수 있습니다. 비트코인이 일상생활에서 인기를 모으면서 이더리움, 리플 등 다른 암호화폐도 국내에 등장해 암호화폐 열풍을 일궈내고 있습니다.

　가상화폐와 암호화폐에 대한 투자자들의 관심이 막대하지만 이들 화폐가 법정화폐(Legal Tender)의 지위를 얻기는 결코 쉽지 않습니다. 법정화폐는 나라의 법으로 강제통용력을 가진 화폐를 말합니다. 강제통용력은 '법에 따라 지불수단으로 사용되는 힘'을 말합니다. 더 쉽게 설명하면 우리나라에서는 한국은행에서 발행하는 화폐가 강제통용력을 갖고 있어 국내 어디에서도 이 화폐를 거부할 수 없습니다.

도지코인

또한 화폐가 장난으로 제조되고 어느 한 사람의 말에 가격이 급등하거나 급락하는 황당함도 없어야 합니다. 대표적인 예가 도지코인(Dogecoin)입니다.

미국 정보기술(IT)업체 IBM 소속 소프트웨어 엔지니어 빌리 마커스와 잭슨 팔머가 2013년 장난으로 만든 도지코인은 당시 일본의 대표적인 개인 시바견(犬)에서 착안해 만든 코인입니다.

도지코인은 처음 등장했을 때 특별한 기능 없이 개인 간 거래가 가능한 화폐였습니다. 그런데 미국 전기자동차업체 테슬라 최고경영자(CEO) 일론 머스크가 "달에 가지고 가겠다"는 황당한 발언을 해 가격이 하루에 800% 이상 급등하는 해프닝이 벌어졌습니다.

머스크의 '입방정'으로 2021년 5월 시가총액이 무려 853억 달러(약 96조 5,600억 원)로 치솟은 도지코인은, 2021년 5월 8일 미국 유명 코미디쇼 '새터데이 나이트 라이브(SNL)'에 출연한 머스크의 "도지코인은 사기"라는 말로 가격이 급락했습니다. 머스크 말 한마디에 천당과 지옥을 오가는 게 암호화폐의 현주소인 셈입니다.

문제는 가상화폐와 암호화폐의 불안정성이 드러나고 있지만 여기에 투자한 개미들을 지켜줄 곳이 없다는 점입니다. 이들 화폐를 발행하고 감독하는 곳이 중앙은행이 아니기 때문이죠.

각국 정부와 중앙은행은 국가 고유의 영역인 화폐 발행 문제를 두고 민간기업이 가상화폐와 암호화폐 등 디지털화폐를 만들어 돈을 번다는 사실을 쉽게 용납하지 못하고 있습니다.

이에 따라 각국 중앙은행도 최근 중앙은행 디지털화폐(CBDC, Central Bank Digital Currency)를 발행하기 위한 발빠른 행보를 보이고 있습니다. 즉 기존 화폐 기능을 보완하거나 대체하기 위해 각국 중앙은행이 디지털화폐를 발행하겠다는 얘기입니다.

디지털화폐의 종류별 특징

종류	CBDC	전자화폐	i머니	암호화폐	b머니
특징	• 중앙은행이 발행 • 법정화폐	• 민간이 발행·지급보증 • 기존 통화에 계산단위 고정·연동	• 민간이 발행·지급보증 없음 • 금·유가증권 등 자산에 연동	• 비은행권이 발행, 지급보증 없음 • 독자적인 계산 단위 확보	• 상업은행 발행, 정부 지급보증 • 이미 은행권에서 도입
사례	디지털 위안화 (DCEP)	알리페이, M페사	노벰, 리브라	비트코인, 이더리움	직불카드, 수표

중국과 미국 등이 CBDC 도입 준비를 서두르고 있습니다. 특히 중국은 2020년 10월 광둥성 선전에서 중국판 CBDC인 'DCEP(Digital Currency Electronic Payment, 디지털 전자결제 화폐)'를 발행해 중국 28개 도시에서 수백만 명을 대상으로 사용 실험 중입니다. 중국은 이 실험 결과를 토대로 2021년 6월 1일부터 디지털 위안화 사용 지역을 중국 전역으로 확대했습니다.

한국은행도 디지털화폐 시장이 점점 커지고 있는 현실을 감안해 CBDC 발행에 따른 문제를 점검하는 모의시험에 돌입했습니다. 여러 문제점을 드러내고 있는 민간 디지털화폐에 맞서 각국 정부가 CBDC를 발행하면 민간 디지털화폐업체가 존립을 위협당하는 상황이 올 수도 있습니다.

056

증권거래소 시세표에 이름 올리는
상장

우리나라에는 수많은 주식회사가 있지만 이 기업들의 주식이 모두 증권거래소에서 거래되는 것은 아닙니다. 증권거래소에서 기업의 주식이 정상인지 점검한 후에 거래를 허가하기 때문입니다. 이처럼 증권거래소가 특정주식에 대해 거래소 시장에서 매매할 수 있는 자격을 주는 것을 상장(上場, Listing)이라고 합니다. 일반적으로 기업의 주식이 상장되면 발행회사의 사회적 평가가 높아지고, 증자(87장 참고) 등을 하는 것도 쉬워집니다.

그런데 아무 기업이나 상장기업이 되는 것은 아닙니다. 증권거래소는 주식시장에 참여하는 투자자를 보호하고, 주식시장과 경제 전체를 건전하게 유지하기 위해 상장요건을 엄격히 제한하고 있습니다.

상장한 지 얼마 안 된 기업이 갑자기 부실경영으로 부도가 나거나 파산한다면 이 회사 주식을 산 투자자는 한순간에 투자금액을 잃게됩니다. 그러면 부실기업을 상장시킨 증권거래소에 대한 불신과 원망의 골만 깊어지게 되겠지요. 그래서 증권거래소는 기업의 자산규모, 주주 수, 경영실적 등 일정한 상장 심사 기준을 만들어서 엄격하게 선별작업을 하는 것입니다.

증권을 상장하려는 회사는 필요한 자료와 함께 수수료 납부 등 각종 의무를 다하겠다는 상장계약서를 제출해야 하는데, 상장 후에도 일정한 요건에 미달하거나 계약을 위반하면 상장 폐지(Delisting, 상폐)를 당할 수 있습니다.

그렇다면 상장심사위원회는 어떤 상황에서 상폐 결정을 내릴까요? 상장기업이 영업을 정지하거나 부도가 발생한 경우, 자본이 잠식되거나 사업보고서가 제출되지 않을 때, 감사의견이 거절될 때 상폐 신세가 될 수 있습니다.

일반적으로 회사가 상장폐지 되더라도 주주가 행사할 수 있는 이익 배당청구권과 잔여재산분배청구권은 남아 있습니다. 문제는 주주가 채권자보다 변제 우선순위가 낮기 때문에 상폐기업 주주들은 상폐 절차가 끝나면 손에 거머쥐는 돈이 거의 없다는 점입니다. 이 때문에 투자자, 특히 소액주주인 개미들이 큰 손해를 볼 수 있습니다.

조금 암울한 얘기를 했지만 국내 상장기업이 경영활동을 잘하면 해외 증권거래소에 상장해 해외에서 자금을 조달할 수도 있습니다. 이를 흔히 2차 상장(Secondary Listing)이라고 합니다.

2차 상장은 이미 한 거래소에 상장된 업체가 다른 시장, 주로 해외 증권거래소에 다시 상장하는 경우를 일컫습니다. 그렇다면 2차 상장을 하는 이유는 무엇일까요? 이는 새로운 시장에서 자금을 조달하기 위해서입니다. 특히 처음 상장한 자본시장에서 더 이상 자본조달이 힘들 경우 주로 해외 증권거래소에 눈을 돌려 해외 자금을 모으는 것이지요.

기업의 시장가치를 알 수 있는
5가지 척도

증권 관련 뉴스를 보면 PBR, PER, EV/EBITDA, ROE, EPS 등의 용어가 자주 등장하지요? 알짜 주식을 고르는 요령을 말할 때도 이 용어들은 빠지지 않고 등장합니다.

PBR: 'Price Book-value Ratio'의 약어로, '주가순자산비율'입니다. 기업의 청산가치(장부상의 가치)와 시장가치를 비교해보는 방법으로 쓰이는데, 주가를 1주당 자산가치로 나눠 구합니다. 따라서 PBR이 높다는 것은 재무 상태에 비해 주가가 상대적으로 높다는 뜻이고, 낮다는 것은 재무 상태에 비해 주가가 상대적으로 낮다는 뜻입니다.

PER: 'Price Earning Ratio'의 약어로, '주가수익비율'입니다. PER는 주가 수준을 가늠해볼 수 있는 가장 대표적인 지표로, 주가를 1주당 예상순이익으로 나눠 구합니다. PER 수치가 낮을수록 회사가 벌어들이는 이익금에 비해서 주가가 저평가돼 있고, 높을수록 고평가돼 있다고 할 수 있습니다.

EV/EBITDA: EV는 'Enterprise Value'의 약어로, '시장가치'라는 뜻입니다. EBITDA는 'Earnings Before Interest, Tax, Depreciation and Amortization'의 약어로, '세전영업이익'이라는 뜻입니다. 즉, EV/EBITDA는 기업의 시장가치를 세전영업이익으로 나눈 값으로, '현금흐름 배수'입니다. 이는 기업의 가치라 할 수 있는 현금을 창출해낼 수 있는 능력이 시가총액에 비해 어떻게 평가되고 있는지를 나타내는 지표입니다. PER과 마찬가지로 수치가 낮을수록 저평가돼 있다고 보면 됩니다.

ROE: ROE는 'Return On Equity'의 약어로 '자기자본이익률'이라는 뜻입니다. ROE는 당기순이익을 자기자본으로 나눈 것으로 자기 돈을 얼마나 잘 굴렸는지를 나타내는 지표입니다. 결국 ROE는 숫자가 높을수록 자기자본에 비해 그만큼 당기순이익을 많이 내 남는 장사를 했다는 얘기입니다. 주식 투자자들이 투자 종목을 찾을 때 주로 확인하는 지표 중 하나가 바로 ROE입니다.

EPS: EPS는 'Earning Per Share'의 약어로 흔히 '주당순이익'이라고 부릅니다. EPS는 기업이 벌어들인 순이익(당기순이익)을 그 기업이 발행한 총 주식 수로 나눈 값입니다. 더 쉽게 설명하면 기업이 1년간 올린 수익에서 주주들이 가져가는 '몫'이 얼마인지를 나타내지요. 이에 따라 EPS는 높을수록 회사 경영실적이 좋고 주식의 투자 가치가 높다는 얘기죠.

정리하자면 PBR, PER, EV/EBITDA 모두 수치가 낮을수록, ROE, EPS는 수치가 높을수록 좋습니다. 대박까지는 아니더라도 주식투자로 쪽박 차는 일을 피 하려면 적어도 이 5가지 척도 정도는 잘 알아둬야겠지요?

주식투자를 하려면 이 정도는 알아두세요.

058

주식시장에서 개미가 쪽박 차는 이유
정보의 비대칭성

주식시장에서 흔히 '개미'라는 명칭으로 알려진 개인 투자자의 투자수익률이 기관 투자자보다 낮은 이유가 뭔지 아세요? 개미들도 나름대로 확보한 기업 정보를 바탕으로 투자하지만 "주변에 주식으로 떼돈 번 개미가 없다"라는 말이 빈말이 아님이 거듭 드러날 뿐입니다. 그 이유는 무엇일까요?

바로 정보의 비대칭성 때문입니다. 정보의 비대칭성이란, 사람마다 어떤 사항에 대해 알고 있는 정보가 똑같지 않은 것을 말합니다. 여러 경로를 통해 다양한 정보를 확보하고 있는 기관 투자자에 비해 개미들은 상대적으로 정보가 부족할 수밖에 없습니다. 바로 이 때문에 개미들의 승산이 낮은 것이죠.

정보의 비대칭성에 관한 예를 들어보겠습니다. 증권가에서는 흔히 "루머(소문)에 사고, 뉴스

에 팔아라"라는 말을 합니다. 이 말은 모든 정보가 즉각 주가에 반영된다는 이른바 효율적 시장가설을 전제로 합니다. 문제는 기관 투자자는 다양한 경로로 각종 정보를 신속히 확보할 수 있는 반면, 개인 투자자는 그렇지 못하다는 것입니다. 대다수 개인 투자자는 신문과 방송 등 언론매체에서 보도하는 기사를 보고 해당 주식을 사는데, 사실 그 시점에는 이미 늦습니다.

실제로 기업에 긍정적·부정적인 영향을 미치는 뉴스는 모두 주가가 움직인 후에 나오는 경향이 있습니다. 결국 개인 투자자는 신문(新聞)이 아닌 구문(舊聞)에 의존하는 셈이 돼버리고, 개미보다 한 발 앞서 정보를 파악하는 기관 투자자가 차익을 얻게 돼 있죠.

정보의 비대칭성에 관한 예를 들어보겠습니다. 자동차 브레이크를 고치러 정비공장에 갔는데, 정비공이 브레이크패드뿐 아니라 브레이크를 통째로 바꿔야 하고, 트랜스미션이라는 부품도 바꿔야 한다고 말하면 여러분은 어떻게 하겠습니까?

물론 정비공이 일반인보다 자동차에 대해 더 많이 알고 있는 것은 분명한 사실이지만, 정말 해당 부품을 바꾸지 않으면 문제가 되는 상황인지 아니면 바가지를 씌우려는 것인지 판단하기 어려울 것입니다. 이런 상황이 벌어지는 것도 결국 고객과 자동차 정비공 사이에 정보의 비대칭성이 존재하기 때문입니다.

저금리국에서 돈 빌려 고금리국에 투자하는 캐리 트레이드

059

혹시 캐리 트레이드(Carry Trade)라는 말을 들어보셨는지요? 캐리 트레이드의 원래 뜻은 갖고 있는 주식을 담보로 자금을 빌려 우량기업 주식처럼 수익성이 더 높은 주식에 투자하는 것입니다. 쉽게 말하면, 빌린 돈으로 유가증권 등 금융자산을 산 후 보유하다가 이를 팔아 차액으로 수익을 얻는 방식을 뜻합니다.

최근에는 금리가 낮은 국가에서 자금을 빌려 상대적으로 금리가 높은 국가나 자산에 투자한 후, 투자수익을 올리는 기법을 가리킬 때 주로 사용합니다. 즉 국가 간 금리 차이를 노려 수익을 올리는 것이지요. 차입한(빌린) 돈이 미국 달러인 경우 '달러 캐리 트레이드', 일본 엔화인 경우 '엔 캐리 트레이드'라고 합니다.

캐리 트레이드라고 하면 대부분 엔 캐리 트레이드를 생각합니다. 과거 금융위기가 발발하기 전인 2006~2007년 즈음에는 엔화 금리가 상대적으로 매우 싸다보니, 흔히 헤지펀드로 알려진 국제 투기자본이 일본 시중은행에서 금리가 싼 엔화를 빌려 미국, 영국, 한국 등 일본보다 금리가 높은 나라의 주식이나 채권, 부동산 등에 투자했습니다.

이 당시에는 미국 연방준비제도이사회(FRB) 금리가 4.25%, 일본 금리가 0.5%로 두 나라 간 금리 차이가 아주 커서 그에 따른 수익을 노린 엔 캐리 트레이드가 맹위를 떨쳤습니다. 하지만 미국이 위기에 처한 경제를 살리기 위해 자국 금리를 0%에 근접하게 하는 이른바 '제로금리(61장 참고) 정책'을 취하면서 약 10년 동안 엔 캐리 트레이드는 이뤄지지 않았습니다.

하지만 2017년 들어 미국 경제의 회복세와 함께 시작된 미국의 금리 인상으로 엔 캐리 트레이드가 부활하고 있습니다. 전문가들은 마이너스에 가까운 일본 금리를 떠나 금리가 높은 미국으로 자산이 대이동할 거라고 예상하고 있죠.

싼 엔화를 빌려 해외자산에 투자하는 행동은 거대한 국제 투기자본에만 국한된 것이 아닙니다. 이른바 '와타나베 부인'이라 불리는 일본의 부유층 가정주부도 해외투자에 나섰지요. 와타나베는 일본에서 가장 흔한 성이라 이런 표현이 생겨났습니다. 이들은 30년 가까이 지속된 일본의 장기 경기침체와 제로금리 체제 속에서 저금리의 엔화를 빌려 뉴질랜드 등 고금리 국가의 금융상품에 투자해 고수익을 올렸습니다. 그러나 이들 역시 현재 전 세계 국가들이 저금리, 심지어 제로금리에 근접하는 금리정책을 쓰자 해외투자에 주춤하는 양상을 보이고 있습니다.

최근에는 엔 캐리 트레이드뿐만 아니라 달러 캐리 트레이드, 유로(Euro) 캐리 트레이드도 속속 등장하고 있습니다. 2008년 미국발 금융위기 당시 미국 금리가 0~0.25%대로 내려가자, 달러를 빌려 금리가 높은 국가에 투자하는 달러 캐리 트레이드가 많이 등장했습니다.

2010년 상반기에는 유럽발 금융위기가 심각해지면서 유로 캐리 트레이드도 모습을 나타냈습니다. 유로존(Eurozone, 유로화를 사용하는 17개국) 회원국들의 국가채무가 급증한 탓에 유로화가 약세로 접어든 가운데 유럽중앙은행(ECB)의 저금리 기조가 계속되리라 전망했기 때문입니다. 금리가 낮은 국가의 돈을 빌려 고금리 국가에 투자하는 캐리 트레이드의 속성상 유로화도 캐리 트레이드의 대상으로 등장한 것이지요.

그렇다면 여기서 퀴즈! 싼 엔화를 빌려 해외자산에 투자하는 일본의 부유층 가정주부를 '와타나베 부인'이라고 부른다면, 달러화를 캐리 트레이드하는 미국 부유층 여성이나 유로화를 활용하는 유럽 여성은 무엇이라고 부를까요? 정답은 달러 캐리 트레이드를 상징하는 여성은 '스미스 부인', 유로 캐리 트레이드를 상징하는 여성은 '소피아 부인'입니다. 여기에 위안화 캐리 트레이드로 한국 주식시장의 큰손으로 떠오른 중국의 '왕씨 부인'도 있습니다. 전 세계에서 여성 투자자들의 활약이 눈부십니다.

060

은행의 안정성을 보여주는
BIS비율

BIS는 국제결제은행(Bank for International Settlements)의 약칭이며, 스위스 북서부 도시 바젤에 자리 잡고 있습니다. BIS는 제1차 세계대전에서 패한 독일의 배상 문제를 처리하기 위해 1930년에 발족했습니다. 하지만 지금은 각국 중앙은행 간 혹은 일반은행과 중앙은행 간의 통화결제나 예금업무를 비롯해 각종 금융정책을 조정하는 국제기구 역할을 하고 있습니다. 이 때문에 BIS를 흔히 '중앙은행의 은행'이라고 칭하지요.

BIS가 관심을 모으는 까닭은 바로 BIS비율 때문입니다. 정확히 표현하면, 'BIS 자기자본비율(BIS Capital Adequacy Ratio)'입니다. BIS비율은 BIS 산하의 바젤위원회가 정합니다. 바젤위원회는 은행감독 업무에 대한 국제적 기준을 마련하기 위해 구성된 조직이죠. BIS비율은 BIS가 정한 은행의 위험자산 대비 자기자본의 비율을 뜻합니다. 여기서 위험자산(Toxic Assets)이란, 부실채권, 대출금 등을 말합니다.

스위스 바젤에 있는 국제결제은행

BIS는 각국 은행에 부실채권, 대출금 등 위험자산에 비해 안전한 자산인 자기자본을 일정수준 이상 유지하도록 요구하고 있습니다. 결국 BIS비율은 은행이 만약의 위험에 맞서 얼마나 밑천을 두둑이 쌓아두고 있는지 보여주는 지표인 셈이지요. 그래서 BIS비율이 높을수록 안정적인 은행이라고 할 수 있습니다.

우리나라는 지난 1993년 BIS비율을 도입했으며, 이에 따라 국제 업무를 하는 은행은 위험자산에 대해 최소 8% 이상 자기자본을 유지하도록 돼 있습니다. 지난 1998년 외환위기 때는 BIS비율 8%가 부실은행 퇴출의 기준이 되기도 했습니다. 거래업체 도산으로 부실채권이 급증해 은행이 타격을 입을 경우, 최소 8% 정도는 자기자본을 갖고 있어야 위기 상황에 대처할 수 있다는 논리에 따른 것입니다. 금융당국은 BIS비율이 5% 미만이면 경영개선 권고, 1% 미만이면 경영개선 명령 등의 조치를 내릴 수 있습니다.

BIS비율이 높다고 해서 모든 문제가 사라지는 것은 아닙니다. 은행의 입장에서 BIS비율을 높이려면 신용도가 낮은 기업에 대한 대출을 줄여야 합니다. 그러자면 중소기업처럼 자금사정이 여의치 않은 기업 입장에서는 자금난을 겪을 수밖에 없죠. 그리고 BIS비율이 10%만 넘으면 우량은행으로 분류되므로 BIS비율을 너무 많이 높이기 위해 경쟁하는 것은 바람직하지 않습니다.

고객의 입장에서는 BIS비율을 맹신해서는 안 됩니다. 2011년 2월 17일 부산1저축은행을 시작으로 하루이틀 사이에 부산저축은행그룹의 나머지 계열사와 보해, 도민 등 저축은행 6곳이 영업정지를 당했습니다. 이로 인해 대규모 뱅크런(Bank Run, 예금자가 은행에 대한 신뢰를 잃어서 예치한 돈을 한꺼번에 인출하는 현상, 92장 참고) 사태가 발생했고, 사전에 영업정지 정보가 유출돼 고위층과

VIP고객들이 예금을 불법인출한 것이 밝혀지면서 사회적으로 큰 논란이 일었습니다.

7개 저축은행이 영업정지를 당한 후, 금융감독원의 조사 결과 이 은행들의 진짜 BIS비율이 드러났습니다. 보해저축은행은 2월 영업정지 당시만 해도 BIS비율을 -1.09%로 공시했지만, 실제로는 -91.35%였다고 합니다. 결국 이러한 거짓 BIS비율의 피해자는 예금자가 될 수밖에 없습니다. 선량한 피해자를 없애려면 각 금융회사에 대한 철저한 당국의 감시와 관리가 필요합니다.

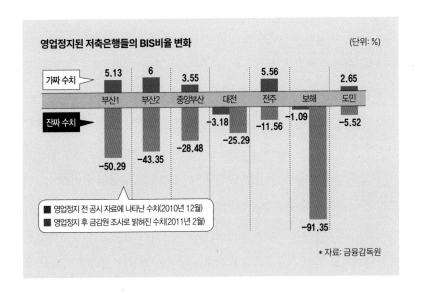

영업정지된 저축은행들의 BIS비율 변화 (단위: %)

가짜 수치

부산1	부산2	중앙부산	대전	전주	보해	도민
5.13	6	3.55		5.56		2.65

진짜 수치

-3.18
-25.29
-28.48
-43.35
-50.29
-11.56
-1.09
-91.35
-5.52

■ 영업정지 전 공시 자료에 나타난 수치(2010년 12월)
■ 영업정지 후 금감원 조사로 밝혀진 수치(2011년 2월)

＊자료: 금융감독원

061

경제 살리려고 공짜로 돈 빌려주는
제로금리

2008년 글로벌 금융위기 이후 이어진 전 세계적 경기침체로 미국을 비롯해 일본, 유럽의 중앙은행이 상당 기간 동안 저금리 상태를 유지했습니다. 낮은 금리를 이용해 기업과 가계의 소비를 유도한 것이지요. 2020년 신종 코로나 바이러스 감염증(코로나19)의 충격으로 다시 한번 전 세계가 제로금리 시대를 맞이했으나 최근(2023년 8월) 일본을 제외한 많은 나라가 제로금리에서 벗어나고 있는 추세입니다.

2023년 8월 기준 미국 연방준비제도(Fed, 연준)는 미국의 금리를 5.50%까지 인상했으며, 유럽중앙은행(ECB) 역시 4.25%를 유지하고 있습니다. 한국은행도 코로나19 직격탄을 맞은 경제를 되살리기 위해 2020년 3월 임시통화위원회를 열어 기준금리를 0.75%로 낮추는 과감한 결정을 하면서 우리나라 역사상 최초로 제로금리 시대를 맞이했죠. 그러나 2021년 11월부터 금리를 인상하기 시작해 2024년 3월 현재 5.50%의 금리를 유지하고 있습니다.

반면 일본의 중앙은행인 일본은행(BOJ)은 2010년 금리를 0.00~0.10%로 내린 후 2016년 1월 −0.10%까지 낮춰 마이너스 금리(62장 참고)를 도입했고 현재 0.00%를 유지하고 있습니다.

그렇다면 왜 경제가 어려워질 때마다 전 세계가 금리 인하 경쟁을 벌이는 것일까요? 금리란 말 그대로 '돈에 대한 이자'입니다. 금리는 소비와 투자 등 각종 경제활동에 곧바로 영향을 미치기 때문에 금융시장에서는 자금사정은 물론 소비와 투자동향을 알려주는 바로미터 역할을 합니다.

금리가 올라가면 돈 빌리기가 어려워져 가계 소비와 기업 투자가 위축됩니다. 사업가는 금리가 높으니 돈을 빌려 투자하는 것을 망설이고, 이로 인해 월급이 제자리인 가계는 소비를 줄이지요. 반대로 금리가 낮으면 너도 나도 소비와 투자를 늘리게 됩니다. 금리가 낮으니 소비자는 저축보다 소비를 할 것이고, 기업가는 낮은 금리를 활용해 투자를 증대하겠지요.

그렇다면 이 같은 제로금리가 과연 효과가 있을까요? 단기적으로는 금리를 내려 가계와 기업의 소비를 유도하는 효과가 나겠지만, '잃어버린 30년'을 경험한 일본만 보더라도 제로금리가 제대로 효과를 발휘하지 못한 역사가 있습니다. 금리를 0%에 가깝게 낮춰도 돈은 가계와 금융권에만 머물 뿐 실질적인 소비와 투자로 연결되지 않아서 일본정부가 원한 경기활성화로 이어지지는 못했습니다.

일본은 1990년대 초 부동산 거품이 꺼지자 경기를 살리기 위해 1990년부터 1995년 7월까지 금리를 무려 9차례나 인하해 6%대였던 금리를 0.3%까지 내려 누구보다 먼저 제로금리 시대를 열었습니다. 그러나 낮은 대출금리는 경쟁력 없는 기업의 생존기간만 늘리고 은행 구조조정을 늦추는 등 부작용을 낳았습니다. 또 싼 이자 때문에 사람들이 단기대출을 장기로 전환하면서 가계의 부채비율이 높아지는 문제도 생겼습니다. 결국 저금리가 경기 침체만 연장시킨 셈이었지요.

또한 전 세계 금융위기는 고금리나 유동성(돈) 부족 때문이라기보다는 시장의 신뢰상실로 자금흐름이 원활하지 못해 촉발된 측면이 강합니다. 이에 따라 일부에서는 초저금리이면서 경기진작이 되지 않는 상태가 지속돼 다시 기준금리를 높일 수도 없는 이른바 '유동성 함정(금리를 제로 수준까지 낮춰도 투자심리가 회복되지 않아 기대하는 경기진작효과가 나타나지 않는 상황)'에 빠질 수 있다는 경고도 하고 있습니다.

이와 같은 저금리 기조는 전 세계적인 경기악화의 심각성을 시인하는 의미도 있습니다. 제로금리에 가까워질수록 정부가 경제를 살리기 위해 금융정책을 펼칠 여지도 줄어들기 때문입니다. 이 때문에 오히려 장기불황에 빠질 위험도 있습니다.

또한 초저금리나 제로금리로 유동성 함정에서 탈출한다고 해도 그 후에는 통화량 증가로 인한 또 다른 거품이 생길 수 있습니다. 위기극복을 위해 푼 돈이 다시 전 세계 부동산과 주식시장에서 2차 거품을 만들어 세계가 경기침체의 악순환에 빠질 수 있다는 뜻이지요.

경제성장과 금리의 관계에 대해 좀더 알아볼까요? 경기가 호황이면 시중에 돈이 많이 풀립니다. 돈이 풀린다는 것은 돈 공급량(통화량)이 늘어나 돈의 가치가 떨어진다는 뜻입니다. 돈의 가치가 떨어지면 물건(상품)의 가치는 높아지므로 결국 물가가 오르게 되지요. 경기가 호황일수록 물가상승 압박이 커집니다. 이를 인플레이션(11장 참고)이라고 합니다.

그렇다면 인플레이션을 막기 위해 정부가 취할 수 있는 수단은 무엇일까요? 시중에 나돌고 있는 돈 공급량을 줄이면 됩니다. 이를 위한 방법이 바로 '금리 인상'입니다. 금리가 오르면 시중에 돌던 돈이 다시 은행으로 몰리죠. 은행으로 들어온 돈의 일부는 의무적으로 중앙은행인 한국은행 금고로 들어갑니다.

이러한 정책을 '지급준비제도(Reserve Requirement System)'라고 부르고, 이 때 들어간 돈을 '지급준비금'이라고 합니다. 지급준비금은 통화량을 조절하는 기능을 맡고 있지요. 이처럼 통화량을 조절해 돈 공급량이 줄어들면 물가는 안정세를 유지하게 됩니다.

이런 제로금리 시대는 미국 중앙은행 연방준비제도(Fed)가 인플레이션을 잡기 위해 기준금리를 올리면서 막을 내리고 있는 모양새입니다.

062

은행에 돈 맡기면 오히려 손해
마이너스 금리

은행에 돈을 넣으면 단돈 10원의 이자라도 생긴다는 게 지금까지 우리가 알고 있던 상식이었습니다. 하지만 이제는 이런 상식이 통하지 않는 시대가 도래했습니다. 바로 마이너스 금리가 등장했기 때문입니다. 금리(金利)가 마이너스(-)라니, 무슨 소리일까요?

마이너스 금리는 말 그대로 0% 이하의 금리를 말합니다. 우리나라에서는 마이너스 금리로 부르지만 해외에서는 네거티브 금리(NIR, Negative Interest Rate)로 통용됩니다.

마이너스 금리인 상황에서 은행에 돈을 맡기면(예금하면) 이자(예금이자)를 받기는커녕 보관료를 내야 합니다. 기존의 은행 패러다임을 송두리째 바꾸는 개념인 셈이지요.

예를 들어 예금자 홍길동이 시중은행인 A은행에 돈을 맡기면

A은행은 이 돈의 일정 비율을 중앙은행인 한국은행에 맡깁니다. 이를 '지급 준비금'이라고 합니다. 이에 따라 홍길동은 A은행, A은행은 한국은행으로부터 예치한 금액에 대한 이자를 받죠.

하지만 마이너스 금리에서는 시중은행이 중앙은행에 의무적으로 맡겨야 하는 지급준비금 비율을 초과하는 금액에 대해 마이너스 금리를 적용해, 돈을 맡겨도 이자를 받는 것이 아니라 오히려 보관료를 내야 합니다. 그러면 A은행은 돈을 예치한 사람에게도 보관료를 받습니다.

이런 상황에서는 굳이 은행에 돈을 맡겨 보관료를 내기보다 직접 갖고 있는 게 이득입니다. 은행 역시 한국은행에 예치해 보관료를 내기보다 일반 고객들에게 낮은 이자를 받더라도 대출해주는 게 훨씬 낫겠죠. 이처럼 마이너스 금리는 은행에 있는 돈을 시중에 풀게 만들어 시장의 유동성을 공급하는 방법입니다.

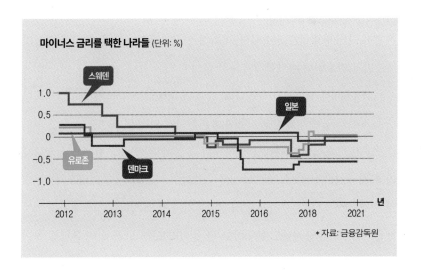

마이너스 금리를 택한 나라들 (단위: %)

스웨덴
일본
유로존
덴마크

1.0
0.5
0
-0.5
-1.0

2012 2013 2014 2015 2016 2017 2018 2019 2020 2021 년

＊자료: 금융감독원

마이너스 금리는 이미 유럽의 일부 국가에서 시행되고 있습니다. 2014년 6월 유럽중앙은행(ECB)의 유로존과 스위스, 스웨덴이 차례로 도입했고, 아시아 국가에서는 최초로 2016년 1월 일본이 마이너스 금리를 도입했습니다. 하지만 2024년 3월 현재 일본은 금리를 소폭 올려 기준금리가 0.00%가 되었습니다.

이들 국가들은 경기가 디플레이션, 즉 침체에 빠질 우려가 커지자 중앙은행이 돈을 시장에 돌게 만들어 경기를 부양하기 위해 마이너스 금리를 택했습니다. 이는 2008년 글로벌 금융위기를 맞아 미국이 달러를 풀어 경기를 살려낸 양적완화(168장 참고)와 비슷한 이치입니다. 하지만 미국이 글로벌 금융위기 때 달러를 더 많이 찍어내 시장에 푸는 양적완화를 통해 경기를 살린 반면, 마이너스 금리는 은행에 쌓여 있는 돈을 풀어 경기를 살리겠다는 취지라는 점에서 차이가 있지요.

그렇다면 마이너스 금리 도입은 과연 핑크빛 미래를 보장할까요? 우선 은행이 크게 반발하고 있습니다. 마이너스 금리정책이 은행 등 금융 산업의 희생만을 강요한다는 입장이지요. 은행의 수익은 크게 예대마진(대출금리와 예금금리의 차이, 63장 참고)에서 나옵니다. 하지만 마이너스 금리정책이 실행되면 대출과 예금 금리의 폭이 줄어들면서 은행의 수익이 큰 폭으로 감소합니다.

그 결과 마이너스 금리를 받아들인 유럽계 은행들의 2016년 손실규모가 최대 40억 유로(약 5조 4,497억 원)에 이르렀고 미쓰비시UFJ, 미쓰이스미토모 등 일본의 대표 은행들은 2016년 2분기에 사상 최악의 경영적자를 기록했습니다. 낮은 금리에도 불구하고 한 푼이라도 더 받기 위해 은행을 찾던 예금자의 발길이 뚝 끊어졌기 때문이죠.

최근 일본의 고령자들 사이에서는 이른바 '장롱예금'이 대세로 자리 잡고 있습니다. 은행에 돈을 맡기면 오히려 보관료를 내야 하니 차라리 집에 보관하는 게 낫다는 생각 때문이죠. 일본은행이 2021년 10월에 발표한 자금순환통계에 따르면 일본인들이 집 안에 보관하고 있는 돈은 약 100조 엔(약 1,036조 원)으로 추정된다고 합니다. 이는 일본 국내총생산(GDP) (약 5조 5,000억 달러)의 16%에 해당하는 어마어마한 수준입니다.

일본의 지폐 유통액이 사상 최대로 늘어난 것도 마이너스 금리의 영향으로 보입니다. 일본은행에 따르면, 2016년 12월 일본의 지폐 유통액은 100조 4,661억 엔(약 1,020조 8,662억 원)으로 사상 처음 100조 엔을 돌파했습니다. 일본 정부는 시장에 현금이 돌면 자연스레 개인의 소비와 투자가 활성화될 거라 기대하고 있지만 이들이 과연 현금을 소비에 쓸지, 장롱예금에 넣을지는 미지수입니다.

그렇다면 우리나라도 언젠가는 마이너스 금리를 도입할까요? 결론부터 말하면 거의 불가능합니다. 우리나라와 같은 신흥국은 신용도가 낮고 화폐가 기축통화(171장 참고)가 아니어서 마이너스 금리 도입 시 자본 유출의 우려가 있기 때문입니다. 따라서 마이너스 금리를 적용할 가능성은 '제로'에 가깝다는 게 금융권 관계자들의 입장입니다.

최근 미국 중앙은행 연방준비제도(Fed)와 유럽중앙은행(ECB)가 치솟는 물가에 대처하기 위해 기준금리를 올리고 있는 가운데 일본은 마이너스 금리에서 탈피하는 모습입니다. 일본 기준금리가 2023년 -0.10%에서 2024년 0.00%로 소폭 인상됐기 때문입니다. 일각에서는 일본이 2024년 10월에 금리를 추가 인상할 가능성이 있다고 하니 지켜봐야 할 것 같습니다.

063

은행의 이자 장사는 이대로 끝?
예대마진

예대마진이란 예금금리와 대출금리 간의 차이를 말합니다. 예를 들어 한 은행이 예금금리로 4%를 지급하고 대출금리로 10%를 받는다면, 둘 사이의 차액인 6%가 예대마진입니다.

우리나라 은행에서 예대마진은 전체 수입에서 중요한 위치를 차지합니다. 2015~2018년 6월까지 은행별 예대금리 수익내역에 따르면, 2015년부터 2017년까지 3년간 국내 은행의 예대마진이 약 109조 원에 이른다고 합니다. 이 수치를 통해 예대마진이 은행의 수입에 상당 부분을 차지하는 것을 확인할 수 있습니다.

예대마진에 대해서는 긍정적인 시각보다 비판적인 시각이 더 많습니다. 적극적으로 투자상품을 개발해서 수익을 내고 성장해야 할 은행이 고객들로부터 받는 이자 수익에만 몰두한다는 시선이죠.

예대마진보다 좀더 넓은 범위의 수익성 지표라고 할 수 있는 순이자마진(NIM)을 보면 이와 같은 사실을 확인할 수 있습니다. 순이자마진은 은행 등 금융기관이 자산을 운용해서 얻은 수익에서 조달비용을 뺀 후 운용자산 총액으로 나눈 수치로, 금융기관이 얼마나 수익을 잘 내고 있는지 나타내는 지표입니다. 순이자마진은 하락세를 보이고 있습니다. 2024년 3월 19일 공시자료에 따르면 우리은행의 NIM은 2022년 4분기(1.68%)부터 2023년 말까지 1.65%, 1.59%, 1.55%, 1.47%로 4분기 연속 떨어졌습니다.

하나은행은 2022년 4분기 1.74%에서 2023년 말 1.52%로 0.22%포인트 하락했습니다. 신한은행은 2023년 2분기부터 4분기까지 0.02%포인트 내렸으며 KB국민은행도 2023년 3분기(1.84%)를 시작으로 4분기(1.83%)에 줄어드는 추세가 이어지고 있습니다.

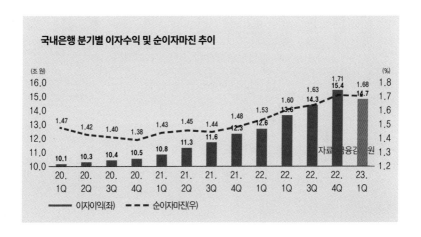

이러한 저금리 상황 속에서 은행은 예대마진을 올리기 위해 여러 가지 노림수를 꾀하고 있습니다. 그중 대출금리 상승은 가계부채에 직격탄을 날리고 있습니다. 2024년 2월 20일 한국은행에 따르면 2023년 12월 말 우리나라의 가계부채는 1,886조 4,000억 원으로 사상 최대치를 기록했습니다. '가계부채 1,900조 원'을 눈앞에 둔 셈입니다.

가계부채는 개인 또는 가계 전체가 은행과 카드회사 등 금융회사로부터 빌린 돈을 말합니다. 금융회사가 가계에 빌려준 돈과 신용카드, 할부판매

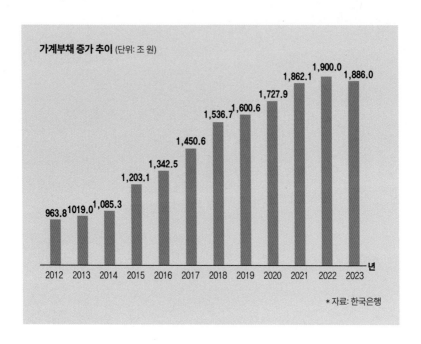

가계부채 증가 추이 (단위: 조 원)

963.8 1019.0 1,085.3 1,203.1 1,342.5 1,450.6 1,536.7 1,600.6 1,727.9 1,862.1 1,900.0 1,886.0

2012 2013 2014 2015 2016 2017 2018 2019 2020 2021 2022 2023 년

＊자료: 한국은행

이용액(판매신용)의 합계로 이뤄지죠. 과도한 가계부채가 사회적 문제가 되는 지금 예대마진을 높이기 위한 은행들의 대출금리 상승 소식은 쓴웃음을 짓게 합니다.

　이러한 수수료 장사에 대한 세간의 비난 때문인지, 국내 은행들은 예대마진을 단계적으로 낮추겠다고 했지만, 아직까지 큰 변화를 보이지 않고 있습니다. 앞으로 소비자들은 은행의 수수료 추이를 매의 눈으로 지켜봐야겠습니다.

064

24시간, 365일
언제 어디서나 이용 가능한
인터넷 전문은행

은행이라고 하면 어떤 모습이 떠오르시나요? 기술 발달로 모바일, 인터넷으로도 은행 업무가 가능해졌지만, 가장 처음 떠오르는 모습은 번호표를 뽑고 기다리다가 은행 직원과 상담하는 모습이 아닐까요? 하지만 점점 이런 풍경이 바뀌고 있습니다. 2017년 오프라인 점포를 따로 마련하지 않고, 온라인을 통해 모든 업무 처리가 가능한 인터넷 전문은행이 등장했기 때문입니다.

KT, 우리은행, GS리테일 등이 주도한 K뱅크가 2017년 4월 3일 출범했고, 한국투자금융, KB국민은행이 주도한 카카오뱅크는 2017년 7월 27일 처음으로 가입자를 받았습니다. 특히 카카오뱅크는 출범 100일 만에 가입자 400만 명을 돌파하며 금융업계에 큰 파장을 가져오기도 했죠.

Kbank

kakaobank

시중은행도 인터넷뱅킹으로 업무처리가 가능한데, 인터넷 전문은행이라고 해서 뭐가 다를까요? 시중은행의 경우 인터넷뱅킹으로 계좌 개설, 예금

가입, 적금 해지 등 몇몇 특정 업무는 휴무일에는 진행이 불가하고, 직접 은행을 방문해야만 처리할 수 있는 업무들도 꽤 있습니다.

하지만 인터넷 전문은행은 365일 24시간, 휴일과 시간 제약 없이 모든 업무 처리가 가능합니다. 비대면거래(직원과 얼굴을 대면하지 않고 온라인으로 처리하는 업무 방식)를 기본으로 해 첫 계좌 개설조차 은행을 직접 방문하지 않고, 고객 신분 확인을 화상통신이나 생체 인식 등으로 대신합니다. 또 공인인증서가 아닌 비밀번호나 지문인식을 통한 본인 인증으로도 은행 업무가 가능하며, 상대방의 계좌번호를 알지 못해도 전화번호와 인터넷 메신저만으로도 송금할 수 있습니다. 예금을 예치한 대가로 현금 이자 대신 쇼핑몰 쿠폰, 콘텐츠 이용권 등을 받을 수도 있죠.

일반 은행은 오프라인 점포 운영비, 은행원 인건비 등 유지비용이 많이 필요합니다. 하지만 인터넷 전문은행은 이러한 부대비용이 필요 없으므로 일반 시중은행보다 높은 예금 금리나 낮은 대출 금리로 차별화된 영업전략을 펼칠 수 있습니다. 제1금융권보다는 대출의 문턱을 낮추고, 제2금융권보다는 합리적인 이자로 중금리 대출시장을 선점하겠다는 계획입니다. 이 외에 중신용자를 위한 소액대출도 활발히 펼칠 계획도 가지고 있죠.

미국과 일본 등 선진국에서는 이미 20년 전부터 인터넷 전문은행을 도입했습니다. 미국은 1995년에 세계 최초로 인터넷 전문은행 SFNB(Security First Network Bank)를 선보인 후 2000년 초반까지 약 30여 개에 달하는 인터넷 전문은행을 탄생시켰습니다. 일본에서도 일본 최대 온라인 유통업체 라쿠텐이 주도한 라쿠텐 은행을 비롯해, 일본 야후와 미쓰이스미토모 은행이 합작한 재팬네트 은행이 등장해 2010년 이후 연평균 30%대가 넘는 고속성장을 해왔습니다.

하지만 인터넷 전문은행에는 아직 몇 가지 고비가 남아 있습니다.

인터넷 전문은행에도 일반 시중은행처럼 5,000만 원의 예금자 보호법이 적용됩니다. 하지만 전문가들은 불안정한 영업 초기에 부실화될 가능성도 없지 않으므로 인터넷 전문은행에 한해 예금자 보호법을 강화하고 개선해야 한다고 말합니다.

또 인터넷 전문은행은 온라인 영업만을 기반으로 하기 때문에 전산오류에 취약할 수 있습니다. 비상 상황이 발생했을 때 이에 대한 대책이 있는지, 바이러스에 철저히 대비하고 있는지 등 시스템의 안정성도 눈여겨봐야 하겠습니다.

065

환율에 웃고 우는
환차익과 환차손

언론에서 환율 얘기가 나오면 늘 '환차익(換差益, Exchange Gain)'과 '환차손 (換差損, Exchange Loss)'이라는 말이 꼬리를 물고 등장합니다. 무슨 뜻일까요? 환율변동에 따른 이익은 환차익이고, 손해는 환차손입니다.

그럼 왜 환차익과 환차손이 발생할까요? 예를 들어 현재 달러에 대한 원 화환율을 1,000원이라고 가정해보겠습니다. 수출업자 홍길동은 상품을 수 출하고 2개월 후에 대금으로 10만 달러를 받기로 했습니다. 10만 달러는 현 재 환율로 계산하면 약 1억 원입니다.

2개월 후 홍길동은 수출대금 10만 달러를 받아서 원화로 바꾸기 위해 은행에 갔는데 원화 환율이 1,200원으로 상승해서 1억 2,000만 원을 받았 습니다. 결국 홍길동은 환율 덕분에 별다른 노력 없이 2,000만 원을 번 셈입 니다. 이를 환차익이라고 합니다.

이와 반대로 원달러 환율이 2개월 사이에 1,000원에서 800원으로 떨어 지면 어떻게 될까요? 당초 수출대금으로 1억 원을 받으리라 예상한 것과 달 리 환율 때문에 8,000만 원밖에 못 받게 됩니다. 2,000만 원을 손해본 것입 니다. 이를 환차손이라고 합니다. 환차손은 다른 말로 '환리스크'라고도 합니다.

이러한 환율변동에 따른 위험을 제거하는 거래로 헤징(Hedging)이 있습니다. 헤징은 환율변동에 따른 위험을 없애기 위해 미래의 환율을 현재시점에 미리 사는 것을 말합니다. 쉽게 말해 현재 환율이 1,000원이라면 미래 일정시점의 환율이 어떻게 달라지든 현재 환율인 1,000원에 거래할 수 있는 권리를 사는 것입니다. 환율이 큰 폭으로 떨어질 위험에 대비하는 것이지요. 헤징은 다른 말로 '선물환거래'라고도 합니다.

환차익, 환차손…
무역업자들이
이것 때문에 울고
웃는군~

이름만 나쁜
배드뱅크

배드뱅크(Bad Bank)는 이름처럼 나쁜 은행이 아니라 금융기관의 해결사 역할을 하는 기관으로, 금융기관의 부실채권을 전문적으로 처리합니다. 그리고 '은행'도 아니죠.

금융기관이 돈을 빌려주고 못 받으면 그것이 부실채권이 됩니다. 배드뱅크는 금융기관으로부터 이 부실채권을 사들여 처리합니다. 우리나라에서는 정부 산하기관으로는 한국자산관리공사(KAMCO)가, 민간기관으로는 시중 6개 은행이 출자해 만든 연합자산관리주식회사(UAMCO)가 배드뱅크 역할을 하고 있습니다.

A은행이 B의 부동산이나 설비물 등을 담보로 잡고 B에게 대출을 해줬는데 B가 부도가 났습니다. 그러면 배드뱅크에서 A은행으로부터 B의 담보물을 넘겨받은 후, 그것을 담보로 유가증권(자산담보부채권)을 발행하거나 그 담보물을 팔아서 채무금을 회수합니다. 이처럼 부실채권을 배드뱅크에 전부 넘겨버리면 A은행은 우량채권,

한국자산관리공사

우량자산만을 확보한 굿뱅크(Good Bank)로 전환돼 영업활동을 정상적으로 할 수 있게 됩니다.

배드뱅크의 주된 업무는 금융기관의 부실채권을 싼값에 넘겨받아 연체이자 감면과 채무재조정 등을 통해 신용불량자의 갱생을 돕는 것입니다. 금융기관의 입장에서는 이미 버린 돈이라고 생각한 부실채권의 일부라도 건질 수 있어서 좋고, 채무자는 장기분할상환, 일부 부채탕감 혜택과 함께 신용불량자라는 불명예를 탈피할 수 있어서 좋습니다.

그렇다면 배드뱅크는 부실채권으로 무엇을 할까요? 부실여신이나 담보로 잡힌 공장, 부동산 등의 가치를 올린 후 높은 가격으로 되팔기도 하고, 담보가 된 부동산을 개발하거나 가동이 중단된 공장에 자본과 인력을 투입해 정상화하는 일도 합니다.

NH농협, 신한은행, 우리은행, KEB하나은행, IBK기업은행, KB국민은행 등 6개 은행이 출자해 만든 UAMCO는 2008년 글로벌 금융위기 때 부실자산 급증우려에 따라 설립된 민간 중심의 배드뱅크입니다. KAMCO에 부실채권 처리를 전담하도록 하는 것보다는 민간 배드뱅크인 UAMCO를 이용하는 것이 은행들에게는 장기적으로 더 유리할 것으로 보입니다.

민간 배드뱅크는 금융회사가 보유한 부실채권을 금융회사 스스로 정리할 수 있다는 장점이 있습니다. 수요자가 곧바로 공급자 입장이 되므로 자발적인 노력으로 구조조정기금 등을 통한 공공부문의 자금부담을 최소화하는 데 기여할 수 있습니다. 또 규모의 경제(115장 참고)에 따른 비용과 수익의 효율성을 확보할 수 있습니다. 금융회사가 개별적으로 부실채권을 처리하는 과정에서 중복될 수 있는 인건비, 수수료 부담 등을 최소화할 수 있죠.

067

돈의 흐름을 좌지우지하는
금리

돈을 빌린 후 갚을 때 돈을 쓴 대가로 원금에 얹어주는 것을 이자라고 하는 건 다 아시죠? 금리는 바로 이 이자가 원금에 비해 얼마나 되는지를 비율로 나타낸 것입니다. 일반 상품처럼 금리도 시장의 수요와 공급에 따라 결정됩니다. 수요가 자금 공급을 앞지르면 금리가 올라가고, 반대로 공급이 수요를 앞지르면 금리가 떨어집니다.

재미있는 점은 금리가 높고 낮음에 따라 돈 흐름의 방향이 크게 달라진 다는 것입니다. 금리가 높으면 돈이 어디로 몰릴까요? 당연히 은행 등 금융 기관이겠지요. 이자를 많이 주니까요. 그럼 금리 가 떨어지면 돈은 어디로 갈까요? 부동산이 나 주식시장으로 몰립니다. 이자가 적은 은 행예금에 돈을 묵혀두기보다는 땅이나 건물을 사두는 것이 더 짭짤하기 때문입 니다.

신문이나 방송 등에 자주 등장하는 각종 금리를 정리해보겠습니다.

공정금리(Official Rate): 한국은행이 다른 금융기관에 돈을 빌려줄 때 적용하는 금리로, 여러 가지 금리 수준을 결정하는 기준이 됩니다.

대출금리(Lending Rate): 은행이 기업에 돈을 빌려줄 때 적용하는 금리로, 기업의 투자나 영업활동에 큰 영향을 줍니다.

우대금리(Prime Rate): 은행이 신용도가 높은 기업에게 가장 낮은 금리로 장기대출(원금 상환기간이 보통 1년 이상)을 해줄 때 적용하는 금리로, 기업에만 해당합니다. 중앙은행의 공정금리와 함께 한 나라의 금리 수준을 보여주는 기준금리 역할을 합니다.

명목금리(Nominal Interest Rate): 물가상승률을 감안하지 않은 금리로, 은행에서 제시하는 금리를 말합니다. 은행에 돈을 맡기면 이자가 붙는데, 돈을 맡겨두는 기간 동안 물가도 오르게 마련이므로 은행에서 제시한 연이자율보다 물가상승폭이 큰 경우에는 마이너스 금리가 되기도 합니다.

실질금리(Real Interest Rate): 명목금리에서 물가상승률을 뺀 금리입니다. 명목금리와 대비되는 개념으로, 금리의 실제 가치를 나타냅니다. 그리고 체감금리의 지표가 됩니다.

공금리: 금융당국이 금리 급등을 막기 위해 정해놓은 금리를 말합니다. 공금리를 다른 말로 명목금리, 표면금리 또는 규제금리라고 합니다. 한국은행의 공정금리가 대표적인 예입니다.

실세금리: 중앙은행이나 정부 금융기관이 아닌 민간 금융기관이 적용하는 금리입니다. 흔히 일반 가정이나 기업이 시중은행에 예금하거나 대출받을 때 적용받는 이자율을 뜻합니다.

콜금리: 은행도 예금을 받고 대출을 하다 보면 일시적으로 돈이 부족한 경우가 생깁니다. 자금이 부족한 은행은 자금 여유가 있는 은행으로부터 돈

을 빌릴 수밖에 없는데, 이러한 금융기관 사이에 자금융통을 중개하는 역할은 대개 단자회사(단기 금융시장에서 자금의 이동을 중개하는 회사)가 하며, 수수료를 받습니다. 이때 거래되는 자금에 붙는 금리를 콜금리(69장 참고)라고 합니다.

리보금리(LIBOR): 리보는 '런던 은행 간 금리'입니다. 한마디로 국제 금융시장에서 거래되는 자금에 부가하는 금리(70장 참고)입니다.

기존에 우리가 알고 있던 좁은 의미의 금리 외에도 이렇게 9가지 종류의 금리가 있습니다. 금리는 적용 대상에 따라 성격이 조금씩 달라질 수 있습니다. 금리를 아는 것은 금융시장의 현황을 파악하기 위해 꼭 필요합니다. 앞에 소개된 9가지 종류의 금리만 이해해도 경제기사를 읽는 데 큰 도움이 될 것입니다.

각종 금리의 기준이 되는 대표 금리
기준금리

기준금리(Key Interest Rate)는 한 국가를 대표하는 금리로, 각종 금리의 기준이 됩니다. 시중은행 금리는 돈의 수요와 공급에 따라 결정되지만, 기준금리는 한국은행이 은행·금융회사 등과 거래할 때 기준이 되는 금리로, 매달 둘째 목요일 아침에 열리는 한국은행 금융통화위원회에서 결정됩니다. 위원회는 국내 물가, 국내외 경제, 금융시장 상황을 종합적으로 고려해서 기준금리를 결정합니다.

기준금리는 나라경제에 큰 영향을 미칩니다. 일반적으로 경제를 안정시키는 방법에는 크게 정부의 재정정책과 한국은행의 통화정책이 있습니다. 2가지 모두 침체된 경제를 살리거나 과열된 경제를 억제하는 방법입니다. 우선 '재정정책'은 정부의 지출(특정목적을 위해 돈을 지급하는 일)을 조절하는 방법입니다. 경기가 나쁘면 정부는 공공투자를 늘려 지출을 늘리고, 이와 반대로 경기가 과열돼 물가가 치솟으면 지출을 줄이지요.

또 다른 방법인 '통화정책'은 금리를 통해 통화량을 조절하는 방법입니다. 통화량이란 '시중에 돌고 있는 돈의 총량'입니다. 통화량이 많아지면 물가가 상승하고, 부족해지면 경제활동이 침체될 우려가 있죠. 그래서 한국은행은 경기상황에 따라 금리를 조절해 통화량을 낮춥니다. 이때 금리가 바로 기준금리입니다.

기준금리가 중요한 이유는 기준금리에 따라 채권매매나 금융기관의 지급준비율(고객이 맡긴 예금 일부를 은행이 의무적으로 한국은행에 예치하는 지급준비금의 비율), 또는 재할인율(중앙은행이 시중은행에 대출할 때 적용하는 금리)이 결정돼 시중의 통화량에 영향을 미치기 때문입니다. 한국은행이 기준금리를 발표하면 금융기관들은 이를 기준으로 다시 금리를 정합니다. 결국 한국은행이 기준금리를 올리면 시중은행의 금리도 오르고, 내리면 금리도 내리게 되는 것이죠. 이는 한국은행의 최대 과제인 물가 안정과 관련이 있습니다.

그렇다면 한국은행은 어떤 상황에서 기준금리를 올릴까요? 물가를 비롯해 부동산 시세, 주식 등이 과열됐을 때입니다. 한국은행이 기준금리를 올려 시중의 통화량을 줄이면 물가인상이 억제되고 부동산이나 주식시장의 과열을 완화시키는 효과가 있지요. 또 금리를 인상해 대출금리가 오르면 소비와 투자가 위축됩니다. 소비가 위축된다는 것은 결국 수요감소로 이어져 물가를 내리는 효과가 있지요. 이처럼 기준금리 인상은 경제활동을 억제하는 긴축정책으로 이어집니다.

이와 반대로 한국은행이 기준금리를 내리면 어떻게 될까요? 은행으로부터 돈을 빌리는 데 따른 이자부담이 적어지면 기업과 가계는 대출을 늘리고, 은행 대출이 늘어나면 시중의 통화량이 늘어나 결과적으로 경기부양에 영향을 미칩니다.

069

부르면 달려오는 초단기자금
콜금리

콜금리에 대해 자세히 알아보겠습니다. 콜금리는 '콜(초단기자금)'에 대한 금리'입니다. 영어로는 'Call Rate'로 표기하지만, 이 표현은 미국에서는 사용하지 않는 콩글리시입니다.

그럼 '콜'은 무엇일까요? 은행도 일시적으로 돈이 부족할 때는 자금 여유가 있는 다른 은행에서 돈을 빌려 씁니다. 돈을 빌리는 기간은 대개 하루나 이틀 정도로 초단기입니다. 이와 같은 은행 간 자금거래는 대개 중개 역할을 하는 단자회사가 중개수수료를 받고 도와줍니다. 이렇게 초단기자금을 요청하는 것 또는 이러한 초단기자금을 콜이라고 하며, 여기에 붙는 금리가 바로 콜금리입니다.

금융시장에 대한 얘기를 조금만 더 하겠습니다. 금융시장은 대부기간(돈을 빌리는 기간)에 따라 단기 금융시장과 장기 금융시장으로 나뉩니다. 흔히 기업이 운영자금을 조달할 때는 단기 금융시장에 의존하는데, 단기 금융시장은 다시 '콜시장'과 '할인시장'으로 양분됩니다. 콜시장은 말 그대로 '부르면 달려오는' 초단기에 거래되는 시장으로, 은행 등 금융기관이 하루나 이틀 동안 초단기자금을 빌리고 빌려주는 거래가 이뤄지는 시장입니다.

이처럼 콜시장에서 자금거래가 이루어질 때 자금을 공급하는 측에서는 이를 '콜론(Call Loan)'이라고 부르고, 자금을 빌려가는 측에서는 '콜머니(Call Money)'라고 부릅니다. 그리고 이러한 콜자금에 붙는 금리가 콜금리입니다.

콜금리는 중앙은행인 한국은행의 정책에 따라 올라가거나 내려갑니다. 만일 한국은행이 지급준비율이나 공정금리(한국은행의 대출금리)를 올리면 시중은행에 자금이 부족해지므로 콜금리가 올라가고, 낮추면 콜금리도 같이 떨어집니다.

070

외국 돈을 빌릴 때는
리보금리

신문이나 방송에서 세계경제의 동향을 전할 때 리보금리라는 말이 자주 등장합니다. 리보(LIBOR)는 '런던 은행 간 금리(London Inter-Bank Offered Rates)'의 머리글자를 딴 것으로, 국제 금융시장의 중심지인 영국 런던에서 우량은행끼리 단기자금을 거래할 때 적용하는 금리를 말합니다. 리보라는 단어 안에 이미 금리의 뜻이 포함돼 있지만 흔히 리보금리라고 부릅니다.

리보금리는 국제 금융시장의 기준금리로 활용됩니다. 국내 은행이 해외에서 외화자금을 빌릴 때도 리보금리를 기준으로 삼아서 금리조건을 결정하죠. 또 국제 금융시장의 단기금리 추이를 파악하는 지표로도 사용됩니다.

리보금리가 국제 기준금리로 자리 잡은 것은 런던 금융시장이 세계금융시장의 중심지로서 오랜 역사를 지녔고 규모도 크기 때문입니다. 런던은 잉글랜드은행(BOE)을 중심으로 한 5대 은행과 어음교환소, 다수 은행의 본점과 지점이 자리 잡고 있으며, 제2차 세계대전 전까지는 국제금융의 심장부 역할을 했습니다. 물론 지금은 국제금융의 핵심기능이 미국 뉴욕의 월스트리트로 옮겨갔지만 말입니다.

리보금리는 정부·은행·기업 등 외화를 빌려오는 기관의 신용도에 따라 금리가 달라집니다. 신용도가 낮을수록 더 높은 금리(리보 + α)가 붙습니다. 해외에서 자금을 빌려올 때도 흔히 리보에 금리를 몇 퍼센트 더 얹어주는 식으로 금리를 정하는데, 이렇게 리보에 추가하는 금리를 '가산금리'라고 합니다. 예를 들어 리보가 연 8.5%인데 실제 지급해야 하는 금리는 연 9.5%라면 그 차이인 1%가 가산금리로, 이것이 금융기관의 수수료 수입이 됩니다. 가산금리는 돈을 빌리는 나라의 은행 신용도가 좋으면 낮게 매겨지고, 나쁘면 높게 매겨지는 것이 특징입니다.

그런데 지난 2012년 리보금리의 신뢰도에 금이 가는 사건이 벌어졌습니다. 바로 영국 바클레이즈은행의 리보금리 조작 스캔들입니다. 이 사건은 글로벌 금융시

바클레이즈은행

장의 대표적 지표인 리보금리가 조작됐다는 점에서 큰 파문을 일으켰죠. 추가조사 결과 바클레이즈은행 외 글로벌은행 13곳도 리보금리 조작 혐의로 피소됐습니다. 이들이 지금까지 낸 벌금만 60억 달러(6조 9,300억 원)에 이를 것으로 추정됩니다.

앞서 말했듯이 리보금리는 런던 은행들끼리 단기자금을 빌려줄 때 적용하는 기준입니다. 리보금리는 대출금리, 신용카드 금리, 학자금 융자 등 금리 전반에 영향을 미치는 중요한 지표입니다. 그런데 리보금리의 이와 같은 엄청난 영향력에 비해 이를 다루는 이들은 극소수입니다. 해당 은행의 트레이더들은 이 점을 악용해, 리보금리가 낮을 때 이득을 보는 금융상품을 계약하고 금리 담당자에게 리보금리를 낮게 공시해달라고 요구했습니다. 이

렇게 해서 은행은 부당이익을 챙겼죠.

리보금리에 따라 움직이는 전 세계 자금은 무려 350조 달러(약 40경 원)에 이른다고 합니다. 이처럼 세계적으로 영향력이 큰 리보금리가 조작돼 파문이 일자, 리보금리가 아닌 다른 금리를 사용하자는 목소리도 나오고 있습니다.

이에 따라 미국 연준(Fed)과 영국 금융감독청은 2022년부터 리보금리를 더 이상 사용하지 않고 리보금리 대안으로 '담보부 초단기 금리(SOFR, Secured Overnight Financing Rate)'를 도입하기로 합의했습니다. 이에 따라 리보금리가 60년 만에 역사 속으로 사라지게 됐습니다.

SOFR의 산출 방식은 실제 거래 금액을 감안한 중간 금리라는 점에서 리보금리와 비슷합니다. 그러나 리보금리가 무담보인데 비해 SOFR은 담보부 금리이고 익일물 확정 금리라는 점이 다릅니다. 또한 SOFR은 하루 평균 거래액이 리보금리와 비교할 수 없을 정도로 많아 조작이 사실상 불가능합니다.

더욱 중요한 것은 SOFR가 새로운 방식으로 등장하면 국제금융시장에서 영국 위상에도 변화가 있을 것으로 보입니다. 리보금리가 '런던 은행 간 금리'이며 리보금리가 처음 등장할 때만 해도 국제 금융 중심지는 영국 런던이었습니다. 그런데 SOFR가 리보금리의 대안이 된다는 것은 국제 금융 중심지도 런던(영국)에서 미국 월가가 있는 뉴욕으로 옮겨진다는 뜻입니다.

연준은 2023년 6월 30일 이후 금융계약에서 벤치마크 금리를 SOFR로 채택해 리보를 대신하기로 결정했습니다. 그러나 이 밖의 구체적인 실행 방안은 모두 마무리되지 않았습니다.

기업 인수를 목적으로 설립하는 회사
SPAC

혹시 SPAC(스팩)이란 말 들어보셨는지요? 제품에 대한 사양이나 설명서를 뜻하는 스펙(Specification)이 아닙니다. 여기서 말하는 SPAC은 '기업 인수 목적회사(Special Purpose Acquisition Company)'의 약어입니다. 기업 인수를 특별한 목적으로 삼는 회사라는 뜻입니다.

이렇게 SPAC은 다른 기업을 인수하는 동시에 그 기업과 합병하도록 설계된 특수목적을 띠고 있지요. 그렇다고 인수한 기업이 곧바로 SPAC이 되는 것은 아닙니다. 합병이 완료될 때까지 SPAC은 경영진과 자본금으로만 구성된 페이퍼컴퍼니(서류로만 존재하는 회사)일 뿐입니다. SPAC은 우리나라는 물론 미국, 유럽 등 선진국에도 존재합니다.

사실 대다수 일반 투자자들에게 기업을 인수하거나 합병하는 일은 거의 꿈같은 얘기죠. 최소한 수십억 원에 달하는 기업 인수 자금이 필요한 데다 이를 마련하는 것이 말처럼 쉽지 않으니까요. 그뿐 아니라 기업M&A에 필수적인 법률·회계 지식을 일반 투자자들이 제대로 알 리가 없습니다. 이처럼 특정 기업을 인수하거나 합병하고 싶어도 자금이나 전문지식이 없는 투자자들에게 해법을 제시하는 것이 바로 SPAC입니다.

그렇다면 기업M&A와 SPAC에는 무슨 차이가 있을까요? 흔히 기업의 인수합병은 2개 이상의 기업이 합쳐져 법률적으로나 실질적으로 하나의 기업으로 재탄생하는 것을 말합니다. M&A를 하는 근본적인 이유는 기업을 합쳐서(기업결합) 시장점유율을 늘리거나 사업다각화, 경영효율화 등을 통해 기업의 가치를 높이는 데 있습니다.

이에 비해 SPAC은 조금 다릅니다. SPAC은 기업 인수에 필요한 자금을 다수의 개인 투자자로부터 공개적으로 모집합니다. 또한 SPAC은 일반 주식회사 설립과 마찬가지로 우선 발기인이 비상장회사를 설립하는 것부터 시작합니다. 다만 아무나 설립할 수 있는 것은 아닙니다. 자본금이 1,000억 원 이상인 증권회사가 반드시 발기인으로 참여해야 하지요. 이처럼 비상장회사를 설립한 후 주식시장에서 기업공개(IPO, 43장 참고)를 통해 일반 투자자들로부터 자금을 모집합니다.

자금을 모은 후에는 기업을 인수하기 위한 본격적인 작업에 들어갑니다. SPAC은 성장 가능성이 높아 수익을 창출할 수 있는 우량 비상장기업을 인수 대상으로 삼습니다. 이에 따라 적절한 인수 대상 기업을 찾으면 주주들이 주주총회에서 인수 여부를 결정합니다. 그리고 다른 기업과 합병이 성사된 후 SPAC의 주가가 오르면 투자자들은 주식을 팔아 이익

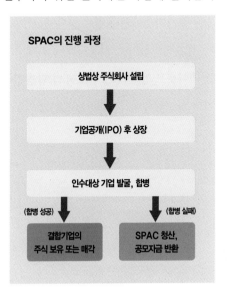

SPAC의 진행 과정

상법상 주식회사 설립

↓

기업공개(IPO) 후 상장

↓

인수대상 기업 발굴, 합병

(합병 성공) ↓　　　↓ (합병 실패)

결합기업의 주식 보유 또는 매각　　　SPAC 청산, 공모자금 반환

을 얻지요. 결국 SPAC은 자금을 모아 증시에 상장한 후 우량한 회사를 발굴해서 합병을 통해 수익을 창출하고 그 수익을 투자자들에게 분배합니다. 다만 우리나라에서는 SPAC이 상장된 후 기업 인수에 이르기까지의 시한을 3년으로 제한하며, 이 기간 내에 다른 기업을 인수하지 못하면 자동으로 청산절차를 밟게 됩니다.

SPAC이 청산절차를 밟을 때는 공모자금 중 신탁계정에 맡겨놓은 돈을 일반 투자자들에게 반환합니다. 사실 SPAC이 투자자들로부터 관심을 받는 이유는 최악의 경우라도 원금이 어느 정도 보장되기 때문입니다. SPAC은 각종 운용경비를 제외한 공모자금의 90% 이상을 외부 신탁기관(한국증권금융)에 맡겨 별도로 관리합니다. 또한 2.5% 수준의 금리로 운용되기 때문에 3년 후에 원금이 대부분 보장됩니다.

SPAC의 수익률은 M&A 성공 여부에 달려 있습니다. 우량기업과의 합병에 성공하면 SPAC의 주가가 큰 폭으로 오르겠지만, 부실기업을 합병할 경우 투자자들에게 손실이 갈 수 있기 때문입니다.

대표적인 SPAC 성공사례는 2014년 애니팡을 만든 모바일게임 개발사 '선데이토즈'와 '하나그린스팩'의 합병입니다. 두 기업의 합병 성공은 공모가와 비교했을 때 무려 481.3%의 수익률을 가져왔습니다.

072

금융권에도 순위가 있다
제1금융권

"제1금융권에서 이탈한 고객에게 제2금융권은 높은 금리를 제시하고 이체, 출금 등 기타 금융서비스를 좀더 다양하게 제공한다."

"대부업계가 소위 제3금융권으로 인정받을 수 있도록 대부업에 대한 인식을 바꿔나가는 데 최선을 다하겠다."

신문에서 자주 볼 수 있는 문장들입니다. 여기서 등장하는 제1금융권, 제2금융권, 제3금융권은 무엇일까요? 의미를 정리해보겠습니다.

제1금융권(Banking Sector): 큰 도시에 본점이 있고 전국에 지점망을 갖춘 일반은행인 시중은행을 비롯해, 지방의 특정지역에서만 독자적으로 영업하는 지방은행, 특별법규를 적용받아 특별업무를 하는 특수은행 등이 이에 포함됩니다. 시중은행에는 KB국민·KEB하나·신한은행 등, 지방은행에는 부산·대구·전북은행 그리고 특수은행에는 IBK기업은행, 농·수·축협 등이 있습니다.

제2금융권(Non-banking Sector): 은행을 제외한 나머지로 증권회사, 보험회사, 저축은행, 새마을금고, 투자신탁회사, 종합금융회사, 신용협동조합

등을 말합니다. 제2금융권이라는 말은 원래 은행과 구별하기 위해 만든 용어로, 은행이 제공하지 못하는 전문적인 금융수요를 충족시키기 위해 탄생했습니다.

제3금융권: 제1금융권, 제2금융권을 제외한 금융기관을 말합니다. 은행이나 보험회사 등에서 대출받기 힘든 서민을 위한 대부업체가 대표적입니다. "고객님은 1,000만 원까지 즉시 대출받을 수 있습니다"와 같은 문자메시지를 보내는 회사들은 제3금융권이라고 보면 됩니다.

대부업체는 한 번만 이용해도 신용등급이 크게 떨어져, 이후 다른 금융권을 이용하기 어렵다는 것이 지금까지 알려진 상식이었습니다. 하지만 2017년부터 개인 신용평가가 등급이 아닌 점수로 전환돼 이용하는 대출금리의 높고 낮음에 따라 신용이 달라지게 됐습니다. 예를 들어 같은 대부업체를 이용하더라도 연 6% 금리로 대출받았을 때보다 연 12% 금리로 대출받았을 때 신용점수가 더 깎입니다.

현재 대부업체의 법정 최고 이율은 20%입니다. 제1금융권과 제2금융권에 비하면 대출금리가 매우 높기 때문에 신용점수를 깎고 싶지 않다면 제3금융권은 뒤도 안 돌아보고 피하는 것이 좋습니다.

금융기관 구조조정에 투입하는
공적자금

공적자금(公的資金, Public Funds)은 정부가 금융기관의 구조조정을 돕기 위해 마련하는 자금입니다. 은행 등 금융기관이 기업 여신(금융기관에서 고객에게 돈을 빌려주는 것)을 회수하지 못해 부실 경영에 빠질 때 사용하지요. 거래기업의 부도로 회수할 수 없는 부실채권이 많은 은행으로부터 싼값에 부실채권을 사들이거나 출자를 통해 은행이 회수할 수 있도록 도와줍니다. 공적자금은 정부 예산에서 직접 지원하는 것이 아니라 한국자산관리공사와 예금보험공사가 채권을 발행해 마련합니다.

그렇다면 우리나라에서 공적자금을 가장 많이 사용한 것은 언제일까요? 때는 IMF 외환위기를 맞은 1998년으로 거슬러 올라갑니다. 당시 우리나라 정부와 IMF는 경제의 혈맥이라 할 수 있는 금융 부문을 가장 먼저 수술대 위에 올렸습니다. 부실 금융기관을 정리하기 위해 국민의 혈세나 마찬가지인 공적자금을 대거 투입해 신속히 구조조정을 단행한 것입니다.

당시 정부는 공적자금을 마련하기 위해 예금보험공사와 한국자산관리공사에서 채권을 발행해 돈을 끌어모은 후 부실 금융기관에 대한 출자는 물론 부실채권 매입에 나섰습니다. 그로부터 4년 반이라는 기간 동안 무려

620여 개 금융기관이 퇴출되는 아픔을 겪었습니다.

　2008년 세계 금융위기 때도 천문학적인 수치의 공적자금을 투입한 나라들이 있습니다. 당시 파산에 직면한 미국의 AIG생명은 1,823억 달러(약 210조 원), 네덜란드의 ING생명은 100억 유로(약 12조 원)의 공적자금을 받아 파산위기에서 벗어났습니다. IMF 외환위기 당시, 우리나라는 약 168조 원이라는 어마어마한 공적자금을 투입했으며, 2021년 1사분기 기준으로 약 117조 원(69.5%) 정도를 회수했습니다.

　2017년 1월 도서 도매상 송인서적의 부도가 출판계에 큰 충격을 줬습니다. 이로 인한 피해액 규모는 출판사 약 277억 원, 서점 약 212억 원으로 추산됩니다. 출판진흥회는 사태 해결을 위해 문화체육부에 공적자금 투입을 요청했고, 문화체육부는 먼저 50억 원을 저금리로 대출해주면서 상황 해결을 위해 힘쓰고 있습니다. 하지만 공적자금 투입으로 인한 상황 해결은 일시적일 뿐, 근본적인 해결책을 강구해야 한다는 목소리도 큽니다.

　공적자금은 결코 공짜 자금이 아닙니다. 국민의 혈세로 마련한 국가재정입니다. 따라서 시장을 안정시킨다는 이유만으로 부실 금융기관과 부실 기업에 투입돼서는 안 됩니다. 가망없는 기업에 퍼부은 공적자금은 회수를 기대하기 어려울 뿐만 아니라 경제에 해를 끼칠 수도 있습니다.

074

5만 원권에 이은 10만 원권 등장?
고액권

　지난 2007년 5월 2일, 한국은행은 기자회견을 열어서 다음과 같이 발표했습니다.

　"현재 최고 액면금액인 1만 원은 현재의 물가나 소득수준 등 경제 상황에 비춰볼 때 너무 낮으므로 액면금액이 5만 원, 10만 원인 고액권을 발행하기로 했습니다."

　그리고 2009년 6월 23일 드디어 5만 원권이 처음으로 발행됐습니다. 1만 원권은 처음 발행된 1973년부터 36년 동안 우리나라에서 최고 고액권의 자리를 지켜왔습니다. 그러나 그동안 물가는 12배, 국민소득은 무려 150배 이상 뛰어오르는 등 경제 상황이 달라지면서 10만 원권 이상 자기앞수표의 수요가 크게 늘어났습니다. 화폐 대신 수표가 쓰인다는 것은 수표 발행, 지급, 정보교환, 전산처리, 보관에 따른 막대한 사회적 비용이 지출된다는 것을 뜻합니다. 또한 수표 대신 현금을 사용할 때도 많은 양의 화폐를 휴대해야 하므로 불편이 많습니다.

　그럼 고액권 화폐를 발행하면 어떤 효과를 거둘 수 있을까요? 수표 발행과 보관 등에 따른 연간 총 4,000억 원의 비용을 절감할 수 있습니다. 우선

10만 원짜리 자기앞수표의 제조·취급에 따른 연간 비용 2,800억 원을 줄일 수 있습니다. 또한 지폐의 상당량을 차지하는 1만 원권 가운데 40%(9억 장) 정도가 고액권으로 대체됨에 따라 제조·운송·보관·검사 등 화폐관리에 소요되는 비용이 줄어 연간 400억 원을 절감할 수 있습니다.

5만 원권은 수표에 비해 익명성이 보장되며 지급이 편리합니다. 이런 이점 때문인지 가계나 기업의 80~90%가 5만 원 지폐를 비상금(또는 비자금)이나 거래용으로 선호하고 있다는 조사 결과도 있었습니다.

고액권 발행으로 한국은행이 얻는 이익도 짭짤합니다. 이른바 1,700억 원에 달하는 '주조차익(鑄造差益, Seigniorage)'이 생기기 때문입니다. 주조차익은 중앙은행(우리나라는 한국은행)이 화폐를 시중에 유통시키는 과정에서 발생하는 수익을 말합니다. 중앙은행의 수익으로 잡히는 이러한 주조차익과 지폐 인쇄비용 절감효과는 곧 정부의 재정수입 증가로 이어집니다.

물론 고액권 발행에 대한 반대의견도 만만치 않습니다. 미국과 유럽 등 선진국에서도 고액권을 폐지하자는 목소리가 커지고 있습니다. 고액권이 돈세탁 과정을 통해 테러 자금이나 마약 거래 등의 각종 범죄에 악용되고 있기 때문입니다.

미국 하버드대의 모사바 라마니센터가 발표한 보고서에 따르면, 100만 달러(약 12억 원)에 해당하는 500유로의 지폐는 무게가 1kg도 되지 않지만, 20달러로는 지폐 무게만 22kg이 넘습니다. 고액권이 무게나 부피 측면에서 편리하다보니 불법 거래를 쉽게 만든다는 얘기죠.

미국 재무장관을 역임한 로렌스 서머스 하버드대 교수는 미국 일간지 워싱턴포스트(WP)에 기고한 칼럼에서 "테러자금이나 마약 범죄에 사용되는 것을 막기 위해 100달러(약 12만 원) 지폐를 없애야 할 때가 됐다"라고 강조하기도 했습니다.

　여기에서 퀴즈 하나, 세계에서 가장 비싼 지폐를 발행하는 나라는 어디일까요? '차이나 머니'로 세계경제를 쥐락펴락하는 중국일까요? 아니면 한때 미국에 이어 세계 2위 경제대국으로 부상했던 일본일까요? 정답은 스위스입니다. 스위스가 발행하는 지폐 가운데 최고 고액권 지폐는 1,000스위스프랑으로, 우리나라 돈으로 계산하면 약 120만 원 정도입니다.

세계 최고 고액권인 1,000스위스프랑은 한화로 약 120만 원이다.

1,000원이 100원 되는
리디노미네이션

리디노미네이션(Redenomination)은 화폐의 단위를 동일한 비율의 낮은 단위로 변경하는 것입니다. 그러니까 1,000원을 100원으로, 100원을 10원으로 바꾸는 것이지요. 이렇게 화폐 단위를 바꾸면 덩달아 화폐 호칭도 바뀌는 경우가 많습니다. 예를 들어 '원'이 '환'으로 바뀌는 것인데, 우리나라는 1953년에 100원을 1환으로, 1961년에 10환을 1원으로 바꾼 적이 있습니다.

그럼 무엇 때문에 화폐 단위를 바꾸는 걸까요? 경제규모가 커졌으니 그에 맞게 돈의 단위도 바꿀 필요가 있기 때문입니다. 우리나라의 한 해 예산은 200조 원이 넘습니다. 이렇게 나라살림 규모가 커지면 거래되는 돈의 단위도 점점 커져서 거래나 계산할 때 불편해지는 문제점이 발생합니다. 더욱이 머지않아 조의 1만 배인 '경' 단위가 등장할 것으로 예상되므로 화폐 단위도 경제규모에 맞게 바꿔야 한다는 주장입니다.

그러나 반대의 목소리도 만만치 않습니다. 우선 물가상승을 부추길 수 있다는 우려입니다. 예를 들어 지금의 1,000원을 1환으로 바꾸면 현재 3,800원인 물건의 가격이 3.8환이 돼야 하는데, 그러면 은근슬쩍 끝자리가 올라 4환이 될 수 있다는 겁니다. 또 새 화폐로 교환하는 비용이 많이 든다는 것도 반대 이유 중 하나입니다.

이러한 사회적 분위기를 반영하듯 이주열 한국은행 총재는 리디노미네이션은 국가적 차원의 충분한 논의가 필요하다고 강조했습니다. 2018년 국회 기획재정위원회에서 이 총재는 우리나라가 리디노미네이션을 수용한다면 금융거래 과정에서 계산, 기장, 지급상의 편리함이 커지고 원화의 대외 위상도 높아질 것이라 말했습니다. 하지만 새로운 화폐에 대한 적응 과정과 국민 불편이 불가피하고, 심리적 불안감과 금융정보 시스템 변경 등이 예상되기 때문에 충분한 과정이 필요하다고 덧붙였습니다.

리디노미네이션의 성공사례로는 터키를 들 수 있습니다. 지난 2005년 터키정부는 자국 화폐인 '리라'의 단위에서 0을 6개나 떼어내며 화폐 단위를 100만 분의 1로 축소했습니다. 당시 터키의 150만 리라는 그 가치가 1달러에 불과했었죠.

터키의 경우 리디노미네이션 시행 후 물가불안도 없었고 경제가 괄목할 만한 성장세를 보였습니다. 그러나 2009년 100원을 1원으로 바꾼 북한의 리디노미네이션은 실패로 끝났습니다. 물가가 올라 14,500%나 인플레이션이 일어났으며, 이로 인해 악화된 민심을 잠재우기 위해 북한 당국은 총책임자를 총살하기도 했죠. 섣부른 리디노미네이션이 사회에 어떤 혼란을 가져올 수 있는지를 잘 보여준 사례라고 할 수 있습니다.

076 주식회사의 사업밑천
주식

유가증권(有價證券, Securities)은 재산가치가 있는 권리가 담긴 증권입니다. 수표나 어음 같은 화폐증권, 주식·국채·공채·사채 등의 자본증권, 선하증권과 같은 물품증권 등이 모두 유가증권에 포함됩니다. 그런데 수표나 어음은 그 차이를 쉽게 알 수 있지만, 주식(株式, Stock, Share)과 채권(債券, Bond)의 차이를 알기는 쉽지 않습니다. 주식과 채권은 어떤 점이 비슷하고 어떻게 다를까요?

주식과 채권은 둘 다 자금을 직접 조달한다는 점에서는 같습니다. 더 구체적으로 살펴보면, 주식과 채권은 자본을 마련하는 수단으로 사용하기 때문에 유가증권 중에서도 '자본증권'이라고 불립니다. 그리고 자본증권을 거래하는 시장을 '자본시장'이라고 하지요.

하지만 이 점을 제외하면 주식과 채권은 많이 다릅니다. 우선 주식은 주식회사가 자본금을 확보하기 위해 발행하는 증서입니다. 이에 비해 채권은 정부나 공공기관, 특수법인, 금융기관 그리고 주식회사가 사업자금을 마련하기 위해 빚을 낼 때 발행하는 증서입니다. 즉 채권은 한마디로 '빚문서'입니다.

경영참여권을 중심으로 비교해보면 어떨까요? 주식을 갖고 있는 사람은 주주(株主, Stockholder)로서, 갖고 있는 주식 금액에 비례하는 영향력과 책임을 갖고 회사 경영에 참여할 수 있습니다. 주식회사는 경영 관련 주요 사항을 주주총회에서 의결하도록 돼 있는데, 주주는 주주총회에 참석해 보유한 지분만큼 의결권(議決權, 집단결의에 참가해 의사를 표명할 수 있는 권리)을 행사할 수 있습니다.

이에 비해 채권 소유자는 회사 경영에 참여할 수 없습니다. 채권에는 상환만기와 이자율 등 조건이 붙어 있는데, 채권 소유자는 만기가 됐을 때 원금과 이자를 받으면 그만입니다. 한마디로 채권에 투자하는 것은 은행에 예금하는 것과 큰 차이가 없지요.

존속기간을 중심으로 비교해보면, 주식은 주식을 발행한 회사와 존속을 같이하는 일종의 영구(永久)증권입니다. 이는 회사가 청산절차를 거쳐 문을

주식과 채권의 차이점

구분	주식	채권
발행기관	주식회사	정부, 공공기관, 금융기관, 주식회사, 특수법인
자본조달 형태	자기자본	타인자본(부채)
소유자의 지위	주주	채권자
경영참가권	있음	없음
존속기간	영구적	일시적
원금상환	없음	만기 시 원금상환
소유에 대한 권리	배당	확정부이자
위험 정도	크다	주식에 비해 작다

닫지 않는 한 지속된다는 뜻입니다. 이에 비해 채권은 영구채권을 제외하고는 발행자가 원리금의 상환기간을 명시하는 일종의 기한부증권입니다.

소유에 따른 권리를 살펴보면, 주식은 특정회사의 소유권 일부를 갖는 것이기 때문에 경영성과에 따른 이익 중 일부를 현금이나 주식 형식으로 배당(配當, Dividend, 이익분배)을 받습니다. 이에 비해 채권은 원금과 이자만 있을 뿐, 회사의 경영성과와는 무관합니다.

결국 주식은 기업의 경영성과가 악화될 경우, 배당은커녕 주가하락으로 인해 원금마저 날릴 수 있지만, 채권은 원금과 이자가 보장되는 확정상품인 셈입니다.

077

차트를 보면 주식시장이 보인다!
봉 차트

주식 투자자에게 있어 주가 흐름을 파악하는 것은 매우 중요합니다. 이러한 주가 흐름의 향후 행보를 어느 정도 가늠해볼 수 있는 것 중 하나가 바로 주가차트입니다.

주가차트에는 수급의 변화, 시세 추이, 과거 투자 패턴 등이 담겨 있기 때문에 앞으로 주가가 어떤 방향으로 나아갈지를 예측하는 데 도움을 줍니다. 물론 주가차트가 완벽하지는 않습니다. 주가차트가 향후 주가 흐름의 담고 있다면 주식 투자자들은 모두 주식갑부가 됐을 겁니다.

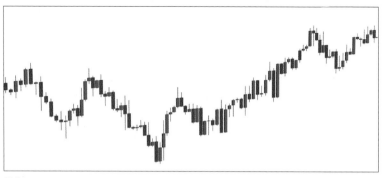

봉 차트

주식흐름을 파악할 수 있는 차트에는 매일 종가를 직선으로 이어서 나타낸 '선형 차트', 일정 기간 동안 시가, 종가, 고가, 저가를 하나의 봉(棒, 막대기)에 표시한 '봉 차트', 주가의 사소한 변화는 제외하고 중요한 변화만을 간략하게 표시해 투자 시점을 쉽게 파악하게 해주는 '점 도형 차트(P&F 차트)', 주가가 상승으로 돌아설 때나 하락할 때를 빠르고 쉽게 파악할 수 있는 기법인 '삼선전환도' 그리고 '상관 곡선' 등이 있습니다.

이 가운데 일정 기간 동안의 주가를 봉으로 표기하는 봉 차트가 가장 대표적입니다. 봉 차트라는 이름은 주가 차트 모양이 마치 길쭉한 막대와 비슷해 붙여졌습니다. 미국에서는 봉 차트를 양초 모양과 비슷하다는 뜻에서 캔들 스틱 바(Candle Stick Bar) 차트라고 부르기도 합니다.

봉 차트에는 시가(始價, 주식 개장 시간 때의 주식 가격), 종가(終價, 주식 폐장 시간 때의 주식 가격), 최고가, 최저가 등이 모두 표시돼 있는 점이 특징입니다. 최고가와 최저가는 봉 위, 아래에 선으로 표시합니다.

이때 그날의 종가가 시가보다 낮으면 파란색 막대로 표시하고 이를 '음봉(陰棒)'이라고 부릅니다. 반대로 그날의 종가가 시가보다 높으면 빨간색 막대로 표시하고 이를 '양봉(陽棒)'이라고 부릅니다. 만약 파란색 막대, 즉 음봉

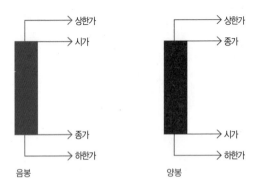

음봉   양봉

이 3일 연속 나타날 경우, 이를 흔히 '흑삼병(黑三兵)'이라고 부릅니다. 이는 주가가 하락세로 돌아설 가능성이 크다는 것을 보여주는 신호이기도 하죠.

반대로 양봉이 3일 연속 이어지는 것은 '적삼병(赤三兵)'이라고 부릅니다. 적삼병은 주가가 앞으로 상승세를 보인다는 얘기입니다. 빨간색 막대 3개가 놓여 있는 모습이 마치 창을 든 붉은 병사 세 명의 모습 같다고 해서 적삼병이라는 명칭이 붙여졌습니다.

여기서 퀴즈 하나! 빨간색 막대가 적삼병이라면, 파란색 막대는 흑삼병이 아니라 '청(靑)삼병'이라고 불러야 하지 않을까요? 흑삼병과 적삼병은 일본에서 처음 만들었습니다. 당시 일본에서는 주가 하락을 표기할 때 파란색이 아니라 검은색을 사용했습니다. 이 때문에 흑삼병으로 불리게 된 것이죠.

봉 차트는 매일 길이가 조금씩 차이가 납니다. 그 이유는 무엇일까요? 봉 차트 길이는 주가 변동 폭에 따라 결정되기 때문이죠. 봉 차트 길이가 길다는 것은 그날의 주가 변동 폭이 컸다는 것을 나타냅니다.

또한 봉 차트는 하루가 아닌 일주일, 한 달 등을 표기하기도 합니다. 이에 따라 캔들 1개가 1분 동안의 주가를 나타내면 '분봉(分棒)', 하루 동안의 주가를 나타내면 '일봉(日棒)', 일주일 동안의 주가를 나타내면 '주봉(週棒)', 한 달 동안의 주가를 나타내면 '월봉(月棒)'이라고 부릅니다.

078

이것이 보이면 주식을 사야할 때!
골든크로스

주식차트로 주가의 흐름을 파악하는 데는 몇 가지 단서가 있습니다. 우선 추세선(趨勢線)입니다. 주가를 면밀하게 분석해보면 어느 기간 동안 일정한 방향으로 움직이는 특성이 있습니다. 이를 추세라고 부릅니다. 주가 바닥과 정점을 이뤄가며 움직이는 두 지점을 연결하면 추세선을 그릴 수 있습니다. 이때 주가가 상승하면 '상승추세선', 하락하면 '하향추세선'이라고 부릅니다.

추세선은 주가의 단기적인 변동보다 장기적인 방향성에 무게중심을 둡니다. 또한 추세선은 선의 길이가 길고, 주가 바닥과 정점의 간격이 클수록 신뢰할 수 있는 것으로 풀이됩니다.

추세선

추세선을 더욱 세밀화한 것이 '주가이동평균선'으로, 흔히 '주가이평선' 또는 '이평선'이라 부르기도 합니다. 이평선을 쉽게 표현하면 '일정 기간 동안의 평균 주가 흐름'이라고 할 수 있습니다. 즉 이평선은 일정 기간 동안의 주가(종가 기준)를 평균한 값인 '주가이동평균'을 연결해 만든 선을 말합니다.

일반적으로 주가이동평균은 매일 계산하며 5일, 20일, 60일, 120일 이평선 등으로 세분화돼 있습니다. 흔히 5일과 20일 이평선을 단기추세선, 60일 이평선을 중기추세선, 120일 이상 이평을 장기추세선으로 분류합니다.

예를 들어 2018년 12월 21일, 금요일의 5일 이평선은 어떻게 구할 수 있을까요? 5일 이평선은 특정일을 기준으로 이전 거래일 5일의 평균을 말합니다. 그렇다면 12월 21일의 5일 이평선은 17~21일간의 종가 기준 주가의 평균을 뜻하지요.

주가를 하루 기준으로 보면 변동이 클 수밖에 없지만, 최근 5거래일(일주일)을 평균해 연결한 선은 비교적 완만하게 나오게 마련입니다. 이는 주가의 추세를 파악하는 데 도움이 됩니다. 결국 5일 이평선은 최근 5거래일을 바탕으로 투자자들의 심리를 파악할 수 있는 척도가 됩니다.

중기 추세를 보여주는 60일 이평선은 최근 3개월간의 주가 흐름을 읽는 데 도움이 됩니다. 특히 최근 3개월간의 시중자금이 주식시장으로 들어오고 있는지, 빠지고 있는지를 알 수 있게해줍니다.

120일 이평선은 최근 6개월간에 걸친 주가 흐름을 보여줍니다. 무려 6개월간 주가의 평균값을 내기 때문에 주가가 급등하는 시점에도 120일 지평선은 완만하게 상승하는 모습을 보입니다. 이에 따라 120일 이평선이 6개월간 상승곡선을 그린다면 경기 호전으로 봐야 합니다.

일반적으로 주식시장이 상승세를 보이면 단기추세선이 장기추세선 위에 있게 마련입니다. 주가 오름세가 지속되고 있어 5일 이평선 혹은 20일 이평선이 60일 이평선이나 120일 이평선 위에서 움직인다는 얘기지요.

그렇다면 **골든크로스**(Golden Cross)는 어떤 의미일까요? 골든크로스는 주가차트에서 단기이평선이 장기이평선 위로 치솟는 것을 뜻합니다. 이는 단기 매수세가 막강해 주가를 가파르게 끌어올리는 것을 말하죠. 아래 그림을 보면 5일 이평선이 20일과 60일 이평선 위로 치솟는 골든크로스를 확인할 수 있습니다. 만일 주가가 하락세에서 골든크로스를 맞이하면 앞으로 오를 가능성이 크다고 해석할 수 있습니다.

반면, 그래프에서 단기 이평선이 장기 이평선 아래로 곤두박질을 치는 것을 **데드크로스**(Dead Cross)라고 합니다. 데드크로스는 짧은 기간에 주식을 매도(팔아넘김)하려는 움직임이 강합니다. 이를 흔히 '단기 매도세'라고 부릅니다. 이는 주가가 급락을 예상하는 지표이며, 이로 인해 주식시장은 약세장으로 돌아서게 됩니다.

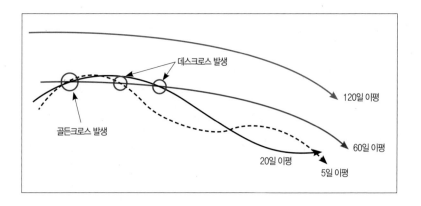

079

컴퓨터가 알아서 주식을 거래하는
프로그램 매매

몇 년 전, 세계 최대 검색업체 구글 소속 인공지능 개발 자회사 구글 딥 마인드(Google DeepMind)가 개발한 AI 프로그램 '알파고(AlphaGo)'가 세상을 떠들썩하게 했습니다. 이세돌 9단과의 대결에서 알파고가 압승하자, 사람들은 충격에 휩싸였습니다. 알파고의 압승은 머지않은 미래에 AI가 인간을 지배하는 세상이 활짝 열릴 것이라는 두려움을 안겨줬죠.

사실 AI는 컴퓨터에 뿌리를 둔 알고리즘(Algorithm)의 한 종류입니다. 알고리즘은 어떤 문제를 해결하기 위해 절차, 방법, 명령어 등을 한꺼번에 모아 놓은 것을 말합니다. 컴퓨터 프로그램도 알고리즘으로 만들고 있죠.

증시에서 자주 등장하는 프로그램 매매(PR, Program Trading)도 이 알고리즘 기법을 활용한 것입니다. 주식매매를 사람이 아닌 컴퓨터의 힘을 빌려서 하는 겁니다. 다시 말해, 주식매매를 마치 컴퓨터 프로그램처럼 미리 짜놓고 자동으로 거래하는 것이지요.

좀 더 자세히 설명하면 프로그램 매매는 이미 정해진 전산 프로그램에 따라 수십 종목에 달하는 주식을 묶어 거래하는 것을 뜻합니다. 이를 흔히 '바스켓(Basket) 거래'라고도 합니다.

주식을 사고파는 최종 결정은 사람이 하지만 나머지 모든 거래 과정은 컴퓨터 프로그램이 알아서 척척 해주는 셈이지요. 결국 프로그램 매매는 매매할 종목이나 호가(呼價, 사거나 팔려는 주식 가격) 등을 미리 정해놓고, 그 조건이 충족되면 주식을 자동으로 매도하거나 매수하도록 미리 설정한 주식 거래 방식을 말합니다.

그렇다면 이러한 프로그램 매매는 누가 선호할까요? 프로그램 매매는 든든한 자금력을 갖추고 여러 주식 종목을 대량으로 사고파는 기관 투자자나 외국인 투자자들이 주로 활용합니다. 여기서 기관 투자자란, 주식투자를 주업무로 하는 증권회사, 투자신탁, 은행, 보험회사, 신용금고, 연금, 기금, 재단기금 등을 뜻합니다.

그렇다고 아무 종목이나 프로그램 매매 대상이 되는 것은 아닙니다. 삼성전자, 현대자동차 등 우량주가 몰려 있는 코스피(KOSPI) 200 종목과 아모텍, 마크로젠 등과 같은 코스닥 스타지수 종목들이 주로 프로그램 매매의 대상입니다.

이때 프로그램 매매는 현물과 선물 중 비싼 것을 팔고 싼 것을 사는 식으로 수익을 얻습니다. 여기서 현물(現物, Existing Goods)은 말 그대로 현재 있는 물건, 즉 주식을 뜻합니다. 이에 비해 선물(先物, Futures)은 상품 등이 현재 있지는 않지만 미래 특정 시점에 거래하기로 한 것을 뜻합니다. 선물은 상품을 미리 결정한 가격으로 미래 특정 시점에 주고받지요.

현물은 상품을 사고파는 것을 비롯해 대금 결제, 물건 건네기(인수)가 동시에 이뤄집니다. 이에 비해 선물은 현재 상품이 없기 때문에 상품 인도가 현물과 조금 차이가 납니다. 다시 말하면 선물은 매매 계약이 현재 시점에서 이뤄지지만, 실제로 돈과 상품을 주고받는 것은 일정 시점이 지나야 이뤄질 수 있다는 얘기입니다.

　프로그램 매매는 현물시장과 선물시장을 오가며 차익을 내는 방식으로 수익을 냅니다. 예를 들어 현물시장이 선물시장보다 주가가 싼 경우가 있습니다. 이럴 때 컴퓨터 프로그램은 현물 종목을 매수하고 선물 종목을 매도해 차익을 얻습니다. 반대의 경우도 이와 마찬가지입니다. 선물 종목이 싸면 선물을 사고, 현물 종목을 팔아 수익을 얻습니다. 이와 같은 과정은 복잡하고 매우 빠르게 진행됩니다. 사람이 접근하기에는 어려운 부분이지요.

　결국 주식투자는 기계가 하게 될까요? 온전히 기계가 하지는 못할 것 같습니다. 주식투자는 돈이 오가는 일이기에 언제든 돌발 상황은 발생할 수 있습니다. 수치 계산은 컴퓨터가 우위겠지만 상황에 대한 대처 능력은 사람을 따라가기 어려워 보입니다. 그렇다면 AI의 발전이 거듭돼 컴퓨터가 상황 대처 능력까지 갖춘다면 어떻게 될까요? 아직은 먼 미래지만 이런 부분에 대해 고민해보는 일도 한 번쯤은 필요하겠죠?

080

좋은 신상 주식 나왔어요
공모주

신문이나 방송을 보면 간혹 '이번 주에는 ABC 기업, DEF 기업 등 10개 업체의 공모주 청약이 잇따라 열린다'라는 제목을 본 적이 있을 겁니다. 얼마나 대단한 일이기에 이렇게 신문에까지 홍보하는 것일까요?

공모주란 회사 운영에 필요한 자금을 공개모집(公募)하는 주식을 말합니다. 즉, 주식을 발행하면서 대다수 일반인을 대상으로 자금을 모으는 것을 말합니다. 구체적으로 말하면 공모는 기업이 일반인(최소 50명 이상)을 대상으로 주식을 새로 발행하거나 이미 발행된 주식을 파는 것을 말합니다. 이때 공모하는 주식이 새로 발행한 주식이면 '모집', 이미 발행된 주식이면 '매출'이라고 합니다.

공모는 자금을 모을 수 있는 좋은 방법이지만 모든 주식회사가 나설 수는 없습니다. 대체로 경영 상태가 탄탄한 기업이 신규 사업에 진출하기 위한 자금이 필요할 때 일반 투자자들로부터 '공모주 청약'

형태로 자금을 모을 수 있죠.

이때는 일정한 형식이 필요합니다. 공모주를 시작하려는 기업은 신문 등에 공모 일정을 게재하고 청약을 받고자 하는 투자자들은 은행이나 증권사에 계좌를 개설해 신청해야 합니다.

그럼 공모주 청약의 구체적인 절차를 알아볼까요? 청약을 신청하기 위해서는 사고자 하는 주식의 청약 주간사를 확인해야 합니다. 주간사는 흔히 '주간사 회사(Lead Manager)'라고 부르며, 기업 주식이나 사채 발행 업무를 담당하는 증권회사를 말합니다.

일반 투자자는 해당 청약 주간사에 계좌를 개설하고 공모주 청약을 신청해야 합니다. 이때 청약하려는 금액의 50%를 증거금으로 납부해야 합니다. 증거금은 공모에 참여한 투자자들이 주식을 사기 위해 내는 일종의 계약금입니다. 증거금을 낸 후, 나머지 50% 잔액을 입금하면 증권계좌에 주식이 들어옵니다.

이처럼 일반인으로부터 청약을 받아 주식을 배정하는 것을 공모주 청약이라고 합니다. 또한 청약에 따라 기업이 일반인에게 주식을 나눠주는 것을 '공모주 배정(配定, 몫을 나눠 정함)'이라고 부릅니다. 이러한 절차를 통해 일반인이 받는 주식이 공모주인 셈이지요.

경영 상태가 탄탄한 기업만 공모주를 발행할 수 있다고는 하지만, 그렇다고 무조건 안심할 수는 없습니다. 그 회사의 주식이 가치가 있는지 여부를 꼼꼼하게 확인한 후 청약에 나서야 합니다. 이를 위해 그 기업의 매출규모를 비롯해 영업이익, 순이익 등 기업실적을 점검해야 합니다. 또 청약 경쟁률이 높으면 실제로 받을 수 있는 주식 수가 생각만큼 많지 않을 수도 있습니다. 이에 따라 청약을 하기 전에 기업 경쟁률도 눈여겨봐야 합니다.

공모가격이 적절한지 여부도 반드시 체크해야 할 대목입니다. PER(주가수익비율)과 PBR(주가순자산비율) 등을 확인해 공모가격이 지나치게 높은 것은 아닌지 확인해야 합니다.

PER과 PBR은 주식투자의 주요 지표로 꼽힙니다. 특히 회사 순자산과 관련된 PBR은 회사의 자금 상태를 확인할 수 있는 주요 창구죠. 예를 들어 ABC라는 기업이 망하면 ABC는 회사 총자산에서 빚, 즉 부채부터 처리해야 합니다. 빚을 털어낸 후 남는 게 순자산이죠. 결국 순자산 비율이 높을수록 회사 재무구조가 탄탄하다는 얘기입니다.

보호예수 물량도 체크해야 할 주요 대목입니다. 여기서 '보호예수'란 지분을 많이 갖고 있는 최대 주주와 주요 주주들이 기업 상장 후 일정 기간 주식을 팔지 않겠다고 약속한 주식을 말합니다. 문제는 보호예수 기간이 지나면 주식시장에 이들 물량이 대거 쏟아져 나와 주가가 급락할 수 있다는 점입니다. 따라서 공모주에 나선 기업의 보호예수 물량과 기간 등을 꼼꼼하게 확인한 후에 투자에 나서야 합니다.

이에 비해 자산운용사를 통해 공모주펀드에 가입하는 간접투자 방식도 있습니다. 공모주펀드는 전체 펀드 자금의 80% 이상을 국공채 등 채권에 투자하고, 나머지 20% 정도는 공모주에 투자하기 때문에 수익률이 안정적입니다. 투자 포트폴리오를 공모주에만 의존하지 않고 채권 등 안전자산에 투자해 안전성과 수익성이 높은 점이 공모주펀드의 특징입니다.

081

돈을 팅겨서 불리는 지렛대
레버리지

부동산이나 주식과 관련된 뉴스가 나오면 단골처럼 등장하는 용어가 바로 레버리지(Leverage)입니다. 레버리지는 영어로 '지렛대'라는 뜻입니다. 지렛대는 무거운 물건을 움직이는 데 쓰이는 막대기로, 어떤 목적을 달성하는 데 필요한 수단이나 힘을 말하기도 합니다. 참고로 영국과 호주에서는 레버리지 대신 '기어링(Gearing)'이라는 말을 사용합니다.

경제학에서 말하는 레버리지효과는 사업 등 어떤 목적에 부족한 돈을 빌려 투자한 후 수익률을 높이는 방법을 말합니다. 이를 위해 빌린 돈을 뜻하는 차입금 등 타인자본을 지렛대로 삼아 자기자본이익률(Return on Equity)을 높이는 것도 레버리지효과에 속합니다.

자기자본이익률은 기업 경영자가 기업에 투자된 돈을 활용해 이익을 어느 정도 올리는지를 보여주는 것으로, 기업이 이익을 창출할 수 있는 능력을 보여주는 척도이기도 합니다. 예를 들어 자기자본이익률이 20%라면 연초에 100원을 투자해 연말에 20원의 이익을 냈다는 얘기입니다.

레버리지는 언제 사용해야 효과적일까요? 빚을 지렛대 삼아 투자수익률을 극대화하는 방법은 주로 경기가 호황일 때 자주 사용합니다. 왜 그럴까요? 경기가 좋을 때 비교적 낮은 비용과 금리를 활용해 자금을 끌어 모아 수익성이 있는 곳에 투자하면 막대한 수익을 남길 수 있기 때문이죠.

여기서 궁금한 점 하나! 투자할 때 꼭 레버리지를 활용해야 할까요? 대출을 받지 않고 투자할 방법은 없을까요? 물론 자금이 충분하다면 굳이 타인자본을 끌어 모아 사업을 하거나 투자할 필요가 없겠지요. 그러나 남의 돈 없이 투자를 하는 것도 쉽지 않고 더욱이 별로 많지 않은 자기자본으로 투자수익을 극대화하는 방법도 쉬운 것은 아닙니다. 그래서 돈을 빌려야만 사업이나 투자를 할 수 있는 게 냉정한 현실입니다.

다만, 레버리지는 현명하게 쓰는 게 매우 중요합니다. 부채가 자기자본보다 더 많으면 과다차입(Excessive Borrowing)이 됩니다. 과다차입은 종종 위기로 이어지게 마련입니다.

이때 부채를 이용해 수익이 발생하면 '정(+)의 레버리지효과', 손실이 발생하면 '부(-)의 레버리지효과'라고 합니다.

여기서 퀴즈 하나! 부채를 통해 투자수익률을 높이는 대신, 빚을 갚는 경영기법은 무엇일까요? 정답은 디레버리지(Deleverage) 입니다. 디레버리지는 부채 등 차입을 줄이는 것을 뜻 합니다. 기업이 경영위기로 어려움에 처했을 때는 가진 것을 모두 팔아 빚을 줄이 는 게 상책이죠. 이때 디레버리지 를 주로 사용합니다.

디레버리지의 대표적인 사 례로는 2008년 글로벌 금융위기 를 들 수 있습니다. 전 세계를 강타한 금융위기로 자산가치가 폭락하자 투자자들이 보유한 자산을 청산했기 때문이죠. 특히 우리나라 주식시장의 경우, 외국인 투자자들이 주식과 채권 등 자산을 처분해 2008년 당시 국내 금융시장이 크게 동요한 적이 있습니다.

디레버리지가 급격하게 이뤄지면 금융시장이 타격을 입을 수밖에 없습니다. 대표적인 예가 '유동성 문제'입니다. 외국인 투자자들이 국내에서 주식을 대거 팔고 돈(달러)으로 바꿔 국내 금융시장에서 나가면서 원달러 환율이 크게 치솟기도 했죠. 결국 디레버리지가 급격하게 이뤄지면 자산 가격이 폭락하는 등 유동성 문제가 커져 돈을 빌리기가 쉽지 않은 신용경색까지 일어날 수 있습니다.

이처럼 기업과 개인이 빚을 줄이기에 급급해 경제를 퇴보시키는 현상을 흔히 '디레버리징 패러독스(The Paradox of Deleveraging)'라고 부릅니다. 앞서 설명한 2008년 '서브프라임 모기지(비우량주택담보대출)' 사태가 터졌을 때 당시 은행과 투자자들이 모기지 관련 자산을 한꺼번에 처분하려다가 미국 경제가 휘청거린 것이 대표적인 사례입니다.

082

작은 주식이 좋다
스몰캡

스몰캡(Small Cap)은 소형주를 말하며, 여기서 Cap은 'Capital(자본총액)'의 줄임말이죠. 자본총액은 회사를 운영하기 위해 조달한 자본(종잣돈) 전체를 뜻합니다. 스몰캡에 대해 본격적으로 알아보기 전에 기업과 주가를 연결 짓는 몇 가지 용어를 정리해보겠습니다.

> **자본총액** = 자기자본 + 부채
> **총자산**　 = 자본총액 = 자산총계
> **자기자본** = 자본금 + 잉여금

여기서 자본총액을 현재 시장가격으로 환산한 가치를 '시가총액'이라고 합니다. 시가총액은 '주가 × 총 발행 주식 수'로 나타낼 수 있습니다.

증권거래소는 상장 종목을 기업규모에 따라 대·중·소형주로 나눕니다. 물론 대·중·소형주에 대한 절대적 기준은 없습니다. 나라마다 경제나 증시 규모에 따라 대형주와 소형주를 분류하는 기준이 다르기 때문입니다.

우리나라의 경우 대형주(라지캡, Large Cap)는 시가총액 1~100위 기업이 발행하는 주식을 말합니다. 구체적으로 설명하면, 대형주는 자본금이 750억 원 이상인 기업이 해당합니다. 대형주는 자본금이 많아 발행 주식 수가 많고, 증권시장에서 거래되는 유통 주식 수도 엄청납니다. 또한 대형주는 시가총액이 많아 종합주가지수에 미치는 영향력도 매우 큰 편입니다.

대형주는 거액을 투자하는 외국인과 은행, 증권회사, 보험회사, 투자금융사 등 이른바 기관 투자자가 주로 선호하는 주식입니다. 대형주의 인기가 많아 언제든지 주식을 사고팔 수 있기 때문이죠.

이에 비해 중형주(미드캡, Mid Cap)는 시가총액 101~300위 기업이 발행하는 주식을 말합니다. 자본금을 기준으로 보면 350~750억 원 미만 기업의 주식을 말합니다.

이미 언급한 소형주는 자본금이 비교적 적은 회사의 주식으로, 시가총액이 301위 이하인 기업이 발행하는 주식을 말합니다. 상장회사 자본금이 350억 원 미만이면 소형주로 분류합니다.

여기서 질문 하나! 대·중·소형주를 구분하는 척도가 자본금 규모와 시가총액인 이유는 무엇일까요? 불과 얼마 전까지만 해도 대·중·소형주는 자본금의 규모로 결정했습니다. 그러나 자본금 규모보다 시장에서 몸값이 얼마인지를 잘 알 수 있는지의 여부도 중요한 요소죠. 이러다 보니 시가총액이 증시 흐름을 더욱 정확하게 볼 수 있는 방식이 된 것입니다. 그래서 이제는 자본금과 시가총액 모두 고려해 대·중·소형주를 구분하고 있습니다.

그렇다면 소형주는 크기가 작아 볼품이 없는 주식일까요? 아닙니다. 최근 증권사가 가장 주력하는 분야가 '스몰캡 전담팀'입니다. 증권사들은 개인 투자자의 자금을 끌어 모으기 위해 비교적 저평가된 스몰캡 종목을 발굴해 개인 투자자들에게 적극 추천하는 방법을 활용하고 있습니다. 스몰캡 전담

팀은 수백 건에 달하는 스몰캡 분석 보고서를 발간하고 있을 정도죠.

증권사가 이처럼 스몰캡에 적극적으로 나서고 있는 데에는 대형주나 중형주에 비해 소형주가 비교적 싸기 때문에 개인 투자자들이 투자하기에 적합하다는 판단이 작용하고 있습니다. 이와 함께 정보통신(IT), 바이오 등 소형주 중심 업종이 탄탄한 성장동력을 보이고 있어 스몰캡의 유망분야로 자리매김하고 있습니다.

그렇다고 해서 무조건 소형주가 탄탄한 투자 대상이라고 볼 수는 없습니다. 소형주는 대형주나 중형주에 비해 자본금이 적기 때문에 주가가 크게 오르거나 내리는 현상이 자주 일어납니다. 이러한 특성을 악용해 주가 조작에 이용하는 사례도 많은 게 엄연한 현실이지요.

특히 주가가 1,000원 미만인, 소위 '동전주'는 대형주나 중형주에 비해 불안정하지만 주가가 크게 오를 수 있는 기대감도 큰 편입니다. 예를 들면 반도체 및 반도체 장비업체인 미래 산업은 2012년 주가가 400원대로 떨어진 '동전주'였습니다. 그러나 그후 사업 수주실적 등에 힘입어 한 주당 주가가 1,950원까지 치솟은 적이 있습니다.

특히 주가를 의도적으로 조작해 수익을 챙기는 불법 작전세력이 타깃을 찾을 때 동전주를 선택하는 경우가 많은 점도 바로 이 때문입니다. 작전세력에 의해 돈을 잃지 않으려면 도박을 꿈꾸지 말고 철저한 공부와 분석을 통해 투자 종목을 골라야 합니다.

083

소는 강세장 곰은 약세장
불마켓과 베어마켓

주식시장을 말할 때 자주 등장하는 동물이 있는데 바로 '황소(Bull)'와 '곰(Bear)'입니다. 주식시세가 강세 혹은 오름세를 뜻할 때는 불마켓(Bull Market), 약세 혹은 내림세를 뜻할 때는 베어마켓(Bear Market)이라고 합니다.

그럼 황소와 곰은 어떻게 해서 이런 뜻으로 쓰이게 됐을까요? 이들 단어의 어원에는 여러 가지가 있습니다. 일부에서는 황소와 곰이 싸울 때의 모습에서 유래했다고 합니다. 즉 황소는 뿔이 위로 치솟아 있어 오름세를 뜻하고, 곰은 아래쪽으로 머리를 숙이면서 공격하기 때문에 약세를 의미한다는 것입니다.

혹자는 황소는 저돌적으로 돌진하니까 상승세, 곰은 느린 걸음으로 어슬렁어슬렁 걷

흥흥~
위로~ 위로~
주가야~ 더 올라가라.

아이~ 귀찮아
주가따위
안 올라도 돼.

기 때문에 증시에서 재빨리 움직이지 못한다는 뜻으로 약세를 가리킬 때 사용한다고 합니다.

어원이 어찌됐든, 증시에서는 일반적으로 통용되는 법칙이 있습니다. 바로 '조정'입니다. 조정은 많이 오른 주식이 잠시 쉬어가는 것을 말합니다. 장기적 관점에서 보면 베어마켓에서도 시세회복을 위한 잠깐의 조정이 있고, 불마켓에서도 주가급등 후 일시적인 가격안정 조정이 있습니다. 장기적 관점에서 보면 베어마켓도 조정(시세회복)을 겪고, 불마켓도 결국 조정(주가급등 후 일시적인 가격안정)을 받는다는 말입니다.

독일 프랑크푸르트 증권거래소 앞의 황소와 곰 동상

084

주식이 없어도 팔 수 있다
공매도

경제신문을 읽다보면 경제이론 못지않게 독특한, 그래서 이해하기 힘든 용어를 많이 접하게 됩니다. 공매도(空賣渡, Short Stock Selling)도 그중 하나입니다. 말 그대로 주식이나 채권을 갖고 있지 않은 상태에서 매도주문을 하는 것입니다. 한마디로 있지도 않은 주식이나 채권을 팔아넘기는 것이지요.

공매도는 흔히 약세가 예상되는 종목을 상대로 시세차익을 노릴 때 주로 활용합니다. 예를 들어 왕씨는 A라는 주식을 갖고 있지 않습니다. 최근 A회사가 경영난을 겪어 A주가가 떨어질 가능성이 커지고 있던 중 왕씨는 친구 홍씨가 A주식을 갖고 있는 것을 알아차립니다. 왕씨는 홍씨에게서 A주식을 빌려 현재 가격인 100만 원에 팔아 치웁니다. 결국 왕씨는 100만 원을 손에 쥐게 되는 것이지요. 앞서 설명한 것처럼 갖고 있지 않은 주식을 팔아 돈을 번 것입니다.

그 후 얼마 지나지 않아 A주식은 왕씨 예상처럼 50만 원으로 떨어집니다. 이때 왕씨는 수중에 갖고 있는 100만 원으로 A주식을 50만 원에 다시 사서 세상물정 모르는 홍씨에게 다시 돌려줍니다. 이렇게 해서 왕씨는 50만 원의 돈을 법니다. 이처럼 투자자가 예상한 대로 주가가 하락하면 이를 팔

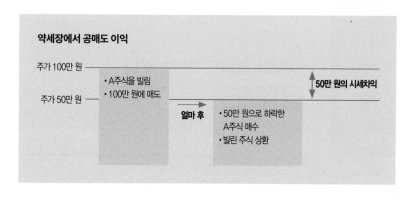

약세장에서 공매도 이익

주가 100만 원 ── A주식을 빌림 ── 100만 원에 매도 ── 50만 원의 시세차익

주가 50만 원 ── 얼마 후 ── 50만 원으로 하락한 A주식 매수 ── 빌린 주식 상환

아 짭짤한 시세차익을 얻는 것이 공매도입니다.

그러나 반대로 주가가 올라가면 공매도한 투자자는 손실을 피할 수 없습니다. 심지어 A종목 주식을 확보하지 못해 결제일에 주식을 입고하지 못하면 결제불이행이라는 사태가 발생해 거래정지 지급정지 등의 조치가 취해질 수 있습니다.

이처럼 공매도에는 시세차익을 노리는 투기성이 있습니다. 하지만 높게 평가된 주식을 제자리에 돌려놓아 거품을 미리 막고 유동성을 증가시키는 장점도 있습니다. 이러한 공매도의 장·단점으로 인해 우리나라는 공매도와 관련된 제도에 많은 변천사를 겪기도 했습니다. 2013년 11월 이후 현재 금융주를 포함한 전종목 공매도가 가능합니다.

하지만 우리나라의 주식시장이 공매도를 완전히 허용해도 될 정도로 안정적인지에 관한 논란의 여지는 여전히 존재합니다. 더구나 유럽연합(EU)은 유럽 금융시장을 강화하고 안정시키기 위해 2011년 10월 공매도를 영구금지하기로 결정했기 때문입니다.

이처럼 뜨거운 관심을 받아온 공매도가 최근 공공의 적으로 추락한 사건이 있었습니다. 바로 한미약품의 공매도 사건입니다. 한미약품은 2016년

9월 29일, 독일 제약업체 베링거인겔하임과 8,000억 원대의 항암제 신약(新藥) 수출 계약 성사를 발표했습니다. 그런데 발표 시점이 조금 이상했습니다. 주식시장이 이미 마감한 이후에 이 소식을 밝혔기 때문입니다. 더 이상한 점은 그다음 날인 2016년 9월 30일 오전 9시 29분에 수출 계약이 해지됐다는 악재를 발표한 것입니다.

우리나라 주식 공매도 제도 변천사

1969년 2월	신용대주제도가 도입되면서 주식 공매도 가능
1996년 2월	기관투자자 차입 공매도 시작
2008년 9월	한시적으로 전종목 주식 공매도 금지
2009년 6월	금융주 제외하고 공매도 제한 해제
2011년 8월	전 종목 공매도 금지
2011년 11월	금융주 제외하고 공매도 금지
2013년 11월	금융주에 대한 공매도 제한 해제
2017년 1월	공매도 및 공시제도 개정안 시행

아시다시피 우리나라의 주식시장은 오전 9시에 문을 열어 그날 오후 3시 30분에 문을 닫습니다. 한미약품이 약 1조 원대의 수출계약을 체결했다는 소식에 투자자들은 오전 9시에 증시가 개장되자마자 주식을 사들이기 시작했습니다. 그런데 증시가 개장한 지 불과 29분 만에 계약해지라는 날벼락이 떨어진 것이지요.

그런데 이 당시 한미약품에 공매도가 있었던 것이 밝혀져 큰 사회적 파장을 가져왔습니다. 앞서 말했듯이 공매도는 약세가 예상되는 종목을 상대로 시세차익을 노릴 때 활용됩니다. 수출 계약이 성사돼 주가가 오히려 오를 것으로 보인 종목에 공매도가 있었다는 사실이 무척 이상하죠. 특히 한미약품 공매도의 절반 이상이 악재 공시가 발표되기 이전에 이뤄졌다는 점은 더더욱 이상한 일입니다.

악재가 발표되기 전 한미약품의 공매도는 약 10만 4,300주로 약 616억 원에 달했습니다. 악재가 발생하기 전 주가가 급등할 것으로 보이는 종목을 팔아치운 공매도 현상을 어떻게 봐야 할까요? 이는 수출계약 해지를 미리 안 한미약품 임직원과 회사 관계자들과 증권사, 자산운용사 등 외부 투자자들이 공매도에 동참했을 가능성을 보여줍니다. 남들이 한미약품 주식을 대거 사들일 때 공매도를 통해 주식을 팔아치워 시세차익을 올린 것이죠.

공매도를 통한 피해는 고스란히 개인 투자자와 소액 주주들의 몫으로 남습니다. 이에 대해 개인 투자자들은 끊임없이 공매도 폐지를 주장해왔지만, 금융당국은 시장기능의 훼손을 가져올 수 있다는 말과 함께 공매도 유지를 찬성하는 입장이었죠. 하지만 한미약품의 공매도 사건으로 인해 공매도 폐지에 대한 논란이 재점화됐습니다.

이에 금융당국은 공매도 및 공시제도 개정안을 발표해 2017년 1월부터 시행하고 있습니다. 개정안에 따르면 기업이 정당한 사유 없이 공시를 지연하지 않도록 정정이 필요한 이유가 발생할 경우 그 즉시 공시해야 하며, 정정 시간도 익일 공시에서 당일 공시로 단축시켰습니다.

이러한 개정안에도 불구하고 일부 투자자들은 여전히 공매도 폐지를 주장하고 있습니다. 공매도 폐지가 어렵다면 공매도로 부당한 이득을 취한 사람들에 대한 처벌을 강화하고 해당 기업을 투명하게 공개해야 한다는 주장도 나오고 있죠. 이후 또 어떤 제도 개선안이 나올지는 좀더 지켜봐야겠습니다.

085

주식시장의 보이지 않는 손
사이드카

주가가 폭락하면 투자자들이 보유 주식을 팔아치우는 투매(投賣)에 가담하거나 미래의 차익을 기대해 마구 사들이는 것이 일반적인 현상입니다. 하지만 이 같은 움직임은 자칫 자신은 물론 다른 투자자들에게도 피해를 끼칩니다.

유가증권 시장과 코스닥 시장에서는 주가가 급등하거나 급락해 투자자들에게 피해를 줄 가능성이 커지면 누군가가 시장에 개입합니다. 유가증권 시장에서는 한국거래소(KRX) 유가증권 시장 본부, 코스닥 시장에서는 한국거래소 코스닥 시장 본부가 이와 같은 역할을 맡습니다.

그럼 사이드카(Side Car)는 뭘까요? 사이드카는 경찰관이 타고 다니면서 교통질서를 바로잡거나 급한 경우 길안내도 하는 오토바이의 일종입니다. 증권시장에서도 사이드카가 활동합니다. 과속하는 주가가 교통사고를 내지 않도록 유도하는 역할을 하죠.

사이드카는 선물 가격이 전날 종가에 비해 5%(유가증권 시장), 6%(코스닥 시장) 이상 등락한 채 1분 이상 계속될 때 발효됩니다. 사이드카가 발효되면 주식시장의 매매호가 행위는 5분간 효력이 정지됩니다. 급격하게 오르거나 내린 증시가 진정될 수 있도록 숨을 고르는 시간을 주는 것이지요. 5분이 지나면 자동해제돼 정상적인 매매활동이 가능해집니다.

이러한 사이드카를 적용하려면 몇 가지 제한규정이 있습니다. 주식시장 매매거래 종료 40분 전(오후 2시 50분) 이후에는 발동할 수 없고, 하루 한 차례만 사용할 수 있다는 것이 그것입니다.

사이드카보다 한 단계 더 강한 것이 서킷브레이커(Circuit Breaker)입니다. 서킷브레이커는 원래 '회로차단기'를 뜻합니다. 주가가 급등락하는 경우 마치 회로차단기처럼 주식매매를 일시정지하도록 막는 것이지요.

서킷브레이커는 1987년 10월 미국에서 일어난 사상 최악의 주가 대폭락 사태인 블랙먼데이(Black Monday) 이후 주식시장의 붕괴를 막기 위해 도입됐습니다. 뉴욕증권거래소(NYSE)의 거래중단 규정에 따르면, 다우존스 평균지수가 전날에 비해 50포인트 이상 등락할 경우 S&P500지수에 포함된 주식의 전자주문 거래를 제한합니다. 등락폭이 100포인트 이상이면 모든 주식 거래를 30분간 중단하고, 550포인트 이상이면 1시간 동안 중단합니다.

서킷브레이커 발동, 주식매매 일시정지

2015년 6월부터 한국증권거래소는 하루에 움직일 수 있는 주식의 가격 제한폭이 종전 상하 15%에서 상하 30%로 확대됨에 따라,

손실 위험이 더 커진 투자자를 보호하기 위해 기존 1회 발동되던 서킷브레이커를 3단계에 걸쳐 발동되도록 변경했습니다. 1단계에서는 종합주가지수가 전일에 비해 8% 이상 하락해 1분 이상 지속되면 모든 주식 거래를 20분간 중단한 후, 10분간 새로 호가를 접수해 단일가격으로 처리합니다. 2단계 15% 하락, 3단계 20% 하락 시에도 동일하게 진행합니다. 하지만 3단계 20% 이상 하락이 1분간 지속되면 당일 시장은 그 즉시 종료됩니다.

서킷브레이커는 주식시장 개장 5분 후부터 장이 끝나기 40분 전인 오후 2시 50분까지 발동할 수 있으며, 하루에 한 번만 사용할 수 있습니다.

086

주식을 나누는
액면분할

증권 관련 기사나 정보에 빠지지 않고 등장하는 용어가 액면분할(額面分割)과 액면병합(額面倂合)입니다. 무슨 뜻일까요? 액면분할은 말 그대로 주식의 액면가액을 일정한 분할비율로 나눠 주식 수를 늘리는 것을 말합니다. 예를 들어 액면가액 1만 원짜리 1주를 둘로 나눠 5,000원짜리 2주로 늘리는 것입니다.

그러나 이처럼 주식을 나눠도 실제로는 별다른 도움이 되지 않습니다. 왜 그럴까요? 액면가액 1만 원인 주식이 시장에서 3만 원에 거래될 경우, 액면가액 5,000원인 주식으로 액면분할하면 그 주식의 시장가격도 15,000원으로 떨어질 뿐 주주 입장에서는 아무런 이득이 생기지 않기 때문입니다.

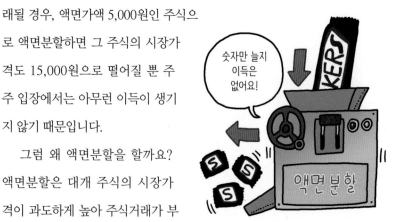

그럼 왜 액면분할을 할까요? 액면분할은 대개 주식의 시장가격이 과도하게 높아 주식거래가 부

진하거나 새로 주식을 발행하기 힘든 경우에 실시합니다. 액면분할을 통해 1주당 가격을 낮추면 주식거래가 활성화돼 '주식 유동성'을 높일 수 있기 때문입니다. 주식 유동성이란 원할 때 주식을 빨리 팔아 현금화할 수 있는 정도를 말합니다.

그렇다면 액면분할을 통해 조정되는 액면 금액은 어떤 종류가 있을까요? 2020년 1월 한국예탁결제원이 발표한 자료에 따르면 액면 금액 500원이 유가증권 시장에서 47.6%, 코스닥 시장에서는 80.4%를 차지하는 등 대표적인 금액으로 자리를 잡고 있습니다.

그러나 액면분할이 만병통치약은 아닙니다. 그동안 기업이 실적 호조 등 호재가 없어도 액면분할을 하는 것만으로 주가가 오르는 일이 많았습니다. 그래서 액면분할은 증시에서 마법으로 불리기도 했죠. 그런데 2018년 들어 '액면분할=주가 상승'이라는 등식이 깨지고 있습니다. 한국예탁결제원이 2020년 1월에 발표한 자료에 따르면 2019년 액면분할을 실시한 코스피·코스닥 상장기업 29곳 가운데 19곳(65.5%)의 주가가 하락한 것으로 나타났습니다.

롯데칠성은 2019년 5월 10대 1 비율로 액면분할을 실시했지만 주가(종가 기준)는 16만 5,500원에서 2019년 말 14만 원으로 15.41% 오히려 하락했습니다. 풀무원은 실적 악화, 부채 증가 등 펀더멘털에 대한 불안 요인이 겹쳐 2019년 5월 액면분할 이후 주가가 14.45% 떨어졌습니다.

그렇다면 액면병합은 무엇일까요? 액면병합은 액면분할의 반대로, 액면가가 적은 주식을 합쳐 액면가를 높이는 것입니다. 주식시장에서 액면병합을 하면 주식 유통량이 크게 줄어들어 주가가 오르는 경향이 있습니다. 수요에 비해 공급량이 부족한 탓이지요. 예를 들어 액면가 1,000원인 주식을 5,000원으로 병합하면 주식 거래량이 5분의 1로 줄어듭니다.

　액면분할에 비해 액면병합의 경우, 주가가 오르는 효과를 거둘 수는 있지만, 기업의 기본적인 투자가치가 변하는 것은 아니라는 점을 명심해야 합니다. 참고로 액면가는 주식을 처음 발행할 때 주권 액면에 적는 금액을 말합니다.

087

회사규모가 커지면 사업밑천이 더 필요하다
증자와 감자

증자(增資, Capital Increase)는 회사의 자본금을 늘리는 것이고, 감자(減資, Capital Reduction)는 줄이는 것입니다. 그럼 왜 증자나 감자를 하는 것일까요? 이해를 돕기 위해 자본금의 개념부터 자세히 짚어보겠습니다.

자본금은 주식회사가 주식을 발행해 주주에게 주고, 그 대가로 받은 돈을 모아 조성한 것입니다. 즉 주식회사의 사업밑천이지요. 흔히 자본금은 발행한 주식의 총액과 같습니다. 다시 말해 발행주식 총수에 주식의 액면가를 곱한 값이 바로 자본금입니다.

예를 들어 A라는 기업의 발행주식 총수가 1,000만 주이고, 액면가가 5,000원이라면 이 회사의 자본금은 1,000만 주 × 5,000원 = 500억 원이 됩니다. 따라서 자본금을 늘리려면 새로운 주식을 발행해 발행주식 총수를 늘려주기만 하면 됩니다.

그럼 언제 증자를 생각할까요? 회사규모가 커지면 그만큼 사업밑천이 더 필요해지는데, 주식회사에서 자본금을 늘리는 방법은 방금 말한 것처럼 주식을 더 발행하는 것입니다. 이처럼 주식을 더 발행해 자본금을 늘리는 것을 '증자'라고 합니다.

증자에는 크게 2가지 방법이 있습니다. '유상증자'와 '무상증자'입니다. 유상(有償, 대가를 치름)증자는 기업이 주식을 새로 발행해 기존 주주나 새 주주에게 돈을 받고 파는 방식입니다. 즉 주주로부터 대가를 받아서 자본금을 늘리는 것이지요. 사실 기업 입장에서 유상증자는 매우 효율적인 증자방법입니다. 은행에서 돈을 빌리면 원금과 이자를 내야 하지만, 유상증자는 이자 걱정을 할 필요가 없기 때문입니다. 주주로부터 돈을 받으면 그만이니까요.

이에 비해 무상증자는 새로 발행하는 주식을 주주에게 공짜로 나눠주는 것을 말합니다. 돈을 받지 않고 주식을 주주에게 주는데 어떻게 자본금이 늘어날 수 있을까요? 정답은 기업의 회계장부에 있습니다. 회사가 회계장부에서 자본금 외에 자본준비금 등 다른 명목으로 갖고 있던 재산을 전부 또는 일부 자본금으로 바꾸고, 그 결과 늘어난 자본금 액수만큼 주식을 새로 발행해 주주에게 공짜로 주는 것입니다.

그럼 기업은 왜 돈도 안 되는 무상증자를 할까요? 무상증자가 기업에 아무런 이익도 주지 않는 것은 아닙니다. 회사 회계장부상의 자본금을 늘려 주주의 주식 수를 늘려줌으로써 주주에게 보상해주고, 그 결과 해당 주식의 인기를 높여 결국 주가를 올리는 효과가 있습니다.

그렇다면 감자는 무엇일까요? 감자는 말 그대로 회사 자본금을 줄이는 것을 말합니다. 회사규모가 축소됐거나 적자가 누적돼

그 손실을 회계로 처리할 때 감자를 합니다. 쉽게 말하면 자본규모가 너무 커서 기업의 효율성이 떨어지거나 누적 적자가 커서 자본잠식(적자규모가 커서 자본금마저 까먹는 상황) 상태인 기업이 감자를 하는 거지요. 무상으로 주식 수를 줄이는 '무상감자'가 일반적인데, 간혹 일정한 보상을 해주며 주식 수를 줄이는 '유상감자'도 있습니다.

감자를 하면 기존 주주들이 가진 주식은 감자하는 비율만큼 줄어듭니다. 예를 들어 B라는 기업이 50% 감자를 실시하면 100주를 가지고 있던 주주의 소유 주식 수는 50주가 됩니다. 이러한 이유로 기업이 무상감자를 실시할 경우 주주들의 반발이 거셉니다. 그러나 단기적으로 봤을 때는 주주들에게 악재지만, 감자를 통해 기업의 재무구조가 개선되면 나중에 주주들에게 이익으로 돌아올 수 있습니다.

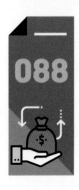

088 주가 방어 위해 자기 회사 주식 사들이는 자사주매입

기업이 자금을 조달하기 위해 주식을 발행했는데, 이를 다시 사들일 때가 있습니다. 이를 자사주매입(Stock Buy Back)이라고 합니다. 왜 자사주(자기 회사 주식)를 다시 사들이는 것일까요?

자사주매입은 주가하락을 막는 효과가 있습니다. 일반적으로 주가가 하락하면 기업 이미지가 나빠지고, 심지어 증시에서 자금을 제대로 마련하기가 어려워집니다. 그래서 기업이 주가가 자사 가치에 비해 너무 떨어졌다고 판단되면 주가를 지탱하기 위해 따로 돈을 들여 자사주를 사들이는 것입니다.

자사주매입은 기업이 보통 유보자금(경영난 등 비상사태를 대비해 남겨둔 이익금)으로 하기 때문에 유통되는 주식의 물량이 줄어들고, 주당순이익(EPS)과 미래 현금흐름을 향상시켜 주가를 올리는 작용을 합니다. 그러나 증자나 감자처럼 주식 수를 조절하는 것은 아니므로 전체 주식 수에는 변화가 없습니다.

그런데 자사주매입 약발이 오래가려면 자사주를 사들이는 데 그치지 않고 주식을 없애는 주식소각(Share Cancellation)을 해야 합니다. 피 같은 돈을 주고 자사주를 사들여 없애버린다니 미친 짓 아니냐고 생각하는 사람도 있을 것입니다. 그러나 자사주를 사들여 없애면 증시에서 유통되는 주식 수가 줄어들어 주당순이익이 커지는 효과가 있습니다. 주당순이익은 '연간 순이익 ÷ 총발행주식 수'로 계산합니다. 결국 발행주식 수가 줄어들면 주당순이익이 커지게 마련인데, 이는 곧 자사주의 시세를 높이는 결과를 가져옵니다.

그러나 자사주를 매입할 때는 조심해야 합니다. 자사주매입으로 주가급락을 막을 수는 있지만, 회사 입장에서는 자사주를 사들여 소각한 금액만큼 자본금이 감소하게 됩니다. 이를 재무구성 측면에서 보면 회사 자본금이 줄어든 만큼 상대적으로 부채가 커져 부채비율이 높아지는 문제점이 있습니다.

또 울며 겨자 먹기로 자사주매입을 해야 할 때도 있습니다. 바로 경영권 보호가 필요할 때입니다. 적대적M&A(12장 참고)가 발생하면 회사는 경영권 방어를 위해 주식을 일정지분 사들여 경영권을 보호합니다. 이 경우 예상보다 많은 돈을 자사주매입에 지불하면서 비싼 값에 자사주를 사들이는 셈이 됩니다. 사들인 자사주는 결국 나중에 도로 시장에 내다 팔거나 소각해야 한다는 점을 고려하면, 자사주를 고가로 매입하는 것은 기업은 물론 직원들에게도 막대한 손해를 입히는 일입니다.

실제로 과거 A기업은 자사주를 직원당 50주씩 할당했는데, 자사주 가격이 너무 올라서 울며 겨자 먹기로 대출까지 받아가며 다시 매입하기도 했습니다.

이와 같은 문제를 해결하기 위해 등장한 방법이 이익소각입니다. 이는 회사가 쌓아둔 이익금으로 자사주를 사들이는 기법입니다. 굳이 자본금에 손대지 않고 회사 이익금으로 자사주를 사면 자본금에는 아무런 변화 없이 주식 수만 감소하게 되고, 이는 증시에서 투자자의 관심을 모을 수 있는 호재로 작용합니다. 회사가 증시에서 유통되는 주식 수를 줄이면서도 이익을 내고 있다는 것을 동네방네 소문내는 효과를 거둘 수 있기 때문입니다.

089

우리나라 대표 주가지수
코스피

신문이나 방송에서 증권 관련 기사를 보도할 때 자주 등장하는 용어가 코스피, 코스닥, 다우존스, 나스닥입니다. 이들 용어는 모두 주가지수를 의미합니다. 이 중 코스피(KOSPI)는 'KOrea composite Stock Price Index'의 약어로, 한국종합주가지수를 의미합니다. 우리나라에서 주식을 거래하는 시장, 즉 제1시장의 주가지수지요.

대개 주식시장의 흐름을 알려면 몇 가지 지표를 점검하게 마련입니다. 그런 지표로는 주가지수를 포함해 주식거래량, 상승·하락 종목 수, 고객예탁금(투자자가 주식을 사는 데 쓰려고 증권회사 거래계좌에 미리 맡겨두는 돈. 고객예탁금이 많아지면 거래가 활발해지면서 주가가 오를 가능성이 큼) 등이 있습니다. 이 중에서 특히 중요한 것이 바로 주가지수입니다. 주가지수는 말 그대로 주가가 어떻게 변했는지 나타내는 수치입니다.

우리나라의 주가 수준과 동향을 나타내는 대표적인 종합주가지수가 바로 코스피입니다. 코스피지

수는 증권거래소에 상장된 모든 주식을 대상으로 산출하는데, 여기서 코스닥 주식은 제외됩니다. 코스피지수의 계산식은 다음과 같습니다.

$$\text{코스피지수} = \frac{\text{비교시점의 상장종목 시가총액}}{\text{기준시점의 상장종목 시가총액}} \times 100$$

위 식에서 시가총액(時價總額)은 기업이 발행한 모든 주식을 시가로 평가한 금액을 말합니다. 한마디로 기업의 총체적인 시장가치라고 할 수 있습니다. 시가총액은 발행한 주식 수에 주식 단가(1주당 시세)를 곱하면 구할 수 있습니다.

그리고 위 식에서 기준시점은 1980년 1월 4일입니다. 이때를 100으로 해서 비교하는 것이지요. 만약 2019년의 코스피지수가 2,000이라면 지난 39년간 주가가 20배 오른 것입니다.

참고로, 우리나라를 대표하는 주식 200개 종목의 시가총액을 지수화한 것을 '코스피200지수'라고 합니다. 이들 200개 종목이 전체 주식시장 시가총액의 70% 이상을 차지하고 있습니다. 모두 잘 알고 있는 삼성전자, 현대자동차 등이 코스피200에 포함됩니다.

제2시장의 주가
코스닥

이어서 코스닥(KOSDAQ)을 알아봅시다. 코스닥은 'KOrea Securities Dealers Automated Quotation'의 약어로, 주로 벤처기업을 육성하고 중소기업의 자금조달 창구를 마련하는 한편, 일반 투자자에게 새로운 투자수단을 제공하기 위해 만든 시장입니다. 코스피가 제1시장이면 코스닥은 제2시장인 셈입니다. 코스닥은 첨단 벤처기업이 즐비한 미국의 나스닥(NASDAQ)시장을 본떠 만들었습니다.

코스닥은 1996년 7월에 처음 문을 열었습니다. 코스닥 시장의 특징인 자동매매시스템은 경쟁매매 방식을 활용해 신속하고 정확한 매매호가를 제공한다는 장점이 있습니다. 이것은 증권거래소처럼 특별한 거래장소 없이 컴퓨터와 통신망으로 주식을 매매하는 전자거래 시장이라는 뜻입니다.

고위험
고수익 시장!

코스닥

코스닥은 기존 증권거래소에 비해 규제가 덜하고 비교적 시장 진입이나 퇴출이 자유로운 것이 특징입니다. 규제가 크게 줄어들어 높은 수익을 거둘 수 있는 반면, 위험도도 만만치 않습니다. 이 때문에 코스닥 시장을 '고위험, 고수익 시장'이라고 합니다.

그럼 코스피200지수처럼 코스닥에도 종합지수가 있을까요? 코스닥은 시장을 대표하는 150개 종목으로 이뤄져 흔히 '코스닥150지수'라고 부릅니다. 코스닥150지수에 포함된 대표적인 업체로는 셀트리온 헬스케어, 스튜디오 드래곤, CJ E&M 등을 들 수 있습니다.

091

미국의 주가지수
다우지수

우리나라에서 코스피가 제1시장(정규시장), 코스닥이 제2시장(장외시장)으로 나눠지듯이, 미국에서는 뉴욕증권거래소(NYSE)가 제1시장, 나스닥(NASDAQ)이 제2시장으로 구별됩니다.

지수도 마찬가지입니다. 우리나라에 코스피지수와 코스닥지수가 있듯이, 미국 증시에는 다우지수와 나스닥지수가 대표적인 종합주가지수 자리를 차지하고 있습니다.

다우지수는 '다우존스(Dow Jones) 주가지수'의 준말입니다. 우리나라 코스피지수가 시가총액을 토대로 산출되는 것과 달리, 다우지수는 NYSE에 상장된 종목의 주가 추이를 바탕으로 산출됩니다. 이를 흔히 '다우존스 방식'이라고 합니다. 비교적 거래가 활발하고 주가동향을 잘 반영하는 몇몇 우량종목을 대표로 골라, 이들 종목의 시세를 평균내서 기준시점과 비교시점 주가를 비교하는 방식입니다.

뉴욕 타임스 스퀘어의 나스닥 네온사인

공식을 통해 구체적으로 설명하면 다음과 같습니다. 다음 식에서 기준 시점은 1896년 5월 26일입니다.

$$\text{다우존스 주가지수} = \frac{\text{비교시점의 대표종목 주가 평균}}{\text{기준시점의 대표종목 주가 평균}} \times 100$$

사실 다우지수에는 다우존스 공업평균지수, 운송평균지수 등 여러 가지가 있습니다. 그중에서 대표성을 갖는 것은 역시 다우존스 공업평균지수(DJIA)입니다. 다른 말로는 '다우존스 30산업 평균지수'라고도 합니다.

미국 증시에서 다우지수와 쌍벽을 이루는 것이 나스닥지수입니다. 우리나라에서는 코스닥 시장이 코스피 시장에 비해 거래규모가 많이 떨어지지만, 미국에서는 나스닥이 제2시장이라고 해서 제1시장보다 못하지 않습니다. 미국 나스닥 시장에는 세계적 기업인 마이크로소프트, 애플, 아마존, 인텔 등 대표적인 IT기업이 속해 있기 때문입니다.

내 돈이 위험하다
뱅크런

2014년 3월 중국 장쑤성 서양농촌상업은행 옌청 지점에서 좀처럼 보기 힘든 광경이 벌어졌습니다. 은행이 파산할 것이라는 소문이 퍼지면서 은행에서 돈을 인출하려는 사람들이 1,000여 명이나 몰려들어 이틀간 은행이 아수라장이 된 것입니다. 또 2016년 7월에는 독일 최대 은행 도이치뱅크의 부실 문제가 발생하자 10개의 헤지펀드사가 도이치뱅크로부터 수십억 달러를 인출한 일도 있었습니다.

앞의 두 사례는 은행이나 채권회사에서 뭉칫돈이 한꺼번에 빠져나가는 '뱅크런', '펀드런'의 사례입니다. 뱅크런(Bank Run)은 말 그대로 사람들이 돈을 되찾기 위해 은행으로 달려가는 것을 뜻합니다. 다시 말해 뱅크런은 '예금 대량인출 사태'를 뜻합니다. 펀드런(Fund Run) 역시 투자자들이 펀드에서 손해 볼 것을 우려해 채권회사로 달려가 환매하는 것을 말합니다. 이 둘은 서로 명칭은 다르지만 결국 은행이나 펀드업체의 파산, 부실 위험을 느낀 고객들이 자신의 재산을 지키기 위해 취하는 행동입니다.

사실 고객 입장에서 이와 같은 행동은 어떻게 보면 당연합니다. 은행이나 펀드업체에 맡긴 내 돈을 되찾지 못할 것이라는 두려움을 느끼면서 수수방관하는 사람이 과연 있을까요?

그렇다면 정부 입장에서 대규모 예금 인출인 뱅크런 사태를 막을 방법은 없을까요? 또 은행이 파산하는 경우 예금 피해를 보는 소비자를 보호할 수 있는 대비책은 무엇일까요?

정답은 '예금자보호제도'입니다. 예금자보호제도는 은행 등 금융기관이 제공하는 수신성 금융상품(금융기관에 맡겨진 1년 미만의 자금) 상환을 정부 혹은 정부를 대신하는 공공기관이 보장하는 제도입니다. 예금자보호제도는 보험과 비슷합니다. 예금자보호기구는 은행 등 금융기관들로부터 보험료를 징수하며 이를 바탕으로 기금을 만들어둡니다. 만약 보험료를 징수한 금융기관이 지급불능 상태가 되면 예금자보호기구가 예금자에게 대신 예금을 지급해주지요.

현재 예금자보호제도의 보장범위는 5,000만 원 한도 내 원금이며, 보장 대상도 은행 예금 외에 보험, 증권, 상호저축은행 등이 제공하는 금융상품까지 포함합니다.

여기서 알아둘 것 하나! 펀드런은 뱅크런만큼 큰 의미가 없다는 얘기가 있습니다. 뱅크런 사태가 빚어지면 은행은 더이상 돈을 내줄 수 없는 지급불능 상태가 됩니다. 이에 비해 펀드런은 지급불능 상태로 직결되지 않습니다. 펀드에 들어 있는 주식과 채권을 즉각 증시에 내다 팔면 그만이기 때문이죠.

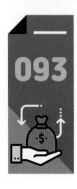

093

부실기업을 먹고 사는
벌처펀드

사막에서 독수리가 하늘을 날며 먹이를 찾는 모습을 상상해보세요. 날카로운 눈매로 배회하다 먹이를 발견하면 놀라운 속도로 내려와 공격합니다. 강력한 부리와 발톱으로 먹이를 죽이죠.

기업세계에도 이러한 독수리가 있습니다. 독수리처럼 살아 있는 먹이는 물론 썩은 고기도 마다하지 않고 먹어대는 이것은 바로 벌처펀드(Vulture Fund)입니다. 부실기업이나 파산기업, 부실채권 등을 싼값에 사들였다가 나중에 비싼값으로 되파는 자금을 가리킵니다. 참고로 벌처(Vulture)는 콘도르 종류에 속하는 대머리독수리를 말합니다.

벌처펀드는 썩은 고기도 마다하지 않고 먹는 독수리처럼, 부실기업이나 정크본드(Junk Bond, 신용등급이 낮은 기업이 발행하는 고위험·고수익 채권)를 주요 투자 대상으로 삼습니다. 자칫 파산할 수도 있는 기업을 싼값에 인수한 후, 경영을 정상화해서 비싼 값에 되팔아 단기간에 고수익을 올리는 것이 목적입니다. 그래서 벌처펀드는 고수익, 고위험의 특성을 갖고 있습니다.

벌처펀드는 고수익을 노리는 헤지펀드나 투자신탁회사, 투자은행 등이 설립, 운용합니다. 운영방식은 부실기업의 경영권을 인수해 회사를 회생시킨 후 되파는 방법 외에, 부실기업의 주식이나 채권에 투자해 주주의 권리 행사로 간접 참여하는 방법, 부동산 등 일부 자산만 인수해 비싸게 파는 방법 등이 있습니다. 최근 삼성물산과 제일모직의 합병에 반대하면서 주주총회 대결을 이끈 미국계 헤지펀드 엘리엇매니지먼트도 대표적인 벌처펀드 중 하나입니다.

벌처펀드는 부실기업이 아닌 부실국가에서도 등장합니다. 2014년 아르헨티나를 디폴트 위기로 몰아넣은 것도 바로 벌처펀드입니다. 이들은 채무위기에 직면한 아르헨티나의 채권을 싼값에 사들였고, 아르헨티나는 2014년 6월 총 13억 3,000만 달러에 달하는 원금과 이자를 갚지 못해 디폴트 위기에 놓였습니다. 미국 헤지펀드사는 바로 원금과 이자를 갚으라며 아르헨티나정부를 상대로 소송을 제기했고, 미국 연방대법원은 결국 헤지펀드사의 손을 들어줬습니다.

이처럼 부실기업이 아닌 부실국가에도 손을 뻗는 벌처펀드의 행태는 국제사회의 규탄을 받기도 합니다. 하지만 이번 미국의 판결에서 보듯 금융권에 관대한 외국의 법은 벌처펀드의 성장을 부추길 뿐입니다.

094

미래 가격으로 결제하는
선물거래

상품거래는 크게 현물(現物)과 선물(先物)로 나눠집니다. 현물거래는 현재 시세로 거래계약을 체결하고 매매하는 것으로, 현재시점에서 물건을 사고 파는 것을 말합니다. 현물거래는 시세를 보고 가격이 맞으면 그 자리에서 상품과 돈을 맞바꾸면 되기 때문에 사실 큰 이익을 얻기는 힘듭니다. 물론 큰 손해를 볼 위험도 적습니다. 현물거래는 '실물(實物)거래' 또는 '직물(直物) 거래'라고도 합니다.

선물거래는 누구나 받고 싶어하는 선물(Gift)이 아니라 미래에 사고팔기 로 하고 상품을 거래하는 것입니다. 그래서 선물을 영어로는 'Futures'라고 합니다. 선물거래는 미래에 상품과 대금을 교환하기로 약속하는 거래방식 입니다. 즉 상품은 나중에 받기로 하고 대금은 그 상품의 현재 시세로 치르 는 것이지요. 흔히 선물거래가 희비쌍곡선을 그리는 것도 바로 여기에서 비 롯됩니다.

예를 들어 밀가루 1톤을 선물거래로 1만 달러에 결제했다고 가정해보 겠습니다. 만약 밀가루를 받기로 한 시점에 심각한 가뭄이 발생해 밀가루 가격이 2배나 폭등했다면 선물거래로 이미 돈을 지급한 사람은 크게 이익을 보지만, 절반 가격으로 판 셈인 공급자는 땅을 치고 울 것입니다. 그러나 이와 반대의 상황도 발생할 수 있습니다. 전 세계적으로 밀 작황이 좋아 밀가루 공급량이 크게 늘었다고 가정해볼까요? 밀가루를 건네받을 시점에 밀가루 값이 1톤당 5,000달러로 반토막이 됐다면 밀 공급자는 앉아서 2배의 이익을 얻은 셈입니다. 밀을 산 사람은 시세보다 2배나 비싼 밀을 구입한 셈이고요.

그렇다면 왜 이와 같은 선물거래를 할까요? 처음에는 가뭄으로 인한 흉작에 대비해 밀가루, 옥수수 등 주요 곡물의 안정적인 공급과 가격변동에 따른 피해를 막기 위한 것이었습니다. 그런데 지금은 농산물 외에 금속, 에너지, 주식, 채권, 양도성예금증서(CD), 금, 외환 등 금융자산까지 선물거래의 범위가 계속 넓어지고 있습니다. 우리나라에서는 유가증권 시장과 코스닥 시장을 운영하는 한국거래소(KRX)에서 선물상품을 거래하고 있습니다.

한국거래소

095

선물 가격이 정상 상태인
콘탱고

앞에서 현물과 선물을 배웠으니, 이번에는 콘탱고(Contango)와 백워데이션(Backwardation)을 알아보겠습니다. 콘탱고는 우리말로 '선물고평가(先物高評價)'라고 하는데, 선물 가격이 현물 가격보다 높은 상태를 말합니다.

사실 일반적으로 선물 가격이 현물 가격보다 높게 마련입니다. 왜 그럴까요? 미래시점에 받을 상품을 미리 사는 것이므로 그에 대한 이자와 창고료, 보험료 등 각종 보유비용이 다 포함되기 때문이지요. 그래서 콘탱고를 '정상시장(正常市場)'이라고 합니다. 그런데 간혹 현물 가격이 선물 가격보다 높을 때가 있습니다. 이를 역조시장(逆調市場), 즉 백워데이션이라고 합니다.

백워데이션은 주로 공급 물량이 부족해지거나 계절적 수요가 급증하는 상황에 주로 발생합니다. 예를 들어 휘발유의 백워데이션 현상이 나타날 때는 언제일까요? 바로 여름 휴가철입니다. 휘발유 시장에서는 여름 휴가철을 앞둔 4~5월에 현물 가격이 급증하는 백워데이션이 두드러집니다. 그러나 휴가철이 끝나는 8월부터는 현물 가격이 떨어지는 콘탱고로 복귀합니다.

그리고 베이시스(Basis)라는 말이 있는데, 이는 시장에서 실제로 거래되는 선물 가격과 현물 가격 간의 차이를 나타냅니다. 그럼 베이시스가 제로가 된다는 것은 무슨 의미일까요? 선물 만기일 이전에 베이시스 값만큼 고평가 혹은 저평가돼 있던 선물시세가 만기일이 됐을 때 제자리로 돌아간다는 뜻입니다.

그렇다면 투자자 입장에서는 어느 시점에 선물을 사고파는 것이 유리할까요? 선물시세가 현물시세보다 높은 콘탱고일 때 선물을 파는 것이 유리합니다. 선물 만기일이 되면 그전에 고평가된 선물시세가 떨어지기 때문입니다. 그럼 선물시세가 현물시세보다 저평가된 백워데이션에서는 어떤 입장을 취해야 좋을까요? 당연히 선물을 사는 것이 좋습니다.

096

안정적인 수익을 원한다면
롱숏펀드

최근 은행 금리가 터무니없이 낮아 은행의 정기예금 금리로는 과거처럼 안정적인 수익을 얻을 수 없습니다. 그렇다고 주식시장으로 눈을 돌리기에는 여러 위험요소를 감당해야 하죠.

이처럼 투자에 대한 확신이 들지 않는 상황에서 등장한 상품이 바로 롱숏펀드(Long-short Fund)입니다. 롱숏펀드는 펀드의 일종입니다. 여기서 'Long'과 'Short'은 무슨 뜻일까요? Long은 주가가 오를 것으로 예상해 주식을 사는 것을 의미하고, Short은 주가하락이 예상되는 주식을 공매도(84장 참고)해 차익을 남기는 것을 뜻합니다.

롱숏펀드는 매수와 매도전략을 동시에 펼쳐 안정적인 수익을 노리는 차익거래(Arbitrage Trading) 방식입니다. 차익거래는 상품 가격이 시장에서 서로 다를 때 가격이 싼 시장에서 매입해 비싼 시장에 매도함으로써 매매차익을 얻는 기법으로, '재정거래'라고도 합니다.

결국 롱숏펀드는 주가 움직임이 비슷한 두 종목을 이용해 안정적인 수익을 제공하는 것이 특징입니다. 롱숏전략을 얼마나 잘 쓰는지에 따라 결과가 다르겠지만, 주가지수와 상관없이 일정한 절대목표수익(5~8%)을 내는 데 주력하는 펀드가 롱숏펀드입니다.

특히 주식시장이 뚜렷한 방향성 없이 장기 박스권(횡보, 주가가 일정한 가격 폭 내에서 오르내리며 상한선과 하한선을 깨지 못하는 양상) 국면을 이어가고 투자자들이 은 행권의 저금리 예금에 만족하지 못하는 상황이 지속된다면, 자금이 더더욱 롱숏펀드로 유입될 가능성도 큽니다. 즉 롱숏펀드를 통해 매수와 매도를 동 시에 함으로써 수익은 어느 정도 취하고 위험은 줄이는, 이른바 위험분산 효과를 노리는 것입니다.

국내 주식, 주식 관련 파생상품에 대해서는 매매차익이 비과세라는 점 도 장점입니다. 특히 금융소득종합과세 기준이 기존의 4,000만 원에서 2,000만 원으로 떨어졌고, 세율도 최고 45%까지 부과될 수 있는 등 과세표 준이 더욱 엄격해졌습니다. 이런 상황에서 롱숏펀드는 매매차익에 대해 세 금을 물지 않으므로 이익입니다.

하지만 롱숏펀드가 위험이 전혀 없는 완벽한 상품은 아닙니다. 우선 롱 숏펀드를 운용하는 매니저의 역량이 중요합니다. 롱숏펀드 종목을 설정하 고 운영하는 사람이 매니저이기 때문에 매니저의 능력에 따라 투자자들이 웃을 수도, 울 수도 있죠.

또한 주식이 오르는 강세장에서 숏이 들어가면 시장위험을 줄이는 헤지 가 작용해 성과가 낮아질 수밖에 없습니다. 위에서 설명한 것처럼 롱숏펀드 는 박스권이나 하락장에서 유리하다는 점을 유념해야 합니다. 이러한 장점 과 단점 때문에 롱숏펀드를 흔히 중위험·중수익 상품이라고 부릅니다.

097

주가나 지수변동에 따라 수익률이 달라진다
ELS

ELS는 'Equity−Linked Securities'의 약어로, 우리말로는 '주가연계증권'입니다. ELS는 주가나 지수변동에 따라 만기지급액이 결정되는 방식을 채택하므로, 투자자는 만기 시에 '원금 + α' 형식으로 지급받게 됩니다. 즉 투자자금 일부는 안전한 채권투자를 통해 원금을 일정부분 보장받고, 나머지는 주가지수나 개별종목의 등락에 따라 수익률이 결정되는 옵션으로 수익을 노리는 일종의 파생상품입니다.

당초 이 파생상품이 등장하게 된 배경에는 투자자에게는 상품 선택의 기회를 넓혀주고, 증권회사에게는 수익구조를 바꿔줘 증권업을 활성화하자는 취지가 있었습니다. 그러나 ELS는 기존 주식이나 채권에 비해 수익구조가 다소 복잡해서 수익은커녕 원금도 돌려 받지 못하거나 투자자가 만기전에 현금화하기가 쉽지 않다는 단점을 안고 있습니다.

반면, 가입시점 대비 주가가 30~40% 이하로 떨어지지 않는다면 가입기간 내내 원금이 보장되고, 잘하면 3~6개월 만에 원금과 수익금을 돌려받을 수 있다는 장점도 있지요.

그러나 2011년 6월 ELS를 판매한 국내외 유명 증권회사 직원들이 수익금을 지급하지 않기 위해 주가를 조작한 혐의로 처벌받으면서 ELS는 다시 한번 도마 위에 올랐습니다. 증권회사 직원들이 ELS 상환일에 해당 종목의 주가를 의도적으로 하락시켜 투자자들에게 손실을 안긴 것이지요.

이 외에 ELD, ELF도 ELS와 비슷한 원리의 상품입니다. 다만 ELS처럼 주가와 연계되는 증권이 아니라 ELD는 주가연계예금, ELF는 주가예금펀드입니다.

ELD는 'Equity-Linked Deposit'의 약어로, 쉽게 설명하면 일반은행에서 예금으로 발행하는 ELS라고 보면 됩니다. ELD는 은행이 고객의 예금을 받아 원금 대부분을 예금이나 채권 등 안정성이 보장된 금융상품에 투자하고, 나머지 일정부분을 주가지수나 선물 등 이른바 고위험 고수익인 파생상품에 투자합니다. 자산 대부분을 안정적인 금융상품에 투자하기 때문에 일부를 파생상품에서 투자해 손실이 나더라도 만회할 수 있습니다. 결국 원금 손실위험이 ELS에 비해 적다는 점이 장점이지요.

ELF는 'Equity-Linked Fund'의 약어로 개별 주식 가격이나 주가지수와 연계해 수익률이 결정되는 ELS와 상품구조가 거의 같습니다. 하지만 ELF는 일반 투자자를 위해 펀드형태로 만든 상품입니다. ELS의 경우 증권거래계좌가 반드시 있어야 하지만, ELF는 증권거래계좌가 없어도 가입할 수 있습니다. 다만 ELF는 증권사나 은행에서 발행하고 자산운용사가 관리하므로 이에 따른 수수료가 발생합니다.

098

돈을 빌리는 새로운 방식
P2P 금융

대출시장에 새로운 바람을 일으키는 존재가 있습니다. 바로 P2P 금융인데요. P2P 금융은 'Peer to Peer Finance'의 줄임말로, 개인 대 개인 간 금융을 뜻합니다. P2P 금융은 서로 다른 개인이 온라인을 활용해 돈을 빌리거나 빌려주는 핀테크 기술의 일종입니다.

P2P 금융이 관심을 끄는 이유는 그동안의 돈을 빌리는 패러다임과 큰 차이가 있기 때문입니다. 돈을 빌리는 방법에는 크게 은행 등 제1금융권에서 대출 신청 서류를 작성하고 금리를 정해 돈을 빌리는 방법, 보험회사, 증권회사, 저축은행 등 제2금융권을 찾는 방법 그리고 제3금융권으로 불리는 대부업체 즉 사채에 의존하는 방법이 있습니다.

제1금융권은 대출이 까다롭고, 제2금융권은 대출 심사가 간단하지만 그만큼 이율이 높고, 제3금융권은 돈을 쉽게 빌릴 수 있는 대신 터무니없는 폭리를 취해 사회 문제가 되고 있습니다. 지금까지는 이 세 가지 방법으로만 대출이 가능했습니다. 그런데 P2P 금융은 이런 방식과는 다릅니다. P2P 금융은 위에서 언급한 금융권의 틈새를 공략한 서비스입니다. 돈을 필요로 하는 대출자와 돈을 갖고 있는 투자자가 인터넷이라는 가상공간에서 만나

양측이 받아들일 수 있는 조건(대출 이자율)으로 거래가 성사되는 것이기 때문입니다.

과거 금융회사를 통해 가능했던 대출이 인터넷을 통해 가능하고 대출자와 투자자 모두 만족할 만한 금리 조건을 일궈낸다는 점이 특징입니다. 이를 통해 고(高)금리 때문에 어려움을 겪는 대출자에게 이자를 낮춰 돈을 빌려줄 수 있는 것이죠. 연 20~30%대 이자를 받는 제2금융권보다 낮은 금리로 돈을 빌리려는 소비자와 오랫동안 이어진 저금리 기조로 다른 투자처를 찾던 투자자 이해관계가 맞아떨어진 결과인 셈입니다.

P2P 업체들은 투자자를 모아 돈이 필요한 사람에게 투자 자금을 빌려준 후 원금과 이자를 받아 투자자에게 되돌려주고, 중개수수료를 받는 방식으로 수익을 내고 있습니다.

2006년 국내에 처음 등장한 P2P 대출은 핀테크 열풍에 힘입어 2015년부터 대출액이 급증했습니다. 금융감독원과 한국P2P 금융협회에 따르면, 국내 P2P 업계의 전체 대출액은 2023년 말 기준 8조 원이 넘었습니다.

P2P 금융시장 규모는 갈수록 커지고 있지만 소비자 피해 사례도 함께 늘고 있습니다. 이에 따라 2021년 8월 26일까지 당국에 온라인투자연계금융업자(온투업체)로 등록하지 않은 P2P 업체는 신규 영업을 할 수 없습니다. P2P 업체들이 5억 원 이상 자기자본을 갖춰야 한다는 P2P 업체 자격요건을 강화한 온라인투자연계금융업법(온투법)이 2021년 9월부터 시행됐기 때문입니다.

그러나 2021년 9월 2일 현재 P2P 업계 전체 94개 업체 가운데 고작 7곳만이 금융당국 심사를 통과했습니다. 34곳은 이제 겨우 금융감독원(금감원) 심사를 받고 있으며 나머지 53개 업체는 아직 등록 신청을 하지도 않은 상태입니다.

문제는 등록된 P2P 금융이 영업에 어려움을 겪어 이들 업체가 앞으로 제대로 살아남을지 의문이 생기고 있다는 점입니다. 대형 P2P 금융업체들은 자체 플랫폼을 가지고 있고 투자자를 유치하기가 비교적 쉽지만 이들을 제외한 나머지 P2P 업체들은 신규 투자 확보에 어려움을 겪고 있기 때문이죠. 이러다 보니 금융당국 심사를 통과하지 않은 미등록 업체들에 투자한 소비자들의 피해가 불을 보듯 뻔합니다.

사실 금융당국도 투자자를 보호하기 위해 P2P 업체가 중대한 결격 사유가 없으면 가급적 등록을 승인해줄 방침이었습니다. 그러나 보안 등 소비자를 보호하는 규정이 미비하고 회사 운영자금도 부족해 미등록업체가 속출하고 이들은 결국 줄폐업을 할 것으로 예상됩니다.

이에 따른 투자자 피해도 속출할 것으로 보여 금감원도 대비책 마련에 고심하고 있는 모습입니다. 그러나 일각에서는 이러한 과정을 통해 P2P 금융의 옥석가리기가 본격화될 것이라는 희망적인 분석도 나옵니다.

099

통통한 손가락 때문에
재앙이 벌어진다?
팻핑거

2018년 삼성증권은 배당금을 놓고 한바탕 소동을 겪었습니다. 삼성증권은 조합원들에게 한 주당 배당금 1,000원을 입금하기로 했습니다. 그런데 조합원 계좌에 입금된 것은 주당 1,000원이 아닌 주식 1,000주였습니다. 직원의 실수로 주당 1,000원이 아닌 1,000주(약 3,800만 원)의 주식이 지급된 것이지요. 이 때문에 원래 지급돼야 할 배당금 28억 1,000만 원이 아닌 28억 1,000주가 조합원들에게 입금된 것입니다. 28억 1,000주는 현금으로는 따지면 112조 원에 달하는 큰 금액입니다. 황당하기 이를 데 없는 일이 벌어진 거죠. 설상가상으로 몇몇 조합원이 배당사고로 잘못 입고된 주식 중 501만 주를 주식시장에서 매도해 돈을 챙기는 등 사태가 일파만파로 커졌습니다.

이처럼 증권업계에서 직원이 가격이나 주문량을 잘못 입력한 것을 팻핑거(Fat Finger, 뚱뚱한 손가락)라고 부릅니다. 뚱뚱한 손가락은 증권사 직원이 주식을 매매할 때 굵은 손가락 때문에 가격 등을 잘못 입력해 증권사나 투자자에게 큰 피해를 입히는 사건을 말합니다. 직원의 실수로 회사가 나락으로 떨어지는 것이지요.

팻핑거로 인한 사건을 몇 가지 더 알아볼까요? 2005년 일본에선 미즈호증권의 직원이 한 주당 61만 엔(약 600만 원)짜리 주식을 1엔(약 10원)에 내놓는 황당한 일이 벌어졌습니다. 이 여파로 도쿄 증시는 폭락했고, 미즈호증권은 엄청난 양의 주식을 회수하기 위해 약 400억 엔(약 4,000억 원)의 손해를 봤습니다.

미국 금융시장도 2010년 5월 6일 한차례 홍역을 치렀습니다. 당시 한 투자은행 직원이 거래 단위로 M(Million, 백만)이 아닌 B(Billion, 10억)를 누르는 팻핑거를 범해 미국 다우존스30산업평균지수가 장 마감을 15분 남기고 9.2%가량 폭락하는 사태가 빚어졌습니다. 팻핑거의 위력이 어느 정도인지 짐작할 수 있는 대목입니다. 위의 예처럼 주식시장에서 주가가 순식간에 폭락하는 것을 흔히 플래시 크래시(Flash Crash)라고 부릅니다. 플래시 크래시는 갑작스런 붕괴라는 뜻입니다.

사람은 누구나 실수를 할 수 있습니다. 위에서 사례로 든 팻핑거도 이와 마찬가지입니다. 그러나 냉정히 생각해봅시다. 팻핑거를 직원의 손가락 탓으로만 봐야 할까요? 실수가 아닌 일확천금을 노린 인간의 탐욕이 빚어낸 결과물일 가능성은 없는 것일까요? 팻핑거가 기층(基層)에 깔려 있는 인간의 어두운 욕망 때문에 발생했다면, 신뢰를 먹고 사는 금융권으로서는 치명타나 다름없습니다.

앞서 설명한 삼성증권의 팻핑거도 이와 같은 맥락에서 봐야 합니다. 삼성증권 직원은 황당 사고를 일으킨 데 그치지 않고 잘못 배당된 주식 중 500만 주가량을 급히 팔아치워 주가급락

사태를 초래했습니다.

매번 사람의 실수타령만 할 수는 없지요. 필요하면 아너코드(Honor Code, 명예 규율)를 도입해 팻핑거를 제도적으로 막는 해법도 고민해야 합니다. 아너코드는 구성원이 엄격한 도덕성과 윤리의식을 갖추고 명예 규율에 어긋나는 행동을 할 경우, 강력하게 처벌할 수 있도록 하는 시스템을 말합니다.

미국에서는 일부 대학이 아너코드를 도입해 실천하고 있습니다. 글로벌 금융시장에서 경쟁해야 하는 우리나라의 금융권이 아너코드와 같은 윤리강령을 도입하지 못할 이유가 없습니다. 작은 구멍에 의해 거대한 댐이 무너지듯 개개인들의 작은 거짓말과 사소한 부정행위가 전체 시스템을 붕괴시키는 것은 시간문제입니다.

삼성증권은 이번 사태를 계기로 대오각성할 필요가 있습니다. 삼성증권이 팻핑거 재발 방지에 미온적인 태도를 보일 경우, 한방에 갈 수 있다는 점을 깨달아야 합니다. 베어링은행과 미즈호증권의 쓰라린 교훈을 잊지 말라는 얘기지요.

우리 금융당국도 사태의 심각성을 깨달아 최근 팻핑거 보완책을 마련했습니다. 금융당국은 팻핑거를 막기 위해 대량매매 주문 한도를 줄이기로 했습니다. 또한 배당 지급도 지금까지 증권사 직원이 해온 수작업 방식에서 탈피해 전산시스템으로 대체하기로 했습니다. 금융당국의 제도적 보완으로 자본시장 신뢰를 무너뜨린 팻핑거가 하루빨리 사라져야겠습니다.

100

이익을 위해서 더 적극적으로 움직이는
행동주의 투자자

2015년 삼성물산과 제일모직의 합병 과정에서 가장 많이 오르내린 외국의 한 회사가 있었습니다. 바로 미국계 헤지펀드 엘리엇 매니지먼트였는데요. 삼성물산과 제일모직의 합병을 막기 위해 각종 소송을 제기하며 영향력을 행사하는 모습을 볼 수 있었습니다. 결국 삼성물산은 제일모직과의 합병에 성공했지만 이 사건은 외국계 기업이 우리나라의 기업에 언제든 '감 놔라 배 놔라'의 지시를 할 수 있다는 것을 보여주는 일이 됐습니다. 우리나라도 언제든지 엘리엇 매니지먼트와 같은 행동주의 투자자의 표적이 될 수 있다는 것을 보여줬죠.

행동주의 투자자는 특정 기업 지분을 사들이고 경영권에 개입해 지배구조 변화나 주주배당 확대 등을 적극 요구해 주주이익을 극대화하는 투자자를 뜻합니다. 대표적인 행동주의 투자자로는 칼 아이칸이 있습니다.

한동안 미국 재계에는 칼 아이칸의

칼 아이칸

이름이 자주 등장했습니다. 아이칸이 미국의 글로벌 전자상거래업체 이베이에 자회사인 페이팔의 분사를 강력하게 요구한 사건 때문이죠. 칼 아이칸은 기업사냥꾼으로 불리는 투자자입니다.

페이팔은 지난 2002년 말 이베이가 인수한 온라인결제서비스 회사입니다. 온라인결제가 일반화되면서 이베이의 핵심사업인 온라인상거래가 빠르게 성장했습니다. 이로 인해 페이팔은 2013년 4분기에 18억 4,000만 달러의 수익을 올려 이 기간 이베이 총수익의 41%를 차지할 정도로 성장했습니다.

페이팔은 온라인 외에도 오프라인 매장까지 결제사업을 확대할 방침이었는데, 온라인을 고집하는 이베이의 정책과 부딪혔습니다. 그러자 이베이 지분 2.2%를 보유하고 있던 아이칸은 페이팔의 독립이 이베이와 페이팔 둘 다를 위해 좋다며 페이팔의 분사를 강력하게 주장했습니다.

결국 2014년 10월 이베이는 아이칸의 요구에 따라 이베이 분사를 최종 결정했습니다. 이러한 이베이의 결정은 행동주의 투자자들의 힘을 보여주는 대표적인 사례가 됐습니다.

행동주의 투자자들의 이러한 투자철학을 주주행동주의(Shareholder Activism)라고 합니다. 즉 주주들이 회사 경영방식에 사사건건 간섭하는 것이죠. 행동주의 투자자들은 기존의 소극적 투자방식에서 벗어나 적극적인 투자방식을 선호하는 것이 특징입니다. 기존에는 기업의 미래실적을 분석하고 예측해 투자하는 방식이 주종을 이뤘다면, 이제는 직접 경영에 개입하고 기업의 미래실적을 바꿔 적극적으로 수익을 올리고 있는 겁니다.

이들 행동주의 투자자들의 공세에 미국 대기업들도 몸살을 앓고 있습니다. 한 예로 마이크로소프트(MS)는 지난 2013년 투자회사 헤지펀드 밸류 액트에 이사회 의석을 제공하는 협약을 맺었습니다. 밸류액트가 MS 지분을 0.8%(약 22억 달러) 사들이고 나서 경영에 본격 참여하겠다는 신호를 보냈기 때문이죠. 이에 따라 마이크로소프트는 밸류액트에 이사회 의석 하나를 내줬고, 그 대가로 밸류액트는 회사 지분을 5% 이상 매입하지 않고 경영간섭을 자제할 것에 합의했습니다.

P&G도 행동주의 투자자들의 입김에 몸살을 앓았습니다. 2010년 이후 P&G는 경쟁사 유니레버에 밀리면서 실적이 부진해졌습니다. 2010년 이후 13분기 중 9회나 매출 전망치를 달성하지 못하자, 투자자들은 P&G의 경영형태에 불만을 품었습니다. 행동주의 투자자들은 P&G가 보유한 200여 개의 브랜드 중 수익성 높은 브랜드에만 집중해 수익성을 높여야 한다고 요구했습니다.

결국 2014년 8월, P&G는 투자자들의 요구에 따라 매출에 큰 비중을 차지하지 않는 비핵심 브랜드 매각을 발표했습니다. 행동주의 투자자들의 입김이 기업의 브랜드를 제거할 만큼 막강하다는 것을 보여주는 대표적인 사례라고 할 수 있습니다.

하지만 행동주의 투자자들이 늘 기업의 발목을 잡기만 할까요? 아닙니다. 행동주의 투자자들이 기업투명성과 주가를 높이는 두 마리 토끼를 잡는 역할을 한다는 분석자료도 나오고 있습니다. 그러나 기업 입장에서는 이들이 언제 어떻게 뒤통수를 때릴지 모르기 때문에 경영권 보호에 신경을 곤두세우고 있죠.

주식을 소유한 주주가 기업 경영에 목소리를 낼 수 있는 기회가 점점 증가하고 있습니다. 이러한 움직임이 한국 기업문화에 어떤 변화를 가져올지 귀추가 주목됩니다.

101

투자자의 관심이 적은 시간대에 나쁜 소식을 발표하는
올빼미 공시

주식시장에 증권을 발행하는 업체는 의무적으로 공시(公示, Disclosure)를 하도록 돼 있습니다. 공시는 투자자에게 기업의 사업내용, 재무 상황, 영업 실적 등을 알리는 제도입니다. 그럼 왜 공시를 할까요? 주식거래와 가격에 영향을 미칠 수 있는 중요한 사항을 투자자에게 알려 주가가 공정하게 형성되도록 하기 위해서입니다.

공시의 종류는 크게 2가지로 나닙니다. 하나는 기업이 투자자 요청 없이 알아서 내놓는 '자진공시'입니다. 나머지 하나는 금융감독기관과 증시관리 자가 증권을 유통시키는 공개기업에 법률과 규칙을 근거로 의무를 지우는 '의무공시'입니다. 기업의 구조조정을 비롯해 기업 인수합병(M&A) 계획, 부도, 자본금 확충(증자), 주식배당, 자사주매입, 기술도입 등 회사 경영전략은 의무적으로 공시하도록 돼 있습니다.

공시를 시기로 나누면 증권을 발행할 때 회사 내용을 알리는 '발행공시', 사업실적을 정기적으로 알리는 '정기공시', 증권회사가 수시로 내놓는 '수시공시' 등이 있습니다. 이 외에 언론보도나 소문의 진위를 가리기 위해 기업이 자진해서, 혹은 금융감독원이나 한국거래소의 요청에 따라 하는 '조회공시'

도 있습니다.

　이처럼 기업이 투자자를 위해
각종 정보를 시의적절하게 내놓고
있지만, 투자자를 속이는 행위도 없지
않습니다. 대표적인 예가 올빼미 공시
입니다. 낮에는 거의 찾아볼 수 없고 어
둠이 깔려야 움직이는 올빼미의 특성에
빗댄 것으로, 의무공시를 해야 하는 사항

이 생겼지만 주가에 악재로 작용할 것을 두려워해
투자자의 관심이 적은 시간대를 골라 공시하는 수법을 말합니다. 올빼미 공
시를 '악재성 공시'라고 하는 것도 이런 이유 때문입니다. 그 외 악재성 공시
로는 계약해지, 횡령, 자본잠식 등이 있습니다.

　금융감독원은 개인 투자자의 피해를 줄이기 위해 공시 발표시간을 오
전 7시~오후 6시로 정해놓고 있습니다. 올빼미 공시는 마감시간 1시간을
앞둔 오후 5~6시 사이에 집중적으로 나옵니다. 이와 관련해 한국거래소 관
계자는 "마감시간인 오후 6시를 조금 넘겨 나오는 공시들은 규정시간 내
에 접수됐지만 거래소 승인 과정에서 늦어진 것들이어서 어쩔 수 없이 오후
7시까지 처리할 수밖에 없다"라는 입장을 보이고 있습니다.

　문제는 올빼미 공시에 상장폐지 관련 공시도 포함돼 있다는 것입니다.
이럴 경우 상장폐지에 따른 손실을 투자자들이 뒤집어쓸 수밖에 없습니다.

　그렇다면 이에 대한 대비책은 없을까요? 업계에서는 공시를 담당하는
상장위원회가 회의시간을 앞당겨 장 마감시간에 맞추고, 장 마감 후 공시
하는 기업의 리스트를 작성해 발표할 필요가 있다고 지적합니다. 즉 올빼미

공시를 자주 하는 업체들의 블랙리스트를 만들어서 악재성 공시에 대비하자는 말이지요.

올빼미 공시는 연휴 직전이나 금요일 장 마감 후에 많이 나타납니다. 광복 70주년 기념 2015년 광복절 연휴도 예외는 아니었습니다. 이때도 어김없이 올빼미 공시가 쏟아졌죠. 이때 발표된 주요 올빼미 공시로는 참엔지니어링 전직 임원의 횡령 및 배임혐의, 싱가포르항공의 제주항공지분 투자 철회, NHN엔터테인먼트의 종속회사인 NHN블랙픽의 1개월 영업정지 처분 등이 있었습니다.

최근에도 올빼미 공시는 이어지는 추세입니다. 코스닥 상장업체 누리플렉스는 2023년 12월 29일 대표이사 구속 사실을 공시했습니다. 이는 2023년 마지막 거래일이었던 12월 28일 이후에 대표이사 구속, 영업정지 등 주가에 치명타를 줄 수 있는 정보를 슬쩍 흘린 것이지요. 결국 국내 증시가 휴장한 연말연시를 노린 대표적인 올빼미 공시인 셈입니다.

즐거운 연휴가 다가오더라도, 개인 투자자는 혹시 모를 악재성 공시가 없는지 예의주시하는 매의 눈을 가져야 하겠습니다.

투자 위험성이 숨어 있는
그림자금융

그림자금융(Shadow Banking)이란 말을 들어보셨나요? 이 용어는 미국 채권펀드운용사 핌코의 폴 맥컬리 이사가 2007년 미 연방준비은행이 주최한 한 심포지엄에서 처음 사용해 세계적으로 관심을 모았습니다. 그 이유는 글로벌 금융위기 과정에서 그림자금융이 위기확산의 주요 경로로 주목받았기 때문입니다.

그림자는 실체와 똑같이 생겼음에도 속모습이 잘 보이지 않죠. 이처럼 그림자금융은 은행과 비슷한 기능을 하면서도 은행처럼 규제와 감독을 받지 않는 금융기관과 그러한 금융기관들 사이의 거래를 뜻합니다. 일반적 금융시장과 달리 투자 대상 구조가 복잡해 마치 그림자처럼 손익이 투명하게 드러나지 않습니다.

한마디로 그림자금융은 비은행 금융기관이 취급하는 고위험 금융상품입니다. 더 쉽게 말하면, 금융감독이 허술한 제2금융권을 통한 사(私)금융으로, 신탁회사·보험회사·전당포 등 은행 외 대출기관들의 대출 등이 포함돼 있습니다.

자금조달 등 은행의 역할을 보완한다는 측면에서 긍정적인 부분도 있습니다. 투자자의 입장에서는 높은 수익을 기대할 수 있고, 은행에서 돈을 빌리기 어려운 이들의 입장에서는 상대적으로 쉽게 자금을 조달할 수 있지요. 그러나 자금흐름이 복잡해서 금융기관 간에 위험이 번지면 대규모 금융위기를 초래할 수 있는 치명적인 단점이 있습니다. 2008년 글로벌 금융위기를 유발한 서브프라임모기지(비우량주택담보대출)가 대표적인 그림자금융입니다.

금융안정위원회(FSB)에 따르면, 2024년 기준 전 세계 그림자금융 규모는 약 239조 달러(약 32경 1,694조 원)를 돌파했습니다. 이는 전 세계 금융 부문의 25~30%를 차지하는 어마어마한 수준입니다.

미국에서 촉발된 글로벌 금융위기가 그림자금융의 희생양이 된 것처럼, 중국에서도 그림자금융이 심각합니다. 중국은 글로벌 금융위기 이후 경기 부양을 위해 시중에 돈을 대거 풀었습니다. 이때 풀린 돈은 고스란히 부동산 시장으로 들어갔고, 가격상승 거품을 일으켰습니다. 이 과정에서 중국 투자신탁회사들이 그림자금융 역할을 했습니다. 이들은 중국 금융당국의 관리감독이 허술한 틈을 타 고금리를 미끼로 수지맞는 장사를 해왔습니다.

중국에서 그림자금융은 은행 재테크 상품, 신탁, 민간대출, 상장사 잉여자금, 국유기업 잉여자금, 담보, 전당포, 소액대출업체 등 여러 가지 형태로 나타나고 있으며, 그 규모도 나날이 커지고 있습니다. 국제 신용평가기관 무디스에 따르면, 중국의 그림자금융은 매해 증가해

2021년 기준으로 무려 84조 8,000억 위안(약 1경 6,974조 원)에 달하는 것으로 드러났습니다. 이는 지난해 중국 국내총생산(GDP) 17.7조 달러(약 2경 5,222조 원)의 67%에 해당하는 어마어마한 규모입니다.

우리나라는 그림자금융으로부터 안전할까요? 2018년 기준 한국의 그림자금융 규모는 1,800조 원에 육박한다고 합니다. 이는 2018년 명목 국내총생산(GDP)인 1,642조 원보다 훨씬 많은 규모입니다. 그림자금융은 규모가 더욱 늘어나 2021년 1월 현재 2,000조 원에 육박하는 것으로 알려졌는데, 더욱 우려스러운 것은 그림자금융의 증가세를 이끈 것이 고위험 상품이라는 점입니다.

그림자금융이 한국경제의 뇌관으로 작용할 가능성이 커지자 최근 한국은행은 금융안정을 위해 이를 점검하겠다고 밝혔습니다. 규모가 급증하거나 위험투자에 집중될 경우, 당국의 감독과 규제를 통한 사전제재가 필요하다고 판단한 것입니다. 세계금융위기를 아직도 생생하게 기억하는 우리나라로서는 그림자금융에 대한 규제를 강화할 수밖에 없겠지요.

103

투자자들의 심리를 판단하는 공포지수
VIX지수

증권시장에서 투자자의 심리를 판단하는 지표가 있습니다. 흔히 '공포지수(Fear Index)'라고 부르는 이것은 무엇일까요? 정답은 VIX지수입니다. VIX는 'Volatility IndeX'의 약어입니다. 우리말로는 '변동성지수'라고 하지요. 이 용어는 지난 1980년대에 이스라엘 히브루대학 댄 갈라이 교수와 뉴욕대학 경영대학원 메나켐 브레너 교수가 함께 만들었습니다.

VIX지수는 1986년 미국의 증권거래소인 미국증권거래소(AMEX)에 처음으로 도입됐고, 1987년 8월에는 시카고옵션거래소(CBOE)에 도입되는 성과를 거뒀습니다.

그렇다면 VIX지수가 갖는 의미는 무엇일까요? VIX지수는 증시에 참여하는 투자자들의 심리를 판단하기 위한 지표입니다. VIX지수는 CBOE에 상장된 S&P500지수 옵션의 향후 30일간 변동성에 대한 시장의 기대를 나타냅니다.

언제나 사람들로 붐비는 시카고옵션거래소

S&P500은 국제신용평가회사인 스탠더드앤드푸어스(S&P)가 선정한 미국 내 500대 최우량기업을 말합니다.

여기서 중요한 점은, VIX지수가 증시지수와는 반대로 움직인다는 것입니다. 즉 VIX지수가 상승하면 주가가 하락합니다. 일반적으로 증시에서 지수가 크게 오르는 것은 투자자들에게는 반가운 소식입니다. 그런데 증시에서 돌발 악재가 발생해 시장에 대한 불확실성이 커지면 VIX지수가 급등합니다. VIX지수가 최고치에 이르렀다는 것은 투자자들의 불안심리가 극에 달했다는 것을 나타냅니다.

그렇다면 VIX지수는 무조건 낮은 게 좋을까요? 그건 아닙니다. VIX지수가 낮으면 나타나는 원달러 환율 하락(원화 가치 상승)이 오히려 증시에 악영향을 미칠 수 있기 때문이죠. 한 예로 2016년 8월 미국의 VIX지수가 평균 12.05를 기록하면서 역사상 저점 수준에 머문 적이 있습니다. 그러나 이와 같은 역사상 저점 수준이 우리나라 경제에 반드시 긍정적인 것만은 아닙니다.

시장에 대한 불확실성이 높을수록 투자자들은 안전자산인 달러를 사들이기 시작합니다. 이런 이유로 VIX지수는 증시지수와는 반대로 움직이지만 원달러 환율과는 같은 방향으로 올라갑니다. 좀 더 설명하면 투자심리가 얼어붙으면 VIX지수가 상승하고, 이는 다시 환율 상승으로 이어집니다.

VIX지수가 보통 20~30 수준을 안정된 상태로 봅니다. 2008년 글로벌 경제위기가 불거지면서 경제에 대한 불안감이 높아지자 VIX지수는 80을 넘었고, 2010년 8월 미국의 신용등급 강등과 유로존 경제위기 때 VIX지수는 40을 웃돌았습니다. 그리고 2020년 초에는 신종 코로나바이러스 감염증(코로나19) 충격이 전 세계를 뒤흔들어 VIX지수는 2020년 4월 57.06까지 치솟았습니다. 그 이후 세계경제가 코로나19 충격을 해소하기 위한 경기부양책을 내놓으면서 VIX지수는 2021년 2월 19.97로 내려와 안정세를 보이고 있습니다.

우리나라에도 미국의 VIX지수와 같은 공포지수인 VKOSPI가 있습니다. VKOSPI는 'Volatility index of KOSPI 200'의 약칭입니다. 이는 옵션투자자들이 예상하는 주식시장의 미래변동성을 측정하는 지수로, 30일 이후의 변동성을 예측한 수치입니다. 이는 한국거래소(KRX)가 지난 2009년 4월 13일 고안해냈으며, 아시아 국가에서는 최초로 도입된 지수입니다. VKOSPI는 증시 시황변동에 따른 위험을 미리 알려주는 지표일 뿐 아니라 변동성 위험을 관리할 수 있는 투자수단의 역할도 하고 있지요.

미국에 VIX지수, 우리나라에 VKOSPI가 있다면 유럽에는 어떤 공포지수가 있을까요? 유럽에서 많이 쓰는 변동성지수로는 유로 스톡스 50(Euro Stoxx 50) 옵션을 이용해 산출하는 V스톡스가 있습니다.

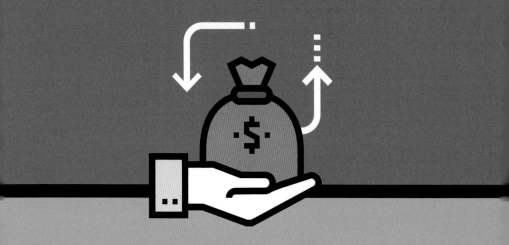

**Common Sense Dictionary
of Economics**

3

셋째 마당

한국경제 핫이슈 따라잡기

104

문화가 돈이 된다!
전 세계가 인정한 K컬쳐
BTS 경제학

최근 국내는 물론 전 세계를 뒤흔드는 가수가 있습니다. 바로 BTS입니다. BTS는 방탄소년단(Bangtan Sonyeondan) 혹은 방탄소년단 영어식 표현 'Bulletproof Boy Scouts' 머리글자를 딴 이름입니다. 요즘에는 'Beyond The Scene(무대를 넘어, 무대를 벗어나)'의 약칭으로도 사용되고 있죠. 이는 현실을 뛰어넘어 꿈을 향해 끊임없이 나아가며 성장하는 청춘을 상징합니다.

7명의 젊은 스타로 이뤄진 BTS는 전 세계 지구촌을 뜨겁게 달구는 노래와 군무로 세계 정상급 팝 밴드로 우뚝 섰습니다. BTS의 경쾌한 노래 '다이나마이트(Dynamite)'의 공식 비디오는 2024년 3월 기준 유튜브에서 시청 건수가 18억 회를 넘어서는 기염을 토했습니다.

BTS의 돌풍은 이른바 '팬덤(Fandom, 연예계 팬 집단)'의 중요성을 새롭게 일깨우고 있습니다. 팬덤은 다른 말로 패노크라시(Fanocracy)라고 합니다. '팬(Fan)'과 '민주주의(Democracy)'의 합성어인 패노크라시는 팬들을 통솔하고 관리하는 조직이라는 뜻이지요.

이 용어는 미국 경영 컨설턴트 데이비드 미어맨 스콧이 처음 소개했습니다. 데이비드 스콧은 패노크라시가 팬들에게 기쁨과 영감을 불러일으켜

열정적인 팬이 관련 제품을 사는 충성도 높은 고객으로 발전한다고 강조합니다.

BTS 팬덤을 지탱하는 이들은 지구촌에 무려 4,000만 명에 이르는 아미 (ARMY)입니다. Army는 'Adorable Representative M.C. for Youth(청춘을 위한 사랑스러운 대표자)'라는 뜻입니다.

BTS 인기는 아미는 물론 조 바이든 미국 대통령, 카멀라 해리스 미국 부통령, 에마뉘엘 마크롱 프랑스 대통령 등 세계 정계 인사들 입에서도 오르내리고 있죠. 이에 따라 BTS 영향력을 일각에서는 '방탄학(BTSOLOGY)'이라는 학문과 같은 체계를 잡으려는 움직임도 있습니다.

BTS의 폭발적인 인기는 '팬덤 경제(Fan Economy)'의 발전을 돕는 역할도 합니다. 팬덤 경제는 입에서 입으로 전해지는 구전 마

BTS와 ARMY

케팅을 통해 소비자의 제품 충성도를 극대화할 수 있는 시스템을 말하죠.

역사적으로 따져보면 팬덤 경제는 30년 전부터 우리 주변에 자리잡고 있습니다. 영국 학자 매튜 힐스는 미디어 산업이 크게 발전하면서 충성스런 팬이 가장 매력적인 소비자가 됐다는 점을 알아냈습니다. 이에 따라 만일 TV방송국이 큰 돈을 벌고 싶다면 일반 시청자들을 공략하는 대신 가장 충성스러운 시청자를 공략하면 된다고 강조했습니다.

팬덤 경제가 성공하기 위한 비밀 병기는 '감정자본(The Emotional Capital)'입니다. 감정자본은 스티븐 헤이어 전 코카콜라 사장이 처음 사용한 용어입니다. 그는 소비자의 미디어 콘텐츠와 브랜드에 대한 감정적인 투자는 브랜

드 가치를 높이는 데 매우 중요하다고 강조했습니다. 감정자본은 시간과 경험을 통해 축적된 충성도입니다. 또한 감정자본은 일관되고 긍정적인 경험을 통해 유지되는 속성을 안고 있습니다.

그렇다면 BTS 등 K팝에 매료돼 관련 제품을 사려는 팬덤 경제규모는 얼마나 될까요? IBK기업은행이 조사해 발표한 자료에 따르면 K팝 팬덤경제는 8조 원대를 넘은 것으로 나타났습니다.

팬덤경제가 커지는 모습에 기업들도 촉각을 곤두세우는 모습입니다. 데이비드 스콧의 지적처럼, 기업들도 소비자와의 관계 설정에 제품과 서비스 품질 극대화도 중요하지만 패노크라시를 유발하는 감성이 더 중요하다고 여기고 있기 때문입니다. 쉽게 설명하면 패노크라시를 잘 활용하는 기업이 사업도 잘할 수 있다고 생각한다는 거지요.

이에 따라 아미 등 BTS 팬덤을 활용한 팬덤 경제도 눈에 띄고 있습니다. 국내 안마의자업체 '바디프랜드', 라이프케어기업 '코웨이'에 이어 미국 패스트푸드업체 맥도널드도 BTS 팬덤을 겨냥한 상품을 잇따라 내놓았기 때문입니다.

특히 맥도널드는 세계 6개 대륙 49개국에 'THE BTS 세트'를 출시해 맥도널드 매장이 아미 등 팬들로 북새통을 이뤘다는 얘기도 나왔습니다. 팬덤을 거느리거나 이용하지 않고는 사업에 성공을 장담할 수 없는 시대가 열린 셈입니다.

105

재미있으면 유행이 되는
밈

최근 마케팅과 주식시장에서 두각을 나타내는 용어가 등장했습니다. 이른바 밈(Meme)입니다. 밈은 고대 그리스어 'Mīmēma(모방)'에서 파생된 단어로 '모방한 것(Imitated Thing)'을 뜻합니다.

밈의 정확한 용어는 '인터넷 밈(Internet Meme)'입니다. 조금 더 구체적으로 설명하면 밈은 인터넷에서 인기를 얻고 있는 특정 문화요소를 모방하거나 다시 가공한 콘텐츠를 뜻합니다. 즉, 인터넷 등에서 특정인이나 특정 현상을 모방해 유행처럼 퍼져가는 콘텐츠를 일컫습니다.

그렇다고 모든 콘텐츠가 밈이 되는 것은 아닙니다. 밈은 재미를 목적으로 소셜네트워크서비스(SNS) 등을 통해 전파되는 사상이나 행동 또는 스타일이어야 합니다. 이때 밈은 대부분 인터넷 등 온라인에서 유행하는 패러디나 유행어를 말합니다.

그렇다면 경제 분야에서 밈은 어떤 역할을 할까요? 대표적인 예가 '밈 마케팅'입니다. 밈 마케팅은 과거 인기를 모은 TV드라마, 예능 프로그램에 등장한 말이나 행동을 주로 활용합니다.

유통업체 농심이 2020년 가수 비의 노래 '깡'과 뮤직비디오가 유튜브에서 수천만 조회수를 기록하며 인기를 모으자 비를 스낵과자 새우깡 광고모델로 활용해 대성공을 거뒀습니다.

햄버거업체 버거킹이 선보인 '4딸라'도 마찬가지입니다. 사딸라는 2002~2003년 방영된 SBS 드라마 〈야인시대〉에서 배우 김영철이 미군과 협상하던 장면에서 나온 대사입니다. 버거킹은 김영철의 4딸라 밈을 이용해 온종일 4,900원에 판매하는 올데이 킹 메뉴를 선보였습니다. 두 사례 모두 네티즌의 폭발적인 관심이 결국 매출로 이어진 대표적인 예입니다.

밈은 주식시장에서도 맹위를 떨치면서 '밈 주식(Meme Stock)'이라는 용어도 등장했습니다. 밈 주식은 개인 투자자들이 SNS 등 온라인을 통해 얻은 입소문을 토대로 몰리는 주식을 말합니다.

밈 주식 열풍의 대표적인 예가 미국 영화체인 업체 AMC엔터테인먼트입니다. AMC엔터테인먼트는 2021년 5월 초 주가가 12달러에 머물렀지만 개인 투자자들이 앞다퉈 주식을 사들여 2021년 6월 23일(미국 현지시간)에는 58.27달러로 장을 마감했습니다. 주가가 한 달 사이에 무려 5배 이상 오른 셈이지요.

앞서 설명한 것처럼 밈주식은 개인 투자자들이 특정 주식 종목에 보이는 관심도에 따라 주가가 오르기 때문에 주가 변동의 이유가 명쾌하진 않습니다. 하지만 추측해볼 수는 있죠.

미국에서 신종 코로나바이러스 감염증 백신 접종이 확산되면서 극장을 찾는 이들이 늘고 있

웬디스

고 AMC에서 투자자들에게 주식투자를 하면 공짜 팝콘을 주겠다고 발표했습니다. 그렇다고 공짜 팝콘 때문에 투자자들이 AMC엔터테인먼트 주식을 사들였다고 말하기에는 논리적으로 모호합니다.

치킨 샌드위치 메뉴로 유명한 웬디스도 마찬가지입니다. 미국 온라인 커뮤니티 사이트 레딧(Reddit)에는 월스트리트베츠(WSB, Wallstreetbets)라는 게시판이 있습니다. WSB 게시판에 웬디스와 맥도날드를 비교해 웬디스가 더 좋다는 글이 등장한 후 웬디스 주식을 사들인 개인 투자자들이 증가했다고 합니다. 음식 맛이 주가 급등을 이끈 셈이지요.

결국 밈 주식은 기업의 투자 유망성이 아닌 개인 투자자 관심이 얼마나 집중되느냐에 따라 주가가 결정되는 주식을 말합니다. 밈 주식은 투자의 기본원칙보다는 입소문에 이끌려 몰리는 주식이라는 특성을 드러내죠.

106

정규직보다 자유로운 프리랜서가 좋아
긱 이코노미

최근 전 세계 기업을 살펴보면 흥미로운 풍속도가 펼쳐집니다. 이른바 긱 이코노미(Gig Economy)입니다. 여기서 긱(Gig)은 무엇일까요? 긱은 인기 음악이나 재즈를 연주하는 음악가 혹은 악단이 펼치는 라이브 공연을 말합니다. 긱은 1920년대 미국 재즈 공연장 주변에서 필요에 따라 연주자를 섭외해 공연한 데서 비롯됐죠.

중요한 것은 긱이 음악 연주 외에 '단기 혹은 불특정기간 동안 하는 직업'을 뜻한다는 점입니다. 여기에서 유래한 긱 이코노미는 기업이 필요에 따라 단기 계약직이나 임시직, 프리랜서로 고용하고 급여를 주는 경제를 뜻합니다.

그렇다면 긱 이코노미가 등장하게 된 배경은 무엇일까요? 긱 이코노미 체제에서는 근로자가 회사에 얽매이지 않고 자유롭게 독립적으로 일을 할 수 있습니다. 특히 기존 직장 분위기를 싫어하거나 집 등 편안한 곳에서 일하려는 이들에게는 긱이 적격인 셈이지요.

또한 긱 이코노미는 이른바 온디맨드 경제(On-demand Economy) 등장에 따른 결과물입니다. 온디맨드 경제는 기술기업이 재화나 서비스를 곧바로 공급해 소비자 수요에 부응하는 경제활동을 말합니다. 쉽게 설명하면 온디맨드는 제품이나 서비스가 소비자 수요에 따라 정해진다는 얘기입니다.

까다롭고 예측하기 쉽지 않은 소비자의 다양한 요구에 재빠르게 대응할 수 있는 이유는 바로 ICT, 즉 첨단기술 덕분입니다. 소비자가 원하는 상품이나 서비스를 파악하기 위해 빅데이터나 인공지능(AI) 기술을 적극적으로 활용하는 경제가 바로 온디맨드 경제의 특성입니다. 빅데이터나 AI를 통해 소비자 수요 패턴을 축적하고 소비자가 제품이나 서비스를 요청하면 지체하지 않고 곧바로 제공할 수 있는 시스템입니다.

온디맨드 경제의 대표적인 예는 숙박 공유 서비스업체인 '에어비엔비(Airbnb)'와 차량 공유업체인 '우버(Uber)'입니다. 우리나라에는 카카오택시, 티맵택시, 쏘카 등 차량 공유 서비스업체를 비롯해 배달의 민족, 요기요 등 주문 배달업체가 대표적인 기업입니다.

이처럼 온디맨드 경제는 온라인 등을 통해 고객이 원하는 것을 즉시 해결해주는 장점이 있습니다. 또한 온디맨드 경제가 활성화되면 근로자들이 일할 수 있는 영역이 넓어지고 기업도 사업을 더욱 활성화할 수 있는 장점이 있죠.

반면, 온디맨드 서비스 활성화로 고용의 질이 오히려 떨어지고 노동착취와 노동 감시가 강화되는 문제점도 드러나고 있습니다. 특히 온디맨드 사업을 둘러싼 기업과 종사자 간 시각 차이가 큽니다. 대다수 온디맨드 기업들은 이 사업에 종사하는 이들을 개인사업자로 보고 있지만, 종사자들은 근로자로 취급되는지 아니면 개인사업자로 여겨지는지에 따라 혜택이 달라지기 때문에 온디맨드 경제가 자칫 고용의 질적 수준을 떨어뜨리고 사회 불평등을 더 심화시킬 수 있다는 지적도 나오고 있습니다.

노동 착취나 감시도 문제가 될 수 있습니다. 예를 들어 우버 등 승차공유 서비스업체들은 승객이 실시간 차량 위치와 운전기사 프로필을 미리 볼 수 있으며 운전기사 평점도 확인할 수 있어 안심하고 탈 수 있다는 점이 장점입니다. 하지만 운전기사는 불량고객의 폭력적인 행동에는 긴밀하게 대처하지 못한다는 단점을 안고 있습니다.

온디맨드 경제의 등장으로 직업전선에 명암이 엇갈리고 있지만 온디맨드 경제의 핵심인 긱 이코노미는 앞으로도 계속 이어질 전망입니다. 한 예로 미국의 경우만 해도 전체 근로자의 36%가 긱 이코노미에 종사하고 있으며 오는 2027년이 되면 미국 근로자(약 1억 6,200만 명) 가운데 약 8,650만 명이 프리랜서와 같은 계약직 근로자가 될 것으로 전망됩니다.

107

하늘에서 돈이 떨어지는
헬리콥터 머니

여러분, 헬리콥터 머니(Helicopter Money)라는 말 들어보셨는지요? 헬리콥터 머니는 1976년 노벨경제학상을 받은 미국 경제학자 밀턴 프리드먼이 1969년 그의 저서 《최적 화폐 수량》에서 다음과 같이 설명했습니다.

"헬리콥터가 어느 날 한 마을 상공에서 1,000달러 어치 지폐를 뿌린다고 가정해 봅시다. 이를 본 마을 사람들은 돈을 줍기 위해 앞다퉈 나올 겁니다. 돈을 얻은 마을 사람들은 이런 일이 다시 되풀이하지 않을 독특한 행사라고 확신할 겁니다."

헬리콥터 머니는 중앙은행이 발권력을 통해 가계와 정부에 직접 현금을 주는 정책입니다. 즉, 프리드먼은 중앙은행이 시중에 돈을 대거 뿌려 인플레이션을 유도해 경기침체를 해소하자고 주장했습니다.

프리드먼의 주장처럼 헬리콥터 머니는 디플레이션(Deflation, 돈이 돌지

미국 경제학자 밀턴 프리드먼

않아 물가가 하락하고 경제도 침체국면에 처한 상황) 늪에 빠진 일본이 2001년 경제를 되살리기 위한 방안으로 활용됐습니다.

그렇다면 헬리콥터 머니는 경기침체를 해결하기 위한 만병통치약일까요? 정답은 '아니다'입니다. 중앙은행이 헬리콥터 머니를 통해 발권력을 남용하는 것은 이른바 통화준칙주의에 어긋나는 논리입니다. 통화준칙주의는 경제가 시장이 아닌 정부 재정정책에 좌지우지되지 않도록 통화정책에 엄격한 준칙이 있어야 한다는 내용입니다. 결론적으로 경기침체라고 해서 헬리콥터 머니처럼 돈 공급량을 지나치게 많이 확대하면 안된다는 경제이론인 셈이지요.

또한 헬리콥터 머니로 시장에 통화 공급을 지나치게 많이 하면 금융당국이 물가 상승을 제대로 관리하지 못해 '하이퍼인플레이션(Hyper Inflation)'이 발생할 수도 있습니다. 하이퍼인플레이션은 통제하기 힘든 물가 상승을 뜻합니다.

그렇다고 헬리콥터 머니가 허무맹랑한 이론이라고 치부할 수도 없습니다. 경제학 이론에 유동성 함정(Liquidity Trap)이 있기 때문입니다. 유동성 함정은 이자율이 제로에 가깝게 내려도 경제가 경기침체에 머물러 있을 때를 뜻합니다. 쉽게 말하면 유동성 함정은 시중에 돈이 돌지 않는 '돈맥경화' 현상이지요.

경제학 이론에 따르면 경기가 침체국면일 때 중앙은행이 경기를 되살리기 위해 이자율을 0% 가까이 내리면 투자심리가 되살아나 투자가 늘어나야 하는 게 원칙입니다. 그런데 유동성 함정 상황에서는 투자가 눈에 띄지 않고 오히려 현금만 선호하는 현상이 빚어집니다.

중앙은행 입장에서도 난처하기 이를 데 없습니다. 중앙은행이 금리를 내리는 이유는 저축을 줄여 소비를 늘리고 기업도 투자활동을 하도록 독려하기 위한 것이지요. 그런데 돈이 돌지 않고 경제가 디플레이션의 늪에서 빠져나오지 못하고 있기 때문입니다.

그렇다면 유동성 함정을 해결할 수 있는 방법은 무엇일까요? 앞서 설명한 헬리콥터 머니처럼 돈을 직접 가계나 기업에 뿌리는 것입니다. 이를 통해 소비와 투자를 되살릴 수 있기 때문입니다.

우리나라도 헬리콥터 머니를 활용하고 있습니다. 대표적인 예가 코로나19에 따른 정부의 재난지원금을 꼽을 수 있습니다. 정부가 지금까지 5차례에 걸쳐 지급한 재난지원금이 무려 62조 원에 달합니다. 코로나19에 따른 소비침체 등 경제적인 악영향을 막기 위해 정부가 국고에서 거액의 돈을 꺼내 국민에게 헬리콥터 살포를 한 셈이죠.

문제는 재난지원금이 소비를 크게 늘렸는지에 대한 논란이 이어지고 있다는 점입니다. 재난지원금을 소비가 아닌 비상금 형태로 갖고 있는 사례도 많기 때문입니다. 이에 따라 정부의 헬리콥터 머니(재난지원금)이 자칫 허공으로 날아간 돈이 아니냐는 비판의 목소리도 나오고 있습니다.

죽 쒀서 개 주는
가마우지 경제

중국 광서성 계림에서는 바닷새의 일종인 가마우지를 이용해 낚시하는 풍습이 있었습니다. 가마우지 목 아래를 끈으로 묶고, 가마우지가 물고기를 잡으면 목에 걸린 물고기를 주인이 가로채는 방식입니다. 쉽게 설명하면 죽 쒀서 개 주는 셈이지요.

가마우지 경제는 일본 경제평론가 고무로 나오키가 1989년 그의 저서 《한국의 붕괴》에서 "한국경제는 목줄에 묶인 가마우지와 같다. 목줄에 묶여 물고기를 잡아도 곧바로 주인에게 바치는 구조"라며 한국경제를 폄훼하는 목적으로 처음 언급했습니다.

여기에서 목줄은 부품 소재산업, 물고기는 완제품, 주인은 일본을 말합니다. 즉, 한국 부품 소재산업이 취약하고 부품 소재를 대부분 일본에서 수입하기 때문에 한국이 완제품을 만들어 수출해도 부품 소재를 공급하는 일본이 대부분 혜택을 누린다는 얘기입니다.

한국경제를 무시하는 발언은 불쾌하기 짝이 없습니다. 그러나 이 말이 모두 틀렸다고 말할 수도 없는 게 현실입니다. 한국은 자동차를 비롯해 휴대전화, 디스플레이, 반도체 등 한국경제 간판업종을 완성품으로 수출하고 있지만 이들 제품에는 일본산 소재와 부품이 아직도 많습니다. 이는 그동안 완성품 수출에만 주력한 나머지 부품 소재산업을 제대로 육성하지 못했고 특히 부품 소재산업에 필요한 기초·원천기술도 확보하지 못한 데 따른 결과입니다.

이런 한국경제의 취약점을 노린 듯 일본은 2019년 7월 4일 우리나라에 수출규제조치를 내려 충격을 줬습니다. 일본이 불화수소, 불화폴리이미드, 포토레지스트 등 반도체·디스플레이 제조에 핵심소재를 한국에 수출하지 않겠다고 발표했기 때문이죠.

우리나라 전체 수출의 20%를 차지하는 반도체 산업으로서는 심각한 타격이 아닐 수 없습니다. 특히 일본이 반도체 핵심소재 부문에서 전 세계 생산량의 90% 가까이 차지하는 상황을 감안하면 자칫 한국의 반도체 산업이 송두리째 흔들릴 수도 있었던 상황입니다.

그러나 그로부터 2년이 지난 지금 일본 작전은 실패로 끝났습니다. 일본의 수출규제가 오히려 우리가 그동안 소홀히했던 소재·부품·장비 생태계를 건강하게 만들었고 일본에 대한 기술의존도를 낮췄기 때문입니다.

이에 따라 그동안 한국 덕분에 짭짤한 재미를 보던 일본 소비재 기업들은 한국 내 일본제품 불매운동 '노 재팬(No Japan)' 영향으로 매출이 부진해 일부 기업이 한국시장에서 철수하는 철퇴를 맞았습니다. 한일 무역전쟁의 주도권이 우리에게 넘어오는 양상입니다.

일본과의 무역전쟁에서 반도체 소재 중단에 따른 급한 불은 껐지만 반도체 소재 등 부품 소재산업에서 세계 수준의 기술경쟁력을 확보하고 대기업이 국내 중소기업 부품 소재를 더 사는 등 구조적인 변화가 없는 한 일본 혐한론자들의 가마우지 경제 타령은 계속될 수밖에 없습니다.

가마우지 경제의 폐단은 어떻게 보면 그동안 우리나라 기업과 정부가 취해온 이른바 천수답 경제 영향 때문일 수도 있습니다. 천수답(天水畓)은 벼농사에 필요한 물을 빗물에만 의존하는 논을 말하죠. 여기에서 유래한 천수답 경제, 혹은 천수답 경영은 자체 경쟁력이나 기술 없이 외부에만 의존해 이에 따른 피해를 받는 경제 혹은 경영방식을 뜻합니다.

그렇다면 이를 위한 해법은 없을까요? 정답은 펠리컨 경제입니다. 넉넉한 부리에 먹이를 저장해 새끼를 키우는 새 펠리컨처럼 한국 소부장(소재-부품-장비) 산업을 키우자는 얘기지요.

위기는 대부분 기회로 다가오기 마련입니다. 일본발 가마우지 경제의 폐단이 펠리컨처럼 부품 자립화와 부품 독립으로 이어질 수 있는 기회를 우리가 안았기 때문입니다. 일본의 야비한 공세에 맞서 한국이 세계 최고 수준의 소부장 강국, 첨단산업의 세계 공장으로 우뚝 서는 계기를 마련한 셈이지요.

109

승자독식의 시대
양극화

양극화는 주로 사회적 양극화와 경제적 양극화로 나눌 수 있습니다. 그러나 이 둘은 서로 떼려야 뗄 수 없는 관계입니다. 빈부격차, 불평등, 차별화 등 사회적 양극화가 경제적 양극화로 이어지고 있기 때문입니다.

경제적 양극화가 가장 뚜렷하게 드러난 예는 2011년 미국에서 벌어진 '월가를 점령하라(Occupy Wall Street)' 시위라고 할 수 있습니다. 월스트리트로 대변되는 최상위 1%가 부와 권력을 독점하는 현실에 상대적 박탈감과 분노를 느낀 나머지 99%가 거리로 뛰쳐나온 것이었죠.

현재 전 세계에서 가장 양극화가 극심한 나라는 인도입니다. 세계불평등데이터베이스(WID) 자료에 따르면 인도는 상위 1%가 전체 소득의 약 60%를 차지한 반면, 하위 70% 인구가 전체 소득의 5%를 나눠 가져 빈부격차가 가장 심각한 국가입니다.

'월가를 점령하라' 시위 모습

또 상위 1%가 전체 소득에서 크게 차지하는 나라로는 브라질(28%), 미국 (20.2%)이 있습니다. 미국의 소득 상위 1%가 전체 소득에서 차지하는 비중은 1980년대 10%에서 2020년 초 20.2%로 2배 이상 늘었습니다.

참고로 한국은 상위 1%가 전체 소득에서 차지하는 비율은 12.2%에 그쳐 다른 나라에 비해 크지 않습니다만, 상위 10%가 전체 소득에서 차지하는 비율이 43.32%로 고(高)소득층의 소득집중도는 우려할 수준입니다.

양극화가 무서운 이유는 경제적 불평등이 심각해지면 중산층이 자신의 위치를 유지하기가 쉽지 않고, 하위계층도 중산층으로 신분상승하기가 어렵다는 데 있습니다. 그동안 우리 사회에서는 교육이 신분상승을 이끄는 사다리 역할을 해왔습니다. 그러나 이제는 사회적으로든 경제적으로든 성공하려면 자기 능력보다는 부모의 경제적 능력이 더 크게 작용하는 것으로 보입니다. '개천에서 용 난다'라는 속담도 그저 옛말에 불과한 셈이지요.

결국 국민이 신분 상승의 사다리를 타려면 개인 능력과 노력을 중시하는 메리토크라시(Meritocracy)를 인정하는 사회가 되어야 합니다. 메리토크라시는 개인이 타고난 신분이 아닌 능력과 노력 결과에 따라 얻어진 업적을 높게 평가하고 보상해주는 시스템을 말합니다. 결국 부(富), 가문, 출신이 아닌 개인의 재능, 노력, 업적을 존중해야 한다는 얘기지요.

이 용어를 만든 영국의 사회학자 마이클 던롭 영은 메리토크라시가 성공하려면 '기회의 평등'과 '공정한 경쟁'이 우선되어야 한다고 강조했습니다. 정부 등 공공부문이 공정한 게임을 보장하는 심판 역할을 잘해야 한다는 얘기지요. 또한 공정한 경쟁을 통해 승리한 이들을 질투하거나 비난하지 않고 존중해야 합니다.

110

지역이 발전하면 원주민이 떠나는
젠트리피케이션

경리단길, 망리단길, 송리단길…. 요새 SNS상에서 뜨거운 관심을 받고 있는 지역입니다. 경리단길은 서울 용산구 이태원동에 있는 남산 하얏트호텔 인근을 말합니다. 이 지역은 원래 이태원과 용산 미군기지의 베드타운 (Bed Town)이었습니다.

이 동네에는 6·25전쟁 이후 이태원 시장을 중심으로 미군기지에서 나온 물품으로 장사하는 사람들이 거주했습니다. 이들은 일반 주택이나 빌라형 주택을 만들어 미군이나 외국인들에게 월세를 받아 생활했습니다. 그런데 현재 경리단길은 미군의 모습을 거의 찾아보기 힘들고, 카페, 프랜차이즈 음식점 등이 대거 들어서면서 20~30대가 주로 찾는 명소가 됐죠.

이처럼 전에는 비교적 발전이 더딘 지역이 어느 날 갑자기 핫플레이스가 되는 것은 지역 발전 차원에서 볼 때 바람직한 현상입니다. 지역이 발전해 관광객을 유치하고 지역경제가 활성화되기 때문이죠.

그런데 이렇게 갑자기 관심을 얻게 되면서 발전한 경우에는 과거 낙후지역 시절 낮은 임대료를 내고 장사를 하거나 주택 월세를 내던 사람들이 곤경에 처하게 됩니다. 임대료와 월세가 크게 오르면서 돈을 더 내거나 다

른 지역으로 이사를 가야 하는
신세가 된 것이지요.

이렇게 낙후된 지역이 발전
하면서 원주민들이 다른 지역
으로 내몰리는 현상을 젠트리
피케이션(Gentrification)이라고
부릅니다. 젠트리파이(Gentrify)

이태원 경리단길

가 '특정 지역이나 사람을 고급으로 바꾸다'는 의미를 담고 있으므로 젠트
리피케이션을 '고급주택화(化)'라고 표현하기도 합니다.

역사학자들은 젠트리피케이션의 시초가 고대 로마 시대로 거슬러 올라
간다고 설명합니다. 서기 3세기 고대 로마와 로마 식민지 브리타니아(현재 영
국)에 있던 소형 상점이 대저택으로 바뀌는 현상이 젠트리피케이션의 출발
점이라는 얘기죠.

20세기 들어 가장 대표적인 젠트리피케이션은 영국 사회학자 루스 클
래스가 1964년에 예로 든 이스링턴(Islington)입니다. 런던 동쪽에 있는 이스
링턴은 1964년 런던 주변에서 가장 쇠락한 주거지역 중 하나였습니다. 그
런데 이 지역이 중산층 주거지역으로 바뀌면서 다른 지역에 살던 중산층이
이곳으로 대거 몰리고 원주민이던 저소득층은 다른 지역으로 주거지를 옮
기게 됐습니다.

위의 예처럼 젠트리피케이션은 기존 거주자들이 급등하는 주거비용을
감당하지 못하고 살던 곳을 떠나는 다소 부정적인 의미를 담고 있습니다.
이 때문에 젠트리피케이션이 '둥지 내몰림'이라는 슬픈 표현으로 쓰이기도
합니다.

최근에는 투어리스티피케이션(Touristification)도 등장하고 있습니다. '관광객(Tourist)'과 '젠트리피케이션'의 합성어인 투어리스티피케이션은 주거지역이 관광명소로 바뀌면서 거주민들이 다른 곳으로 떠나는 현상을 말합니다. 서울시 종로구 이화동 벽화마을과 북촌 한옥마을이 대표적인 곳이죠.

거주 지역이 관광지로 탈바꿈해 외부 관광객이 대거 몰리자 지역주민들은 사생활 침해 등 불편을 겪게 되었습니다. 이에 따라 서울시는 '관광 허용 시간제'를 도입해 가장 붐비는 북촌로 일대를 월요일부터 토요일 오전 10시부터 오후 5시까지만 입장할 수 있도록 조치를 취했습니다.

그렇다면 젠트리피케이션의 부작용은 어떻게 해결해야 할까요? 정부는 도시개발에 따른 젠트리피케이션 문제를 해소하기 위해 상가임대차보호법을 강화하고 공공임대상가를 의무화하며 상생협약제도를 도입하는 등 '3중 안전장치'를 도입할 계획입니다. 이를 통해 세입자의 생활이 안정되도록 하겠다는 얘기지요. 이를 위해 정부는 상가임대차보호법을 고쳐 임대료 인상을 억제해 세입자가 불이익을 받는 일을 최소화하겠다는 방침입니다.

일각에서는 정부의 이런 방안이 성공하면 한국에도 문을 연 지 100년이 넘는 이른바 '100년 가게'가 대거 등장할 것으로 내다보고 있습니다. 이를 통해 정부는 오는 2022년까지 총 1,300곳에 달하는 '100년 가게' 후보 점포를 선정했습니다.

이는 연간 78만 곳이 창업했다가 그해에 무려 71만 곳이 폐업할 정도로 잦은 우리나라의 창업-폐업의 악순환을 깰 수 있는 좋은 해법이 될 수 있을 것입니다.

111

악재에 악재가 더해지는
칵테일 위기

칵테일은 위스키, 브랜디, 진 등 각종 독주에 얼음과 감미료, 과즙 등을 혼합해 만든 술입니다. 알코올 도수가 높은 독주를 섞어 마시면 정신이 혼미해지겠지요. 여기에서 파생된 개념이 바로 칵테일 위기입니다. 악재(惡材)가 한꺼번에 뒤섞여 일어나는 위험한 상황을 일컫는 말이죠.

한국경제에도 한차례 칵테일 위기가 휩쓸고 지나갔습니다. 2016년 국제 유가의 급락과 미국과 중국의 경제성장률 둔화, 글로벌기업의 리콜 사태, 브렉시트 그리고 북한 미사일 발사까지 정치·경제 분야에서 악재가 동시다발적으로 터졌으니까요. 여기에 삼성전자와 현대자동차의 위기도 한몫했습니다.

한국 대기업은 한국경제를 든든하게 받쳐주는 버팀목 역할을 하고 있습니다. 2021년 7월 2일 기업분석 전문업체 한국CXO연구소가 국내 71개 기업집단(그룹) 경영실적과 고용을 분석한 자료에 따르면 2020년 71개 그룹 매출액은 1,607조 원이고 이 중 삼성전자, 현대자동차그룹, SK그룹, LG그룹 등 이른바 4대 그룹의 매출액이 778조 원입니다. 이는 국내 71개 그룹과 그룹 계열사 2,612곳이 2020년 벌어들인 돈 1,607조 원의 절반에 육박하는 48.5%입니다. 또한 4대 그룹 매출액은 해마다 늘어나 2022년 12월말 현재 삼성 311조 원, 현대자동차그룹 204조 원, SK그룹 169조 원, LG그룹 147조 원에 이릅니다. 이에 따라 4대 그룹 매출 총액은 831조 원입니다. 2022년 한국 명목 GDP가 1조 8,040억 달러(약 2,278조 원)라는 점을 감안하면 4대 그룹 매출액은 GDP 대비 36%로 여전히 큰 비중을 차지하고 있습니다.

이처럼 삼성전자, 현대자동차, SK, LG 국내 4대 그룹이 휘청거리면 한국경제도 함께 타격을 받을 수 있다는 말은 과언이 아닙니다. 그런데 2016년 삼성전자가 야심차게 내놓은 갤럭시노트7이 전 세계에서 동시다발적으로 폭발하는 사고가 발생했고, 결국 제품 교환과 판매 중단이라는 극단적 조치가 내려졌습니다. 비슷한 시기, 현대자동차도 미국에서 생산한 차량에 엔진 결함이 발견되면서 미국 소비자들로부터 집단 소송을 당했습니다.

칵테일 위기를 불러오는 요소는 비단 경제적인 이슈만은 아닙니다. 우리나라의 경우, 북한의 핵개발도 칵테일 위기를 조성하는 요소 중 하나죠. 국제 신용평가사 피치는 2016년 한국의 국가신용등급(122장 참고)을 AA-로 유지했는데, 그 이유를 북한의 핵실험으로 꼽기도 했습니다.

칵테일 위기는 언제 어디서 어떤 방향으로 전개될지 모릅니다. 그러나 이와 같은 칵테일형 위기에 두려워하지 않고 위기를 사전에 파악하는 예리한 판단력과 위기가 발생했을 때를 대비해 여러 시나리오를 만들어 위험요인을 최소화하는 경영 기법인 '시나리오 경영(Scenario Management)'을 미리 세워 대처하는 것이 무엇보다 필요합니다.

호미로 막을 것을 가래로 막는
1:10:100 법칙

제조업체나 서비스업체가 제품이나 서비스에 불량이 있다는 것을 처음 발견하면 주로 어떻게 대응할까요? 지금은 많이 달라졌지만, 과거에는 불량이 있다는 점을 숨기기에 급급했지요. 불량품이 나오면 회사 이미지나 제품 판매 급감 등과 같은 손해를 보기 때문입니다. 그러나 이런 위기 대응 방식은 자칫 회사에 큰 손해를 끼칠 수 있습니다.

이와 관련된 것이 1:10:100 법칙입니다. 이 법칙은 제품이나 서비스에 불량이 생기면 즉시 고치는 데는 원가 1이 들지만, 책임 소재나 문책 등이 두려워 이를 숨기면 원가 10이 들어갑니다. 설상가상으로 불량제품이 소비자 손에 들어가 나중에 소비자가 불량품에 대한 불만을 표출하는 등 상황이 더 커지면 원가 100이 든다는 법칙입니다. 결국 1:10:100 법칙은 위기가 발생했을 때 초기 대응이 매우 중요하다는 점을 일깨우는 대목입니다.

1:10:100 법칙과 유사한 개념으로 하인리히 법칙(Heinrich's Law)이 있습니다. 하인리히 법칙은 1930년대 미국 보험회사에 근무한 윌리엄 허버트 하인리히가 내놓은 이론입니다.

보험회사에서 산업재해를 점검하고 연구하는 부감독관으로 일한 하인

리히는 수만 건의 보험 관련 사고 보고서를 연구한 결과, 회사에서 근로자 사망 등 대형사고 1건이 일어나기 전에 29건의 가벼운 사고가 발생했으며 이에 앞서 300건의 미미한 사내 피해가 있었다는 점을 알아냈습니다. 이에 따라 하인리히 법칙은 흔히 '1:29:300 법칙'으로 불립니다.

'1:10:100 법칙', '1:29:300 법칙'과 유사한 이론이 또 있습니다. 스위스 치즈 모델(The Swiss Cheese Model)이 바로 그것입니다. 미국산 치즈는 제품 구멍이 없이 단단하고 깔끔한 느낌을 줍니 다. 이에 비해 스위스 치즈는 치즈 표면 에 여기저기 구멍이 뚫려 있는 점이 특 징입니다. 그렇다고 스위스 치즈 제품에 문제가 있다는 것은 아닙니다. 스위스 에멘탈(Emmental) 지역에서 생우유를 가

스위스 에멘탈 치즈

열하고 압착한 후 숙성시킨 이 치즈는 숙성과정에 발생한 곰팡이가 이산화 탄소를 발생시키면서 치즈에 구멍이 생기기 때문입니다.

제임스 T. 리즌 영국 맨체스터대학교 경영학 교수가 내놓은 이 이론은 결국 모든 형태의 사건 사고는 스위스 치즈처럼 여러 구멍 사이를 용케 빠 져나가 발생한다고 설명합니다. 사고를 유발하는 결함(구멍)이 잠재해 있는 데 이 결함들이 한꺼번에 나타날 때 대형사고로 이어질 수밖에 없다는 얘기 입니다.

지금까지 소개한 '1:10:100 법칙', '1:29:300 법칙', '스위스 치즈 모델'의 공통점은 무엇일까요? 이른바 '안전불감증'에 대한 경고입니다. 쉽게 설명 하면 큰 사고가 일어나기 전에 사고가 터질 수 있음을 알려주는 크고 작은 조짐이 있다는 것입니다. 이러한 신호를 파악하고 방치하면 결국 대형사건

사고로 이어질 수 있습니다. 이에 따라 사소한 실수나 사고에도 촉각을 곤두세우고 잘못된 점을 미리 고쳐야 합니다.

이 법칙들의 중요성을 보여준 사례가 우리나라에 최근 있었습니다. 삼성전자는 2016년 전략 스마트폰으로 갤럭시노트7을 선보였습니다. 그런데 삼성전자는 노트7을 시장에 내놓은 지 두 달 만에 제품을 회수하는 리콜을 취했습니다. 배터리에 문제가 생겨 스마트폰에 불이 나는 사태가 빚어졌기 때문입니다.

삼성은 제품 회수라는 뼈아픈 결단을 내렸습니다. 결함 있는 상품을 판매한 책임은 소비자가 아니라 제조사에 있다는 점을 보여준 것이지요. 이 리콜 조치로 삼성전자는 1조 원이 훨씬 넘는 손해를 봤지만 손실보다는 제품 브랜드를 지키는 용단을 보여줬습니다. 삼성으로서는 갤럭시노트7 파문이 굴욕이 아닌 실패에서 배우는 소중한 경험이 됐습니다.

113

대한민국 부동산의 미래를 좌우할
스마트 도시

스마트 도시(Smart City)는 말 그대로 도시가 스마트 플랫폼을 갖춰 시민들이 안락하게 살 수 있도록 하는 것을 말합니다. 일종의 도시재생사업의 하나인 셈이지요. 도시재생사업은 오래되고 쇠락한 기존 도시에 활력을 불어넣어 다시 활기차게 만드는 사업을 말합니다.

그렇다면 스마트 플랫폼은 무슨 뜻일까요? 4차 산업혁명의 핵심 기술로 꼽히는 사물인터넷(IoT, Internet of Things, 48장 참고)을 비롯해 빅데이터 솔루션 등 요즘 우리가 신문과 방송, 인터넷 등에서 자주 접하는 첨단기술을 갖춘 도시를 말합니다.

스마트 도시는 위에서 언급한 첨단 정보통신기술을 적용한 스마트 플랫폼을 구축해 도시가 돌아가는 시스템을 갖춘 곳을 말합니다. 좀 더 구체적으로 얘기하면 전기, 수도, 학교, 항만 등과 같은 도시 인프라를 효율적으로 관리하고 데이터를 활용해 편리함을 극대화한 도시를 말하죠.

그렇다면 스마트 도시의 모습은 어떨까요? 예를 들어볼까요? 홍길동씨는 아침에 눈을 뜬 후 화장실로 갑니다. 볼일을 보니 화장실에 설치된 첨단 정보시스템이 홍길동씨의 데이터를 주치의에게 전송합니다. 이를 통해 홍길동씨의 건강 상태를 자연스럽게 매일 체크할 수 있겠죠. 또 홍길동씨는 지능형 교통시스템을 활용해 가장 빠르고 막히지 않는 길을 이용해 출근을 할 수도 있습니다. 사실 불과 10년 전까지만 해도 미래 영화에나 나오는 모습이었지만, 일부 도시에는 이미 현실로 성큼 다가왔습니다.

정부도 스마트 도시의 중요성을 잘 알고 있습니다. 이를 반영하듯 정부는 지난 2017년 11월 대통령 직속 4차 산업혁명 위원회를 만들고 위원회 산하에 스마트시티 특별위원회를 만들었습니다.

문재인 정부가 추진한 스마트 도시 관련 사업은 크게 세 가지입니다. 첫째, 국가시범도시 건설을 추진합니다. 대표적인 예로 세종과 부산 2곳을 후보지로 선정하고, 이 지역을 테스트베드(시범지구)로 만들 계획입니다.

둘째, 정부가 스마트 도시 기술을 적용해 도시재생사업을 추진할 예정입니다. 1년에 100개, 5년 동안 500개 지역에 50조 원을 투자해 도시재생사업을 할 방침입니다. 이를 통해 스마트 기술을 활용해 치안을 확보하고 노인 인프라를 구축하며 자율주행차 등을 활용해 몸이 불편하거나 경제적으로 낙후된 지역의 사람들도 편리하게 살 수 있도록 도와줄 방침입니다.

셋째, 스마트 도시 기술을 해외에 수출해 미래전략사업으로 만들 계획입니다. 전 세계는 경제발전에 힘입어 도시화가 빠르게 진행되고 있습니다. 이를 통해 아프리카나 동남아시아 등 개발도상국이 한국의 최신 첨단 기술을 도시개발에 적용할 수 있도록 돕겠다는 얘기입니다. 한국이 앞으로 적극 활용할

수 있는 유망 수출 품목이 되는 셈이지요.

스마트 도시가 국가적 관심거리가 되는 또 다른 이유는 인구 감소와도 관련이 있습니다. 한국고용정보원과 통계청 발표에 따르면 2024년 1월 기준으로 우리나라 전국 시·군·구 243곳 중 소멸위험지역은 2019년 5월 93개에서 2024년 1월 118곳으로 증가했습니다. 이는 저출산 고령화로 인구가 줄어드는 것과 관련이 있죠.

이처럼 인구 급감이 지역 소멸을 불러일으키는 가장 큰 이유는 지방 제조업이 위기에 처하면서 지역 산업 기반이 무너졌기 때문입니다. 지역 경제 쇠락과 인구 감소에 의한 지역 소멸 위기를 해소하는 방법은 첨단 기능을 갖춘 스마트 도시를 설립해 적은 인구로도 도시가 운영될 수 있는 '똑똑한 도시'를 만드는 것이지요.

사실 우리보다 인구 고령화 문제가 심각한 일본도 빅데이터, 사물인터넷 등과 같은 도시 데이터를 활용해 스마트 도시를 만들고 있습니다. 그 대표적인 예로 삿포로, 치바, 오사카 등을 들 수 있습니다. 특히 삿포로 시는 지역 데이터를 비롯한 정보통신기술을 활용해 스포츠와 관광, 교통, 건강, 육아 등 지역 사회 문제를 해결하고 있습니다.

미국도 예외는 아닙니다. 미국 북동부 매사추세츠 주(州)의 주도(州都)이자 항만 도시인 보스턴은 도로 파손 현황 정보를 시민의 스마트폰 애플리케이션을 통해 수집해 분석한 후 보수공사를 하고 있습니다.

이처럼 스마트 도시는 인구 감소라는 위기 상황에서 첨단 기술을 활용해 도시를 다시 살리고(도시재생), 친환경적이고 경쟁력이 있는 도시로 만드는 세계적인 관심사임에 틀림없습니다.

114

부동산 시장을 들썩이게 만든
재건축 개발이익환수제

부동산 관련 기사를 공부할 때 자주 등장하는 용어가 '재건축'과 '재개발' 입니다. 두 용어는 비슷하게 들리지만 다른 부분이 많습니다.

우선 재건축 대상은 대부분 아파트입니다. 즉, 오래된 아파트를 철거하고 그곳에 새 주택을 짓는 건설 사업을 재건축이라고 합니다. 아파트 등을 재건축하려면 아파트 소유자들이 조합을 만들어 사업을 추진해야 합니다. 이럴 때 각 아파트 소유주를 조합원이라고 합니다. 재건축 사업을 민간사업 이라고 부르는 것은 정부 당국이 사업에 개입하지 않기 때문이죠.

반면 재개발은 단독주택이나 상가들이 밀집한 지역을 아파트 단지를 중심으로 다시 만드는 작업을 말합니다. 특히 아파트 등 주택뿐 아니라 노후화된 도로, 상하수도, 수도시설 등 공공시설까지 손을 대는 사업입니다. 아파트 문제를 놓고 조합원을 만들어 대응하는 재건축과 달리, 재개발은 아파트는 물론 공공시설까지 새로 정비하기 때문에 공공적인 목적이 큽니다.

주변에서 흔히 듣는 '뉴타운'도 큰 의미에서 재개발 사업이라 할 수 있습니다. 뉴타운 사업은 재개발 지역을 여러 곳 묶어 개발하는 사업이기 때문입니다.

주제를 다시 재건축으로 돌려보겠습니다. 2018년 초 국내 부동산 시장을 크게 뒤흔든 정부정책이 등장했습니다. 재건축 개발이익환수제가 바로 그것입니다. 이 정책은 '재건축 초과이익환수제'로도 불립니다.

재건축 개발이익환수제는 재건축을 통해 조합원이 개발이익을 얻으면 정부가 이익의 일부를 가져가는 제도입니다. 구체적으로 얘기하면 조합원이 재건축으로 평균 3,000만 원 이상의 개발이익을 얻을 때 정부가 이익의 최고 50%를 환수하는 방식입니다. 여기서 얘기하는 개발이익은 재건축으로 땅값이 인근 지역이나 전국 평균 땅값보다 크게 오른 것을 뜻합니다.

재건축 개발이익환수제는 원래 참여정부 시절인 2006년에 처음 도입돼 2012년까지 시행됐습니다. 그러나 가뜩이나 글로벌 금융위기로 세계경제가 어려운데 이 정책으로 국내 부동산 시장이 더욱 침체된다는 반발이 나오면서 결국 2013년부터 2017년까지 이 제도가 실시되지 않고 유예됐죠. 그 후 2018년 1월 1일에 다시 부활한 것입니다.

자본주의 시장체제에서 부동산 등 재테크를 통해 이익을 추구하는 행위가 불법은 아닌데, 정부가 이처럼 개인의 이익을 가져하는 그 배경은 무엇일까요? 이 제도의 기본 취지는 재건축 난립과 증가에 따른 부동산 투기를 막고, 토지를 효율적으로 이용하도록 하는 것입니다.

그러나 재건축 개발이익환수제가 자본주의 체제에 과연 걸맞은 정책인지에 대한 우려의 목소리도 큽니다. 일각에서는 재건축 개발이익환수제가 한동안 관(棺) 속에 있던 '토지공개념'의 부활을 뜻하는 것 아니냐는 지적도 나오기 때문이지요.

토지공개념은 토지에 대한 개인 소유권은 인정하지만 토지 이용은 공공복리에 적합하도록 하자는 것입니다. 다시 말하면 토지시장이 제대로 작동하지 못하면 정부가 토지시장에 개입할 수 있다는 얘기지요.

그런데 토지공개념은 국민 재산권을 침해한다는 비판을 받고 있습니다. 우선 시장에서 투자와 투기가 마치 두부 자르듯 명확하게 구분되지 않는 경우가 많기 때문입니다. 일부 전문가들은 저금리 기조로 시중에 무려 1,100조 원에 달하는 여유자금이 떠돌고 있는 상황에서 아파트 공급이 주택 수요를 따라주지 못해 서울 집값이 오르고 있다고 지적합니다.

시장이 스스로 조절을 하는 이른바 '자율 조정 기능'을 갖고 있다는 점을 잊은 채 토지공개념 등과 같은 이념에 매몰돼 시장에 개입하면 역풍이 분다는 것은 이미 과거의 역사에서도 확인된 바가 있습니다. 이에 따라 일각에서는 정부가 개인 재산권 범주에 속하는 사유부동산의 사용과 처분에 강력한 규제를 도입하면 시장경제 근간이 무너질 것이란 우려도 나오고 있죠. 신중한 접근이 필요합니다.

115

대한민국은 대기업 천국?
규모의 경제

대만은 대표적인 중소기업 강국입니다. 전체 기업 중 약 97%가 직원 수 200명 이하의 중소기업이며, 이 중소기업들은 전체 산업에서 막강한 영향력을 발휘하고 있습니다. 그런 대만 재계가 가장 벤치마킹하고 싶어 하고 부러워하는 나라는 어디일까요? 바로 우리나라입니다.

대만은 중소기업으로 해외시장 개척에 나섰지만 우리나라의 삼성그룹, 현대그룹, LG, SK와 같은 대기업은 만들어내지 못했습니다. 이 때문에 우리나라를 대표하는 이들 기업이 전 세계 시장을 파고들며 '메이드 인 코리아'의 위상을 떨칠 때 대만정부는 우리나라처럼 대기업을 육성하지 못한 것을 가슴 아파했다고 합니다.

이 때문일까요? IT·반도체 분야에 대한 대만정부의 아낌없는 투자와 지원 덕분에 대만 기업 에이서, HTC, 아수스, 트렌드마이크로 등은 중소기업으로 출발했지만 이제 브랜드 가치만 12억 달러를 넘어서며 글로벌 IT 대기업으로 성장했습니다.

한편 대기업 위주의 성장전략을 펼쳐온 우리나라의 상황은 어떨까요? 공정거래 위원회(공정위)는 2016년 10월부터 대기업 자산 기준을 5조 원에서 10조 원으로 상향했는데, 그 배경은 '경제 여건 변화' 때문입니다. 2008년 이후 8년간 우리나라 경제규모와 기업의 자산규모가 커지면서 대기업 지정 기준을 높일 필요성이 생긴 것이죠. 이 기준을 적용해 자산 규모가 10조 원을 넘어선 대기업은 2024년 1월 기준 56개 업체입니다.

한편, 대기업에 혜택을 주는 정책 대신 다양한 중소기업 육성을 위해 정부가 힘써야 한다는 시각도 있습니다. 하지만 지금 같은 글로벌 시대에는 외국기업에 맞설 수 있는 대기업의 필요성도 인정해야 합니다. 특히 우리나라처럼 반도체, 자동차, 철강, 가전제품 등 대규모투자를 필요로 하는 규모의 경제 산업이 주요 수출품목인 경우 기업은 그에 걸맞은 규모를 갖춰야만 하지요.

세계적인 석학 피터 드러커는 전 세계적으로 대기업이 없는 나라는 없다고 했습니다. 이웃나라 일본은 우리나라와 비교도 안 될 정도로 대기업이 많고, 우리나라의 경제발전을 그대로 답습하고 있는 중국도 대기업이 무려 1,000여 개나 됩니다.

영국 식민지에서 지금은 중국으로 편입된 인구 700만 명의 홍콩도 대기업이 주종을 이루고 있습니다. 중국의 세계적인 갑부 리카싱이 설립한 홍콩 최대그룹인 청쿵그룹은 허치슨왐포아, 청쿵실업, 홍콩텔레콤 등 400개 이상의 계열사를 거느리고 있으며, 52개국에 종업원이 27만 명이나 되는 거대그룹입니다. 21세기 경제대국으로 부상하고 있는 인도 역시 대기업 타타그룹이 중심에 있습니다. 타타그룹은 2024년 1월 기준으로 102만 8,000명의 직원과 정보기술(IT), 소비재, 제조, 항공우주 등 15개 사업 부문에서 100개가 넘는 계열사를 거느린 인도 최대 기업입니다. 2023년 말 기준 연간 매출은 1,500억 달러(약 201조 9,000억 원)에 이릅니다.

한 국가의 경제력이 대기업에만 몰리는 집중 현상이 우려되는 것도 사실이지만, 대기업이 1개 생기면 전후방산업 연관효과(31장 참고)로 많은 산업이 생기게 마련입니다. 이는 세계적 경제발전론자인 앨버트 허쉬만이 주장한 '불균형성장론'이 잘 말해줍니다. 불균형성장론은 일부 주요 산업에 대기업을 만들어서 그 뒤를 이어 여러 산업에 걸쳐 많은 중소기업이 저절로 일어날 수 있도록 하자는 이론입니다.

이는 대기업의 부를 늘리면 중소기업에도 골고루 혜택이 돌아간다는 트리클다운 이론(13장 참고)과 비슷합니다. 하지만 대기업이 부를 분배하지 않고 쌓아두기만 하면서 고용의 확대 혹은 한국경제 성장에 도움이 되지 않아 문제가 되고 있지요. 또 사업을 문어발식으로 확장해 골목상권을 위협하는 대기업의 행동은 사람들의 질타를 받기도 합니다.

'대기업은 무조건 나쁘다' 혹은 '대기업이 아니면 안 된다'는 인식은 바뀌어야 합니다. 정부와 국민은 대기업이 세계적인 경쟁력을 갖출 수 있도록 지원해야 하고, 대기업 역시 중소기업과 윈-윈(Win-win)할 수 있는 올바른 기업정신을 가져야 할 것입니다.

116

삼성의 실적 발표가 궁금하다
어닝쇼크

우리나라 주식시장에서 삼성전자가 사업보고서를 발표하는 시기는 무척 중요합니다. 금융관계자는 물론 정치, 사회, 일반 국민까지 삼성전자의 실적 발표에 귀를 쫑긋 세우죠. 발표가 난 후 경제기사를 살펴보면 '삼성 실적 발표 어닝쇼크', '어닝서프라이즈'라는 단어를 종종 볼 수 있습니다. 이게 무슨 뜻일까요?

주식시장에 상장된 기업은 보고서를 통해 정기적으로 기업실적을 발표해야 합니다. 그중 사업보고서는 기업의 재무 상황, 경영실적 등을 담아 일명 '기업 성적표'라고 불립니다. 기업실적을 담은 기업 성적표를 일반 투자자들에게 공개해 합리적인 투자활동이 이뤄지도록 하고, 투명한 정보로 투자자를 보호하는 것이 이 사업보고서의 목적이지요. 그래서 상장사가 기한 내에 금융감독위원회와 증권거래소에 이를 제출하지 않으면 주식시장에서 퇴출당할 수도 있습니다.

사업보고서에서 기업의 영업이익(Operating Profit)과 순이익(Net Profit)을 '어닝(Earning)'이라고 합니다. 어닝의 사전적인 뜻은 '소득', '수입'이지만, 주식시장에서는 '기업의 실적'을 의미합니다. 순이익은 전체 매출액에서 물건을 만드는 데 들어간 총비용을 뺀 것이고, 여기서 원가, 인건비, 세금 등을 뺀 것을 영업이익이라고 합니다. 사실 회사 입장에서는 영업이익이 기업의 경제활동 성과를 나타내기 때문에 매출액보다 중요합니다.

우리나라의 기업들은 주로 연말에 집중적으로 실적을 발표합니다. 그래서 증권가에서는 연말을 어닝시즌(Earning Season)이라고 부릅니다. 어닝쇼크(Earning Shock)는 기업이 보고서를 통해 발표한 실적이 시장의 예상보다 저조한 것을 말합니다. 말 그대로 실적(Earning)이 좋지 않아 충격을 받은(Shock) 것이지요.

그렇다면 반대로 기업실적이 당초 시장에서 예상한 것보다 좋은 경우에는 무엇이라고 할까요? 실적(Earning)이 좋아서 깜짝 놀란다(Surprise)는 뜻으로 어닝서프라이즈(Earning Surprise)라고 하고, 우리말로는 '깜짝실적'이라고 부릅니다.

기업의 이와 같은 실적이 주가에 영향을 미치는 것은 당연하겠지요. 어닝시즌에 실적이 좋으면 기업의 주가가 껑충 뛰고, 실적이 나쁘면 떨어집니다. 마지막으로 기업실적에 자주 등장하는 용어를 정리해봅시다.

- **매출액**: 특정 기업이 일정 기간 동안 판매한 총량
- **(매출)총이익**: 매출액에서 원가를 뺀 것
- **영업이익**: 총이익에서 원가, 인건비, 세금 등을 뺀 것
- **순이익**: 총수익에서 비용을 뺀 것
- **당기순이익**: 일정 기간의 순이익. 경상이익에 특별이익을 더하고 특별손실을 뺀 후 법인세를 뺀 것
- **경상이익**: 영업이익에서 영업외 수익을 더하고 영업외 비용을 뺀 것
- **세전이익(=법인세 차감 전 순이익)**: 경상이익에서 특별이익을 더하고 특별손실을 뺀 것

117

수당, 상여금, 퇴직금을 결정하는
통상임금

최근 재계에서 논란이 된 이슈 가운데 하나가 통상임금(通常賃金)입니다. 이를 두고 대표적인 배터리 제조업체 삼성SDI 노사는 오랜 기간 동안 씨름을 벌여왔죠. 계속된 분쟁 끝에 2013년 12월, 대법원은 상여금도 정기적으로 지급하면 통상임금에 적용시켜야 한다는 판결을 내렸고, 노사는 상여금 600%를 통상임금에 적용하는 데 합의했습니다.

이후 삼성SDI 천안사업장 노사협의회는 판결에 따라 통상임금 적용에 따른 임금 소급분을 사측에 요구했습니다. 그러나 사측이 이를 거부하자 2016년 8월 다시 소송을 제기했고, 현재 결과를 기다리는 중입니다.

여기서 말하는 통상임금에 대해 알아보기 전에 먼저 임금이 정확히 무엇을 뜻하는지 알아봅시다. 임금은 '회사측이 근로자, 즉 회사원들이 일한 대가에 대해 지급하는 모든 돈과 물건'을 뜻합니다. 이를 흔히 '임금' 또는 '봉급'이라고 부릅니다. 평균임금이라는 것도 있습니다. 근로기준법 제2조에 따르면 "평균임금은 이를 산정해야 할 사유가 발생한 날 이전 3개월 동안 그 근로자에게 지급된 임금의 총액을 그 기간 총일수로 나눈 금액"입니다. 평균임금은 주로 퇴직금을 산정할 때 기준이 됩니다.

그렇다면 임금에 '통상'이 붙는 통상임금은 무엇일까요? 근로기준법 시행령 제6조에서는 "통상임금은 근로자에게 정기적이고 일률적으로 소정(所定, 정한 바) 근로 또는 총근로에 대해 지급하기로 정한 시간급·일급·주급·월급 금액 또는 도급 금액을 말한다"라고 설명하고 있습니다. 대개 월말에 받는 월급명세서를 보면 매달 지급되는 기준급과 직무수당, 업종에 따라 지급되는 위험수당과 기술수당이 통상임금에 해당합니다. 그런데 지금까지는 상여금과 성과급, 가족수당처럼 근무실적이나 개인 사정에 따라 달라지는 임금은 통상임금에 포함되지 않았습니다.

그러나 대법원 판결로 상여금도 정기적으로 지급되면 통상임금으로 인정받게 됐습니다. 성과급도 근무실적에 상관없이 최소 일정액이 보장되면 역시 통상임금입니다. 가족수당도 부양가족 수에 관계없이 모든 근로자에게 지급되면 통상임금입니다. 여름휴가비나 명절상여금 등도 재직자뿐 아니라 퇴직자에게도 근무일수에 비례해 지급되면 통상임금에 들어가게 됐

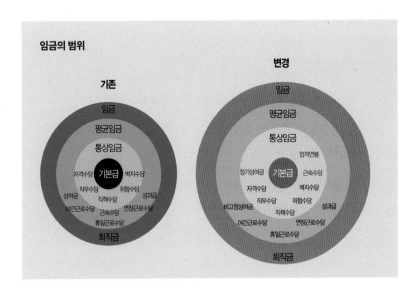

임금의 범위

기존

임금
평균임금
통상임금
자격수당 **기본급** 벽지수당
직무수당 위험수당
상여금 직책수당 성과급
야간근로수당 연장근로수당
근속수당
휴일근로수당
퇴직금

변경

임금
평균임금
통상임금
업적연봉
정기상여금 **기본급** 근속수당
자격수당 벽지수당
직무수당 위험수당
비고정상여금 직책수당 성과급
야간근로수당 연장근로수당
휴일근로수당
퇴직금

습니다. 이처럼 같은 명목의 임금이라도 회사에 따라 통상임금 범위가 넓어질 수도 있고, 그렇지 않을 수도 있습니다.

대법원 판결 이후 재계에는 비상이 걸렸습니다. 회사측의 임금 부담이 커졌기 때문입니다. 통상임금이 늘어나면 이를 기준으로 산정하는 연장근로나 휴일근로수당도 늘어납니다. 평균임금이 높아지면 결국 퇴직금도 많아지죠. 그동안 정기적으로 상여금을 지급해온 기업들은 앞으로 초과근로수당 등을 산정할 때 상여금을 포함한 통상임금을 바탕으로 계산해야 합니다.

한국경영자총협회(KEF)는 이로 인한 기업의 추가부담금이 38조 5,500억 원에 이를 것이라고 주장합니다. 이에 따라 일부 기업이 인건비 부담을 줄이기 위해 구조조정 등을 할 수도 있다는 우려가 흘러나오고 있죠. 이와 같은 상황을 우려해 대법원도 '신의성실의 원칙(Principle of Good Faith)'에 따라 회사 경영이 어려워질 정도의 금액이라면 근로자가 소송을 제기할 수 없다고 선을 그었습니다. 신의성실의 원칙은 권리를 남용해 상대방에게 심각한 손해를 끼쳐서는 안 된다는 뜻입니다. 즉, 과거에 통상임금 기준이 잘못돼 받지 못한 임금을 소급해서 청구할 수는 있지만, 그것이 기업에 심각한 경영난을 초래할 경우는 예외로 한다는 것이지요.

통상임금 범위가 확대된 것에 대해 노동계는 당연한 결과라며 환영하고 있습니다. 장기적으로 보면 통상임금 확대는 노동권 보호를 위해 꼭 필요한 일입니다. 하지만 갑작스러운 확대가 기업의 경영악화로 이어지지 않도록 점진적인 접근이 필요합니다.

숨어 있는 세금이 국가재정을 좀먹는다
지하경제

지하경제(Underground Economy)란, 신고되거나 공개되지 않은 경제활동을 말합니다. 지하경제 자금은 사채, 마약, 밀수, 매춘, 뇌물, 장물거래, 화이트칼라 범죄, 현금거래를 통한 미신고소득 등 다양한 활동으로 이뤄집니다. 그러나 정부는 이들의 거래내용을 알 수 없어 세금을 부과하지 못하고, 이는 결국 세수 부족으로 이어져 국가의 재정을 좀먹게 됩니다.

유럽국가들 중 심각한 재정위기를 겪는 4개의 나라를 일컫는 PIGS(포르투갈, 이탈리아, 그리스, 스페인)의 경우도 방만한 복지정책, 유로존의 태생적 한계와 함께 경제위기의 한 원인으로 지하경제를 꼽고 있습니다. 경제협력개발기구(OECD) 국가들의 GDP 대비 지하경제 규모는 스페인과 포르투갈이 19%, 그리스가 25%, 이탈리아가 26.7%로 추정된다고 합니다. 미국(9.1%), 프랑스(11.8%)와 비교하면 어마어마한 규모입니다.

그렇다면 최근 지하경제 양성화를 외치는 목소리가 커진 이유는 무엇일까요? 경제민주화 때문입니다. 경제민주화의 주된 목적은 경제적 소외계층을 줄이고, 빈부격차를 해소하는 데 있습니다. 따라서 정부는 복지지출을 늘릴 수밖에 없고, 이에 따른 세수확대가 필요합니다. 정부가 경제민주화를

위해 복지지출을 늘리면 해마다 약 15조 원가량의 재원이 부족하다는 국가
경영전략연구원의 발표가 있었습니다. 빈부격차를 해소할 재원 마련을 위
해서 부자증세와 지하경제 양성화는 반드시 수반돼야 하는 과제입니다.

2014년 12월 개정된 금융실명제법도 지하경제 양성화의 일환이었습니
다. 차명계좌 금지법을 주요 골자로 한 개정안은 지하로 흡수되는 돈을 막
기 위해 실시됐습니다. 하지만 금융실명제가 정착됐음에도 골드바와 5만
원권 지폐의 수요가 급증하는 등 여전히 상당한 금액이 지하경제로 흘러들
어가고 있습니다.

2018년 2월 국제통화기금(IMF)이 발간한 〈전 세계 지하경제: 지난 20년
간의 교훈〉이라는 조사보고서에 따르면, 한국의 국내총생산 대비 지하경제
규모는 2015년 기준 19.83%입니다. 지난 1991년 GDP 대비 30% 육박하던
우리나라 지하경제 규모가 24년 만에 10%포인트 가까이 떨어진 셈이지요.
이와 같은 수치는 국제통화기금의 경제학자와 교수들이 연합해 1991년부터
2015년까지 전 세계 158개국 연도별 지하경제 규모를 추산한 결과입니다.

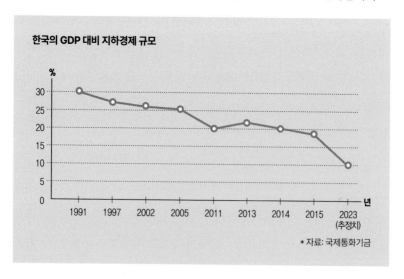

한국의 GDP 대비 지하경제 규모

* 자료: 국제통화기금

이 연구에서 눈에 띄는 대목은 전 세계 158개국의 GDP 대비 지하경제 규모는 1991년 평균 34.51%에서 2015년 27.78%로 축소했는데, 우리나라의 지하경제 축소 속도는 전 세계 평균보다 빠르게 진행되고 있는 것입니다.

하지만 이는 진행 속도의 차이일 뿐, 우리나라의 GDP 대비 지하경제 규모는 여전히 큽니다. 규모가 가장 작은 나라는 스위스(6.94%)이며 미국(7%), 독일(7.75%), 네덜란드(7.83%), 호주(8.10%), 일본(8.19%), 영국(8.32%), 뉴질랜드(8.97%), 오스트리아(9.01%), 싱가포르(9.2%), 캐나다(9.42%), 아일랜드(9.58%) 순입니다. 한국의 지하경제 규모(19.83%)는 위에 언급한 주요 선진국에 비해 큰 편이며, 심지어 베트남(14.78%), 중국(12.11%) 등도 우리나라보다 작아 충격을 줬습니다.

다행스러운 점은 한국의 GDP 대비 지하경제 규모가 갈수록 줄어들어 2023년 12월 기준으로 최소 10%까지 내려갔을 것이라는 밝은 전망도 나옵니다. 이는 2023년 12월 기준 한국 GDP가 약 2,000조 원이며 지하경제가 GDP 대비 10%(200조 원)까지 줄어들었을 것이라는 분석에 따른 것입니다.

세금 폭탄 피하기 위한 기업의 꼼수
조세피난처

2014년 10월, 독일 베를린에서는 세금과 관련된 획기적인 사건이 있었습니다. 독일, 영국, 프랑스, 이탈리아 등 51개국 재무장관들이 한자리에 모여 국가들 간에 조세와 관련된 정보를 서로 교환한다는 협정문에 서명한 것이죠. 이번 합의 내용을 분석해보면 협정에 서명한 51개국이 이른바 역외탈세(域外脫稅)를 추적하기 위해 손을 잡은 것으로 풀이됩니다.

역외(域外)는 경제학에서 '외국' 또는 '타국'을 지칭합니다. 탈세(脫稅)는 납세자가 세금의 전부 혹은 일부를 내지 않는 것을 말하고요. 결국 역외탈세는 납세자가 세금을 내지 않기 위해 마치 다른 나라에 사는 것처럼 위장하는 것을 뜻합니다.

이처럼 역외탈세를 위해 외국인으로 둔갑한 한국인을 흔히 '검은 머리 외국인'이라고 부릅니다. 한국에 사는 이상 당연히 소득을 올린 데 따른 세금을 내야 합니다. 그런데 이것을 피하려고 일반 개인이나 기업이 마치 한국이 아닌 해외에서 살며 그곳에서 사업을 하는 것처럼 위장하는 것이지요.

역외탈세의 대표적인 방법은 조세피난처(Tax Haven)를 찾아 그곳에 페이퍼컴퍼니(Paper Company)를 세우고, 이를 활용해 세금을 내지 않는 것입니다.

조세피난처는 개인이나 기업이 번 소득의 일부 혹은 전부에 대해 세금을 내지 않는 국가나 지역을 말하고, 페이퍼컴퍼니는 서류상으로만 존재하는 가공의 회사를 말합니다.

조세피난처는 전 세계에 걸쳐 흩어져 있는데, 대표적으로 영국령 버진아일랜드, 북아메리카 카리브해에 있는 바하마, 버뮤다, 케이맨제도, 말레이시아의 라부안, 키프로스, 스위스 등이 있습니다.

조세피난처의 특징은 각종 세제혜택이 주어지는 것은 물론, 규제가 거의 없어 경영을 하는 데 불편함이 없다는 것입니다. 특히 모든 금융거래의 익명성이 철저하게 보장되기 때문에 탈세와 불법활동에 쓰이는 자금을 합법적인 것처럼 바꾸는 '돈세탁' 자금거래의 온상이 돼왔습니다.

그러나 조세피난처가 일부 탈세자들에게 도피의 수단으로 여겨지던 시대도 이제는 끝날 전망입니다. 대표적인 조세피난처인 아일랜드가 지난 18년간 유지해온 최저 수준의 법인세율을 올리기로 했기 때문입니다. 아일랜드는 법인세율 12.5%를 2023년부터 15%로 올리기로 하는 글로벌 법인세 합의안에 2021년 10월 서명했습니다. 자국기업의 해외 이전을 우려한 미국이 아일랜드에게 글로벌 최저 법인세율 15%를 도입하라며 압박한 결과이지요.

글로벌 최저 법인세율의 전체 그림은 이른바 '선진국 클럽'이라 불리는 경제협력개발기구(OECD)가 만들었습니다. OECD 분석 자료에 따르면 전 세계가 법인세율을 15%로 올리면 한 해 1500억 달러(약 180조 원)의 새로운 세금 수익이 확보되는 것으로 알려졌습니다.

120

뒷문으로 주식시장 들어가는
우회상장

뒷문(Back Door)이라는 말을 들으면 '떳떳하지 못한, 부정한, 은밀한' 등의 이미지가 연상됩니다. 그런데 경제에도 'Back Door'를 활용한 표현이 있습니다. 바로 우회상장(Back-door Listing)입니다.

상장(56장 참고)은 특정주식에 대해 거래소 시장에서 사고팔 수 있도록 증권거래소가 자격을 주는 것을 말합니다. 이를 위해서는 당연히 자격이 되는지 검사를 받아야 하는데 기업공개, 공모주 청약, 신주 발행 등 복잡한 과정이 이에 포함됩니다.

그런데 증권시장에 상장하지 않은 비(非)상장기업이 이런 복잡한 절차를 밟지 않고 우회적인 방법으로 상장하는 것이 바로 우회상장입니다. 우회상장의 대표적인 방법은 비상장기업과 상장기업이 합병하는 것입니다.

우회상장은 SPAC(스팩, 71장 참고)과 유사한데요. 우회상장은 합병하는 두 기업이 실제로 존재하지만, 스팩은 실제 형태가 없고 상장만을 위해 존재하는 페이퍼컴퍼니와 비상장 기업의 합병이라는 점에서 다릅니다.

원래 우회상장은 상장에 필요한 자격요건이 조금 부족하지만, 성장가능성이 높고 재무적으로 우량한 비상장기업에게 증권거래소에서 자금을 조

달할 수 있는 기회를 주기 위해 도입됐습니다. 상장에 필요한 복잡한 절차를 피해 빠른 시일 내에 상장하고 싶은 비상장기업이 대주주 지분율이 낮고 경영난에 빠진 부실한 상장기업과 인수합병(M&A)하는 등의 방식으로 우회상장을 하는 거죠.

우회상장의 대표적인 사례로는 2014년 5월에 발표된 국내 2위 인터넷 포털 다음커뮤니케이션과 국내 1위 모바일메신저업체 카카오의 합병을 들 수 있습니다. 비상장업체인 카카오는 상장업체인 다음과의 합병을 통해 주식시장에 입성할 수 있었죠.

이 합병은 형식상으로는 상장기업 다음이 비상장법인 카카오를 흡수하는 방식이었습니다. 하지만 내용을 살펴보면 카카오의 김범수 이사회 의장이 다음카카오 1대 주주이고, 합병비율 역시 다음이 1, 카카오가 1.6으로 카카오 쪽에 더 무게가 실려 있습니다. 다음보다 신생기업 카카오의 경쟁력이 더 크다는 것을 증명하는 사실이지요.

카카오는 기업공개(IPO, 43장 참고)를 통한 상장보다 다음과 합병해 우회상장하는 것이 기업가치를 더 끌어올릴 수 있는 전략이라고 여겼습니다. 이를 뒷받침하듯 합병 직후 카카오는 시가총액이 8조 원을 넘어서며 코스닥 1위 업체로 올라섰습니다. 이 둘의 합병이 어떤 시너지효과를 가져올지 앞으로 더 지켜봐야겠습니다.

카카오의 로고 변천사

121

땅콩 회항이 시사하는
오너와 전문경영인

기업경영은 오너(Owner, 소유주)가 하는 것이 좋을까요, 아니면 전문경영인에게 맡기는 것이 좋을까요? 두 경영체제 모두 장점을 갖고 있습니다. 중소기업의 경우 대부분 오너 경영 체제인데, 회사규모가 작다 보니 굳이 전문경영인을 따로 둘 필요가 없기 때문입니다. 특히 오너가 회사지분을 100% 갖고 있는 경우에는 오너가 직접 회사를 운영하는 것이 당연합니다.

대기업은 중소기업처럼 오너 경영을 하는 경우도 있지만, 아예 전문경영인에게 맡기기도 합니다. 특히 IMF 외환위기를 겪으면서 우리나라에서는 능력이 부족한 오너가 운영하는 이른바 황제 경영이 사라지고 전문가에게 경영을 맡기는 기업문화가 조성됐습니다.

2018년 발표된 논문 〈오너 CEO 기업과 비오너 CEO 기업과의 경영실적 비교분석〉에서 1,986개 업체의 재무제표 3년치를 분석한 결과, 전문경영인이 최고경영자(CEO)를 맡은 기업이 오너가 경영하는 기업보다 경영 효율성이 높다는 결과가 나왔죠.

하지만 현실에서는 전문경영인도 결국은 오너에게 고용된 사람으로 오너의 눈치를 살필 수밖에 없지요. 이 때문에 주주이익 극대화보다 시장이나 조직확대 등에 더 관심을 보이는 경향이 있습니다.

그런데 전문경영인이 주주의 이익을 극대화한다는 믿음을 심어주지 못하면 결국 주주들은 전문경영인을 믿지 못하게 됩니다. 이처럼 주주와 전문경영인 간의 신뢰 부족을 흔히 '주인-대리인 문제(53장 참고)' 라고 부르며 전문경영인 체제의 근본적인 문제점이 되고 있습니다.

또한 전문경영인은 임기가 정해져 있기 때문에 임기 내에 큰 성과를 거두려고 합니다. 그래서 단기적 성과에만 집착하는 경향이 있죠. 또 오너 경영체제에서처럼 과감하게 장기투자를 하지 못하는 문제점이 있습니다.

현재 우리나라 기업은 대다수가 '오너 + 전문경영인 체제'를 유지하고 있습니다. 바야흐로 한 기업에 대표이사가 여러 명 있는 복수 최고경영자(CEO) 시대입니다. 기업이 커지면 총수나 CEO 한 사람이 사업을 모두 관장하기 어렵다는 현실적인 문제가 있지요. 사업을 확장할 때마다 해당 분야의 전문경영인을 잇달아 영입하는 것도 이러한 이유 때문입니다.

하지만 최근 오너 일가와 전문경영인의 연봉 격차가 2배 이상 벌어지면서 오너 + 전문경영인 체제에 금이 가고 있습니다. 오너 일가에 집중된 권력도 문제입니다. 일명 '땅콩 회항' 사건이 대표적인 예죠. 일반 직원을 대상으로 오너 일가가 무차별적인 권력을 행사한 이 사건은 사회에 큰 파장을 불러일으켰습니다. 이러한 예에서 보듯 임원 간 보수 격차와 오너 일가의 권력 행사는 경영성과에 불이익을 가져오고, 결국 오너 + 전문경영인 체제를 무너뜨리고 있습니다.

기업과 국가의 성적표
신용등급

신용등급은 쉽게 표현하면 돈을 빌리는 기업이나 국가의 성적표라고 할
수 있습니다. 기업이 회사채를 발행하려면 신용평가회사로부터 신용등급을
받아야 하고, 국가가 국제 금융시장에서 돈을 조달하려면 국제적으로 공신
력 있는 신용평가회사로부터 국가신용등급을 받아야 합니다.

회사채(Corporate Bond) 혹은 사채(社債)는 주식회사가 자금을 모으기 위해
일반인에게 발행하는 채권입니다. 말하자면 '빚문서'인 셈이지요. 회사채 등
급은 사채를 발행한 기업이 원리금 상환 만기일까지 돈을 제대로 갚을 수
있는지 여부를 따져 그 상환능력에 따라 정해 나이스홀딩스(구 한국신용정보),
나이스평가정보, 한국신용평가정보(한신평), 한국기업평가(한기평) 등 신용평
가기관이 매깁니다.

기업이 장기 회사채를 발행하고 돈을 빌려갔는데 원금을 제때에 갚지
못하면 그 손해는 고스란히 투자자가 떠안을 수밖에 없습니다. 따라서 이러
한 위험을 막기 위해 투자자가 미리 참고할 수 있도록 기업의 신용도를 총
18개 등급으로 차등을 둬 평가하는 것입니다.

18개 등급은 영문 알파벳순으로 매기는데 다음과 같습니다. AAA,

AA+, AA, AA-, A+, A, A-, BBB+, BBB, BBB-, BB+, BB, BB-, B, CCC, CC, C, D입니다. AAA는 원리금 지급능력이 최상급임을 뜻하며, 아래로 내려갈수록 지급능력이 떨어짐을 나타냅니다.

일반적으로 원리금 지급능력은 있지만 경제여건이나 환경에 따라 원리금 지급능력이 떨어질 위험성이 있는 BBB까지를 '투자적격등급'이라고 하고, BB 이하는 '투자부적격등급(투기등급)'이라고 합니다. 참고로 C는 채무이행 가능성이 거의 없는 상태, D는 부도나 화의(和議, 파산 직면) 등으로 이미 채무를 이행할 수 없는 상태를 의미합니다. 이와 같은 신용등급은 이자율에 반영되므로, 신용등급이 낮은 기업일수록 돈을 빌려준 금융기관에 이자를 더 많이 내야 합니다.

국가신용등급도 기업의 신용등급과 비슷합니다. 특정국가가 채무를 갚을 능력과 의사가 얼마나 있는지를 등급으로 매긴 것이 곧 국가신용등급입니다. 그런데 국가신용등급은 국가뿐 아니라 그 국가 내에 있는 개별기업이나 금융기관의 신용등급에도 영향을 미칩니다. 국가신용등급이 나쁜 국가의 기업은 국제 금융시장에서 불리한 조건으로 자금을 조달할 수밖에 없죠.

국가신용등급은 스탠더드앤드푸어스(S&P), 무디스, 피치 등 빅3로 불리는 세계 신용평가회사가 주로 평가합니다. S&P와 무디스는 국가신용등급을 모두 21개, 피치는 24개 등급으로 나눕니다.

S&P와 피치는 AAA에서 BBB-까지, 무디스는 Aaa에서 Baa3까지를 투자적격으로 보고 있습니다. BB+(S&P, 피치)

세계경제

오바마
AA+

이하와 Ba1(무디스) 이하는 투자부적격으로 판단합니다. 외환위기 당시 우리나라의 국가신용등급은 투자부적격등급(BB+ 또는 Ba1 이하)까지 추락했지만, 2022년 기준으로 S&P와 무디스는 AA, 피치는 AA- 로 매겼고 현재까지 유지 중입니다.

미국의 경우 2011년 8월 5일 S&P는 1941년 이후 70년 동안 최고 수준 AAA를 유지하고 있던 미국의 국가신용등급을 한 단계 낮은 AA+로 강등했고, 현재까지 유지 중입니다.

2011년 8월 23일, 또 다른 신용평가회사 무디스는 재정적자 확대와 국가부채 증가를 이유로 일본의 국가신용등급을 Aa2에서 Aa3로 한 단계 끌어내렸습니다. 2014년 12월에는 일본의 국가신용등급을 한 단계 아래인 A1으로 강등했고, 최근까지 유지 중입니다. 이는 일본경제의 붕괴가 생각보다 심각하다는 것을 반증합니다.

유럽의 골칫거리 PIGS(포르투갈, 이탈리아 그리스, 스페인) 중 하나인 스페인도 유럽 재정위기 이후 국가신용등급이 강등되는 수모를 겪었습니다. 당시 S&P는 스페인의 국가신용등급을 AA에서 BBB-로, 무디스는 Aa2에서 Baa3으로, 피치 역시 AA+에서 BBB로 강등했습니다.

한 가지 재미있는 사실은 신용등급 평가기관의 평가가 반드시 정확하지는 않다는 겁니다. 1997년 11월 우리나라가 외환위기를 맞기 직전까지도 이들 빅3는 우리나라를 초우량등급으로 판정했습니다. 그러다 국제통화기금(IMF)에 구제금융을 신청하자 한꺼번에 6단계나 등급을 깎아내렸습니다.

주목해야 할 점은 이들 신용등급 평가기관이 상대적으로 아시아 사정에 어두워 아시아 기업에 대한 평가의 정확성은 낮은 반면, 미국 기업에 대해서는 투기등급에 속하는 업체라도 평가가 후하다는 것입니다.

국가신용등급

투자등급	무디스	S&P	피치
AAA **(Aaa)**	미국, 독일, 캐나다, 호주, 싱가포르 등 포함 12개국	독일, 캐나다, 호주(-), 싱가포르 등 포함 11개국	미국(-), 독일, 호주(-), 싱가포르 등 포함 10개국
AA+ **(Aa1)**	핀란드, 오스트리아	미국, 홍콩, 핀란드, 오스트리아, 뉴질랜드	캐나다, 핀란드, 오스트리아
AA **(Aa2)**	한국, 프랑스, 아부다비, 아랍에미리트	한국, 영국, 벨기에, 프랑스, 아부다비, 대만(+)	프랑스(-), 뉴질랜드(+), 아부다비, 마카오
AA- **(Aa3)**	대만(+), 영국, 체코, 홍콩, 마카오, 벨기에	체코, 아일랜드	한국, 대만, 벨기에(-), 영국(-), 체코, 홍콩, 아랍에미리트
A+ **(A1)**	중국, 일본, 칠레(-), 사우디(-),	일본, 중국	중국, 아일랜드
A(A2)	아일랜드, 폴란드	칠레, 스페인(-)	일본(-), 사우디(-)
A- **(A3)**	말레이시아, 페루	말레이시아(-), 사우디, 폴란드	폴란드, 칠레, 스페인
BBB+ **(Baa1)**	태국, 스페인, 멕시코(-)	페루, 필리핀, 태국	태국, 페루(-), 말레이시아
BBB **(Baa2)**	필리핀, 인도네시아	포르투갈, 인도네시아(-), 멕시코(-), 이탈리아	필리핀, 인도네시아, 포르투갈, 러시아
BBB- **(Baa3)**	이탈리아, 러시아, 포르투갈(+), 인도(-)	인도, 러시아	인도(-), 이탈리아, 멕시코

* 자료: 기획재정부(2021년 5월)

** 국가명 뒤 (-)는 부정적, (+)는 긍정적 전망

문제는 이와 같은 그릇된 판단이 기업은 물론 한 국가의 경제를 망칠 수 있다는 데 있습니다. 국가신용등급은 대한민국에 투자하는 투자자들의 중요 지표가 되며, 신용등급 변화에 따라 자본이 유입될 수도, 유출될 수도 있기 때문이죠.

잘못된 정보로 인해 금융문제가 발생하지 않도록 하려면 기업설명회 등을 통해 외국인 투자자에게 우리나라 기업의 실상을 정확히 알리는 것이 최선의 방법입니다.

떠오르는 신흥시장
이머징마켓

이머징마켓(Emerging Market)은 말 그대로 최근 들어 두각을 드러내는 국가, 즉 '떠오르는 시장' 혹은 '신흥시장'을 뜻합니다. 일반적으로 개발도상국 중 인구가 4,000만 명 이상이고, 고도의 경제성장률을 보이며, 공업화가 급속도로 진행되는 국가를 가리킵니다. 경제발전이나 자본시장 개방으로 고수익을 올릴 수 있어 이머징마켓에는 해외투자 자금이 대거 유입되죠.

우리나라를 비롯해 친디아로 불리는 중국과 인도, 칠레·아르헨티나·브라질·멕시코 등 중남미국가, 체코·폴란드·러시아 등 동유럽국가, 대만·인도네시아·태국·필리핀·말레이시아 등 동남아국가들이 이머징마켓으로 주목받고 있습니다.

최근에는 '넥스트 이머징마켓(차세대 신흥시장)'이라는 말도 등장했는데, 고속 경제성장을 거듭하고 있는 베트남을 비롯해 루마니아, 우크라이나 등이 해당합니다. 참고로, 홍콩과 싱가포르는 이머징마켓이 아니라 선진시장(Developed Markets)으로 분류됩니다.

그럼 이머징마켓에 해당하는 국가들의 소득수준은 어떨까요? 세계은행(World Bank)은 이머징마켓에 속하는 나라들의 1인당 국민총소득(GNI)이 대개 1만 725달러 이하라고 발표했습니다. 하지만 한국과 대만 등 몇몇 국가를 제외하고 이머징마켓에 속한 상당수 국가의 1인당 GNI는 평균 2,000달러 선입니다. 참고로 우리나라의 1인당 GNI는 2024년 1월 기준으로 4만 6,026달러였습니다.

그렇다면 우리나라는 1인당 GNI가 다른 이머징마켓 국가보다 높으므로 이제 이머징마켓이라는 꼬리표를 떼도 되지 않을까요? 한국이 지금껏 일궈낸 경제발전에 대해 미국, 일본, 유럽 등 대다수 교역국가들이 긍정적으로 평가하는 것은 분명한 사실입니다.

그러나 1인당 GNI가 높다고 해서 이머징마켓 간판을 내리는 것은 현재 우리나라 상황에서는 시기상조일 수 있습니다. 복지제도, 시민의식 등 전반적인 수준이 아직 발전단계에 머물러 있기 때문입니다.

또한 외국인 투자자 입장에서는 남북이 대립하고 있는 한반도의 정치적 상황이 긍정적으로 받아들이기 힘든 대목으로 인식되고 있습니다. 남북대치 상황이 한국에 투자하는 것을 주저하게 만드는 불안요인으로 작용하는 것이죠.

결국 한국경제의 불확실성과 군사적 대치 등으로 외국인이 한국의 주가를 실제 가치보다 낮게 평가하는 이른바 '코리아 디스카운트(Korea Discount)' 현상이 사라지지 않고 있는 것이 현실입니다.

따라서 지금으로서는 '하루 빨리 이머징마켓에서 졸업해야 한다'는 조급한 생각보다는 이머징마켓이 상징하는 고도의 경제성장률과 신규사업 기회 제공이라는 이미지를 유지하는 것이 더욱 실속 있는 장사가 될 것입니다. 남북한이 현재의 휴전협정에서 평화협정 체제로 바뀌고, 우리 정치·경제·사회 전반이 선진국 패턴으로 진입하면, 그때는 우리나라도 이머징마켓이 아니라 명실공히 선진시장의 반열에 오르게 될 것입니다.

세계의 시장 분류

선진시장	일본, 홍콩, 싱가포르
신흥시장 **(이머징마켓)**	한국, 중국, 인도, 칠레, 아르헨티나, 브라질, 멕시코, 체코, 폴란드, 러시아, 대만, 인도네시아, 태국, 필리핀, 말레이시아 등
차세대 신흥시장 **(넥스트 이머징마켓)**	베트남, 루마니아, 우크라이나 등

124

많아도 걱정, 적어도 걱정
외환보유고

외환보유고(Foreign Exchange Reserves)는 일정시점에 한 국가가 보유하고 있는 외환채권의 총액입니다. 여기에는 우리가 흔히 알고 있는 달러화를 비롯해 엔화, 마르크화 등과 같은 외환은 물론 금(175장 참고)도 포함됩니다. 외환보유고는 수출입동향에 따라 늘어나거나 줄어드는데, 주로 국제수지 균형을 맞추기 위한 준비금 역할을 합니다. 따라서 너무 적으면 자칫 대외채무를 갚지 못하는 이른바 모라토리엄(18장 참고)을 선언하게 되며, 너무 많으면 환율하락 등의 부작용이 생깁니다.

한국은행이 2024년 2월 6일 발표한 주요국 외환보유고 순위를 살펴보면 중국(3조 2,193억 달러)이 1위를 달리고 있으며 그 뒤로 2위 일본(1조 2,918억 달러), 3위 스위스(8,572억 달러), 4위 인도(6,200억 달러), 5위 러시아(5,854억 달러), 6위 대만(5,695억 달러), 7위 사우디아라비아(4,389억 달러), 8위 홍콩(4,231억 달러),

9위 한국(4,158억 달러), 10위 브라질(3,578억 달러) 순입니다.

우리나라는 IMF 외환위기를 겪은 후, 외환보유고의 중요성을 깨달았습니다. 이후 외환보유고를 지속적으로 늘린 결과, 현재 경제개발협력기구(OECD)가 권고하는 적정 외환보유고 1,000억 달러의 4배가 넘는 금액을 보유 중이죠.

앞서 말했듯이 외환보유고가 많다고 무조건 좋은 것은 아닙니다. 특히 우리나라처럼 외화보유액의 과반수 이상인 66%가 달러에 집중되는 상황은 더 위험합니다. 만약 미국 달러화에 문제가 생긴다면 그 여파로 외환위기에 직면할 수도 있기 때문이죠. 이에 정부는 한국투자공사(KIC)를 설립해 외화를 이용한 해외투자에 박차를 가하고 있습니다.

한편으로는 외환보유고가 많아야 든든하다는 의견도 있습니다. IMF 위

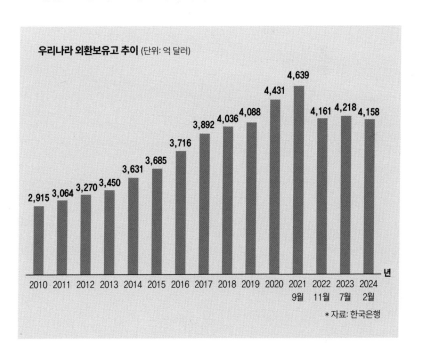

우리나라 외환보유고 추이 (단위: 억 달러)

2,915 3,064 3,270 3,450 3,631 3,685 3,716 3,892 4,036 4,088 4,431 4,639 4,161 4,218 4,158

2010 2011 2012 2013 2014 2015 2016 2017 2018 2019 2020 2021 2022 2023 2024 년
9월 11월 7월 2월

*자료: 한국은행

기 당시 우리나라는 외환보유액이 39억 달러에 불과해서 구제금융을 받아야만 했습니다. 다시는 외환보유고 때문에 IMF에 경제주권을 빼앗기지 않기 위해서라도 3,000억 달러 이상의 든든한 외환보유고는 변수가 많은 우리나라 경제에 꼭 필요하다고 봅니다.

게다가 우리나라는 현재 외환보유고보다 외채가 훨씬 더 많기 때문에 꾸준히 외환보유고 규모를 늘려야 합니다. 우리나라가 갚아야 하는 외채규모는 6,042억 달러에 달합니다. 브렉시트, 미국 기준금리 인상 등의 여파로 제2의 IMF 외환위기가 오지 않을까 하는 우려가 일고 있습니다. 현재 우리나라 곳간에 쌓아둔 돈보다 갚아야 할 빚이 더 많다는 것은 장기적으로 외환보유고를 더 늘리고 외채를 꾸준히 갚아야 할 필요성이 있음을 시사합니다.

125

신제품이 기존 제품을 잡아먹는
카니벌라이제이션

여기 A기업이 있습니다. 이 업체는 늘 꾸준히 사랑받는 효자제품 B를 판매하고 있습니다. 그런데 A기업이 B와 유사한 C, 혹은 성능이 조금 개선된 D를 내놓으면 어떨까요? 소비자는 효자제품인 B를 계속 구입할 가능성이 크지만 C 혹은 D제품으로 눈을 돌릴 수도 있습니다. 판매가 줄지 않으면 다행입니다. 그런데 B제품의 판매가 줄어들면 A업체의 입장에서는 고민을 할 수밖에 없죠. 차라리 B만 시장에 내놓고 C나 D에는 눈길을 주지 말아야 했다는 후회의 목소리가 나올 수도 있습니다.

이처럼 기업이 새로 내놓은 제품이 기존 인기제품 판매에 악영향을 미치는 현상을 카니벌라이제이션(Cannibalization)이라고 합니다.

카니벌라이제이션은 원래 동족(同族)끼리 서로 잡아먹는다는 뜻인 카니벌리즘(Cannibalism)에서 비롯된 표현입니다. 같은 종족끼리 서로 죽이고 잡아먹는 야만적 행위라는 얘기죠.

카니벌라이제이션은 기업의 입장에서 볼 때 제살 깎아 먹기나 마찬가지입니다. 이에 카니벌라이제이션을 흔히 '자기시장잠식(自己市場蠶食)' 혹은 줄여서 '자기잠식(自己蠶食)'이라고 부릅니다. 새로 내놓은 제품으로 기존 제품 판매가 줄고 이에 따른 수익이나 시장점유율이 타격을 받기 때문이죠. 말 그대로 자기시장을 잡아먹는, 어떻게 보면 자살행위나 마찬가지입니다.

카니벌라이제이션의 대표적인 예는 애플에서 찾아볼 수 있습니다. 스마트폰 제조업체로 유명한 애플은 2010년 태블릿 PC인 '아이패드(iPad)'를 시장에 내놓았습니다. 태블릿 PC의 크기는 스마트폰과 넷북의 중간 정도입니다. 이 태블릿 PC는 크기가 작고 가벼워서 언제 어디서나 인터넷에 접속할 수 있죠.

아이패드의 등장은 소비자들에게 희소식이었지만 애플이 판매 중인 매킨토시(Macintosh)에게는 청천벽력과 같은 소식이었습니다. 그동안 'PC의 자존심'을 지켜온 매킨토시가 휴대용 PC인 아이패드의 편리성과 휴대성을 이길 수 없었기 때문이죠.

아이패드

1984년에 처음 시장에 등장해 PC 사용자들의 사랑을 받은 매킨토시는 아이패드에 밀려 이제는 역사 속으로 사라진 브랜드가 됐습니다. 매킨토시는 카니벌라이제이션의 대표적인 사례임에 틀림없습니다.

카니벌라이제이션은 그뿐만 아닙니다. 오리지널 콜라 제품 판매에 주력해온 코카콜라가 다이어트콜라를 새로 내놓은 데 이어 이와 유사한 제품을 계속 시판하면 결국 오리지널 제품의 판매량은 크게 줄어들 수밖에 없습니다.

이처럼 카니벌라이제이션은 기존 업체의 효자제품에게는 위협을 주는 골칫거리임에 틀림없습니다. 그렇다면 기업이 효자상품에 타격을 주면서 이와 유사한 제품을 잇달아 내놓은 이유는 무엇일까요?

첫째, 기술 발전을 꼽을 수 있습니다. 기존 효자제품이 인기를 얻고 있지만 첨단기술이 속속 등장하면 효자제품도 기술 진보에 발을 맞추지 못하는 퇴물(退物)이 될 수 있죠. 앞의 매킨토시가 그 대표적인 예입니다. 애플이 매킨토시 제품 개발에 아무리 심혈을 기울여도 어디에서나 손쉽게 컴퓨터 작업을 할 수 있는 휴대용 PC의 장점을 앞지를 수는 없지요.

둘째, 시장세분화(市場細分化, Market Segmentation)를 꼽을 수 있습니다. 시장세분화란, 시장을 수요층에 따라 나눠 각 수요층에 걸맞은 마케팅 전략을 펼치는 것을 말합니다. 소비자의 수요는 십인십색(十人十色)입니다. 제품에 대한 희망 가격대, 제품 사양, 제품 크기 등 취향이 소비자마다 다르기 때문입니다. 이에 따라 인기 제품 한두 가지로는 소비자의 다양한 수요를 충족시킬 수 없습니다. 이 때문에 기존 인기제품과 경쟁국면을 맞을 위험이 있지만, 제품 성능과 디자인, 크기 등을 다양화해 시장에 제품을 내놓는 것입니다.

이러한 전략을 흔히 '마케팅 믹스(Marketing Mix)'라고 부릅니다. 앞서 설명한 것처럼 특정 인기제품만으로는 기존 고객을 계속 확보할 수 없고, 모든 잠재고객의 다양한 욕구를 충족시킬 수 없기 때문입니다.

이와 함께 경쟁업체가 최신 기술과 소비자 수요를 반영한 신제품으로 시장을 공략할 경우나 기존 효자제품에만 의존할 경우, 이미 확보한 시장마저 빼앗길 수 있습니다.

어떻게 보면 제조업체 입장에서도 크게 손해를 보는 장사가 아닐 수도 있습니다. A기업의 입장에서는 모든 소비자가 B제품을 구입할 가능성이 희박한 상황에서 B제품의 경쟁력을 바탕으로 성능을 개선하고 소비자 취향을 반영해 가격대를 다양하게 책정한 제품을 내놓게 됩니다. 이러한 시장 세분화 전략은 결국 효자제품 매출액이 비교가 되지 않을 정도로 매출실적을 올릴 수 있게 되지요.

결국 카니벌라이제이션은 기업이 기존 제품에만 안주하지 않고 새로운 시장을 찾아 공략할 수 있는 마케팅 전략입니다. 물론 이에 따른 손실이 예상되지만, 이제는 싫어도 어쩔 수 없이 관심을 갖고 사업 역량을 강화해야 하는 필요악(必要惡)이 됐습니다.

죽은 것도 산 것도 아닌
좀비기업

시체가 되살아나 사람을 공격하는 좀비(Zombie)는 영화의 단골 소재입니다. 〈부산행〉, 〈월드워Z〉 등 영화에서 좀비들은 퀭한 눈으로 의식 없이 사람을 공격합니다.

그렇다면 좀비기업(Zombie Company)은 무엇일까요? 회사가 회생할 가능성이 없는데 정부나 채권단, 즉 은행으로부터 재정 지원을 받아 파산만 간신히 모면하고 있는 기업을 뜻합니다.

기업의 기본은 영업활동을 하면서 돈을 벌어 이윤을 창출하는 것입니다. 그런데 좀비기업은 정부나 채권단 도움을 받아 간신히 회사를 운영해 목숨만 연명하는 기업을 말합니다.

그렇다면 좀비기업이라는 용어는 어디에서 나온 것일까요? 이에 대한 설(說)은 다양하지만, 대부분 1990년대 일본을 배경으로 지목하고 있습니다. 일본에서는 좀비기업을 국가경제를 망친 대표적인 사례로 꼽히고 있기 때문입니다.

일본은 1980년대 말 주식 가격과 부동산 가격이 실제 가치보다 폭등했습니다. 그런데 일본은 1990년대 주가와 부동산 가격의 거품이 빠지는 이른바 '거품경제(Bubble Economy)' 붕괴로 경제가 침체국면을 맞게 됩니다.

주식과 부동산 가격 급락으로 수많은 기업과 은행이 문을 닫았으며, 이로 인해 일본은 10년 넘게 경제성장률이 0%대에 머물렀습니다. 이 시기를 흔히 '잃어버린 10년(Lost Decade)'이라고 부릅니다.

버블이 붕괴되자 일본 정부는 좀비기업을 정리해야만 했습니다. 그런데 이마저도 쉽지 않았습니다. 그 이유는 좀비기업을 한꺼번에 정리하면 소속 기업 종사자의 대규모 실직 등 경제적 충격이 크다는 이유로 일본 정부와 채권단이 주저했기 때문입니다. 그래서 일본 정부와 채권단은 이들 좀비기업에 각종 금융지원을 해줬습니다.

애초에 좀비기업이 경쟁력이 있었다면 남들에게 손가락질 받는 업체가 됐을까요? 좀비기업은 당연히 경쟁력이 없었습니다. 그래서 이들 좀비기업을 지원한 은행자금은 고스란히 부실채권(不實債券, Insolvent Obligation)으로 돌아왔습니다. 부실채권은 은행 등 금융기관이 빌려준 대출금 가운데 회수가 불확실한 돈을 말합니다. 쉽게 말해 은행이 빌려준 대출금 가운데 은행이 되돌려받을 수 없는 돈을 뜻하지요.

은행의 입장에서 부실채권이 늘면 우량기업에 대한 자금 지원을 제대로 할 수 없죠. 그러면 우량기업에 대한 자금이 제대로 돌지 않아 투자가 위축되고 우량기업이 경영난을 겪는 등 악순환을 거듭하게 마련입니다.

이는 남의 일이 아닙니다. 우리나라에도 단 한 푼의 이익도 내지 못하는 좀비기업이 수두룩하기 때문입니다.

국세청 국세통계자료에 따르면 우리나라는 2018년 법인세를 신고한 기업 74만 215곳 가운데 당기순이익이 '0원 이하'라고 신고한 법인은 28만 5,718개입니다. 이는 국세청이 2012년 관련 통계 집계를 시작한 이후 가장 많은 수치이기도 합니다.

그렇다면 당기순이익이 0원이라는 얘기는 무슨 뜻일까요? 쉽게 설명하면 1년 동안 회사를 경영했지만 순이익을 전혀 남기지 못했거나 오히려 손해를 봤다는 뜻입니다.

이와 함께 2018년 1년 동안 낸 이익이 1,000만 원을 넘지 못한 법인도 9만 93개였습니다. 이는 2017년(8만 5,468개)보다 5.4% 늘어난 것입니다. 순이익 0원 이하 법인에 이들까지 합치면 법인 수가 37만 5,811개로 전체 법인세 신고 기업의 50.7%에 달합니다. 이는 전체 절반 이상의 법인이 한 달 평균 100만 원도 안 되는 이익을 냈거나 손실로 인해 허덕였다는 뜻입니다.

이와 관련해 최근 우리나라에서도 한계기업이 결국 시장에서 정리되는 사건이 벌어졌습니다. 중견 조선업체 '성동조선'이 대표적인 예입니다. 지난 8년간 정부로부터 공적자금을 받아온 좀비기업 성동조선이 2018년 3월 결국 법정관리 신세가 됐습니다.

성동조선은 2017년 컨설팅업체 EY한영회계법인이 기업의 가치를 측정하는 조사를 한 결과 청산가치(7,000억 원)가 존속가치(2,000억 원)의 세 배를 넘었습니다. 청산가치란, 현재 시점에서 기업의 영업활동을 중단하고 청산할 경우 회수 가능한 금액의 가치를 말합니다. 이에 비해 '존속가치' 혹은 '계속기업가치'는 현 시점에서 기업이 계속 영업을 할 경우, 회사의 자산을 평가하는 것을 말합니다.

결국 성동조선은 청산하는 게 영업을 계속하는 것보다 더 낫다는 결론이 나온 것입니다. 성동조선은 정부가 좀비기업을 어떻게 처리해야 하는지를 보여준 대표적인 예입니다.

좀비기업을 국민의 혈세로 굳이 계속 살리는 게 경제를 위해 좋은 결론이 아니라는 얘기입니다. 비록 좀비기업을 정리하는 데 따른 고통이 따르겠지만 4차 산업혁명 시대에 걸맞게 혁신을 무기로 한 초(超)혁신사회를 만들어야 합니다.

좀비기업이 '창업-성장-퇴출'로 이어지는 산업 생태계 신진대사를 저해하고, 결국 우리 경제의 활력을 떨어뜨리는 걸림돌이 된다면 이들을 돕기보다는 퇴출시키는 게 더 현명한 결정이라는 얘기입니다.

각자 갈 길 가자!
디커플링

127

디커플링(Decoupling)이라는 말을 들어보셨나요? 이는 동조화(同調化)라는 뜻의 '커플링(Coupling)'과 반대되는 개념입니다. 즉, 한 나라 경제가 인접한 다른 국가나 세계경제 흐름과 따로 노는 경제현상을 가리킵니다.

우리나라에서 동조화라는 말은 보통 우리나라와 미국의 관계를 얘기할 때 주로 사용합니다. 우리나라 경제와 미국 경제가 밀접한 관계에 있다 보니 미국 주가가 떨어지면 한국 주가도 떨어지고, 미국 주가가 오르면 한국 주가도 오르는 현상을 거듭하고 있습니다. 이처럼 미국과 한국이 같은 방향으로 움직이는 것을 동조화, 즉 커플링이라고 합니다. 그런데 미국 주가는 오르는데 한국 주가는 이에 관계없이 오히려 하락세를 보이기도 합니다. 이런 현상을 디커플링이라고 하지요.

그럼 "세계경제가 디커플링 현상에 빠졌다"라는 말은 무슨 뜻일까요? 속된 말로 표현하면, 미국이 재채기를 해도 세계경제가 감기에 걸리지는 않는다는 얘기입니다. 이와 같은 세계경제 디커플링 현상은 최근 수년간 더욱 뚜렷해지고 있습니다.

한 예로 국제 금융시장에서 미국 달러화가 미치는 영향력이 예전 같지 않다는 지적이 나오고 있습니다. 물론 달러화는 여전히 세계 각국 중앙은행이 선호하는 이른바 **기축통화**(基軸通貨, 국가 간의 결제나 금융거래에서 기본이 되는 화폐, 171장 참고)의 자리를 지키고 있지만, 유럽연합(EU)의 유로화와 중국 위안화의 도전이 만만치 않습니다. 세계은행(World Bank)조차 2025년 이전에 달러화의 독주가 끝나고 달러화, 유로화, 위안화의 복수 기축통화 체제가 정착되리라고 전망했죠.

그동안 미국과 아시아 국가들 간의 디커플링 논란은 계속됐습니다. 2009년 당시 미국 경제가 침체 국면을 보이고 있는 동안에도 중국은 2006년 이래 가장 큰 폭의 성장세를 기록했으며, 소비지출 역시 증가세를 보였습니다. 중국 등 이머징마켓(신흥시장, 123장 참고)은 자체적으로 튼튼한 소비시장을 갖고 있고, 서방경제권에 비해 정부가 치밀한 거시경제 정책을 쓰고 있기 때문에 중국과 미국은 디커플링이라는 목소리가 큽니다.

우리나라는 어떨까요? 우리나라의 수출비중은 국내총생산(GDP)의 절반에 달하고, GDP 대비 수입비중 역시 50% 이상을 기록하고 있습니다. 이렇게 수출입이 경제에서 차지하는 비중이 높다 보니, 세계경제 상황에 민감하게 반응하고 악재에 쉽게 흔들릴 수밖에 없습니다. 아시아 국가 대부분이 미국을 상대로 무역흑자를 거두고 있는 상황에서, 대미 수출의존도가 높은 우리나라와 미국 간의 디커플링은 아직 시기상조라고 말할 수 있습니다.

세계 에너지 시장의 패권 다툼
셰일가스와 원유

세계 원유시장을 이끌어가는 3대 원유가 있습니다. 바로 WTI, 브렌트유, 두바이유입니다. WTI는 'West Texas Intermediate'의 약어로 서부 텍사스산 중질유입니다. 말 그대로 미국 서부 텍사스와 오클라호마 일대에서 주로 생산되는 원유로, 국제 원유 가격을 결정하는 기준 역할을 합니다. WTI는 미국 안에서만 판매되며, 품질이 좋아 가격이 가장 비쌉니다.

WTI 외에 영국 북해에서 생산되는 브렌트(Brent)유도 자주 거론됩니다. 브렌트유는 유럽과 아프리카에서 거래되는 원유 가격을 결정하는 기준 원유이기도 합니다.

우리나라 원유 수입량의 80%가량은 두바이(Dubai)유가 차지하고 있습니다. 두바이유는 중동의 아랍에미리트에서 생산되는 원유로, 미국 WTI, 영국 브렌트유와 함께 세계 3대 원유 중 하나입니다. 중동산 원유는 WTI나 브렌트유보다 가격이 싸고, 지리적으로 가까워 운송비도 적게 들죠. 박정희 전 대통령 시절 중동 건설시장에 적극적으로 진출해 중동국가들과 끈끈한 인연을 맺어놓은 것도 중동산 원유 비중이 높은 이유 중 하나입니다.

그런데 현재 세계 에너지산업의 패권을 좌지우지할 에너지혁명이 일어나고 있습니다. 바로 미국 셰일가스(Shale Gas)의 등장입니다. 셰일가스는 천연가스의 일종으로, 지하 3,000미터에 위치한 셰일암석 사이에 있는 에너지입니다. 석유와 석탄보다 품질이 좋고 열효율이 높아 각광받고 있습니다.

셰일가스의 존재는 예전부터 알려져 있었지만, 이를 추출할 기술이 없어서 난항을 겪다가 최근 기술의 발달로 미국이 셰일가스를 본격적으로 추출하기 시작한 것이죠.

세계 원유 생산량은 하루 8,500~8,700만 배럴인 데 비해 셰일가스의 생산량은 하루 200만 배럴입니다. 원유에 비하면 적은 생산량이지만 지금 추세로 계속 성장한다면 셰일가스의 에너지 경쟁력은 앞으로 더욱 높아질 것으로 보입니다.

셰일가스는 미국과 캐나다 그리고 중국에 전 세계 매장량의 70%가 묻혀 있다고 합니다. 그래서 그동안 원유를 앞세워 휘둘렀던 산유국들의 권력이 이제는 미국이나 중국으로 이동하는 것이 아니냐는 전망도 나오고 있죠. 특히 2016년 11월, 중국은 2020년까지 셰일가스 생산량을 300억m³까지 늘리겠다고 발표하면서 셰일가스 생산에 의욕적으로 나서고 있습니다.

셰일가스의 생산력 증가와 석유수출국기구(OPEC)의 석유 감산 조정 실패, 전 세계 경기위축 등으로 WTI 선물 가격은 2021년 10월 18일 배럴당 82.96달러에 거래돼 2014년 115달러에 비해 큰 폭으로 떨어졌습니다. 과거 배럴당 100달러를 호가하던 두바이유도 2024년 3월 셋째 주 배럴당 86.2달러에 머무는 등 국제유가가 100달러 이하에서 맴돌고 있

셰일가스 개발현장

는 상황입니다.

2009년 이후 최저 수준으로 내려간 유가 때문에 산유국들의 국가부도 우려까지 나오고 있습니다. 특히 베네수엘라는 수출의 95%를 석유가 차지하고 있어서 국가재정에 직접적인 영향을 받고 있습니다. 러시아도 재정 수입의 50%, 전체 수출의 70%를 석유와 천연가스 등 에너지산업에 의존하고 있어, 셰일가스의 여파를 정면으로 맞고 있습니다.

셰일가스로 인한 에너지혁명이 전 세계에 미치는 영향은 막대할 것으로 보입니다. 국제 원유와 셰일가스의 가격변화를 통해 세계경제의 흐름을 읽는 눈이 필요합니다.

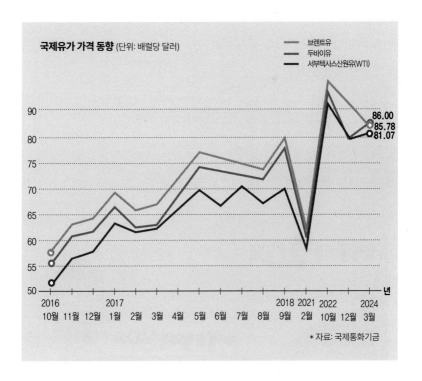

국제유가 가격 동향 (단위: 배럴당 달러)

브렌트유
두바이유
서부텍사스산원유(WTI)

86.00
85.78
81.07

* 자료: 국제통화기금

꼬리가 길면 성공한다
롱테일 전략

롱테일 전략이라는 말을 들어본 적 있으신가요? 롱테일(Long Tail)이란 '긴 꼬리' 혹은 '꼬리가 길어졌다'는 말인데, 도대체 무슨 뜻일까요? 롱테일은 미국의 인터넷비즈니스 잡지 〈와이어드〉의 편집장 크리스 앤더슨이 처음 주창한 개념입니다.

롱테일 전략을 쉽게 풀이하면, 커다란 머리에만 신경 쓸 것이 아니라 소외된 긴 꼬리 부분에도 주목해야 한다는 것입니다. 롱테일 전략은 인터넷서점 아마존에서 1년에 단 몇 권밖에 팔리지 않는 80%에 달하는 흥행성 없는 책들의 매출 합계가 상위 20% 베스트셀러의 매출을 능가하는 의외의 결과

를 낳은 데서 비롯됐습니다.

이는 마케팅의 기본원칙으로 잘 알려진, 20%의 소수 히트상품이 매출액의 80%를 이끌어간다는 파레토의 법칙(24장 참고)과 반대되는 개념이지요. 이 때문에 롱테일 전략을 흔히 '역(逆)파레토 법칙'이라고도 합니다.

저가화장품 시장을 개척한 미샤나 더페이스샵 등이 한국형 롱테일 비즈니스의 사례라고 할 수 있습니다. 미샤와 더페이스샵은 '화장품은 비싸야 팔린다'는 업계의 고정관념에서 과감히 탈피해, 다른 업체

롱테일 전략의 성공사례로 꼽히는 저가 화장품

들이 신경 쓰지 않던 저가화장품 시장을 집중공략해 성공했습니다.

애플 아이튠즈도 롱테일 전략을 잘 활용한 대표적인 예입니다. 아이튠즈는 디지털 노래, 영상 파일을 재생하고 정리하는 데 사용되는 디지털 미디어 플레이어입니다. 아이튠즈가 운영하는 뮤직스토어는 100만 곡 이상을 취급합니다. 이렇게 곡이 많다보니 특정 노래에만 관심이 집중되고 대다수 곡들은 한 번도 재생되지 않을 거라고 여기기 쉽습니다. 그런데 놀라운 것은 아이튠즈 뮤직스토어에 있는 100만 곡이 모두 최소한 한 번 이상의 다운로드 기록이 있다는 것입니다. 최소 한 번이라고 해도 100만 곡이면 이는 어마어마한 매출입니다.

구글 애드센스도 예외가 아닙니다. 애드센스는 이메일에 콘텐츠와 관련된 소액 맞춤형 광고를 붙이는 서비스입니다. 애드센스는 구글에 근무하는 엔지니어 폴 북하이트의 머릿속에서 탄생했습니다. G메일의 창시자이기도

한 북하이트는 G메일에 광고를 붙이자는 생각을 하게 됐습니다. 이메일 콘텐츠와 밀접하게 관련된 광고를 붙이면 사용자가 좋아할 것이라고 여긴 것이지요. '티끌 모아 태산'이라는 속담처럼, 이메일이나 웹페이지 등에 광고를 제공하는 애드센스는 현재 구글 전체 매출의 약 50%를 담당하고 있습니다.

일본 맥주업체 기린(Kirin)도 롱테일 전략을 잘 활용하고 있는 대표적인 기업입니다. 기린맥주는 이른바 '발포(發泡)성 유사 음료'로 불리는 저가 맥주 시장을 집중적으로 공략하고 있습니다. '발포'는 마치 사이다처럼 작은 거품이 나는 것을 말합니다. 따라서 '발포주'는 맥주가 마치 사이다처럼 작은 거품을 내는 것을 말하죠. 또한, 일반적으로 맥아(麥芽)비율이 10% 이상일 때 맥주로 보고, 10% 미만일 경우 기타 주류로 분류합니다.

이처럼 기린은 기존 맥주 시장에 비해 크지 않은 발포주로 일본 주당을 주요 타깃으로 삼았으며 이러한 경영전략은 결국 성공했습니다. 특히 신종 코로나바이러스 감염증(코로나19)에 따른 경기침체 여파로 값싼 제품을 찾는 알뜰 소비자가 늘면서 기린 맥주는 오랫동안 일본 맥주업계 왕좌를 지켜 온 아사히를 밀어내고 일본 맥주시장 1위에 올랐습니다.

마치 거대한 공룡의 상당 부분을 차지하는 긴 꼬리처럼, 수요와 관심이 적은 부분도 잘 공략하면 매출을 늘려주는 효자가 될 수 있습니다.

130

지적재산권의 두 얼굴
특허괴물

최근 국제경제를 뜨겁게 달군 화두는 특허입니다. 2016년 12월 공정거래위원회가 글로벌 모바일 칩 기업 퀄컴(Qualcomm)에 1조 300억 원의 과징금을 부과한 것도 특허를 둘러싼 치열한 싸움 중 하나였지요.

퀄컴은 모바일 IT 기술에 필요한 특허를 가장 많이 보유하고 있는 기업으로 애플, 삼성 등 휴대폰 제조업체로부터 독점적 지위를 갖고 있습니다. 퀄컴은 특허를 강매하면서 한국에서만 연간 약 4~5조 원의 어마어마한 수입을 올리고 있었지요. 하지만 퀄컴의 과도한 독점 행위는 '특허 기업은 과도한 특허 독점을 피해야 한다'라는 프랜드(FRAND) 원칙을 위반한 것이었습니다.

퀄컴은 업계 관행이라며 공정위의 과징금에 불복하고 2017년 2월 소송을 제기했습니다. 이에 대해 법원은 공정위가 1조 원이 넘는 과징금을 부과한 결정이 적법하다며 2019년 12월 4일 공정위의 손을 들어줬습니다.

이처럼 특허에 대한 국제적 관심이 커지면서 개인 또는 기업으로부터 특허기술을 사들여 막대한 로열티 수입을 챙기는 회사가 등장했습니다. 이런 회사를 흔히 특허괴물(Patent Troll)이라고 부릅니다. 일각에서는 특허괴물을 '특허파파라치', '특허해적', '특허사냥꾼'이라고도 부릅니다.

특허괴물이 본격적으로 위력을 발휘한 사건이 있었습니다. 1998년 미국의 무명 정보기술업체 테크서치가 반도체업체 인텔을 상대로 법적소송을 벌였습니다. 테크서치는 인텔 펜티엄프로급 컴퓨터칩이 자신들의 컴퓨터칩 기술을 무단도용한 것이라며 특허침해 소송을 제기했습니다.

당시 테크서치가 요구한 배상액은 특허권 매입가격의 1만 배에 달했습니다. 그때 인텔 측 변호사로 활동한 피터 데킨이 테크서치를 가리켜 특허괴물이라고 비난하면서부터 이 용어가 일반화됐습니다.

그런데 여기서 눈여겨볼 대목이 있습니다. 테크서치는 인터내셔널메타시스템스(IMS)라는 반도체 생산업체로부터 특허권을 사들였지만, 이 특허를 활용해 신제품을 만들거나 활용할 생각이 전혀 없었습니다. 처음부터 특허소송을 목적으로 경영난에 빠진 IMS로부터 기술을 사들였지요. 결국 특허괴물의 주목적은 특허권을 침해한 기업에게 소송을 제기해 막대한 이익을 창출하는 데 있습니다.

특허괴물은 특허권 침해 기업과 특허사용료 협상이 제대로 이뤄지지 않을 경우, 수입금지·판매금지 소송 등을 통해 기업을 압박해 막대한 보상금을 챙깁니다. 특허괴물을 흔히 '특허관리전문회사'라고 부르는 것도 이 때문입니다. 이러한 특허괴물은 주로 미국에 많습니다. 미국 특허법이 특허권자의 권리를 강력하게 보호해주기 때문입니다.

그렇다면 이들 특허괴물의 횡보는 소비자와 정보기술 부문에 어떤 영향을 미칠까요? 사실 특허괴물이 특허를 방어하기 위해 쓰는 비용은 제품 가격 인상이라는 형태로 고스란히 소비자에게 전가됩니다. 또한 일각에서는 특허괴물의 소송 남용이 자칫 기술혁신을 저해할 수 있다는 지적도 제기하고 있습니다.

이처럼 특허괴물의 횡포가 극심해지자, 2014년 5월 세계반도체협회(WSC)는 대만에서 한국을 비롯해 대만·미국·일본·중국·유럽연합(EU) 6개 회원국 협회 대표가 참석한 가운데 회의를 열고, 특허괴물의 무분별한 소송에 공동 대응하자는 내용에 합의했습니다.

우리나라도 특허괴물의 공격에서 안전하지 않습니다. 2023년 우리나라의 국제 특허 출원 건수는 7만 2,277건으로 중국, 미국, 일본에 이어 4번째로 높습니다. 하지만 특허권 보호 수준은 세계 13위에 머물렀습니다.

이런 요인으로 우리나라는 최근 특허괴물의 표적이 되고 있습니다. 조사에 따르면, 2010년부터 2019년 8월까지 약 10년간 미국에 진출한 국내 기업 중 특허침해 소송을 당한 것이 1,648건에 달했습니다. 그나마 다행스러운 대목은 한국지식재산보호원의 〈2023년 해외 특허분쟁 현황〉 보고서에 따르면 2023년 미국에 진출한 한국 기업이 같은 해 특허침해 소송을 당한 건수가 100건 이하로 줄어들었다는 것이지요.

특허괴물의 출현은 지적재산권 보호의 중요성을 반증합니다. 기업마다 지적재산권을 전담하는 부서를 마련해 특허괴물의 공격에 방어하는 전략이 필요합니다.

131

햄버거로 물가수준을 점쳐볼까?
빅맥지수

전 세계에서 가장 많이 팔리는 제품의 가격을 기준으로 각국의 물가수준이나 환율을 비교하면 어떨까요? 세계적으로 품질이나 크기, 재료가 모두 같은 제품이라면 각국 물가를 비교하는 데 좋은 기준이 될 것입니다.

이처럼 각국 물가수준을 파악할 수 있는 대표적인 제품으로 미국 패스트푸드업체 맥도날드의 빅맥을 꼽을 수 있습니다. 빅맥 가격을 기준으로 비교하면 각국의 통화가치나 물가수준이 어느 정도인지 쉽게 알 수 있다는 말이지요. 이를 빅맥지수(Big Mac Index)라고 합니다.

빅맥지수는 영국 경제주간지 〈이코노미스트〉에서 1986년부터 시작한 것으로, 매년 세계 120개국에서 판매되는 맥도날드의 빅맥 햄버거 가격을 달러로 환산해 분기별로 발표합니다. 세계 공통으로 팔리는 빅맥이 어느 나라에서 얼마에 팔리는지를 알면 그 나라의 통화가치와 환율을 파악할 수 있다는 점에 바탕을 둔 것입니다.

쉬운 예를 들어보겠습니다. 우리나라에서는 빅맥 가격이 3.89달러(=1달러당 환율 1,236원을 기준으로 계산하면), 약 4,808원입니다. 이에 비해 미국은 빅맥 가격이 5.67달러입니다. 4,808원을 5.67로 나누면 약 847이 나옵니다. 즉 빅맥지수에 내포된 환율은 달러당 847원이라는 얘기지요. 그러나 실제 환율은 달러당 1,286원이라는 점을 감안하면 원화가 달러보다 35%가량 저평가되고 있다는 얘기지요. 달러가 그만큼 초강세를 보이고 있다는 점을 증명하는 예입니다.

빅맥지수는 시장에서 같은 종류의 상품에는 하나의 가격만 있다는 '일물일가(一物一價)의 법칙'과 경제학자 칼 카셀이 1916년 주장한 '구매력평가설(환율은 각국 통화의 구매력에 따라 결정된다는 이론)'에 바탕을 둔 지수입니다. 다만 이렇게 환산한 빅맥지수에는 각국의 인건비나 세금, 경쟁 상황 등 가격 결정 요인들이 제대로 반영되지 않았으므로 절대적인 기준이 될 순 없습니다.

제품 가격으로 각국의 물가수준을 가늠하는 지수로는 빅맥지수뿐만 아니라 김치지수도 있습니다. 김치찌개 가격으로 각국 통화가치와 물가를 비교하는 김치지수는 영국 경제신문 〈파이낸셜타임즈〉가 처음 소개했습니다. 당시 김치지수를 기준으로 물가수준을 비교할 때 세계에서 가장 비싼 김치찌개는 스위스 취리히에서 파는 것으로 34.20달러였습니다. 2위는 덴마크 코펜하겐으로 26.32달러였고, 서울은 4~5달러에 그쳤습니다.

세계 60여 개국에 수출되는 초코파이 가격을 달러화로 환산한 초코파이지수도 있습니다. 우리나라에서 판매되는 스타벅스 커피 가격이 미국에 비해

얼마나 비싼지 알 수 있는 라테지수도 있습니다.

2015년 1월 1일부터 실시된 담뱃값 인상에도 빅맥지수가 이용됐습니다. 한국건강증진개발원은 빅맥지수를 활용해 52개국의 빅맥 가격과 담배 가격을 분석했습니다. 그 결과 분석 국가들의 빅맥 평균가격은 4,190원이고, 담배 평균가격은 4,851원으로 나타났습니다. 그런데 우리나라의 20개비 담배 1갑의 가격은 평균가격은 2,500원으로 빅맥 가격의 절반 수준이었습니다. 이 조사결과에 따라 담뱃값 2,000원 인상안이 추진됐고, 2015년 1월 1일부터 시행됐습니다.

또 시간당 최저임금으로 빅맥을 몇 개 살 수 있는지를 알아보는 최저임금 빅맥지수도 있습니다. 한 시간 일해서 빅맥을 몇 개 사먹을 수 있는지를 보는 지표인데요. 이를 통해 각 나라의 경제 상황을 살펴볼 수 있습니다. 2015년 기준으로 1등은 바로 '호주'입니다. 호주에서는 한 시간 일한 값으로 빅맥을 3.18개 먹을 수 있다고 합니다. 우리나라는 조사국 중에 13위인 1.36개로 호주의 반도 안되는 수준이네요. 우리나라의 위로는 2위 네덜란드(2.52개), 3위 뉴질랜드(2.5개), 4위 아일랜드(2.48개)가 있습니다.

이처럼 빅맥지수는 각 나라의 정부정책에 영향을 미쳐 경제 상황을 가늠해보는 지표가 됩니다. 매년 발표되는 〈이코노미스트〉의 빅맥지수, 이제 눈여겨보는 것이 좋겠죠?

132

굴러온 돌이 박힌 돌 빼내는
윔블던효과

혹시 윔블던 선수권대회를 아세요? 영국 윔블던에서 해마다 열리는 오
픈 테니스 선수권대회로, 1877년 제1회 대회가
열린 이후 매년 6월 넷째 주부터 7월 첫째 주에
걸쳐 열리고 있습니다.

130년이 넘는 역사를 자랑하는 이 대회는 처
음에는 영국 상류사회 중심의 폐쇄적인 클럽경기
였습니다. 그런데 1968년에 프로와 외국 선수에

윔블던 선수권대회 로고

게도 문호를 개방하며 오픈대회로 바뀌자, 영국 선수가 우승하는 것을 보기
가 가뭄에 콩 나듯 어려워졌습니다. 실제로 남자 단식경기에서 영국 선수가
우승한 것은 1934년 이후 3년간이 처음이자 마지막일 정도로, 윔블던 선수
권대회는 외국 선수들의 잔치로 변모하고 말았습니다.

이 때문에 '개방으로 인해 한 국가의 금융업계 주도권을 외국 자본에게
빼앗기는 현상'을 윔블던효과(Wimbledon Effect)라고 지칭하게 됐습니다. 대
문을 열어놓자 외국인이 몰려와 안방을 차지해버린 격이 된 것이지요.

윔블던효과를 잘 보여주는 대표적인 예는 1986년 영국 마가렛 대처 전

총리가 시행한 금융기관 개혁입니다. 영국은 금융시장을 개방하면서 규제를 대폭 철폐하는 개혁을 단행했고, 이에 경쟁력이 약한 영국증권회사들이 줄도산하는 일이 발생했습니다. 미국과 유럽 자본은 이 기회를 놓치지 않고 영국 금융회사를 절반 이상 인수했고, 결국 영국의 금융시장은 외국이 장악하고 말았죠.

국내 부동산 시장도 윔블던효과가 심각한 상황입니다. 특히 중국 거대 자본이 제주도에 잇따라 대규모 투자계획을 밝히면서 제주도 부동산 시장에 윔블던효과가 나타나고 있습니다. 일례로, 중국 최대 부동산개발업체 녹지그룹이 제주 서귀포시에 약 1조 6,000억 원을 투자해 헬스케어타운 사업을 진행 중인 것을 들 수 있습니다.

이처럼 중국 자본이 국내 부동산 시장에 유입되면서 이에 대한 찬반논란이 뜨겁습니다. 일각에서는 제주도 발전을 위해 중국 자본을 두려워하지 말고 전략적으로 적극 활용하자는 주장을 내놓고 있습니다. 2015년 기준 우리나라를 찾는 중국인 관광객(45.2%)과 지출규모가 일본인, 미국인 관광객을 합친 것보다 웃돈다는 것이 이와 같은 논리의 근거이지요.

그러나 거대 중국 자본의 국내 부동산투자 쏠림 현상에 대해 특히 제주도민들의 불안과 우려의 목소리가 만만치 않습니다. 한국은행 제주 본부가 최근 중국 자본 유입에 대해 설문조사를 실시한 결과, 전문가 52.2%가 중국 자본에 대해 긍정적인 반면 제주도민의 58.9%가 부정적으로 응답했습니다.

제주 개발이 자칫 중국에 종속될 수 있다는 우려는 점차 현실이 되고 있습니다. 이른바 '차이나머니'로 불리는 중국 자본이 제주도 부동산을 마치 블랙홀처럼 빨아들이고 있기 때문입니다.

2024년 1월 기준 제주도에서 외국인이 소유한 아파트 등 주택 수는 모두 1,640가구입니다. 이는 국내 전체 보유 주택(8만 7,223가구)의 1.9%를 차지합니다. 또한 국내 외국인 보유 주택 가운데 절반이 넘는 4만 7,327가구(54.3%)가 중국인 소유입니다.

제주가 외국인의 국내 부동산투자를 촉진시키기 위해 제주도 부동산에 5억 원 이상 투자하면 거주 자격을 주고, 5년간 거주 자격을 유지하면 영주권을 주는 '부동산투자이민제도'를 2010년에 도입했기 때문입니다. 이후 중국인들의 제주도 토지 소유가 급격히 높아졌죠.

최근 제주도 내 중국인 범죄 증가로 주민과 외국인의 대립이 첨예한 상황입니다. 투자 증가도 좋지만 지역 주민들과의 융합, 범죄 처벌 강화 등 제도적 개선이 먼저 이뤄져야 하지 않을까요?

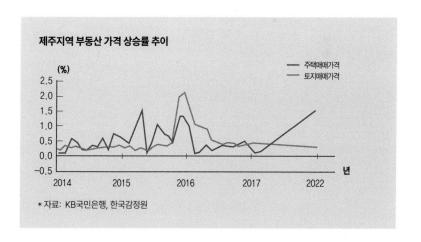

제주지역 부동산 가격 상승률 추이

* 자료: KB국민은행, 한국감정원

국가끼리 돈을 교환하는
통화스와프

통화스와프(Currency Swaps)는 한 나라의 돈과 다른 나라의 돈을 교환하기로 한 약속을 말합니다. 통화스와프의 필요성은 1997년 외환보유액이 급격히 줄어들면서 생긴 외환위기로부터 시작됐습니다. 2008년 10월 우리나라 정부와 미국 연방준비제도이사회(FRB)는 이러한 외환위기를 다시는 겪지 않기 위해 한미 양국 간에 300억 달러 규모의 통화스와프를 체결했습니다. 즉 우리나라가 필요할 때면 언제든지 300억 달러에 해당하는 원화를 주고 300억 달러를 가져올 수 있게 됐지요.

2008년 글로벌 금융위기를 불러온 주된 원인은 달러화 부족이었습니다. 달러는 국제결제나 금융거래에서 꼭 필요한 화폐입니다. 이 때문에 달러화를 기축통화(국가 간의 결제나 금융거래에서 꼭 필요한 화폐, 171장 참고)라고 하지요. 그런데 글로벌 금융위기로 세계경제가 불안해지자 사람들은 안전하고 꼭 필요한 화폐를 확보하고 싶어 했습니다. 바로 달러였습니다.

이런 심리로 달러의 공급에 비해 수요가 크게 올랐고, 달러의 값어치인 원달러 환율도 자꾸 올랐습니다. 달러에 비해 원화의 가치가 크게 떨어지자 해외 투자자들은 한국경제에 의구심을 갖기 시작했고, 달러를 빌려주지 않게 됐습니다. 이런 상황이 계속되자 공급량 부족으로 환율은 계속 오를 수밖에 없었죠.

이때 해결책이 된 것이 바로 통화스와프였습니다. 통화스와프로 달러화의 유동성을 확보하자 환율이 급락하고 주가가 급등하는 효과가 발생했죠. 통화스와프로 한국경제에 대한 국제적 신뢰도도 확보할 수 있었습니다.

하지만 통화스와프는 영원하지 않고 만기일이 존재합니다. 2008년 체결한 300억 달러 규모의 한미 통화스와프는 2010년 2월자로 끝났습니다. 그러나 신종 코로나바이러스 감염증(코로나19)이 전 세계를 삼켜버려 글로벌 경제위기가 발생하자 한국은 2020년 3월 19일 미국 중앙은행인 연방준비제도(Fed, 연준)와 2021년 9월 30일을 만기일로 하는 600억 달러(약 77조 원)의 통화스와프를 다시 체결했습니다.

이후 한국과 미국은 2023년 12월 양국 정상 회담에서 유사시에 한미 통화스와프 조치를 취하기로 합의하는 성과를 거뒀습니다.

한중 통화스와프도 있습니다. 2009년 4월 처음으로 원위안화 통화스와프 계약을 맺은 양국은 현재 2차례 계약기간을 연장한 상태입니다. 2015년 1월 기준으로 한중 통화스와프 규모는 원화 64조 원에 이르는 거대한 규모로 성장했습니다. 한중 통화스와프는 양국 간 무역을 활발하게 만들고 경제 성장에도 기여할 것으로 기대됩니다. 이와 함께 한국과 중국정부는 코로나19 사태에 맞서 한중 통화스와프를 연장하는 방안을 검토 중입니다.

2017년 정부는 인도네시아, 호주와 통화스와프를 연장한 것에 이어 11월에는 캐나다와 최초로 통화스와프를 체결했습니다. 최고한도와 만기를 설정하지 않은 계약으로 우리나라의 금융시장을 더욱 견고하게 만들었다는 평가를 받고 있습니다.

이런 와중에 2015년 2월 독도 문제 등 과거사 갈등으로 연장이 불발된 한국과 일본의 통화스와프에 대한 논의도 꾸준히 이어지고 있습니다. 양국은 2016년 8월 통화스와프 논의를 재개하기로 합의했지만 '국정농단' 사태와 겹쳐 협상이 한때 중단됐습니다. 그러나 윤석열 정부 출범 후 협상을 다시 시작한 결과 8년 만에 일본과 통화스와프를 재개하는 데 성공했습니다. 한일 통화스와프 금액은 100억 달러이며 기간은 3년입니다.

외환위기에 대처하기 위해 만들어진 통화스와프는 한 번 종료되면 다시 계약하기가 무척 어렵습니다. 이에 따라 협력국과 손잡고 금융안전망을 강화할 수 있도록 노력해야 합니다.

먹튀의 대마왕
사모펀드

신문 경제면에 자주 등장하는 용어로 사모펀드(PEF)가 있습니다. 사모(私募)는 '사사로이 모은 것'이라는 뜻입니다. 사사로이 모은다는 것은 소수의 개인이나 기관 투자자에게만 알려서 돈을 조달하는 것을 의미합니다. 일반인에게 공개해서 돈을 모으는 공개모집, 즉 공모(公募)펀드와는 다르지요. 특히 투자자 수를 제한하는 것이 특징인데, 투자신탁업법에서는 100명 이하, 증권투자회사법에서는 50명 이하로 제한하고 있습니다.

요컨대 소수의 투자자로부터 모은 돈으로 주식, 채권 등에 투자하는 것이 사모펀드입니다. 사실상 비공개로 투자자를 모집하는 사모펀드는 자산가치가 저평가된 기업에 투자해 기업가치를 높인 후 가격이 올라가면 주식을 되파는 전략을 구사하고 있습니다.

그럼 사모펀드와 공모펀드의 차이점은 무엇일까요? 우선 사모펀드는 투자 대상에 대한 법규상 제한이 없어서 자금을 자유롭게 운용할 수 있다는 것이 특징입니다. 이에 비해 공모펀드는 펀드 총액의 10% 이상을 한 주식에 투자할 수 없고, 주식 외에 채권 등 유가증권에도 한 종목에 10% 이상 투자할 수 없습니다. 결과적으로 사모펀드는 투자에 대한 아무런 제한이 없어서 이익을 많이 낼 수 있는 부문에 얼마든지 투자할 수 있다는 것이 가장 큰 특징입니다.

펀드평가사 제로인에 따르면 2023년 말 현재 사모펀드의 평균 수익률은 6.12%로 공모펀드(3.1%)보다 약 2배 높았습니다. 사모펀드가 이처럼 공모펀드보다 짭짤한 재미를 보는 이유는 저성장 추세가 계속 이어지면서 수익률이 높은 사모펀드로 자금이 몰린 데 따른 것입니다. 자본연구원 보고서에 따르면 사모펀드 운용사 수는 2015년 20개에서 2023년 369개로 약 18배 이상 늘었습니다. 같은 기간 사모 순자산 규모는 199조 원에서 581조 원으로 약 3배 커졌습니다.

그럼 사모펀드는 늘 만병통치약일까요? 물론 아닙니다. 막대한 수익을 올리면서도 세금에서는 감면혜택을 받는 이른바 먹튀 사모펀드가 점차 늘고 있기 때문이죠. 대표적인 예가 미국의 '론스타'입니다. 론스타는 외환은행 매각을 놓고 먹튀 논란을 빚은 대표적인 사모펀드로, 막대한 수익에 비해 세금은 쥐꼬리만큼 낸 것으로 악명을 떨쳤습니다.

세계적인 호텔 체인 힐튼호텔, 미국 3대 자동차업체 중 하나인 크라이슬러, 캐나다 통신업체 벨캐나다 등이 모두 사모펀드에 넘어갔습니다. 이처럼 사모펀드가 세계 기업을 좌지우지하며 산업계의 큰손으로 떠오르다 보니, 사모펀드에 제동을 걸어야 한다는 목소리가 커지고 있습니다.

먹튀 사모펀드로 피해를 입는 투자자들을 보호하기 위해 정부의 철저한 감시가 필요한 시점입니다.

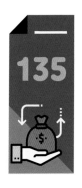

135

강대국 사이에 눌린 호두 신세
넛크래커

2010년 일본은 42년 만에 세계 2위 경제대국의 자리를 중국에 내줬습니다. 1968년 일본은 당시 서독을 제친 후 42년간 미국에 이어 세계 2위의 경제대국으로 군림했지만, 결국 중국에 밀려나 3위가 되고 말았습니다.

삼면이 바다로 둘러싸인 우리나라는 현재 세계경제대국 2, 3위인 중국과 일본 사이에 끼어 있는 셈이지요. 이런 우리나라의 어려움을 뜻하는 대표적인 표현이 넛크래커(Nutcracker)입니다. 넛크래커는 호두를 양면에서 눌러까는 호두까기 기계입니다.

1997년 우리나라에서 IMF 외환위기가 일어나기 직전, 미국의 유명한 컨설팅업체인 부즈앨런 & 해밀턴은 〈21세기를 향한 한국경제의 재도약〉이라는 보고서에서 "한국이 낮은 비용의 중국과 효율성 강한 일본의 협공을 받아 마치 넛크래커에 끼인 호두처럼 됐다"라고 하면서, 변하지 않으면 깨질 수밖에 없는 운명이라고 강조했습니다.

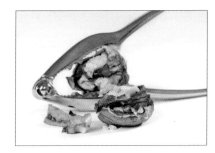

넛크래커

한마디로 우리나라 경제가 일본 등
선진국에 비해서는 기술과 품질 경
쟁, 중국 등 후발 개발도상국에 비
해서는 가격 경쟁에서 밀리는 현실
을 지적한 것입니다.

내 별명은
샌드위치 코리아

　최근 믿었던 IT업계에서조차 넛크
래커 신세가 됐다는 평가가 나오고 있
습니다. 2012년까지만 해도 전 세계 스
마트폰시장의 1, 2위는 확실히 애플의 아이폰과 삼성의 갤럭시가 차지하고
있었습니다. 그런데 최근 중국 IT기술의 약진으로 중국 스마트폰회사 화웨
이가 공격적 판매를 시작하면서 중국을 견제해야 하는 상황이 됐습니다. 중
국의 또 다른 스마트폰 제조회사 샤오미는 삼성의 스마트폰과 유사함에도
가격은 삼성의 10분의 1밖에 안 될 정도로 세계시장에서 경쟁력을 확보했
습니다.

　실제로도 미국 수입시장에서 한국 제품이 차지하는 비중은 1990년
3.7%로 고점을 찍은 뒤 계속 떨어지고 있습니다. 2000년대 이후 3% 밑으로
떨어진 후 2010년에는 2.6%, 2019년에는 미국과 중국의 무역분쟁 여파로
한국산 제품 비중이 3%대를 회복했습니다.

　반면 미국 수입시장에서 중국이 차지하는 비중은 2018년 21.2%에서
2019년 18.2%로 줄었습니다. 중국은 여전히 미국의 1위 수입국이었지만
점유율은 2011년(18.1%) 이후 8년 만에 최저치를 기록한 셈이죠. 이처럼 중
국의 거대한 성장에 일각에서는 '새로운 넛크래커(New Nut Cracker)'라는 말
을 쓰고 있습니다. 이는 표준화된 기술은 중국, 첨단기술은 일본이 압박하

는 상황을 말합니다.

미국 수입시장에서 한국과 중국의 격차가 아직 크지만 최근 기분 좋은 소식이 들리고 있습니다. 수입 제품에 대한 미국 소비자들의 선호도가 바뀌고 있다는 얘기입니다.

코트라가 2020년에 내놓은 〈세계 주요 지역별 시장 진출전략〉 보고서를 보면 미국 내에서 중국산을 다른 나라 것으로 대체하려는 움직임이 일어나면서 한국이 반사이익을 누릴 기회가 많아졌습니다. 미·중 무역분쟁으로 미국 시장에서 한국산 제품이 중국산을 대체하는 효과가 두드러지고 있는 셈입니다.

우리나라가 정보통신(IT) 분야에서 급속한 발전을 이루며 세계적인 정보기술 국가로 발전한 점도 한 몫 했습니다. 그래서 일부에서는 한국이 '가격은 일본보다 낮고 기술은 중국보다 앞섰다'고 말해 '역(逆) 넛크래커 현상'이라고 부릅니다.

또 K팝, K무비 등 한류에 대한 미국 소비자들의 높은 관심도가 한국제품 구입으로 이어지고 있죠. 심지어 혐한(嫌韓) 감정을 숨김없이 드러내는 일본사회에서도 MZ세대가 한국 드라마나 영화, 음악 등을 자주 접하면서 한국에 대한 호감을 갖는 상황이 벌어지고 있습니다.

결국 한국기업이 '넛크래커'의 어려운 상황에서 벗어나 미국과 일본 등 선진시장에서 제품 판매 증가를 일궈낸 데는 한국제품에 대한 인기 못지 않게 K-컬처 확산으로 한국은 물론 한국제품에 대한 호감도가 늘어나게 됐다고 봐도 틀림없는 얘기입니다.

136

아시아의 자유무역지대가 될
아세안

아시아에서도 유럽연합(EU)과 같은 거대한 경제공동체가 탄생할까요?
탄생한다면 어느 나라가 주축이 될까요? 중국? 일본? 한국? 정답은 아세안
(ASEAN, 동남아시아국가연합)입니다.

아세안 10개 회원국(싱가포르, 말레이시아, 필리핀, 태국, 인도네시아, 브루나이, 베트남,
라오스, 미얀마, 캄보디아)은 2007년 1월 필리핀 세부에서 제12차 정상회의를 갖
고 2015년까지 이른바 '아세안 경제공동체(AEC, ASEAN Economic Community)'
를 출범시키기로 합의했습니다. 지리적으로 인접해 있는 특성을 적극 활용
해 아세안 전체 지역을 하나의 거대한 자유무역지대(FTA)로 만들자는 것이
었죠. 이를 위해 2006년 8월부터 10개 회원국 간에 무비자입국을 허용했
고, 2015년 12월 31일 공식적으로 아시아판 EU인 AEC가 출범했습니다.
이로써 10개 회원국 인구 6억 3,000만 명을 감싸 안는 거대 단일시장이 탄
생했습니다.

EU와 AEC의 유사점과 차이점은 무엇일까요? EU와 AEC는 모두 회
원국 간의 자유로운 교역과 투자유치를 위해 각종 규제와 장벽을 없앴다는
점에서 서로 비슷합니다. 다만 AEC는 EU의 유로처럼 단일통화를 사용하

지는 않습니다.

아세안은 우리나라가 중국에 이어 2번째로 교역을 많이 하는 상대입니다. 우리나라와 아세안 간의 교역량은 2008년 902억 달러에서 2015년 1,500억 달러, 2023년 3,443억 달러로 급격하게 성장했습니다. 이에 따라 한국 전체 교역량에서 아세안이 차지하는 비중은 13.6%에 이릅니다. 또한 한국이 아세안에 투자하는 금액은 2023년 11월 1,700억 달러에 이릅니다. 이는 한국의 해외 전체 투자액 가운데 10.2%를 차지합니다.

동티모르의 독립을 반대한 인도네시아의 입김으로 동티모르는 2021년 10월 말 현재 아세안 옵저버(Observer, 참관국)에 머물고 있습니다. 동티모르는 아세안 정식 가입을 계속 추진하고 있는 상황입니다.

이밖에 파파아뉴기니, 방글라데시, 피지, 스리랑카 등도 아세안 가입을 위해 외교적인 노력을 펼치고 있습니다.

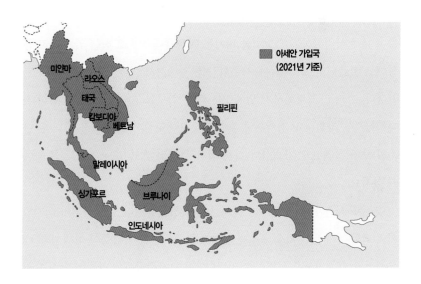

주식을 보유하고 있는
지주회사

지주회사(持株會社, Holding Company)라는 말을 많이 들어봤을 겁니다. 지주(持株)는 말 그대로 '주식을 보유하고 있다'는 뜻입니다. 그러므로 지주회사는 '자회사나 다른 회사 주식을 갖고 그 회사 경영권에 영향력을 행사하는 회사'를 말합니다.

우리나라의 상법에서도 지주회사를 일반 기업과 달리 '다른 회사 주식을 보유해 사업활동에 영향력을 미치는 것을 주목적으로 하는 업체'라고 규정하고 있습니다. 이 때문에 지주회사를 '지배회사' 혹은 '모(母)회사'라고도 합니다. 그리고 지주회사가 밑에 거느리는 회사를 '자(子)회사'라고 합니다. 지주회사는 자회사의 경영전략 수립과 운용에도 일정한 역할을 합니다. 단순히 투자 목적으로 자회사나 다른 회사 주식을 갖고 있는 것과는 큰 차이가 있지요.

지주회사는 19세기 말 미국에서 처음 등장했습니다. 미국정부가 대기업끼리 담합해 제품 가격을 올리지 못하도록 규제하자 기업들이 이에 대한 대응책으로 지주회사를 설립한 것입니다. 그 후 지주회사의 장점이 많이 드러나면서 현재는 전 세계적인 기업 경영방식으로 떠올랐습니다.

우리나라에서는 대기업이 자회사를 많이 두고 그 업체에 영향력을 행사할 경우, 자칫 경제력이 집중될 수 있다는 우려 때문에 지주회사 제도를 금지하다가 IMF 외환위기를 겪으면서 지주회사 설립이 허용됐습니다. 모회사와 자회사 간의 지분관계가 복잡하지 않아 지분을 떼어 팔기도 쉽고, 사기도 쉬운 지주회사 제도가 부실기업을 정리하기도 쉽고 기업 경영의 효율성과 투명성도 높일 수 있다는 장점을 가진 점이 인정된 것입니다.

우리나라에 있는 지주회사의 종류는 크게 2가지입니다. 하나는 오로지 자회사 경영권만 갖는 '순수지주회사'이고, 다른 하나는 영업과 생산이라는 기본적인 사업활동을 하면서 동시에 특정계열사를 자회사로 거느리는 '사업지주회사'입니다. 이 외에 아직 지주회사로 전환하지 않았지만 사실상 지주회사처럼 여러 자회사를 거느리고 있는 준(準)지주회사도 있습니다.

그렇다면 순수지주회사는 영업이나 생산활동을 하지 않는데 어떻게 이익을 내고 무엇으로 먹고살까요? 보유하고 있는 자회사 지분율만큼 자회사로부터 얻는 배당수익과 지분법평가이익, 브랜드나 로열티 수입으로 먹고삽니다.

기업들이 앞다퉈 지주회사 방식을 도입하는 이유는 지주회사가 되면 경영투명성을 확보할 수 있기 때문입니다. 기존 그룹 체제에서는 A사가 B사 지분을 소유하고, B사는 C사, C사는 다시 A사 지분을 보유하는 형태로 서로 돌아가며 지분을 보유(순환출자)하는데, 이럴 경우, 한 계열사 실적이 나쁘면 다른 계열사에도 영향을 미치게 됩니다. 그러나 지주회사 체제를 갖추면 '지주회사 → 자회사'로 지분구조가 명확해지고, 자회사들도 같은 지주회사의 우산 아래 있는 다른 자회사에 대해 출자하는 부담 없이 오로지 자신의 고유사업에만 매진할 수 있습니다.

그럼 지주회사 체제는 주가에 어떤 영향을 미칠까요? 주가를 올려주는 역할을 합니다. 기업투명성이 좋아지면서 투자효율성도 함께 개선되기 때문입니다. 세계적 자산운용사 UBS가 온미디어, 태평양, 대웅, LG, 농심, 풀무원 등 시가총액 1,500억 원이 넘는 국내 지주회사 9곳의 주가를 조사한 결과, 이들 기업의 시가총액은 지주회사 체제로 바뀐 후 1년간 43%가량 늘었으며, 주가수익률도 시장평균보다 9%가량 높은 것으로 나타났습니다.

다만 지주회사 체제는 돈이 너무 많이 들고, 자칫 경쟁력 약화를 가져올 수 있다는 문제점이 있습니다. 지주회사를 설립한 후 모든 자회사 지분을 20% 이상 확보하기 위해서는 막대한 자금이 필요하며, 지주회사로 전환하기 위해 무리하게 사업영역을 나눌 경우, 그 업체의 경쟁력이 떨어질 수도 있다는 것이 대다수 전문가들의 지적입니다.

한편, 삼성전자는 2016년 11월 지주회사로의 탈바꿈을 공식 발표했습니다. 이후 꾸준한 검토가 이어졌지만 이재용 삼성전자 부회장이 최순실 국

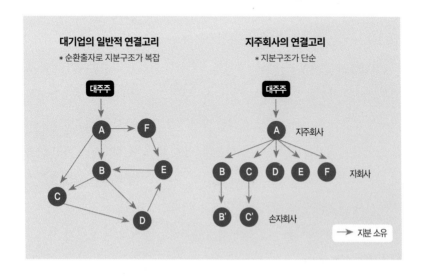

정농단 사태로 구속되면서 일시 중단되었으나 2022년 8월 15일 복권을 통해 경영 족쇄가 풀린 만큼 세계 초우량 기업을 더욱 발전시키려는 이 회장 행보에 관심이 모아지고 있습니다.

삼성전자가 지주회사로 지배구조를 바꾸는 것은 이재용 삼성전자 부회장으로의 경영권 승계를 위해 필수적으로 거쳐야 할 통과의례입니다. 삼성그룹 핵심 계열사인 삼성전자에 대한 이 부회장 등 오너(총수) 일가의 지배력을 강화해 안정적 경영권을 확보하기 위해서도 지주회사 전환이 가장 현실적인 방안이기 때문이지요.

또한 삼성전자의 지배구조 개편 시나리오로 지주회사 전환이 유력하게 꼽히는 또 다른 이유로는, 비교적 적은 비용으로 이 부회장 등 오너 일가의 삼성전자 지분율을 크게 높일 수 있다는 점이 손꼽힙니다.

이와 관련해 삼성전자는 2020년 2월 외부 독립기구로 출범한 준법감시위원회를 통해 약 2년간 경영권 승계 문제, 노사 문제, 시민사회 소통 문제를 중점적으로 다뤘습니다. 특히 이재용 부회장이 2021년 8월 경영에 복귀하면서 삼성전자는 중장기적으로 지주회사 체제인 ㈜삼성의 밑그림을 그리고 있습니다. 이는 삼성그룹을 총괄하는 새 컨트롤타워를 만드는 방식이 아닌 완전히 ㈜삼성 지주사 체제로 만들어 기업 지배구조를 선진화하고 경영 투명성을 높이겠다는 얘기입니다.

아직은 전망 수준에 머물러 있는 지주회사 ㈜삼성이 어떤 모습으로 우리에게 다가올지 지켜봐야 할 것 같습니다.

해외지사도 본사처럼
메타내셔널

글로벌 경영이 세계적 화두로 떠오르면서 본사와 해외지사 사이의 경계가 무너지고 있습니다. 이에 따라 해외지사에 본사의 핵심기능까지 위임하는 **메타내셔널**(Metanational) 기업이 속속 등장하고 있는 추세입니다. 메타(Meta)는 '~을 뛰어넘어'라는 뜻이므로, 메타내셔널을 우리말로 표현하면 초국적(超國籍)이라고 할 수 있습니다. 초국적기업(Transnational Corporations)이라는 용어도 여기에서 나왔습니다.

사실 초국적기업이라는 말은 세계적인 미래학자 엘빈 토플러가 저서 《제3의 물결》에서 소개한 바 있습니다. 토플러는 초국적기업들이 해외시장을 자기 집 안마당처럼 종횡무진 누비면서 세계시장 질서를 주도하고 있다고 설명했습니다.

그럼 다국적기업과 초국적기업은 어떤 차이가 있을까요? 대다수 다국적기업은 전 세계를 상대로 경영하지만, 목적은 저렴한 자원활용과 제품판매 극대화에 국한돼 있습니다. 그래서 본부, 연구개발(R&D), 핵심부품 생산기능은 본국의 본사에 남겨두는 것이 특징입니다. 반면 초국적기업은 생산과 연구개발 등 핵심사업뿐 아니라 아예 본사의 핵심기능까지도 해외지사 등에서 전부 담당합니다.

초국적기업은 일반적으로 해외진출한 국가의 기업에 비해 자금력이나 기술적 측면이 뛰어난 경우가 많습니다. 이에 따라 메타내셔널은 자금과 기술적 우위를 바탕으로 해외시장에서 임금절감과 시장확대 등 경쟁력을 높일 수 있다는 장점이 있습니다. 현재 초국적기업의 비중은 농산품의 80% 이상, 상품과 서비스 수출의 60% 이상을 차지하고 있습니다.

일각에서는 500대 초국적기업이 전 세계 무역의 70%, 해외투자의 70%, 세계 국내총생산(GDP)의 30%를 쥐락펴락하고 있다는 분석도 내놓고 있을 정도입니다. 이러한 영향력 때문에 미국 경제잡지 〈포춘〉이 선정하는 500대 기업 가운데 대부분이 초국적기업입니다.

초국적기업의 대표적인 예로는 '네슬레'를 꼽을 수 있습니다. 네슬레는 회사 주요 임원을 전 세계에서 채용하고 있으며, 경영전략을 본사인 스위스에서 결정하지 않고 진출한 해외 각국에서 내리는 등 글로벌 경영을 펼치고 있습니다. 초국적기업의 또 다른 예는 글로벌 석유업체 '로열더치셸'입니다. 이 업체의 본사는 네덜란드 헤이그에 있지만, 주요 경영 관련 결정은 영국 런던에서 이뤄집니다.

이 외에 '나이키'와 '버거킹'도 대표적인 초국적기업입니다. 스포츠용품 전문업체인 나이키는 탄탄한 브랜드파워와 글로벌 유통망, 탁월한 제품디자인과 기획으로 매출과 영향력에서 세계적 업체로 자리매김했습니다. 나이키는 전 세계에서 판매되는 자사 제품의 품질을 유지하기 위해 연구개발에 투자를 아끼지 않고 있습니다.

미국 패스트푸드업체인 '버거킹'은 제품 포트폴리오를 구성할 때, 미국의 수요에만 국한하지 않고 국경을 넘어 전 세계 수요까지 과감히 수용하는 글로벌 전략을 펼치고 있습니다. 대표적인 예가 인도시장에 선보인 양고기 버거입니다. 인도는 종교적인 이유로 쇠고기를 먹지 않습니다. 이에 따라 버거킹은 인구 14억 명의 거대한 인도시장을 공략하기 위해 패티로 쇠고기 대신 양고기와 닭고기를 사용한 햄버거를 선보였습니다.

한국에서 활약하는 초국적기업 가운데 '볼보건설기계코리아'도 주목할 만합니다. 굴착기 모터그레이터 등 건설중장비를 생산하는 볼보건설기계의 창원공장은 제품생산은 물론 기술개발까

볼보의 모터그레이더

지 담당하는 등 볼보그룹 굴삭기 사업의 글로벌 생산거점으로 활약하고 있습니다. 즉, '한국 = 글로벌 스탠더드'로 자리 잡은 셈입니다. 한국을 핵심 축으로 삼고 있는 볼보건설기계는 2023년 수출액이 1조 2,000억 원으로 2023년 한국 전체 건설기계 수출액에서 차지하는 비중이 20%를 넘는 기염을 토했습니다.

국내기업 중 현대자동차가 미국 캘리포니아 주 로스앤젤레스에 디자인 센터를 설립해 산타페라는 히트상품을 만들어낸 것도 메타내셔널 전략의 성공사례로 볼 수 있습니다.

중소기업 울린 파생금융상품
키코

미국발 금융위기는 대기업보다 중소기업들에게 더 큰 시련으로 휘몰아쳤습니다. 금융위기에 따른 경영난과 수출 감소에 대기업으로부터 납품단가 인하 요구까지 받았기 때문입니다. 그런데 이들 중소기업을 더욱 어렵게 만드는 골칫거리가 등장했습니다. 키코(KIKO)를 비롯해 피봇(Pivot), 스노볼(Snow Ball)이 바로 그것입니다. 이들 상품은 환율변동에 따른 수출업체의 손실을 막을 수 있도록 만든 일종의 파생금융상품입니다.

그렇다면 이 3가지 종류의 환헤지(환율변동에 따른 손실을 막는 것) 상품은 서로 어떻게 다를까요? 우선 심각한 문제로 떠올랐던 '키코'에 대해 알아보겠습니다.

키코는 일종의 통화옵션으로, 원화와 달러화 등 서로 다른 통화를 일정한 환율로 교환하는 것을 목적으로 하는 파생금융상품입니다. 즉, 환율이 일정범위 안에서 움직일 때 약정한 환율로 약정한 금액을 팔 수 있도록 하는 것이지요. 만약 환율이 약정범위 상한선보다 높아지면(녹인, Knock-in) 시장환율보다 싼 가격에 외화를 팔아야 하고, 하한선보다 낮아지면(녹아웃, Knock-out) 통화옵션 계약이 무효화돼 환율하락 위험을 기업이 부담하게 됩니다.

내용을 잘 살펴보면, 환율이 약정범위 내에서 변동하는 경우 기업에게 유리한 환율로 외화를 매각할 수 있지만, 환율이 약정범위를 벗어나는 경우에는 환율변동으로 인한 위험을 기업이 그대로 떠안게 되는 구조라는 것을 알 수 있

키코로 인한 수출기업의 손실규모 (단위: 억 원)

대기업
1조 1,211

중소기업
2조 4,317

총 3조 5,528

* 자료: 금융감독원(2010년)

습니다. 녹인의 경우, 계약금액의 2~3배에 해당하는 외화를 시장환율보다 낮은 환율로 은행에 매각해야 하므로 기업은 큰 손실을 입게 되고, 환율이 상승할수록 손실규모가 커집니다.

사실 2005년 씨티은행이 국내에 키코를 처음 소개했을 때는 대다수 수출업체가 크게 환영했습니다. 왜냐하면 대다수 기업이 주로 사용하는 환헤지 기법은 미래시점 환율을 미리 고정하는 선물환거래였기 때문입니다. 키코는 약정환율을 그보다 높게 설정할 수 있는 데다 선물환보다 수수료도 쌌습니다. 그래서 기업들은 앞다투어 키코를 찾았지요.

그럼 키코가 어떻게 사용되는지 예를 들어보겠습니다. 수출업체 A의 홍길동 사장이 환율 구간대를 1달러당 900~1,000원, 약정환율 960원, 약정금액 1억 달러로 정해 키코 계약을 맺었다고 가정합시다. 시장환율이 900~960원 범위 이내인 910원이라면 910원에 1억 달러를 사서 그보다 높은 960원(약정환율)에 팔 수 있기 때문에 홍길동 사장은 달러당 50원씩 환차익을 얻을 수 있습니다.

그런데 환율이 구간 상단을 뚫고 1,000원 위로 오르는(녹인) 순간부터 홍

길동 사장은 비싼 시장환율로 달러를 사서 그보다 낮은 약정환율에 팔아야 하기 때문에 반대로 환차손을 입게 됩니다. 설상가상으로 녹인일 때는 약정금액보다 2~3배 많은 달러를 은행에 팔아야 한다는 조건이 붙어 있기 때문에 환율이 폭등하면 홍길동 사장의 손실은 기하급수적으로 불어나게 됩니다.

한편 달러당 환율이 960~1,000원일 때는 업체나 은행이 행사할 수 있는 옵션이 없고, 구간 하단인 900원 밑으로 떨어지면 녹아웃이 돼 계약이 무효화됩니다.

키코보다 사용건수는 적지만 피봇과 스노볼이라는 통화옵션 상품에 가입한 기업도 환율 급등으로 큰 피해를 입었습니다. 키코는 환율이 행사가격 이상으로 오를 때 손실이 발생하는 구조인 반면, 피봇은 환율이 상한선은 물론 하한선을 넘어가도 손실이 발생하는 구조입니다.

계약할 때 환율 구간을 정한 후 시장환율이 구간 안에서 움직이면 시장환율보다 높은 가격에 달러를 팔 수 있다는 점에서는 키코와 비슷합니다. 그러나 환율이 구간의 상단 이상으로 오를 때만 손실을 입는 키코와 달리, 피봇은 환율이 구간 하단 밑으로 떨어질 때도 약정금액의 2~3배를 약정환율로 사야 하기 때문에 키코보다 위험이 더 큽니다.

피봇의 대표적인 피해사례로는 국내 LCD 업체 '태산엘시디'를 꼽을 수 있습니다. 태산엘시디는 2008년 3월 정부의 개입으로 환율이 일시적으로 1,000원 아래로 내려가자 4월 하나은행과 980~1,030원 구간으로 피봇 계약을 체결했습니다. 환율변동폭을 50원(1,030~980원) 정도로 판단하는 실수를 범한 것이지요. 그러다 결국 환율이 수백원까지 크게 급등하자 태산엘시디는 자금난에 빠져 결국 기업회생 절차를 신청하게 됐습니다.

스노볼은 1달 단위로 행사가격이 바뀌는 파생금융상품입니다. 이 때문에 이익이나 손실이 무한대로 늘어날 수 있습니다. 환율이 떨어지면 행사가격이 오르지만, 오르면 내려가기 때문입니다.

스노볼도 예를 들어 설명하겠습니다. B주식회사는 2008년 1월 행사가격을 달러당 900원으로 설정한 후 2개월짜리 스노볼 상품에 가입했습니다. 2월에 환율이 1,000원으로 오르자 행사가격은 1월 행사가격(900원)과 2월 환율(1,000원)의 차이인 100원만큼 더 떨어져 800원이 됐습니다. 3월 만기시점에도 환율이 또 올라 1,100원이 됐습니다. 그러자 같은 원리에 따라 행사가격은 700원이 됐고, B주식회사의 손실은 계속 늘어났습니다.

결국 키코를 비롯해 피봇, 스노볼 등 복잡한 구조를 가진 파생금융상품들은 가입자에게 손해만 끼칠 여지가 너무 많기 때문에 매우 주의해야 합니다.

그럼 여기서 환율에 대해 간단히 짚고 넘어갑시다. 환율제도는 크게 고정환율제와 변동환율제의 2가지가 있습니다. 고정환율제는 말 그대로 정부가 환율을 특정가격 혹은 일정범위 내로 고정시키는 것입니다. '페그(Peg)제'가 일종의 고정환율제입니다. 페그는 말뚝이나 쐐기를 뜻합니다. 자국의 돈 가치를 달러와 같은 특정화폐의 가치에 말뚝처럼 고정시키는 것이지요.

그렇다면 페그제의 장점은 무엇일까요? 크게 2가지를 꼽을 수 있습니다. 우선 환율이 고정돼 있어서 물가가 비교적 안정적인 흐름을 보이지요. 수입품 가격이 변동하더라도 국내 물가에는 큰 영향을 미치지 않기 때문입니다. 둘째는 환율변동에 대한 불확실성이 제거돼 무역이나 외국인 투자가 활성화됩니다.

이에 비해 변동환율제는 환율이 시장의 수요와 공급에 따라 결정됩니다. 변동환율제는 대내외 경제 상황을 바탕으로 정부가 환율을 관리하는 관리변동환율제와 시장수급에 따라 환율이 결정되도록 하는 자유변동환율제의 2가지로 나눌 수 있습니다.

그렇다면 우리나라는 어떤 방식을 쓰고 있을까요? 현재 대다수 개발도상국들이 관리변동환율제를 도입했지만, 우리나라는 외환위기 당시 1997년 12월에 자유변동환율제를 도입해 계속 유지 중입니다.

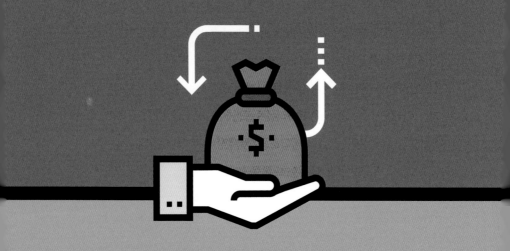

**Common Sense Dictionary
of Economics**

4

넷째
마당

세계경제 시야 넓히기

140

세계를 껴안고 중국을 견제하는
바이드노믹스

우리에게 이른바 트럼프노믹스(Trumpnomics)라는 유행어를 남겼던 도널드 존 트럼프 전(前) 미국 대통령이 물러나고 조셉 로비네트 바이든 2세가 2021년 1월 30일 제46대 미국 대통령으로 취임했습니다.

조 바이든 대통령의 등장으로 미국은 유럽 등 동맹국을 다시 끌어안으며 세계 최강의 면모를 뽐내고 있습니다. 이를 보여주듯 미국은 주요 7개국(G7) 정상회의에 이어 미국과 유럽의 집단안보 체제 '북대서양조약기구(NATO) 회의'까지 주도하고 있습니다.

이뿐만이 아닙니다. 미국은 국제사회에 홍콩·신장(新疆)·대만 문제를 제기하고 중국의 '일대일로(一帶一路, 육상·해상 실크로드)'에 맞서는 글로벌 인프라 계획 '더 나은 세계 재건(Build Back Better World, B3W)'을 마련한 후 G7 합의까지 이끌어 중국을 압박하고 있는 모습입니다.

조셉 로비네트 바이든 2세 미국 대통령

B3W는 개발도상국(개도국)과 신흥국 인프라 개발 요구에 부응하는 글로벌 구상입니다. 이를 위해 미국은 무려 40조 달러(약 4경 5,500조 원)에 이르는 개도국 인프라 수요를 지원하기 위해 G7을 포함한 주요 민주주의 국가에 참여를 독려하고 있죠.

　　이는 트럼프의 신고립주의로 미국이 국제무대에서 한동안 영향력을 행사하지 않았던 과거에서 벗어나 'G2(미국과 중국)'의 핵심축 미국이 막강한 영향력을 발휘해 국제무대 주도권을 되찾아 오겠다는 전략을 보여주는 대목입니다.

　　바이든 대통령의 최대 관심사는 역시 경제입니다. 그는 신종 코로나바이러스 감염증(코로나19)으로 피해를 본 미국경제를 되살리기 위해 대통령 취임 후 대규모 경기부양책을 마련했습니다. 이른바 바이드노믹스(Bidenomics)의 핵심은 인프라(Infrastructure) 구축과 복지정책 확대, 증세 등입니다.

　　바이드노믹스의 주요 내용을 살펴보면 다음과 같습니다. 바이든 대통령은 2021년 3월 '미국 구조 계획(American Rescue Plan)'을 발표했습니다. 미국 가정 약 90%에 1인당 최고 1,400달러(약 159만 원)의 현금을 지급하고 1주일에 300달러(약 34만 원)의 실업급여를 지급하는 현재 지원대책을 2021년 9월까지 연장한다는 내용을 담고 있죠.

　　또 인프라, 일자리 등을 창출하기 위해 2조 달러(약 2,275조 원) 규모의 '미국 일자리 계획(American Jobs Plan)'을 공개했습니다. 앞으로 8년간 철도와 버스 시설을 최신 설비로 교체하고 노후화된 미국 도로와 교량 등을 개선하며 5세대 이동통신(5G) 등 고속 데이터통신망을 구축하는 데 주력한다는 것입니다.

　　바이든 대통령은 또 2021년 4월 1조 8,000억 달러(약 2,047조 원)에 이르는

'미국 가족 계획(American Families Plan)'을 공개하며 취학 전 아동에게 2년간 무상 교육을 제공하고 전문가 양성을 위한 전문대 교육을 지원하는 방안도 마련했습니다.

그렇다면 막대한 예산이 필요한 경기부양책에 필요한 돈은 어떻게 마련할까요? 바이든 대통령은 '증세(增稅) 카드'를 꺼냈습니다. 이에 따라 그는 법인세율을 현재 21%에서 28%로 올리기로 했습니다.

이와 함께 그는 유럽연합(EU), 영국, 일본과 손잡고 이른바 '국제 최저 법인세'를 마련하기로 합의했습니다. 이는 15%가 전 세계 최저 법인세율의 출발점이며 세율을 15%보다 더 내리면 안 된다는 의미가 담겨 있습니다.

국제 최저 법인세율이 실현되면 법인세를 낮춰 그동안 다국적 기업들을 유치했던 나라들은 법인세를 올려야 하죠. 이는 미국을 주축으로 하는 전 세계 기업이 법인세를 적게 내기 위해 법인세율이 낮은 나라로 생산거점을 옮기는 것을 막기 위한 의도가 담겨 있습니다.

이와 함께 바이든 행정부는 '글로벌 무형자산소득에 대한 최저세율(GILTI, Global Intangible Low-Taxed Income)'도 현행 10.5%에서 21%로 두 배 이상 인상하기로 했습니다. GILTI는 한마디로 말하면 '미국기업의 해외 자회사 소득세'입니다. 즉, 미국기업이 해외에서 영업하는 자회사를 통해 벌어들인 소득에 부과하는 세금인 셈이지요.

미국 정부는 해외에 진출한 미국기업이 지식재산권 등 무형자산을 세율이 낮은 국가에 있는 자회사로 옮겨 세금을 회피하는 것을 막기 위해 이 법안을 마련했습니다.

이와 함께 연간 40만 달러(약 4억 5,500만 원) 이상 버는 미국 내 1% 초부유층이 내는 소득세율은 현행 37%에서 39.6%로 올리기로 했습니다. 바이든 행정부는 법인세 증세와 초고소득층 세금 인상으로 앞으로 10년간 3조 6,700억 달러(약 4,175조 원)에 이르는 추가 세수를 확보할 방침입니다.

바이든 대통령은 이른바 '환율조작국'에 대한 보복도 주저하지 않고 있습니다. 그는 '베닛 해치 카퍼 수정법안(2장 참고)'을 통해 환율조작을 일삼는 교역국에 철퇴를 내리는 법적 근거를 마련했기 때문입니다. 일명 'BHC 수정법안'으로 불리는 이 법안은 글로벌 금융위기 이후 늘어나는 경상수지 적자를 줄이기 위해 만들었습니다.

결국 시장보다는 정부 역할을 강조하는 바이든은 케인지언(Keynesian, 케인스주의자)입니다. 케인지언은 경제가 어려움을 겪을 때 정부가 앞장서서 나와야 한다는 점을 강조합니다.

조 바이든 대통령의 등장은 신자유주의 시대가 막을 내리고 경제를 민간이 아닌 정부가 앞장서서 관리하는 이른바 '관리시장(Managed Marketplace)'이 도래했다는 것을 뜻합니다.

141

일본경제가 그의 손에
기시다노믹스

    일본은 총리가 연임이 가능하지만 임기는 3년입니다. '재임 기간 9년'이라는 일본 최장수 총리가 될 뻔했던 아베는 그의 핵심 병기 아베노믹스(Abenimics)와 정치적인 실정(失政)으로 임기 1년 3개월을 남겨두고 물러나는 치욕을 안았습니다.

    아베 전 총리가 집권하기 이전 일본은 디플레이션(Deflation)의 늪에 빠졌습니다. 일본경제를 되살리겠다며 2012년 12월에 취임한 아베 전 총리는 '3개의 화살' 전략을 내세웠습니다. 3개의 화살은 무제한적 양적완화, 재정지출 확대, 규제완화-구조개혁을 통한 장기 성장전략을 말합니다.

    이 가운데 가장 관심을 모은 대목이 무제한적 양적완화입니다. 양적완화(168장 참고)는 쉽게 설명하면 중앙은행이 경기를 부양하기 위해 시중에 돈을 푸는 것을 말합니다. 즉 엔화 가치가 하락하고 환율이 상승하면서 자연스럽게 일본 제품은 국제무대에서 가격경쟁력을 갖게 되고, 일본 수출은 증가해 경제는 성장합니다.

    실제로 자동차 등 수출기업은 2014년 상반기에 사상 최대 이익을 기록했고 일본의 주가지수와 소비자물가지수도 크게 올라 경제회복세를 보이는 등 아베노믹스는 성공하는 듯했습니다.

하지만 잘 나갈 것 같았던 일본정부의 경제정책은 소비세 인상으로 타격을 입었습니다. 아베 전 총리는 일본 국내총생산(GDP)의 2배가 넘는 국가부채(1,000조 엔) 문제를 해결하기 위해 2014년 4월 소비세를 8%로 인상했고, 2019년 10월에 10%로 또다시 늘렸습니다.

아베 전 총리는 소비세가 인상돼도 시중에 돈이 풀리고 경기가 살아나면 세금이 올라가도 소비가 늘어날 것이라는 생각했습니다. 하지만 현실은 세금 인상으로 물가가 올랐고 그동안 장기불황에 익숙해진 일본 국민들은 소비를 늘리지 않고 오히려 지갑을 꼭꼭 닫았습니다. 다행히 일본 국가부채는 2022년 12월 현재 1,026조 엔(약 9,917조 원)으로 조금 줄었지만, 여전히 일본 국내총생산(GDP) 대비 264%에 달하는 엄청난 규모입니다.

양적완화에 따른 부작용도 나오기 시작했습니다. 수출에만 지나치게 집중하는 경제정책은 내수 중소기업과 수입 소매업에 큰 타격을 줬습니다. 결국 일본 내수경제가 무너지기 시작한 것이죠.

아베노믹스가 난항을 거듭해 경제에 타격을 입은 가운데 부인 스캔들마저 겹쳐 아베는 정치적 위기를 맞았습니다. 아베 전 총리 부인이 운영하던 사학재단이 국유지를 헐값에 사들이고 이 과정에서 정치인 청탁까지 있었다는 사실이 밝혀져 아베 전 총리 정치생명이 위기에 몰렸습니다.

결국 아베는 책임을 지고 물러나 일본은 2020년 9월 14일 스가 요시히데(菅義偉) 관방장관(정부대변인+총무처+내무부 장관 역할)을 새 총리로 뽑았습니다. 앞서 설명한 것처럼 일본은 총리 임기가 3년이지만 스가 새 총리는 아베 전 총리 사임으로 아베 잔여 임기(2021년 9월)동안 총리를 맡습니다.

스가 신임 총리 임기가 약 1년 3개월 정도에 불과해 그의 경제정책은 아베노믹스를 유지하면서 구조개혁에 중점을 두는 모습입니다. 이에 따라 일각에서는 스가 내각이 아베 내각의 '시즌2'라는 비아냥을 쏟아내고 있죠.

이에 따라 스가노믹스(Suganomics)는 아베노믹스 계승과 최저임금 인상, 통신료 인하, 디지털청(廳) 출범, 신종 코로나바이러스 감염증(코로나19)과의 전쟁, 도쿄올림픽의 성공적인 개최 등에 무게중심을 뒀습니다.

스가 요시히데 일본 전 총리

그는 최저임금 인상으로 일본 근로소득을 높여 소비가 활기를 띠도록 할 방침이었습니다. 이와 함께 스가 총리는 디지털청을 통해 일본 사회 시스템을 디지털화로 하겠다는 의지를 내비쳤죠. 일본은 2020년 코로나19 대유행이 일어나자 팩스를 이용한 업무 처리와 도장 날인 관행, 광역지자체별로 다른 행정 서비스 등 아날로그 방식의 행정 체계가 도마 위에 올랐습니다. 이에 따라 스가 총리는 디지털청을 세워 일본 사회를 디지털 사회로 탈바꿈하겠다고 강조했습니다.

'탈(脫)탄소를 통한 그린경제'도 스가 총리가 중점을 두는 분야 가운데 하나입니다. 그는 2030년 온실가스 배출을 2013년 대비 46% 줄이겠다는 목표를 밝히고 전기자동차(EV)와 자율주행차, 인공지능(AI), 5세대 이동통신(5G), 해상풍력, 첨단 배터리 산업을 '차세대 먹거리'로 정했습니다.

이와 함께 반도체 산업 재건도 스가노믹스 가운데 하나입니다. 한 때 세계경제를 주름잡았던 일본 반도체 산업을 되살려 AI, EV 등 디지털 사회 도래에 대비하겠다는 얘기입니다.

하지만 야심찬 정책을 모두 추진하기엔 그의 시간이 너무 짧았습니다.

설상가상으로 2020년 도쿄올림픽이 무관중으로 치러지면서 노무라연구소 등 경제 전문기관은 도쿄올림픽으로 인한 경제적 손실이 10조엔(약 105조 원) 이상이 될 것이라 예측했습니다. 일본은 이 올림픽을 위해 쏟아부은 예산은 적게는 32조, 많게는 41조까지 추산됩니다.

연임에 의욕을 보이던 스가 전 총리가 2021년 9월 결국 사임하고 총재 선거 불출마를 선언하면서 2021년 10월 4일 총리로 취임한 기시다 총리는 2021년 11월 8일 일본경제를 되살리는 이른바 기시다노믹스를 발표했습니다. 평소 분배의 중요성을 강조해온 기시다 총리는 코로나19에 따른 일본경제를 되살리기 위해 30조 엔(312조 원) 규모의 거액을 투입하기로 했습니다.

기시다 후미오 일본 총리

기시다노믹스의 핵심은 출산과 빈부격차 해소, 과학기술 육성으로 집약됩니다. 이를 위해 기시다 총리는 국내총생산(GDP)의 2%인 가족 관련 예산을 4%로 늘리기로 했습니다. 또한 비정규직을 포함한 근로자 100만 명의 재교육을 지원해 이들이 고부가가치 산업에 정규직으로 취업할 수 있도록 할 예정입니다. 이는 저출산으로 노동력이 부족해져 새로운 산업 분야에 인재들을 재배치하기 위한 취지입니다. 그는 또 양자기술과 인공지능(AI) 분야를 국가 전략 산업을 지정해 기업이 투자에 적극 나설 수 있도록 지원할 방침입니다.

기시다 총리가 일본판 '헬리콥터 머니'를 추진하는 배경에는 코로나19로 일본경제 버팀목인 수출이 타격을 입어 우선 내수시장부터 살려야 한다는 위기의식에 따른 것입니다.

142

양적완화 규모를 축소하는
테이퍼링

여러분, 테이퍼링(Tapering)이라는 말을 들어보신 적이 있나요? 테이퍼링의 동사 형태인 '테이퍼(Taper)'는 '끝으로 갈수록 작거나 가늘어지다', '점점 줄어든다'라는 의미를 담고 있습니다. 이처럼 테이퍼는 물건 형태나 과정이 갈수록 축소하는 것을 뜻합니다. 이런 테이퍼링이 어느날 갑자기 세계경제 핵심용어로 자리매김했습니다.

미국 중앙은행 연방준비제도(Fed, 연준) 의장인 벤 버냉키가 2013년 5월 미국경제가 회복되고 있다는 지표를 잇달아 발표하면서 '테이퍼링'을 처음 언급했기 때문이죠. 테이퍼링은 연준이 양적완화(168장 참고)를 점진적으로 축소하겠다는 얘기입니다.

일반적으로 양적완화는 중앙은행이 경기를 부양하기 위해 통화를 시중에 직접 공급하는 방식을 말합니다. 양적완화는 기준금리 수준이 너무 낮아 금리 인하를 통한 경기 부양이 어려울 때 중앙은행이 시중의 다양한 자산을 직접 사들여 통화공급을 늘리는 정책입니다.

테이퍼링은 엄밀하게 말하면 최근 등장한 개념은 아닙니다. 미국 연방 공개시장위원회(FOMC, 통화정책 만드는 곳)는 2013년 12월 회의를 열어 2014년

1월부터 국채와 주택담보대출채권(MBS) 매입규모를 매월 850억 달러에서 750억 달러로 줄이고 향후 경제 상황에 따라 추가 축소가 있을 것이라고 밝혔습니다.

연준이 이와 같이 결정한 것은 당시 미국 경제가 되살아나고 있다는 근거에 따른 것입니다. 이에 따라 2007~2008년 세계 금융위기 때 진행했던 양적완화에 대한 1차 테이퍼링을 시작했습니다.

연준은 그 이후 2014년 1월 말 채권 매입규모를 750억 달러에서 650억 달러로 줄이는 2차 테이퍼링을 단행, 2014년 4월 양적완화 규모를 650억 달러에서 550억 달러로 줄이는 3차 테이퍼링을 단행했습니다. 그리고 2014년 10월 드디어 양적완화 정책의 종료를 선언했습니다. 미국 경제가 다시 정상 궤도에 올랐음을 알린 것입니다.

양적완화를 공식적으로 끝낸 후 미국 연준은 2016년 12월 기준금리를 0.25% 인상했습니다. 이는 9년 6개월만에 금리를 올린 것이지요. 이를 통해 미국은 길고 험난한 양적완화 정책에서 마침내 탈출하는 듯했습니다.

그러나 2019년 지구촌을 강타한 신종 코로나바이러스 감염증(코로나19) 대유행이 미국 경제에 큰 타격을 주자 도널드 트럼프 미국 전 대통령은 2020년 3월 14일 '국가비상사태'를 선포하며 양적완화 카드를 다시 꺼냈습니다. 이에 따라 연준은 그 다음 날인 2020년 3월 15일 기준금리를 기존 1.00~1.25%에서 0.00~0.25%로 전격 인하했습니다. 한동안 사라졌던 제로금리 시대가 다시 열린 것이지요.

이 때문일까요? 미국 경제는 코로나19에 따른 경제적 위기에서 벗어나 최근 각종 경제지표가 놀라움을 안겨주고 있습니다. 국제통화기금(IMF)는 미국의 2021년 경제성장률(GDP)이 7.0%를 기록할 것으로 전망했습니다. 이는 대다수 경제기관이 애초 예상했던 4.2%에서 크게 늘어난 것이지요.

　고용 지표도 긍정적입니다. 2021년 미국 실업률은 이전 전망치(5%)보다 떨어진 4%가 될 전망입니다. 일반적으로 실업률이 3~4%이면 완전고용이라고 여깁니다. 완전고용은 일할 능력과 의지가 있는 구직자가 전부 고용되는 상황을 말하죠. 코로나19로 무려 2,000만 개 이상 일자리가 사라진 미국으로서는 실업률이 당초 예상보다 낮은 점에 안도하는 모습입니다.

　이처럼 미국경제가 코로나19의 암운(暗雲)에서 벗어나 회복의 기지개를 켜면서 미국 물가가 최근 가파르게 오르고 있습니다. 이에 따라 물가상승률(인플레이션) 우려가 커지고 있는 상황이죠.

　하지만 연준은 물가 상승이 일시적인 현상이라고 판단하는 모습입니다. 이에 따라 연준은 일각에서 거론되고 있는 '2021년판 테이퍼링' 가능성에 다소 거리를 두고 있죠. 연준은 현재 미국경제 상황이 코로나19 쇼크에서 회복된 상태라고 보고 있지 않기 때문입니다.

　미국의 최근 물가상승이 경제회복에 따른 현상이 아닌 무제한 양적완화와 경기부양책에 따른 결과라는 뜻입니다. 쉽게 설명하면 미국 경제는 여전히 부진한 상태에 머물고 있다는 의미입니다.

　이런 상황에서 제롬 파월 미국 연방준비제도(Fed, 연준) 의장은 2022년 2월 테이퍼링에 종지부를 찍고 금리 인상이라는 새로운 길로 향했습니다. 미국 내 치솟는 물가를 잡기 위한 어쩔 수 없는 금융정책이라고 볼 수 있습니다.

143

앞으로의 경제를 책임질
새로운 세대의 등장
MZ세대

밀레니얼은 천년을 뜻하는 'Millennium'의 형용사형으로 1980년대 초반부터 2000년대 초반에 출생한 세대를 일컫는 말입니다. 이들은 현재 전 세계 인구의 3분의 1 이상(약 25억 명)을 차지하고 있습니다. 밀레니얼 세대는 50~60대의 베이비붐 세대를 부모로 둔 20~30대를 뜻합니다.

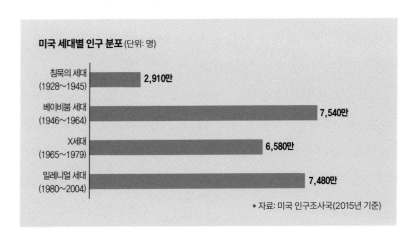

미국 세대별 인구 분포 (단위: 명)

세대	인구
침묵의 세대 (1928~1945)	2,910만
베이비붐 세대 (1946~1964)	7,540만
X세대 (1965~1979)	6,580만
밀레니얼 세대 (1980~2004)	7,480만

* 자료: 미국 인구조사국(2015년 기준)

밀레니얼 세대는 페이스북, 트위터 등 SNS나 문자메시지로 인간관계를 형성하는 것에 능숙하고, 최신 소식을 스마트폰이나 태블릿 등을 통해 언제 어디서나 접할 수 있는 신속성을 갖추고 있습니다. 타인과의 접촉을 꺼리지 않으며 타인의 의견을 개방적인 태도로 받아들입니다.

지금 세계는 밀레니얼 세대에 주목하고 있습니다. 그 이유는 이들이 가진 영향력 때문입니다. 이들 세대는 전 세계 소비시장에서 30%를 차지하는 활동적인 소비계층이며, 2025년이 되면 전 세계 노동인구의 75%를 차지할 것으로 보입니다. 최근 미국의 대선에서도 전체 유권자의 56%를 밀레니얼 세대가 차지하며 대통령 당선을 좌지우지하는 핵심계층이 되기도 했습니다.

이들은 실질적인 소비에 주목합니다. 밀레니얼 세대가 사회에 진출한 시기였던 2007년 글로벌 금융위기 시절에는 좋은 일자리를 찾기 어려웠고, 고용도 불안했습니다. 이와 더불어 소득도 낮아 이에 대한 트라우마가 있었죠. 설상가상으로 이들 세대 중에는 아직까지 대학교 학자금 대출금을 갚지 못해 시름하는 사람들도 남아 있습니다.

그래서 과시적인 소비보다는 나에게 꼭 필요한 소비를 선호하고 물질적 풍요보다는 여행이나 취미, 음식 등에 더 많은 관심을 보입니다. 또 이들은 결혼에도 소극적이고 내집 마련엔 더욱 관심이 없습니다. 또한 금융위기를 겪은 탓인지 은행, 증권 등 금융사에 투자하는 것도 주저하는 모습을 보입니다.

최근에는 밀레니얼 세대와 Z세대(1990년대 중반에서 2000년대 초반에 태어난 세대)를 합쳐 MZ세대라고 부릅니다. Z세대는 흔히 '디지털 원주민(Digital Native)'이라고 불릴 만큼 정보기술(IT)에 익숙합니다. 디지털 원주민은 디지털 시대에 태어나 어릴 적부터 컴퓨터와 인터넷에 익숙한 이들을 말합니다.

Z세대는 앞서 설명한 밀레니얼 세대와 크게 차이가 나지 않습니다. 이들은 개인주의 성향이 강해 독립적이며 경제적인 가치를 중요하게 여깁니다. 또한 자신들이 원하는 제품 가격이 비싸도 주저하지 않고 지갑을 열어 구매하죠. 특히 Z세대는 첨단 IT기술 제품 추이에 민감한 반응을 보이며 첨단 제품 구입에 열성을 보이고 있습니다.

밀레니얼 세대와 MZ세대는 소비패턴에서 조금 차이가 납니다. 밀레니얼 세대는 앞서 설명한 것처럼 꼭 필요한 소비만 하고 투자에 소극적인 모습을 보이고 있지만, Z세대가 합쳐진 MZ세대는 투자에 적극적이며 소비도 남들에게 과시하는 특성을 보이기 때문입니다. 이에 따라 일각에서는 MZ세대(20~40대 연령층)를 '자본주의 키즈(Kids)' 라고 부릅니다. '키즈'는 '아이'를 뜻하지만 여기는 '신봉자', '지지자'라는 뜻이 담겨 있습니다.

또한 MZ세대들의 톡톡 튀는 소비문화를 설명하는 각종 '신조어'도 등장하고 있습니다. 이들은 '플렉스(Flex, 많은 돈을 쓰며 부(富)를 과시하는 소비 행태)'와 '내돈내산(내 돈으로 내가 샀다)'을 외치며 골린이(골프 입문자), '스캉스(스위트룸+바캉스)' 등을 즐깁니다. 그리고 명품을 하기 위해 새벽부터 기다리며 '오픈런(매장이 열리자마자 뛰어 들어가 제품을 사는 것)'도 주저하지 않고 명품을 '리셀(Resell, 되팔기)'에도 열정적입니다.

이처럼 자신의 가치관이나 신념을 바탕으로 제품 구매에 열정적인 모습을 보이는 MZ세대는 유통업계는 물론 정치, 사회 분야에서도 기존 판도를 크게 바꾸는 게임체인저(Game Changer)로 등장했습니다.

중국이 주도하는 국제 금융기구
AIIB

2016년 1월 16일 중국이 주도하는 AIIB가 베이징에서 개소식과 창립 총회를 열고 공식 출범했습니다. AIIB는 아시아인프라투자은행(Asia Infra Investment Bank)의 약칭입니다. 말 그대로 아시아 지역 개발도상국이 추진하는 도로, 항만 등 인프라(기초시설) 건설자원에 투자하는 은행을 말하죠.

그런데 국제기관 중에는 아시아개발은행(ADB, Asian Development Bank)이라는 은행이 이미 있습니다. 아시아 지역의 개발과 협력을 위해 설립된 국제개발은행인 ADB는 한국과 일본, 필리핀 등 67개국이 참여해 아시아 지역 내 개발투자와 지역개발에 필요한 기술과 돈을 제공하고 있죠.

ADB가 아시아 지역의 개발 사업에 총대를 메고 있는 상황에서 AIIB가 새롭게 등장한 이유는 무엇일까요? AIIB는 시진핑 중국 국가주석이 지난 2013년 9월 카자흐스탄 등 중앙아시아와 동남아시아를 순방하면서 떠올린 국제기구입니다. 시진핑 주석은 이 국가들을 순방한 후 그해 10월 AIIB의 핵심사항인 '일대일로(一帶一路)'라는 경제전략을 발표했습니다. 일대일로는 동남아시아에서 시작해 중앙아시아, 유럽, 아프리카를 잇는 해상·육상 실크로드를 말합니다. 일대일로가 완성되면, 미국이 포함된 미주 대륙을 빼놓고 아시아, 유럽, 아프리카를 하나로 묶은 거대 경제권이 탄생하게 되지요.

일대일로 프로젝트에 포함된 국가는 모두 65개국이며 이들 국가의 총 인구는 약 44억 명, 국내총생산(GDP)의 합계는 21조 달러(약 2경 3,982조 원)입니다. 이는 전 세계 인구의 63%, 글로벌 GDP의 29%를 차지합니다. 중국은 일대일로를 통해 특정 지역에만 몰려 있는 개발 사업을 중국 대륙 전체로 넓히고 아세안, 중앙아시아 등 인접국과의 무역을 늘려 중국 수출입을 활성화하는 등 새로운 성장동력을 발굴할 방침입니다.

그러나 이를 실행하는 데는 문제가 있습니다. 중국이 2021년 6월 말 현재 3조 2,000억 달러(약 3,654조 원)에 달하는 막대한 외환보유액(124장 참고)을 가지고 있다고는 하지만 이를 한 가지 프로젝트에 모두 쏟아부을 수는 없다는 사실이죠. 중국이 이 돈을 일대일로 프로젝트에 다 사용한다면, 외환위기를 막아주는 보호막이 사라질 수도 있으니까요.

그래서 중국은 AIIB 자본금을 1,000억 달러(약 120조 300억 원)로 정하고, 회원국을 대상으로 돈을 낼 수 있는 출자비율(또는 지분율)을 만들었습니다. AIIB 창설을 주도해온 중국은 출자비율 30.34%로 1위를 차지하며, AIIB 관련 투표권도 26.06%를 확보해 사실상 주요 안건에 대한 찬성과 거부권을 확보했습니다.

반면, 중국이 주도하는 거대 개발은행 AIIB를 보며 미국은 충격에 빠졌습니다. 중국이 이제는 금융 분야까지 넘보며 미국을 위협하는 존재로 떠올랐으니까요. 사실 기존의 세계은행(World Bank)이나 ADB는 미국과 일본의 영향력 아래에 있는 개발기구였습니다. AIIB의 출범은 미국의 영향력이 줄어드는 것을 뜻하고, 이는 자연히 중국의 경제적 세력 강화로 연결되지요.

AIIB의 위력은 좀처럼 그칠 줄 모르는 모습입니다. AIIB는 2018년

12월 20일 알제리, 가나, 리비아, 모로코, 세르비아, 토고 등 6개국 참가 신청을 승인했습니다. 이에 따라 AIIB 회원국은 처음 57개국에서 무려 109개국으로 두 배 이상 늘었습니다. 국제 금융사회에서 중국이 이끄는 AIIB 역할이 더욱 커지고 있다는 얘기입니다.

특히 호주, 프랑스, 영국, 캐나다 등 그동안 우방으로 여겨온 국가들이 AIIB에 대거 참여한 사실은 미국에 더 큰 충격을 안겼습니다. 미국의 AFP 통신은 캐나다가 AIIB에 가입을 신청하자 이는 미국에 대한 쿠데타라며 강하게 비판하기도 했습니다.

여기에 우리나라도 중국과 미국의 첨예한 신경전 속에 2015년 3월에서야 AIIB 가입을 결정했습니다. 한국은 창립회원국 57개국 중 중국, 인도(8.52%), 러시아(6.66%), 독일(4.57%)에 이어 지분율 3.81%로 5위입니다.

이와 관련해서 무척 아쉬운 대목이 있습니다. 바로 홍기택 AIIB 리스크 담당 부총재(CRO)의 사임입니다. 전 산업은행장 출신인 홍 부총재는 2016년 청와대와 기획재정부, 금융당국 등이 산업은행의 대우조선해양 추가 지원을 일방적으로 결정했다고 주장해 파문을 일으켰습니다. 이 일로 홍 부총재가 휴직계를 낸 후 돌아오지 않자 중국은 이 자리를 국장급으로 격하했습니다. 사실상 AIIB에서 하차한 셈이지요. AIIB는 지분 참여 비율에 따라 5개 나라에 부총재직을 배분하는데, 우리나라는 무려 37억 달러(약 4조 3,253억 원)라는 거액의 투자금을 내고도 우리 몫의 AIIB 부총재직을 잃었으니 통탄할 일입니다.

그러나 지나친 비관은 금물입니다. 최근 한국은 AIIB와 손잡고 해외 사업을 따내는 등의 두드러진 성과를 보이고 있습니다. 효성과 LS전선 등이 대표적인 사례입니다. 효성은 2017년 11월, 방글라데시에서 2,200만 달러

(약 242억 원) 규모의 변전시설 건설 사업을 따냈고, LS전선도 같은 달 방글라데시에서 4,600만 달러(약 506억 원)에 달하는 전력 케이블 공사를 수주하기도 했죠. 비록 규모가 크지는 않지만 한국 기업이 AIIB 사업을 수주한 것은 이번이 처음입니다. 한국으로서는 AIIB와 손잡고 그동안 진출이 부진했던 AIIB 회원국을 집중 공략할 수 있는 절호의 기회를 잡은 셈입니다.

국가별 AIIB 투자액 (단위: 달러)

역내국	투자액	역외국	투자액
중국	298억	독일	45억
인도	84억	프랑스	34억
러시아	65억	이탈리아	26억
한국	37억	스페인	18억
호주	37억	캐나다	10억
인도네시아	34억	네덜란드	10억
터키	26억	폴란드	8억
사우디	25억	스위스	7억
이란	16억	이집트	7억
태국	14억	핀란드	3억
기타	14억	기타	34억

*자료: 《The Banker》(2021년 7월 1일 기준)

정치적 기싸움에 휘청거리는
무역 자유화
TPP

TPP는 'Trans-Pacific Partnership'의 약어로, 흔히 '환태평양경제동반자협정'으로 불립니다. 태평양 연안의 광범위한 지역을 하나의 자유무역지대로 묶는 협정으로 아시아·태평양 지역의 일본, 미국, 호주, 캐나다 등 12개 국가들이 무역 장벽을 없애고 시장을 개방해 무역 자유화를 이룩하자는 취지로 설립됐습니다.

세계 무역 시장을 송두리째 뒤흔들 수도 있는 TPP는 버락 오바마 미국 전 대통령과 아베 신조 일본 전 총리가 앞장서서 추진했는데, 그 이유는 중국을 견제하기 위해서입니다. GDP 규모에서 일본(4,715조 원)을 제치고 미국(2경 585조 원)에 이어 세계 2위로 등장한 중국(1경 2,995조 원)은 일본에게 눈엣가시 같은 존재입니다. 또한 미국으로서도 중국이 뒤를 바짝 쫓아오는 현실이 결코 기분 좋은 일은 아니지요.

국제무대에서 중국이 급부상하며 가뜩이나 일본과 미국의 심기가 불편한 가운데, 최근 중국이 앞장서서 2016년 2월 아시아인프라투자은행(AIIB, 144장 참고)을 출범시킨 것도 한 원인이 됐습니다.

이런 TPP가 2017년에 들어서며 붕괴될 위기에 처했습니다. 흥미롭게

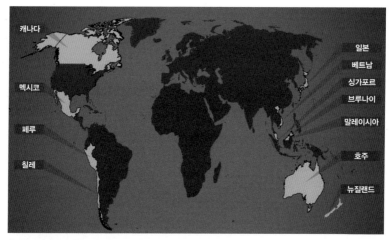

환태평양경제동반자협정(TPP) 가입국가

도 TPP의 붕괴를 부추긴 나라가 바로 미국입니다. 도널드 트럼프 미국 전

대통령은 2016년 대통령 선거 유세기간 내내 TPP, FTA 등 각종 무역협정

이 미국 내 일자리를 빼앗고 있다며 TPP에 반대하는 입장을 밝혔습니다.

그리고 2017년 1월, 백악관의 주인이 되자마자 취임 3일 만에 TPP에서 탈

퇴하는 서류에 서명했죠. 이에 따라 TPP 회원국은 미국이 빠진 11개 국가

체제로 남았습니다.

　트럼프가 자국의 이익만을 강조하며 국제 교역무대에서 신(新)고립주의

를 선언하자 가장 당황한 국가는 일본입니다. 일본은 '큰형'인 미국을 앞세

워 아시아와 세계에서 영향력을 키워가는 중국을 견제할 생각이었는데, 트

럼프의 무역 고립주의 선언으로 큰 혼란에 빠진 것이죠.

　이 가운데 돌아서서 웃는 국가가 있습니다. 바로 중국입니다. 중국은

TPP와 유사한 형태의 자유무역협정 역내포괄적경제동반자협정(RCEP)을

2020년 11월 15일 출범시켰습니다. RCEP는 미국을 견제하기 위해 만들어

진 무역협정으로 현재 한국, 일본, 브루나이, 태국, 호주 등 15개국이 참여했습니다.

2024년 1월 RCEP는 회원국 국민이 전 세계 인구(78억 명)의 30%가 넘는 22억 명이며 전 세계 국내총생산(GDP)의 30%인 26조 2,000억 달러(3,130조 원)에 이릅니다. 이는 역사상 최대 규모의 자유무역협정이죠. 특히 RCEP는 아시아 주요 경제대국인 한국, 중국, 일본 등이 모두 참여한 최초의 자유무역 협정체제라는 점에서도 의미가 있습니다.

미국이 TPP에서 탈퇴한 가운데 RCEP는 국제무대에서 미국의 영향력을 더욱 위축시키는 계기가 됐습니다. 하지만 이것도 쉽지 않을 전망입니다. 미국이 빠진 TPP 11개 회원국이 포괄적(Comprehensive)-점진적(Progressive)TPP, 즉 CPTPP 추진에 합의했기 때문입니다. 일본 등 11개 회원국은 2018년 3월 8일 칠레 수도 산티아고에서 CPTPP에 공식 서명했습니다. 이에 따라 미국의 탈퇴로 TPP가 폐기 수순을 밟을 것이라는 암울한 전망은 없던 일이 됐습니다.

내심 TPP의 붕괴와 함께 RCEP가 체결되길 원했던 중국은 쓸쓸한 입맛을 다시고 있습니다. 세계경제의 주도권을 중국이 쥘 수 있는 절호의 기회를 놓쳤기 때문이죠.

이처럼 세계경제는 주도권을 놓고 일본이 선봉에 선 CPTPP와 중국 주도의 RCEP가 격돌하는 양상 속에서 최대 피해자는 단연 미국입니다. 이런 가운데 미국은 조 바이든 신임 대통령의 등장으로 트럼프 전 대통령의 기이한 트럼피즘(트럼프 미국 전 대통령의 보호무역 정책)에서 벗어나는 계기를 마련했습니다. 일각에서는 바이든 대통령이 미국이 탈퇴한 CPTPP에 다시 가입할 것으로 전망하는 목소리가 나오고 있습니다.

그러나 바이든 대통령이 속한 민주당의 지지층이 진보세력과 노동자 계층이 많은 점을 감안하면 미국이 이들 지지를 외면하고 자유무역협정인 CPTPP에 쉽게 재가입할 수도 없는 상황입니다.

미국의 TPP 탈퇴 이후 새롭게 재편되고 있는 세계무역경제에 전 세계 관심이 집중되고 있습니다. 한국도 이에 주의를 기울이며 현명하게 대처하는 자세가 필요합니다.

RCEP와 TPP 비교

구분	RCEP	TPP
서명	2020. 11. 15.	2016. 2. 4.
회원국	한국, 일본, 호주 등 15개국	일본, 호주, 뉴질랜드, 페루 등 11개국
회원국 인구수	22억 명	5억 1,483명
회원국 경제규모	26조 2,000억 달러	13조 5,000억 달러
전 세계 GDP 차지 비중	30%	13.4%
특징	• 중국과 아세안 회원국 주축 • 서비스 분야 개방, 지식재산권 보호	• 미국이 TPP에 복귀할 경우 한국 가입 요청 예상 • 환경·노동·디지털·국영기업 등 촘촘라한 협정

나부터 살고 보자!
적기조례

흔히 '최대의 적(敵)은 내부에 있다'라는 말이 있습니다. 도약의 발목을 잡아 발전이 아닌 퇴보의 길로 이끄는 암적 존재가 다름 아닌 조직 내부에 자리 잡고 있다는 얘기입니다.

이는 과거 역사만 봐도 쉽게 알 수 있습니다. 산업혁명 발원지인 영국은 1826년 세계 최초로 28인승 증기기관 자동차를 선보였습니다. 이 자동차는 비록 현재의 자동차 엔진이 아닌 증기기관을 탑재했지만, 최초로 상용화에 성공한 차량이라는 평가를 받았습니다.

증기기관 자동차는 당시 기술 수준을 감안하면 혁신 그 자체였습니다. 그러나 '나의 행복은 남의 불행'이라는 말이 있지요. 영국인들은 증기 자동차 출현에 환호했지만, 안절부절못하며 밤잠을 설치는 이들도 있었습니다. 바로 마차업 종사자였죠.

마차업자들은 증기 자동차의 등장에 생존의 위협을 느꼈습니다. 이들은 자칫 밥그릇을 빼앗길 수 있다는 절체절명의 위기감을 느꼈습니다. 결국 마차업자들은 들고 일어섰습니다. 이들은 자동차 때문에 말(馬)이 놀라고 자동차가 도로를 망친다는 황당한 논리를 펼쳤습니다.

영국정부는 이들 마차업자의 압력에 굴복해 1865년 **적기조례**(Red Flag Act)라는 기상천외한 법을 선포했습니다. 이른바 '빨간 깃발법'으로 불리는 이 법규는 차량 한 대에 무조건 운전수, 기관원, 기수 3명을 고용해야 했습니다. 또한 마차가 55m 전방에서 붉은 깃발을 꽂고 달리면 자동차는 그 뒤를 따라가야 했습니다. 법규에 따라 자동차의 최고속도는 시속 6.4km로 묶었습니다. 당시 자동차는 시속 30km를 넘게 달릴 수 있는 성능을 갖췄습니다. 런던 시민들에게 마차보다 느린 증기자동차를 타라는 얘기였죠. 코미디가 따로 없습니다.

적기조례는 31년이 지난 1896년 폐지됐지만, 어처구니없는 규제의 대가는 혹독했습니다. 영국이 적기조례의 늪에 빠져 허덕이고 있는 사이에 독일과 프랑스 등 경쟁국의 자동차 산업

영국식 마차

은 본궤도에 올랐습니다. 반면, 자동차의 선두주자였던 영국은 쇠락의 길을 걷게 됐습니다. 결국 마부들도 일자리가 사라지는 등 해피엔딩이 아니었습니다. 유망산업이 정부의 황당한 규제에 발목이 잡혀 '폭망(폭삭 망함)'한 대표적인 사례가 아닐 수 없습니다.

적기조례의 망령은 시간과 공간을 초월해 다시 모습을 드러내고 있지요. 한국도 예외는 아닙니다. 대표적인 예가 드론(Drone, 소형 무인항공기)산업입니다. 전 세계 시청자들은 지난 2018년 2월 25일 '평창 동계올림픽' 개막식에 평창의 밤하늘을 화려하게 수놓은 드론 쇼를 목격하며 감탄을 금치 못했을 것입니다. 그러나 약 1,200개가 넘는 드론을 하늘에 동시에 띄우는 이른바 '군집(群集) 드론 기술'은 한국 드론 회사가 아닌 미국 인텔 사의 작품이었

습니다. 우리 무대를 남의 손에 맡긴 처지가 된 셈이지요. 주먹으로 땅을 치며 통탄해야 할 대목은 우리가 드론 기술을 먼저 개발한 선두주자였지만, 정부의 규제로 정작 드론 기술이 외국에서 활짝 꽃을 피웠다는 점입니다.

한국항공우주연구원이 2013년 실내 군집 드론 기술을 개발해 세계를 놀라게 했고, 2016년에 인텔과 같은 실외 군집 드론 기술을 확보했습니다. 한국은 드론 택시의 핵심인 수직 이·착륙 기술도 2012년 세계에서 두 번째로 개발했지만, 규제의 벽에 부딪혀 상용화에 실패했지요.

드론이 한국에서 규제의 그물에 갇혀 제대로 성장하지 못한 사이에 세계 드론시장은 눈부시게 발전하고 있습니다. 국토교통부에 따르면 전 세계 드론시장 규모는 2016년 7조 2,000억 원에서 2026년 90조 3,000억 원까지 성장할 전망입니다. 이에 비해 한국 드론시장 규모는 800억 원대에도 못미치고 있죠. 이는 세계 시장과 비교하면 1%에 불과한 수준입니다.

이는 인공지능에서도 여실히 드러났습니다. AI는 촘촘한 정부의 규제 그물에 묶여 있는 상황입니다. 박근혜 정부는 2016년 이른바 '알파고 쇼크'를 이겨내기 위해 '한국형 AI사업'을 마련해 국내 주요 정보기술 기업들이 참여한 지능정보기술연구원(AIRI, 현 인공지능연구원)을 출범시켰습니다. 당시 정부는 연간 150억 원씩 5년간 총 750억 원에 달하는 연구예산을 투입한다는 계획을 세웠습니다. 그러나 이 프로젝트는 정부가 바뀌면서 '적폐' 논란의 중심에 서게 됐고, 결국 예산이 모두 삭감됐습니다. 향후 한국을 이끌 첨단기술 프로젝트가 정권 교체로 휘청거리고 있는 것이지요.

미국이 세계 최고의 AI 강국이 된 비결은 간단합니다. 미국은 지난 50년간 정권교체나 경기침체에 관계없이 정부가 대학교, 연구소, 기업과 손잡고 첨단기술 개발에 매진해왔습니다. 중국도 오는 2030년까지 모든 AI

분야를 세계 최고 수준으로 끌어올리겠다는 야심찬 계획을 선보인 지 오래입니다.

'경제의 최대의 적은 정치'입니다. 정치가 시장보다 효율적이거나 합리적이지 않다는 얘기입니다. 그러나 규제 인·허가의 열쇠를 쥐고 있는 정부는 시장의 불완전성, 불공정성을 언급하며 시장의 실패를 막기 위해 정치적 접근과 입법적 제한이 필요하다고 목소리를 높이고 있습니다.

영국 경제학자이며 '애덤 스미스 연구소'를 설립한 이몬 버틀러는 2008년 6월에 출간한 그의 저서 《시장경제의 법칙》에서 "정치적 의사결정은 시장 선택보다 비효율적"이라고 설파한 것은 규제가 시장경제에 미치는 부정적 영향을 일갈한 것입니다.

이제는 정권이 바뀌어도 국가적 차원의 연구개발(R&D)은 꾸준히 밀고나가는 정치적 합의와 실천적 의지가 절실합니다. 첨단 R&D 사업은 정권의 입맛에 따라 손바닥 뒤집듯 쉽게 바뀌는 전리품이 아니기 때문입니다. 4차 산업혁명의 거센 파도가 밀려오는데 우리가 자칫 한눈을 팔면 파고(波高)에 휩쓸려 표류하는 신세가 될지도 모릅니다.

147

우리 물건 싸게 팔게 세금 많이 내!
스무트-홀리 관세법

최근 미국과 중국 사이가 심상치 않습니다. 양국이 상대방을 향한 공방을 펼치고 있기 때문입니다. 두 나라 간 경제, 특히 무역 얘기입니다.

미국과 중국이 무역전쟁의 포문을 열었습니다. 미국 정부는 2018년 7월 10일 대중(對中) 수입의 절반에 달하는 2,000억 달러(약 223조 원) 규모의 중국산 수입품에 10%의 추가관세를 부과하겠다고 밝혔습니다. 이는 미국이 2018년 7월 6일 340억 달러(약 38조 원) 규모의 중국산 제품에 25%에 달하는 관세를 매긴 지 불과 4일 만에 이뤄진 조치입니다. 충격이 아닐 수 없습니다. 이 정도면 관세 폭탄이 따로 없기 때문입니다.

그렇다고 그냥 앉아 있을 중국이 아닙니다. 중국 상무부는 미국 추가 관세 부과에 '보복할 수밖에 없다'며 맞대응 방침을 분명히 했기 때문이지요. 2018년 7월 6일 340억 달러어치 미국산 수입품에 25%의 관세 철퇴를 내린 중국이 어떤 수순을 밟을지 세계가 촉각을 곤두세우고 있습니다.

미국 경제학자들은 도널드 트럼프 미국 전 대통령이 시작한 '미중 무역전쟁'에 대해 동의하지 않는 모습입니다. 하지만 트럼프 대통령은 중국의 대미(對美) 무역흑자가 연간 3,750억 달러(약 400조 원)에 달한다며 중국과의 무

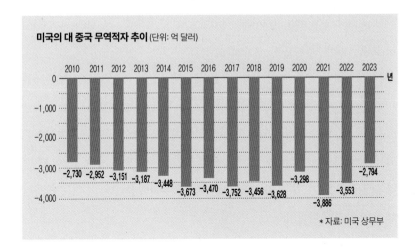

미국의 대 중국 무역적자 추이 (단위: 억 달러)

2010 2011 2012 2013 2014 2015 2016 2017 2018 2019 2020 2021 2022 2023 년

−2,730 −2,952 −3,151 −3,187 −3,448 −3,673 −3,470 −3,752 −3,456 −3,628 −3,886 −3,298 −3,553 −2,794

＊자료: 미국 상무부

역전쟁의 당위성을 옹호했죠.

이를 반증하듯 노벨경제학상을 받은 15명을 포함해 미국 경제학자 1,140명은 2018년 5월 3일 트럼프 대통령에게 공개서한을 보냈습니다. 이들은 서한에서 트럼프 대통령의 보호 무역주의를 시대착오적이라며 맹비난했지요. 도널드 트럼프 대통령의 경제정책에 미국경제를 대표하는 집단지성이 일제히 반기를 든 것입니다.

특히 이들 경제학자들은 미국이 지금으로부터 88년 전인 1930년대 대공황을 맞이하게 된 데에는 외국산 제품에 대한 관세를 올린 것이 주된 원인이며, 트럼프 대통령은 같은 실수를 되풀이하지 말아야 한다고 목소리를 높였습니다.

1930년대 미국에서는 어떤 일이 있었을까요? 사업가 출신 허버트 후버는 '미국 우선주의' 포퓰리즘 공약을 내세워 1928년 제31대 미국 대통령에 당선됐습니다. 그러나 당선의 기쁨도 잠시였죠. 1929년 가을 미국 뉴욕 주식시장에서 주가가 대폭락했습니다. 기업들이 줄파산하고 근로자들은 직장에서 쫓겨나 실업률이 25%대로 치솟았습니다. 대공황으로 인해 미국 경제는 끝없이 추락했습니다.

경제위기에 깜짝 놀란 후버 대통령은 대공황의 해법으로 1930년 6월 17일 스무트-홀리 관세법(Smoot-Hawley Tariff Act)을 발동했습니다. 공화당 소속 리드 스무트 의원과 윌리스 홀리 의원이 주도한 이 법안은 보호무역주의 정책을 고스란히 담았습니다. 구체적으로 살펴보면 이 법은 2만여 개 수입품에 평균 59%, 최대 400%의 고율관세를 부과했습니다. 이 정도면 사실상 수입 금지나 다름없죠.

재미있는 점은 당시 미국 경제학자 1,028명이 후버 대통령에게 보호무역주의 철회를 요구하는 편지를 썼지만, 후버 대통령은 이들 요구를 끝내 받아들이지 않았습니다. 트럼프 대통령이 경제학자 1,140명의 공개서한을 무시한 것과 같은 맥락이지요.

그 결과는 어떠했을까요? 후버 대통령은 미국 대공황 초기인 1930년 미국 산업을 보호하기 위해 제정한 관세법이라고 옹호했지만, 미국 관세폭탄에 유럽 국가들도 관세보복으로 맞대응해 세계무역은 급감하고 대공황은 매우 극심한 불황의 늪에 빠졌습니다. 미국 관세정책이 미국 산업을 보호하기는커녕 더 큰 피해를 준 셈이지요. 스무트-홀리 관세법이 없었다면 대공황이 그리 오래가지는 않았을 것이라는 우스갯소리가 나오는 것도 바로 이 때문입니다.

'역사는 되풀이된다'는 말이 있습니다. 트럼프 대통령이 후버의 '실패한 길'을 다시 걷고 있습니다. 이번에는 스파링 상대가 바뀌어 중국입니다. 세계경제 패권을 놓고 미국과 중국이 벌이는 '총성 없는 전쟁'의 결말이 어떻게 귀결될지 알 수 없습니다.

그러나 무역전쟁은 승자가 없는 게임입니다. 양국 무역전쟁이 세계경제에 치명적이라는 것은 불을 보듯 뻔합니다. 미국 압박에 중국이 수출량을 10%만 줄여도 아시아 국가의 국내총생산(GDP) 성장률이 1.1%포인트 하락할 것이라는 미국 시장조사업체 블룸버그 인텔리전스(BI) 보고서만 봐도 잘 알 수 있습니다.

우리나라는 미중 무역전쟁을 강 건너 불구경하듯 쳐다봐서는 안 됩니다. 중국은 한국 수출에서 차지하는 비중(24.8%)이 가장 높은 국가입니다. 미국은 중국 다음으로 한국 수출에서 차지하는 비중(12%)이 높습니다. 한국 국내총생산 대비 미국과 중국 무역의존도는 68.8%에 달합니다. 미국과 중국이라는 '두 마리 고래'의 싸움에 '한국 새우등'이 터질 수 있는 위기 상황인 셈입니다.

미국과 중국의 기(氣) 싸움이 언제 끝날지 알 수 없는 일입니다. 그렇다면 우리의 교역구조를 분석해 긴 안목으로 해법을 마련해야 합니다. 고장 난 레코드판처럼 되풀이 되는 얘기지만, 한국은 수출시장을 다변화해 중국과 미국 의존도를 줄일 수밖에 없습니다.

더욱 중요한 것은 우리 기업의 경쟁력을 강화해야 합니다. 첨단기술을 개발하고 원가를 절감해 무역전쟁의 파고를 헤쳐 나가야 한다는 얘기죠. 이와 함께 수출 못지않게 내수 산업 개발에도 주력해야 합니다. 관광, 서비스 등 내수산업을 진작시키고, 중소기업을 육성해 결국 수출과 내수가 적절한 균형점을 찾을 수 있도록 해야 할 것입니다.

148

자본주의의 불평등과
빈부격차를 비판하다
피케티 신드롬

몇년 전 프랑스의 한 경제학자가 쓴 서적
이 전 세계에서 큰 파장을 일으켰습니다. 바로
토마 피케티의 《21세기 자본론》입니다. 이 책
은 2013년 영어로 번역 출간된 후 50만 부 이
상 팔려 이른바 피케티 신드롬이라는 말까지
만들어냈습니다.

토마 피케티

프랑스 파리경제대학 교수인 피케티는 미
국, 프랑스 영국 등 20여 개 국가의 300년간 경제자료를 분석한 결과 '자본
수익률'(돈이 돈을 버는 속도)이 '경제성장률'을 앞지른다는 결론을 얻었습니다.
피케티가 도출한 자본수익률은 4~5%, 경제성장률은 연평균 1.6%였습니
다. 즉 자본수익률이 경제성장률보다 높아질 경우 불평등도 비례해 커진다
는 얘기지요. 이는 경제가 발전할수록 빈부격차가 줄어든다는 기존 주류 경
제학의 이론을 뒤엎은 것입니다.

쉽게 설명해보죠. 자본가는 일반 서민보다 항상 더 많은 소득을 얻기 때
문에 빈부 간 소득불균형은 계속 커집니다. 서민이 아무리 열심히 일해도

부자들의 부동산 임대수익, 주식배당, 금융상품 이자 등 자본이 스스로 증식해 얻는 자본소득을 따라갈 수 없습니다. 이에 따라 부자와 가난한 자들 간의 소득격차는 점점 더 벌어집니다.

자본수익률이 경제성장률보다 높다는 것은 할아버지나 아버지에게 물려받은 부가 높은 이익을 내준다는 뜻입니다. 즉, 땀 흘려 벌어들인 것보다 집안 재산을 대대로 물려주고 물려받는 세습(世襲)이 심해진다는 뜻이죠.

그렇다면 피케티가 세계적인 부의 양극화를 해소하기 위해 제시한 해법은 무엇일까요? 바로 세금입니다. 피케티는 빈부 간 소득격차를 줄이기 위해 최상위 1% 부자들에게 80%의 세금을 부과해야 한다고 주장했습니다.

피케티의 이와 같은 부의 불균형 해법이 발표되자 전 세계에서 찬반논쟁이 벌어졌습니다. 노벨 경제학상 수상자이자 진보 경제학자인 프린스턴 대학 교수 폴 크루그먼은 세습자본주의 체제하에서 경제는 부 자체뿐 아니라 상속된 부에 의해 지배되고 있으며, 이는 개인의 노력이나 재능보다 태생이 더 중요하다는 뜻이라고 강조했습니다.

반면, 하버드대학 교수 그레고리 맨큐는 피케티의 주장이 비현실적이라고 비판하고 있습니다. 맨큐는 자본수익률이 경제성장률보다 높다는 피케티의 결론은 수많은 변수를 배제한 허구라며, 부자라도 망하는 사람이 많은데 부가 지속적으로 세습된 다는 전제 자체가 엉터리라고 말합니다.

〈파이낸셜타임즈〉와 〈월스트리트저널〉 등 세계적인 언론도 피케티가

경제성장엔 관심이 없고, 분배적 정의에만 초점을 맞춰 크게 부풀렸다고 꼬집었습니다. 상위 1%의 소득이 오르면 99%가 가난해진다는 논리는 궤변이라는 것이지요.

피케티는 2014년 9월 한국에서 열린 세계지식 포럼에 강연자로 참석해 한국의 경제 상황을 언급하기도 했습니다. 피케티는 현재 한국에 불평등 문제가 빠르게 확산되고 있으며, 심각한 지경이 되기 전에 많은 사람이 불평등 문제에 관심을 가져야 한다고 촉구했습니다. 특히 불평등의 원인으로 대기업을 위한 지나친 규제완화와 부자감세를 언급했습니다.

피케티의 주장이 옳은지 그른지를 떠나 피케티 신드롬은 불평등이 최근 세계경제의 가장 중요한 주제임을 보여줍니다. 효율과 성장에만 관심을 두던 주류 경제학계에 피케티는 분배의 중요성이라는 화두를 던져 사람들의 고민을 이끌어내고 있습니다.

2015년 1월 피케티는 프랑스에서 가장 뛰어난 석학들만 받는 레지옹 도뇌르 훈장의 수상자로 선정됐습니다. 하지만 피케티는 "정부는 상을 줄 시간에 프랑스와 유럽의 경제회복에 집중하라"라며 수상을 거부했습니다. 1802년 나폴레옹 1세가 처음으로 제정하고 프랑스 대통령이 직접 수여하는 훈장을 쿨(?)하게 거부한 것이죠.

2017년 1월 피케티는 경제학자를 넘어 정치가로서의 행보를 보이기도 했습니다. 프랑스 사회당의 대선후보의 선거캠프에 합류해 EU 경제정책을 담당하는 자문단이 된 것인데요, 피케티의 다음 행보가 기대됩니다.

149

영화를 현실로 만드는 미래의 핵심 산업
4차 산업혁명

SF 영화 많이 좋아하시죠? 먼 미래를 다루는 영화에서 늘 빠지지 않고 나오는 장면들이 몇 개 있습니다. 사람 없이 운전하는 자율주행차, 스스로 학습하고 생각하는 로봇, 사물마다 부착된 컴퓨터 등인데요. 이건 과연 영화에서만 가능한 일일까요? 4차 산업혁명이 이들을 현실로 만들고 있습니다. 이 용어는 2016년에 열린 세계경제포럼(WEF)에서 창립자 겸 회장인 클라우스 슈밥이 처음 언급했습니다. 세계경제포럼은 스위스 다보스에서 열려 '다보스포럼'이라 불리기도 합니다.

4차 산업혁명은 정보통신기술과 산업의 융합으로 이뤄지는 차세대 산업혁명을 말합니다. 최근 자주 등장하는 인공지능을 비롯해 로봇, 사물인터넷(48장 참고), 자율주행차, 3D프린팅(150장 참고), 드론(Drone, 무인항공기) 등이 이 혁명에서 주도적인 역할을 하고 있죠.

그렇다면 지금까지의 산업혁명 발전 단계를 짚고 넘어갈까요?

세계경제포럼에서 연설하는 클라우드 슈밥

산업혁명의 발전 단계

1차 산업혁명 (18세기)	1784년 영국에서 증기기관과 기계화로 대량생산 체제에 돌입. 수요를 공급이 앞지르는 현상 초래. 세계 전역이 아닌 영국에서만 산업혁명 시작 및 발전
2차 산업혁명 (19세기)	1870년 전기의 발명으로 대량생산 체제 본격화. 컨베이어 시스템으로 대량생산 가속화. 미국과 유럽 전역에서 발전
3차 산업혁명 (20세기)	1969년 인터넷, 컴퓨터 등 IT산업의 발전으로 공장 자동화 가속화. 컴퓨터 정보화 및 자동화 생산시스템으로 대량생산 안정 단계 돌입
4차 산업혁명 (21세기)	로봇과 인공지능 등의 기술로 사물을 지능화하고 융합하는 시대. 완전 자동화, 로봇화, 인공지능화로 디지털과 물리적 영역 간의 경계가 허물어지는 기술 융합

4차 산업혁명은 그 규모와 속도에서 과거의 산업혁명들과는 엄청난 차이를 보이며 우리의 삶을 크게 바꿀 것으로 예견됩니다. 그중 하나가 일자리의 종말입니다. 클라우스 슈밥은 4차 산업혁명으로 인해 사라지는 일자리들이 많을 것이라 말하기도 했죠. 그는 첨단 기술을 가진 이들의 고용 기회는 더욱 많아지겠지만, 그 기술이 대체할 수 있는 일자리는 사라질 것이라고 예상했습니다.

세계경제포럼이 발표한 '2015년~2020년 고용 전망'에 따르면, 이 기간 동안 약 200만 개의 일자리가 새롭게 생기는 반면, 사라지는 일자리는 약 714만 개에 이를 것으로 예상됩니다. 예를 들어 로봇으로 대체가 가능한 콘크리트공, 택배원, 제품조립 인력 등이 사라지고, 인공지능과 빅데이터를 활용해 얼마든지 기계로 대체할 수 있는 일반 행정, 세무사, 보험설계사, 법조인과 같은 직업도 점차 사라질 전망입니다.

이처럼 인류의 삶과 생활방식에 큰 변화를 가져올 4차 산업혁명에 전 세계 각국이 대비하는 모습은 어떻게 보면 당연합니다. 미국에서는 백악관이 앞장서서 '스마트 아메리카 챌린지(Smart America Challenge)' 프로젝트를 선보여 눈길을 모았습니다. 2011년 6월, 버락 오바마 미국 전 대통령은 4차 산업혁명과 제조업을 결합시키겠다는 목표로 민간기업·학계·정부 합동 프로젝트를 발표했습니다. 구글, 아마존, 애플, 메타(구 페이스북) 등 유수의 기업들이 이 프로젝트를 통해 인공지능과 자율주행차, 스마트공장, 드론 등의 사업을 추진 중입니다.

대표적인 제조업 강국 일본도 그냥 팔짱만 끼고 있지는 않습니다. 특히 일본은 강점을 지닌 로봇공학과 각종 산업을 연계해, 초고령화에 따른 노동력 부족에 대처하는 '로봇 신(新)전략'을 발표하며 로봇산업을 발전시키는 데 주력하고 있죠.

제조업의 공장으로 불리는 중국도 이에 질세라 산업 경쟁력 확보를 위한 프로젝트를 이미 출범시켰습니다. 중국은 '중국 제조 2025' 정책을 선보이며, 공업화와 최신 정보통신기술을 결합해 로봇뿐 아니라 농업기계, 소재, 의료 등에서도 일대 혁신을 추진하고 있습니다.

우리나라의 상황은 어떨까요? 사실 우리나라는 2016년 세계 바둑 챔피언 이세돌을 꺾은 구글의 인공지능 알파고를 통해 4차 산업혁명의 위력을 늦게나마 실감했습니다. 이후 우리나라는 '제조업 혁신 3.0' 프로젝트를 통해 2022년까지 중소기업 1만 개에 스마트공장 시스템을 보급하는 것을 목표로 4차 산업혁명에 대비하고 있습니다. 또 '9대 국가 전략 프로젝트'를 통해 인공지능, 가상증강현실, 자율주행차 등 9개 국가 전략 과제 발전을 위해 1조 6,000억 원을 투자하기도 했죠.

하지만 미국과 일본 등에 비하면 여전히 4차 산업혁명에 제대로 대응하지 못하는 것으로 나타납니다. 세계경제포럼이 발표한 2016년 보고서에 따르면 우리나라의 4차 산업혁명 적응도 순위는 139개국 가운데 25위에 불과했습니다.

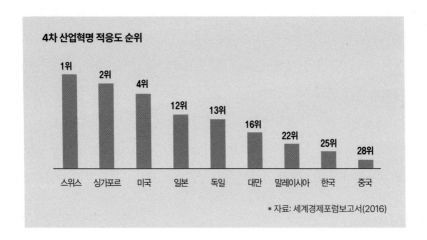

4차 산업혁명 적응도 순위

1위 스위스
2위 싱가포르
4위 미국
12위 일본
13위 독일
16위 대만
22위 말레이시아
25위 한국
28위 중국

* 자료: 세계경제포럼보고서(2016)

사실 4차 산업혁명은 양날의 칼입니다. 4차 산업혁명은 정체에 빠진 제조업 등 경제에 활력을 불어넣는 비타민 역할을 하는 반면, 인공지능과 로봇 등 첨단 기술의 등장으로 제조업·무역·노동·시장의 일자리를 붕괴시켜 사업 존폐에 영향을 미칠 수도 있죠.

하지만 '위기가 기회'라는 말처럼 현재 변화하고 있는 시장 상황을 유심히 살펴보고 어떻게 대처하느냐에 따라 4차 산업혁명은 우리에게 기회가 될 수도, 저주가 될 수도 있다는 점을 명심해야겠습니다.

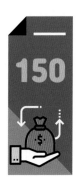

150

세계는 지금 3차원 인쇄전쟁 중
3D프린팅

우리가 일반적으로 말하는 인쇄는 1차원입니다. 종이에 글자나 도표, 그래프 등을 인쇄하기 때문이죠. 그런데 3D프린팅은 물체를 3차원으로 볼 수 있도록 만든 것입니다. 즉 적당한 높이와 넓이, 입체 형상을 지닌 물건을 만드는 제조기술을 뜻하지요. 그리고 3D프린터는 평면 프린터와 달리 손으로 만질 수 있는 실제 물체를 만들어내는 3D용 제작 기기를 말합니다.

3D프린팅의 제조 방식은 소재를 층층이 쌓아올리는 방식입니다. 기존 제조업은 큰 원재료를 자르거나 다듬는 절삭가공 방식이지만, 3D프린팅은 3차원으로 설계된 도면을 무수히 많은 2차원 단면으로 나눈 후 쌓아올려 입체적인 사물을 만듭니다. 설계도만 있으면 곧바로 제품을 만들 수 있고, 재료 손실이 적어 개인 맞춤형 소량생산에 적합한 점이 특징입니다.

조금 전문적인 용어를 쓰면, 3D프린팅은 적층가공(Additive Manufacturing) 또는 적층압착(Additive Pressing)이라고 부릅니다. 적층가공은 가루로 된 물질과 접착제를 사용해 적층(층층이 쌓음) 방식으로 물체를 만드는 과정입니다. 적층압착은 3D프린팅을 할 때 층층이 쌓으면서 압력을 가해 물건을 만드는 것을 의미합니다.

결국 3D프린팅은 3차원 설계도를 3D프린터에 보내 플라스틱, 금속, 세라믹 등 각종 소재를 층층이 쌓아 제품을 만드는 방식입니다. 쉬운 예를 들면, 마치 레고블록을 쌓아 물체를 만드는 것과 비슷합니다.

3D프린팅의 장점은 제작비용이 크게 줄어든다는 것입니다. 또 3D프린팅을 활용하면 제품 디자인을 쉽게 바꿀 수 있어 디자인 시간을 4분의 1 정도로 단축할 수도 있습니다. 이는 결국 신제품 출시 기간, 인건비, 물류비도 줄일 수 있다는 얘기지요. 특히 3D프린팅은 앞서 설명한 것처럼 인공귀, 의족, 보청기 등을 만드는 데도 활용돼 의료기술의 획기적인 발전에도 기여하고 있습니다.

세계적으로도 3D프린팅의 성장잠재력을 높이 평가한 많은 기업이 이 사업에 속속 뛰어들고 있습니다. 세계 유명 자동차업체 람보르기니는 시제품을 만들기 위해 3D프린터를 이용합니다. 3D프린터로 만든 시제품으로 테스트를 해본 후 직접 생산에 들어가는 방식이죠. 람보르기니는 이를 통해 기존 제작비용 4만달러를 3,000달러로, 제작기간 4개월을 20일로 줄이는 데 성공했습니다.

이처럼 세계적 기업들이 3D프린팅 기술을 활용하고 있는 가운데, 관련 업계에 따르면 세계 3D프린팅 시장규모는 2018년 약 94억 6,000만 달러(약 12조 5,628억 원)에서 2025년 302억 달러(약 40조 1,056억 원)로 성장할 전망입니다.

최근 3D프린팅 기술의 발전은 눈부십니다. 2017년 1월, 스페인의 한 연구팀이 인체 피부를 3D프린팅

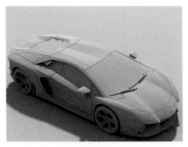

3D프린터로 만든 람보르기니

으로 제작하는 데 성공해서 큰 화제가 되기도 했습니다. 3D프린팅 기술을 이용하면 뼈와 연골 등 신체 조직과 보조기구도 적은 비용으로 생산이 가능해 많은 환자가 혜택을 볼 수 있으리라 전망됩니다.

그러나 3D프린팅 시장이 그저 장밋빛이라고 보기에는 아직 이릅니다. 제품을 만들 때 3D프린터를 쓰면 제품을 만드는 단계마다 프린팅이 필요해 개당 생산속도가 기존 자동화보다 느리기 때문입니다.

3D프린팅에 사용되는 소재도 문제입니다. 플라스틱, 목재와 일부 금속 분말만 소재로 사용하므로 강철, 세라믹 등과 비교하면 내구성이 부족합니다. 초콜릿, 밀가루, 버터 등 식품이나 활성세포, 생체조직, 맞춤약 제조를 위한 화합물 등 인체와 관련 있는 소재에 대한 안정성을 높여야 하는 문제도 걸려 있습니다.

지적재산권 문제도 눈여겨봐야 할 대목입니다. 기존 제품 구조를 설계도로 옮겨 3D프린트를 해보면 완제품의 외부 디자인과 부품의 구조·기능까지 복사할 수 있기 때문이죠. 결국 세부디자인 복제가 가능해져 지적재산권 침해가 쉬워지고 디자인이 불법 유통되면서 분쟁도 늘어날 수 있다는 얘기입니다.

151

국제무대에서 끼리끼리 뭉쳤다
G20

G5, G7, G20라는 말을 들어보셨나요? 여기서 G는 그룹을 뜻합니다. 그렇다면 그다음 숫자는 무슨 의미일까요? 그룹에 속해 있는 국가 수를 의미합니다. 즉, '5개 회원국', '7개 회원국', '20개 회원국'이라는 뜻입니다. 몇몇 국가가 이처럼 국제사회에서 그룹을 지어 행동하는 이유는 무엇일까요? 국제무대에서 끼리끼리 뭉쳐 그룹의 힘을 과시함은 물론, 궁극적으로 자국의 이익을 극대화하기 위해서입니다.

그럼 이들 각 그룹의 역사를 살펴볼까요? 국제 경제질서의 시초는 G5(미국, 일본, 영국, 프랑스, 독일)로, 이른바 '선진 5개국 회의'였습니다. 이들이 모임을 결성한 이유는 1973년 국제 오일쇼크가 전 세계를 강타하자 위기를 타개할 해법을 마련하기 위해서였습니다.

이를 시작으로 1975년 이탈리아, 1976년 캐나다가 G5 회의에 참여하면서 세계 7대 경제강국이 모두 포함된 G7이 탄생했습니다. 그리고 사실 지금까지도 세계경제는 이들 G7 회원국이 쥐락펴락한다고 해도 과언이 아닐 정도로, 이들이 전 세계의 경제에 미치는 영향력은 절대적입니다.

1997년에 러시아가 이들 'G7 부자클럽'에 가입하면서 G8이 됐습니다.

그러나 정상회담과 외무장관회의는 G8으로 개최하지만, 재무장관회의는 여전히 러시아를 제외한 G7 국가들만 모여서 열고 여기서 정책을 결정합니다. 러시아의 경제발전에 따라 G8 편입은 허용했지만, 실제로 중요한 결정은 여전히 G7이 독점하는 배타성을 엿볼 수 있는 대목입니다.

하지만 속담에 "달도 차면 기운다"라고 했던가요. 최근 경제가 욱일승천하는 중국과 인도 그리고 남미의 자원부국 브라질을 포함해 세계경제의 중심으로 자리매김한 브릭스(BRICs, 브라질·러시아·인도·중국) 등 신흥국가들이 세계경제를 좌지우지해온 G8체제에 도전장을 내밀었습니다. 브릭스 국가 중 이미 G8에 포함돼 있는 러시아를 제외한 3국과 멕시코, 남아프리카 공화국 등 5개국은 지난 2005년 영국 글래스고에서 개최된 G8 정상회담에 참석해 G8을 G13체제로 확대하자고 제안했습니다.

이후 1997년 아시아 각국을 강타한 IMF 외환위기의 영향으로 우리나라를 비롯해 호주, 사우디아라비아, 터키, 인도네시아, 아르헨티나 등 신흥공업국이 대거 포함되면서 G8은 G20으로 모습을 바꿨습니다.

우리나라는 경제규모에 비해 뒤늦게 세계 20대 주요국에 포함됐지만, 국제사회에서 한국에 대한 관심이 커지면서 2010년 G20 의장국으로 선정됐습니다. 2010년 11월에는 우리나라 서울에서 G20 정상회의가 열리기도 했죠.

G7이 G20까지 확대된 데는 G7이 국제 위기를 타개할 제대로

가입국의 국기로 나타낸 G20

그룹 유형별 대상국

명칭	대상국	비고
G5	미국, 일본, 영국, 프랑스, 독일	• 1970년대 중반 경제정책 협력을 위한 선진 5개국의 모임으로 출발 • 1985년 플라자합의
G7	G5 + 이탈리아, 캐나다	• G5에 1975년 이탈리아, 1976년 캐나다 참여 • 오일쇼크 이후 결성 • 매년 정상회담, 재무장관과 중앙은행 총재 회담 개최
G8	G7 + 러시아	• G7에 1997년부터 러시아가 참여해 정치현안을 논의하는 모임으로, Political8(P8)이라고도 함
G10	G7 + 스웨덴, 네덜란드, 벨기에, 스위스	• 국제통화기금(IMF)과 일반차입 협정을 체결한 10개국이 1962년 결성한 모임. 1984년 스위스가 IMF와 일반차입 협정을 체결하면서 참가국 수가 11개가 됐지만, 명칭은 그대로 사용
G20	G7 + 12개 신흥 개발도상국(한국, 중국, 인도, 인도네시아, 아르헨티나, 브라질, 멕시코, 러시아, 호주, 남아프리카공화국, 사우디아라비아, 터키) + EU	• 국제금융체제 강화에 관한 G7 재무장관 보고서에 기초해서 1999년 9월 창설된 선진국과 주요 신흥 개발도상국 간의 회의체 • 국제금융체제 개편의 기본방향에 관한 광범위한 합의 형성과 합의사항 추진을 목적으로 함 • G20 재무장관, 중앙은행 총재, EU, ECB, IMF, 세계은행 대표 참석
G24	아프리카(알제리, 에티오피아, 가나, 나이지리아, 이집트, 가봉, 코트디부아르, 콩코) + 아시아(스리랑카, 이란, 파키스탄, 시리아, 인도, 레바논, 필리핀, 유고슬라비아) + 라틴아메리카(아르헨티나, 페루, 멕시코, 콜롬비아, 트리니다드토바고, 브라질, 과테말라, 베네수엘라)	• G7에 대응하는 개발도상국 모임 • 1971년 페루 리마에서 열린 제2차 국제연합무역개발협의회(UNCTAD) 연차총회 때 77그룹 각료회의 결의에 따라 같은 해에 설립 • 국제통화 문제에 관한 개발도상국의 공동입장 수립이 주 목적

*자료: 기획재정부

된 해법을 제시하지 못한 점, 미국의 국제적 리더십 부재에 대한 비판이 커진 점 등이 한몫을 했습니다. G7은 미국과 영국 등 서방선진국의 금융패권이 중국, 인도, 브라질, 한국 등 신흥시장국 쪽으로 이동하기 시작했음을 보여주는 사례라고도 할 수 있습니다.

요즘은 G2라는 말도 자주 쓰입니다. G2는 신흥강국으로 급부상한 중국과 여전한 초강대국 미국을 함께 일컫는 말입니다. 하지만 중국이 인권, 빈부격차, 부패 등 G2라 불리기에는 선진국의 품격을 갖추지 못했다는 비판의 목소리도 높습니다.

2015년에 들어서면서 중국의 경제성장률 하락과 미국의 셰일가스(128장 참고) 혁명으로 G1, 즉 미국의 시대가 도래했다는 전문가들의 의견이 있습니다. 에너지 혁명으로 세계권력이 미국으로 이동함에 따라 세계경제, 문화, 정치 질서가 미국을 중심으로 재편되고 있습니다. 미국의 달러화가 강세를 보이고, 미국 의존도가 높은 나라들의 경제가 동반성장할 것이라고 전문가들은 말합니다.

그동안 세계경제에서 중국과 엎치락뒤치락 다투던 미국이 G1으로 거듭나는 상황에서, 두 나라 모두와 지리적, 경제적으로 밀접한 관계를 맺고 있는 우리나라에 어떤 변화가 생길지 관심을 갖고 지켜봐야 합니다.

152

달러화 강세가 몰고 올
세계경제의 소용돌이

패리티

2008년 글로벌 금융위기 이후 미국과 유럽은 금리 인하와 양적완화를 내세우며 통화정책을 같은 방향으로 유지해왔습니다. 이 시기에는 미국의 경제가 좋지 않으면 유럽도 가라앉았고, 유럽의 경제가 좋으면 미국 경제도 살아났습니다.

그런데 2015년 12월, 미국이 두드러진 경제 회복 조짐을 보이며 유럽과 동일한 경제정책에서 벗어나, 기준금리를 종전 연 0~0.25%에서 0.25~0.5%로 올려 시장의 유동성을 회수하려는 모습을 보였습니다. 반면 경제 회복이 뚜렷하지 못한 유럽은 금리를 내리는 데 그치지 않고 마이너스 금리(62장 참고)라는 파격적인 조치를 내놓으며 시장에 유동성을 풀어 경제를 살리려고 노력하고 있죠. 이처럼 세계경제의 핵심축인 이들 국가들이 금융정책에서 서로 다른 기조를 보이는 것을 '그레이트 다이버전스'라고 합니다.

유럽과 미국의 상반된 통화정책인 그레이트 다이버전스로 글로벌 경제는 큰 소용돌이에 휘말렸습니다. 시장의 유동성을 회수하려는 미국의 금리 인상정책과 시장에 유동성을 풀려는 유럽의 양적완화 정책이 전 세계 환율시장에 불안정을 가져온 거죠. 이처럼 상반된 미국과 유럽의 경제정책은

1달러와 1유로의 화폐가치가 같아지는 패리티(Parity) 현상을 일으킬 수 있습니다.

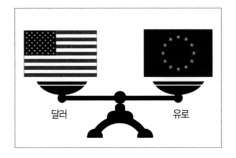

유로화는 몇 년 전까지만 해도 달러와 격차가 컸습니다. 2014년만 해도 1유로 가치는 1.4달러로, 1.4달러를 지불해야 1유로를 살 수 있을 정도로 가치가 높았죠. 그런데 2017년 1월 유로화 환율은 1.04달러를 기록했습니다. 이는 2003년 1월의 1.03달러 이후 14년 만에 기록한 최저 수준입니다. 지난 14년 동안 유로화는 달러화보다 늘 강세를 보여왔죠.

대체 어떤 이유로 달러와 유로의 화폐가치가 점차 같아지는 것일까요? 한 가지 이유는 달러화 강세입니다. 2008년 글로벌 금융위기 이후, 미국은 최근 뚜렷한 경기 회복세를 보이고 있습니다. 미국경제의 회복은 달러가치 상승으로 이어지고 있으며 2016년 트럼프의 미국 대통령 당선도 달러화 강

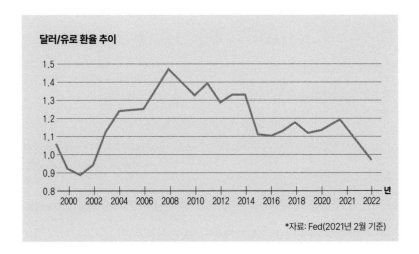

*자료: Fed(2021년 2월 기준)

세에 한몫했습니다.

여기에 유로화 약세까지 겹친 것이 또 다른 이유입니다. 2008년 글로벌 금융위기로 타격을 입은 유럽연합(EU)은 경기침체에 따른 실업률 급증, 경제성장률 하락 등 디플레이션을 겪었습니다. 이에 따라 유럽중앙은행(ECB)은 경기를 부양하기 위해 지난 2015년 3월부터 2016년 9월까지 매월 무려 600억 유로(약 76조 1,844억 원, 총 1조 1,400조 원)에 달하는 막대한 돈을 시장에 공급했습니다.

그런데 백약이 무효라는 말처럼 EU의 2016년 3분기 성장률은 0.3%에 머물며 사실상 제로 성장을 보이고 있습니다. 이러다 보니 ECB는 경제를 되살리기 위해 시중에 유로화를 더 풀며 시장 경제의 활성화를 기대하고 있습니다. 문제는 유로화가 시중에 많이 풀리다 보니 그만큼 가치가 떨어지고 있는 것이죠. 결국 달러화 가치는 올라가고, 유로화 가치는 내려가 결국 두 통화의 가치가 비슷해지는 패리티 현상이 벌어지게 된 것입니다.

패리티는 전 세계경제에 어떤 영향을 미칠까요? 먼저 유로화 약세를 피해 EU로부터 미국으로 대규모 자본 이동이 있을 것으로 예상됩니다. 이에 유럽과의 교역이 많은 신흥국의 수출 산업에 빨간불이 켜질 전망입니다. 특히 우리나라는 자동차 등 수송기계의 유럽 수출 비중이 높은 만큼 유로화 약세가 계속 이어질 경우 해당 수출 기업들의 시름도 깊어지겠죠.

달러화 강세는 유가와 금 등 원자재 가격에 악영향을 미칠 수 있습니다. 원자재들의 대부분이 달러로 거래되는 만큼 달러화가 강세일수록 원자재 가격은 상승하고 이는 물가 상승으로 이어집니다. 이렇게 되면 특히 달러보다 약세인 통화를 보유한 아시아 국가들의 부담이 커지게 되죠. 패리티로 인한 환율 변동성에 대한 철저한 대비가 필요합니다.

153

탈세 다국적 기업들에게 부과하는
구글세

구글세는 말 그대로 미국의 다국적 기업 구글에 부과하는 세금을 말합니다. 하지만 좀더 구체적으로 살펴보면 구글처럼 막대한 이익을 올리고도 법을 악용해 세금을 회피하는 다국적 기업에 부과하는 세금을 뜻합니다. 대표적인 기업이 미국의 구글과 애플입니다. 이들 다국적 기업은 고세율 국가에서 얻은 수익을 저세율 국가에 있는 계열사로 넘겨 세금을 줄이는 관행이 있습니다. 구글세는 이러한 관행을 막기 위해 부과하는 세금을 가리키죠.

사실 기업 입장에서는 세금을 안 내면 회사 현금이 빠져나가는 것(현금 유출)을 막아 기업 가치를 높일 수 있습니다. 이에 따라 많은 기업은 세금을 안 내려고 하지요. 그러나 탈세로 줄어든 세금은 결국 다른 사람 부담으로 돌아가므로 반드시 막아야 합니다.

구글세는 2008년 금융위기 이후 논란의 중심에 섰습니다. 금융위기로 유럽 국가들이 심각한 재정난을 겪자, 유럽연합(EU)은 부족한 재정을 메우기 위해 유럽에서 장사하는 기업들의 편법 탈세를 조사하기 시작했습니다. 이때 EU의 레이더에 포착된 업체들이 구글, 애플 등 미국 IT기업이었습니다.

이에 따라 2016년 1월, 영국은 구글로부터 1억 3,000만 파운드

(약 2,240억 원)의 세금을 받아내기로 합의했고, 프랑스 역시 5억 유로(약 6,500억 원) 규모의 구글세를 걷기 위해 현재 구글과 협상을 벌이고 있습니다.

그렇다면 전 세계 다국적 기업의 조세회피 규모는 얼마나 될까요? 2016년 경제협력개발기구(OECD)가 발표한 자료에 따르면, 다국적 기업의 조세회피 규모는 1,000억~2,400억 달러(약 116조 5,000억 원~279조 7,000억 원)에 달했습니다. 이는 전 세계 법인세 수입액의 4~10%에 달하는 규모로 엄청난 수준이죠. 조세회피 규모액은 이보다 더 많다는 분석도 나오고 있습니다. 유럽연합(EU) 의회조사위원회가 2023년 발간한 보고서에 따르면 글로벌 다국적기업의 조세회피 규모가 4,220억 달러(약 568조 120억 원)에 이를 것이라는 충격적인 전망도 나오고 있습니다.

우리나라도 다국적 기업에 의한 탈세가 만만치 않은 국가로 알려져 있습니다. 한국인터넷진흥원과 국내 IT업계에 따르면, 구글코리아는 연간 1조 6,000억 원대, 애플코리아는 2조 원대 매출을 올리고 있는 것으로 추정됩니다. 이럴 경우 세금은 1,000억~2,000억 원을 납부하는 것이 일반적이죠. 그러나 이들 다국적 기업들이 세금을 제대로 내지 않고 있다는 주장이 꾸준히 제기되고 있습니다.

구글코리아와 애플코리아 등 상당수 외국기업은 주식회사가 아닌 유한회사 형태를 취하고 있습니다. 그러다 보니 이들은 한국에서 해마다 막대한 매출과 수익을 거둬들이지만 외부감사 의무가 없어 매출 등 경영실적을 공개하지 않고 있습니다. 이런 이유로 이들은 세금을 제대로 내지 않고 있다는 비난을 받고 있죠.

우리나라를 포함한 대다수 국가들은 다국적 기업의 서버가 자국 내에 있을 때만 세금을 부과합니다. 그런데 구글코리아는 서버가 아일랜드 법인에 있어 한국에서 검색 광고나 플랫폼 사업 등으로 벌어들인 수익 대부분에 대해 세금 징수가 어려운 상황입니다.

우리나라도 유럽의 국가들처럼 구글세를 받기 위해 적극적으로 참여해야 한다는 여론은 2016년 일어난 '포켓몬 고'의 열풍으로부터 시작됐습니다. 2017년부터 우리나라에서도 실행이 가능해진 이 게임은 2016년 출시 당시만 해도 우리나라에서는 이용할 수 없었습니다. '포켓몬 고'는 구글 지도의 위치기반 서비스를 이용한 증강현실 게임인데, 출시 당시 국토지리정보원이 구글이 요청한 지도 데이터의 국외반출을 거절했기 때문이죠. 정부는 사후 규제가 명확하지 않은 상태에서 국내 지도 반출이 어렵다는 입장을 보였고, 대신 국내 서버에 지도 데이터를 두고 이용하라고 권유했습니다.

우리나라에서 '포켓몬 고'가 실행되지 않았던 이유가 이 때문인지는 아직까지 확실하지 않습니다. 하지만 국내 서버에서 데이터를 관리하면 이에 따른 수익을 세금으로 내야 하니까 구글이 이를 받아들이지 않았다는 게 당시 전문가들의 의견이지요.

구글의 이러한 괘씸한 행태도 이제는 곧 역사 속으로 사라질 것 같습니다. 구글, 메타(구 페이스북) 등 글로벌 정보기술(IT) 대기업을 겨냥한 구글세가 2023년부터 전 세계에 도입될 예정이기 때문이죠.

경제협력개발기구(OECD)는 136개 국가가 구글세 도입에 잠정 합의했다고 2021년 10월 8일 발표했습니다. 합의안에 따르면 글로벌 대기업이 전 세계 시장에서 얻은 초과 이익의 25%에 대한 과세권을 매출이 발생하는 나라에 나눠주기로 했습니다. 예를 들어 ABC기업의 이익률을 18%라고 가정하면 통상이익률(10%)을 웃도는 초과 이익(8%) 가운데 25%에 대한 과세권을 매출이 발생하는 나라와 나눠 갖는 것이지요.

쉽게 설명하면 글로벌 대기업은 지금까지 자신 사업장 소재지가 있는 나라(본국)에 세금을 납부했지만 이번 합의로 물건과 서비스를 판매한 나라(수출국)에도 세금을 내야 한다는 것입니다. 즉, 한국기업 ABC는 한국에서 세금을 내야 하고 미국과 유럽 등 제품을 주로 판매하는 나라에도 세금(구글세)을 내야 합니다. 또한 구글세 대상 기업에는 매출 200억 유로(27조 원) 이상 디지털 기업 외에 휴대폰·가전·자동차 등 글로벌 제조기업이 포함됩니다.

OECD의 구글세 전면 도입이 잠정 합의에 그쳐 자칫 구글세 도입 시점이 늦춰지거나 아니면 좌초될 가능성도 없지 않습니다만, 이대로 구글세가 도입되면 우리나라처럼 해외 시장에 수출하는 비중이 높은 기업이 한국과 수출국에 세금을 각각 내야 하는 억울함(?)이 생길 수도 있습니다. 그러나 구글세가 세계 곳곳에 도입되면 한국에서 활동하는 다국적 기업들도 과세 대상이 되는 거죠.

한 예로 구글코리아가 2020년 한국에서 5조 원 넘는 매출을 올렸지만 서버나 제조 시설이 한국에 없다는 이유로 한국 정부에 낸 법인세는 100억 원이 채 되지 않았습니다. 그러나 구글세 도입으로 구글코리아가 더 많은 세금을 내야 하는 날이 온 것이죠.

154

세금 내기 싫으면 아일랜드로 가라
더블 아이리시

회계용어에 더블 아이리시(Double Irish)라는 것이 있습니다. 정확한 표현은 'Double Irish with a Dutch Sandwich'입니다. 무슨 뜻일까요?

이 용어는 다국적기업이 법인세를 낮추기 위해 쓰는 세금회피 기법입니다. 더블 아이리시는 아일랜드에 미국 법인용과 해외법인용 자회사 2개를 만들고 해외 영업수익을 도관회사(導管會社, Conduit Company)인 네덜란드 법인을 만들어 자회사 로열티라는 형태로 자금을 이동시킵니다. 도관회사는 세금을 회피하기 위한 목적으로 설립한 회사입니다. 이후 다시 한번 버뮤다 등 조세피난처(119장 참고)로 옮겨 납세액을 줄이는 방식을 말합니다. 이처럼 복잡한 방법을 활용해 각국에서 발생한 수익이 여기저기 옮기면 결국 법인세 등 세금을 거의 내지 않아도 되는 것이지요. 아일랜드의 법인세율은 경제협력개발기구(OECD) 가운데 가장 낮은 수준인 12.5%에 불과했습니다.

그렇다면 더블 아이리시는 정확히 어떻게 이뤄질까요? 예를 들어 설명해보겠습니다. 다국적기업 A는 전 세계에서 벌어들인 수익을 법인세율이 최저인 아일랜드에 설립한 법인에 송금합니다. 이후 아일랜드 법인은 이 돈을 네덜란드 법인에 배당금 형태로 넘깁니다. 그 이유는 아일랜드 정부가 배당금 지급 후 남는 수익에 대해서만 법인세를 부과하고, 네덜란드는 아일랜드 못지않게 법인세율이 25%로 낮기 때문입니다. 배당금을 받은 다국적기업 A의 네덜란드 법인은 이 돈을 조세피난처인 버뮤다나 버진 아일랜드 등에 있는 법인으로 옮겨 세금을 전혀 내지 않는 수법을 쓰고 있습니다.

아일랜드의 조세정책은 속지주의입니다. 속지주의는 국가나 사람에 대한 법의 효력이 자국 영역의 기준에 따라 좌우되는 것을 말합니다. 이에 따라 조세피난처에 있는 아일랜드 자회사는 본사인 네덜란드 법인에 세금을 내지 않아도 되는 것이죠.

이처럼 세금을 거의 내지 않아도 된다는 점 때문에 유명 다국적기업들은 더블 아이리시를 적극 활용하고 있습니다. 세계 최대 검색엔진 구글과 스마트폰 제조업체 애플, 소셜네트워크서비스 메타(구 페이스북), 소프트웨어 업체 마이크로소프트, 컴퓨터 제조업체 IBM, 데이터베이스 전문업체 오라클 등이 더블 아이리시를 통해 짭짤한 재미를 본 대표적인 기업들입니다.

구글은 2011년 버뮤다의 한 회사로 98억 달러의 수익을 이전해 20억 달러의 소득세를 내지 않은 것으로 알려졌습니다. 버뮤다로 흘러들어간 수익금은 2011년 구글 전체 세전이익의 약 80%에 해당합니다.

애플도 더블 아이리시를 통해 2012년 해외에서 벌어들인 돈의 2%만 세금으로 냈습니다. 미국 법인세율(35%)과 비교하면 거의 껌값 수준의 세금이죠. 애플은 아일랜드 정부가 속지주의를 적용한 점을 적극 활

용했습니다. 즉 아일랜드가 기업이 조세피난처에 자회사를 설립해도 이를 인정하고 이전가격(Transfer Price)에 과세하지 않는 나라라는 점을 적극 활용한 것이지요. 이전가격은 다국적기업이 모회사와 해외 자회사 간에 원재료나 제품·용역에 대한 거래를 할 때 적용하는 가격을 말합니다. 그런데 이처럼 다국적기업이 세금부담을 덜기 위해 이전가격을 조작해 조세회피 방법으로 이 방식을 사용하면서 문제가 되고 있습니다.

주요 글로벌기업들의 세금회피가 본격화되자 미국과 유럽연합은 주요 세수원이 줄어들어 국가재정에 큰 타격을 입었습니다. 이러한 상황에서 국제사회는 아일랜드에 더블 아이리시 폐지를 요구했고, 압박을 이기지 못한 아일랜드 정부는 2014년 결국 폐지를 결정했죠.

결국 더블 아이리시는 2020년 전면 폐지됩니다. 여기에 그치지 않고 그동안 대표적인 조세피난처로 짭짤한 재미를 본 아일랜드가 2021년 10월 7일 법인세 최저세율을 15%로 정하는 경제협력개발기구(OECD) 합의안에 결국 서명했습니다. 이에 따라 OECD 회원국 가운데 가장 낮은 법인세율(12.5%)을 유지해온 아일랜드도 결국 법인세를 올려야 하는 현실을 맞이한 것입니다.

그렇다고 아일랜드가 법인세 소폭 인상으로 재정에 큰 타격을 입을지는 지켜봐야 합니다. 아일랜드는 법인세율이 여전히 최저 수준인데다 기업 인프라가 잘 갖춰져 있어 이곳에서 사업하는 기업들이 쉽게 아일랜드를 떠나지 않을 것이기 때문이죠.

155

바이오매스로부터 얻는 연료
바이오연료

언젠가는 고갈될 석유의 대체 에너지로 각광 받고 있는 것이 바로 바이오연료(Biofuel)입니다. '바이오매스 에너지(Biomass Energy)'도 같은 뜻인데, 바이오매스는 '에너지원으로 쓰는 식물이나 동물의 폐기물'을 뜻합니다. 결국 바이오연료는 에너지로 쓸 수 있는 생물체를 통틀어 이르는 말입니다.

바이오연료는 석유 등 기존 에너지원보다 공기오염 물질이 매우 적은데다, 원료로 쓰이는 식물이 온실가스인 이산화탄소를 흡수해 산소로 바꿔주는 특징이 있습니다. 현재 주된 에너지원인 석유나 석탄에 비해 지구온난화의 주범인 온실가스 배출량이 적은 것이 가장 큰 장점이지요.

이 때문에 미국은 2022년까지 바이오연료 사용량을 연간 360억 갤런으로 올리겠다는 계획을 발표했으며, 유럽연합(EU)도 2020년까지 운송연료의 10%를 바이오연료나 풍력 같은 신재생에너지로 대체하기로 했죠.

그런데 바이오연료가 대체 에너지원으로 각광받기 시작하면서 전 세계적으로 옥수수 등 곡물의 가격이 폭등했습니다. 실제로 세계은행(World Bank) 보고서에 따르면, 미국이 바이오에탄올 생산을 장려하면서 옥수수 가격이 급등했고, 최근 식품 가격 상승의 75%는 바이오연료 생산에 원인이 있다고 합니다. 옥수수, 사탕수수, 고구마, 콩, 유채 등 곡물에서 바이오연료를 뽑아내고 있기 때문이죠.

바이오연료의 원료로 쓰이는 곡물들

바이오연료 제조에 농산물이 사용되면서 식용 작물 재배가 줄어들어 전 세계 곡물 가격이 상승하고, 그로 인해 빈곤국가의 기아가 증가하는 반작용도 나타나고 있습니다. 그런 데다 기상이변으로 곡물 공급 부족이 더욱 심화되자 바이오연료에 대한 반대여론도 높아지고 있습니다. 실제로 유럽연합에서는 바이오연료 사용 목표치를 수정하자는 법안이 나오기도 했습니다.

튀니지와 이집트의 독재자들이 민주화시위로 하야한 근본적인 이유도 식량난에서 찾을 수 있습니다. 곡물가 상승으로 민중에게 최소한의 빵값을 보장하지 못했고, 이러한 불만이 민주화시위로 이어졌던 것이죠.

이처럼 기존의 바이오연료가 옥수수 등을 사용하면서 곡물 가격 급등을 부채질하자, 곡물이 아닌 다른 원료를 사용하는 2세대 바이오연료를 개발할 필요성이 대두되고 있습니다. 옥수수와 사탕수수 등 식용작물을 사용한 연료를 '1세대 바이오연료'라고 한다면, 짚이나 목재, 갈대 같은 잡초 등 비(非)식용 작물과 재활용 연료를 활용한 것을 '2세대 바이오연료'라고 합니다.

국내에서도 곡물을 사용하지 않는 2세대 바이오연료를 개발해 큰 관심을 모으고 있습니다. 2007년 한국생산기술연구원은 바다에 있는 우뭇가사리 등 홍조류에서 바이오에탄올을 생산하는 데 성공했습니다. 한국에너지기술연구원도 이산화탄소를 먹고 자라는 고지질 녹조류에서 바이오디젤을 뽑아내는 데 성공했습니다. 그러나 이 기술들이 실용화되려면 향후 10년은 더 기다려야 합니다.

최근에는 폐식용유를 수거해 바이오디젤
연료로 활용하기도 합니다. 서울시 구로구는
재생에너지 생산 기업과 협약을 맺어 각 동사
무소에 폐식용유 전용 수거통을 설치하고, 여
기에 모인 폐식용유를 바이오디젤 연료 및 사
료, 비누, 의약캡슐 등에 활용하고 있습니다.

폐식용유 수거통

이처럼 2세대 바이오연료 상용화를 위한 우리나라의 발걸음은 점점 더 빨
라지고 있습니다.

화석에너지 고갈로 인한 대체에너지 개발은 전 세계가 당면한 문제입
니다. 바이오연료 개발은 신에너지에 대한 희망을 가져다줬지만, 그와 동시
에 여기에 소비되는 곡물은 여러 가지 문제를 일으켰습니다. 2세대 바이오
연료의 개발이 전 세계의 에너지 문제를 해결하는 해답이 돼주기를 기원합
니다.

156

공해로도 돈을 번다
탄소배출권거래소

'공해'라고 하면 흔히 아무짝에도 쓸모없는 해로운 것이라고 생각합니다. 그런데 이처럼 나쁘다고 여겨온 공해로 돈을 버는 국가가 속속 생겨나고 있습니다.

탄소배출권거래소는 지구온난화의 주범인 온실가스 배출을 줄이기 위해 탄소를 배출하는 권리에 가격을 매겨 거래하는 시장을 말합니다. 쉽게 말해서 사전에 정해진 배출 쿼터만큼 탄소를 소비하지 않은 국가나 기업은 배출권을 팔고, 쿼터를 초과해 탄소를 소비한 국가나 기업은 배출권을 사들이는 곳입니다.

탄소배출권거래소는 미국 시카고기후거래소, 영국 기후거래소 등 '기후거래소'라는 이름으로 유럽과 미국 등에 10여 곳이 설립돼 있습니다. 아시아에서는 일본에 처음으로 설립됐습니다. 일본에서는 국책은행인 일본국제협력은행(JBIC)을 비롯해 주오미쓰이 신탁은행, 해외투융자정보재단 등이

탄소배출권거래소 설립에 앞장섰습니다.

탄소배출권거래소는 배출권을 팔고 싶은 기업이 유엔에 등록한 배출권을 신탁은행에 신탁자산으로 예탁하면 다른 기업이 그 수익권을 사는 방식으로 운영됩니다.

전 세계 공해의 주범인 중국은 2021년 7월 16일 중국 통합 탄소배출권거래소를 출범시켜 눈길을 모았습니다. 중국은 전국 여덟 곳에 나뉜 탄소배출권거래소를 하나로 합친 통합 거래소를 상하이에 열었기 때문입니다. 이를 통해 탄소배출권 시장을 육성하겠다는 뜻이지요. 중국의 탄소배출권 시장규모는 2020년 2억 5,700만 유로(약 3,513억 원)로 한국(8억 7,000만 유로=1조 1,893억 원)의 3분의 1 수준에 불과합니다.

그렇다면 여기에서 퀴즈 하나! 전 세계에서 탄소배출권 시장 거래규모가 가장 큰 곳은 어디일까요? 미국? 인도? 동남아? 정답은 유럽연합(EU)입니다. 2024년 1월 기준 EU의 탄소배출권 총규모는 7,700억 유로(약 1,120조 574억 원)로 전 세계 배출권 거래대금의 약 85%를 차지하고 있습니다.

이와 더불어 일본과 중국은 '탄소세' 도입에도 적극적인 입장을 보이고 있습니다. 탄소세는 지구온난화를 막기 위한 것으로, 이산화탄소를 배출하는 석유, 석탄 등 각종 화석연료에서 뿜어져나오는 탄소배출량에 부과하는 세금을 말합니다. 지난 1990년 1월 핀란드가 처음 탄소세를 도입한 이후 현재 스웨덴, 덴마크, 네덜란드 등 북유럽국가들에서만 시행되고 있습니다.

우리나라에서도 2015년 1월 탄소배출권거래소가 문을 열었습니다. 국내업체들도 할당량보다 오염물질 배출이 적으면 남는 배출권을 다른 기업에 팔 수 있게 된 것이죠. 그런데 탄소배출권거래제가 실시된 지 3년이 지났지만, 거래가 거의 없어서 실제 온실가스 감축에 별다른 도움이 되지 않는

다는 지적이 나오고 있습니다. 이런 거래 부진의 원인은 무엇일까요?

우선 수급 간 불균형을 꼽을 수 있습니다. 좀 더 자세히 설명하면 공급이 거의 없는 가운데 수요만 많았기 때문이라는 게 한국거래소(KRX) 측의 설명입니다. 공급이 부진한 이유는 기업이 정부로부터 받은 할당량에 여유가 있다는 오해를 살까봐 우려하는 데서 찾을 수 있습니다. 좀더 쉽게 설명하면 배출권을 시장에 많이 내났다가, 자칫 이듬해에 할당량이 줄어들까봐 쉽사리 시장에 내놓지 못하는 것이지요.

이러한 수급 불균형은 가격 상승을 초래하고 있습니다. 탄소배출권이 거래될 2015년 1월에는 온실가스 1톤당 8,640원이었지만 2021년 10월에는 3만 300원까지 오르며 높은 상승률을 보였습니다.

우리나라는 세계 7위 온실가스 배출국입니다. 그리고 2030년까지 국가 배출전망치 대비 온실가스 40% 감축을 목표로 하고 있죠. 우리나라로서는 앞으로 해결해야 할 과제가 많습니다. 그런 만큼, 정부 당국도 이를 효율적으로 처리할 수 있도록 더욱 세밀하게 준비하고 관리해야 할 필요가 있습니다.

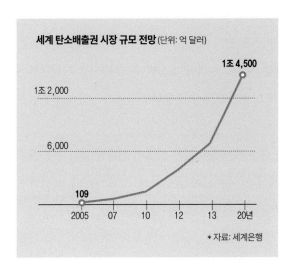

세계 탄소배출권 시장 규모 전망 (단위: 억 달러)

1조 4,500

1조 2,000

6,000

109

2005 07 10 12 13 20년

* 자료: 세계은행

세계경제를 위기로 몰아넣은
파생상품

파생상품(Derivatives)이라는 말을 들어보셨나요? 환율이나 금리, 주가 등의 시세변동에 따른 피해를 줄이기 위해 미래의 특정시점에 특정가격으로 상품이나 주식, 채권 등을 거래하기로 계약하는 일종의 보험성 금융상품을 말합니다. 대표적인 것으로 선도(Forward), 선물(Futures)을 꼽을 수 있습니다.

예를 들어 알아봅시다. 채소도매상 홍길동이 봄에 농부 변강쇠를 찾아가 가을 김장철에 배추를 포기당 1,000원에 10만 포기 사기로 계약을 체결했습니다. 그런데 가을이 돼 전국적인 배추 풍작으로 배추값이 포기당 500원으로 떨어진다면 어떻게 될까요? 당초 계약한 게 있으므로 홍길동은 부득이 시중가격의 2배를 지급할 수밖에 없습니다. 당연히 농부 변강쇠는 저절로 콧노래가 나올 테고, 채소도매상 홍길동은 마음이 상당히 불편하겠지요.

하지만 이와 반대의 경우에는 전혀 다른 상황이 연출될 것입니다. 배추 흉작으로 공급량이 크게 줄어 배추값이 금값이 돼 2,000원으로 올랐다면 어떻게 될까요? 농부 변강쇠는 울며 겨자 먹기로 1포기당 1,000원에 넘겨야 해서 화가 날 테고, 채소도매상 홍길동은 시중가의 절반에 배추를 사들이는 횡재에 입이 찢어질 지경일 것입니다.

위와 같은 거래를 '선도거래'라고 합니다. 선도거래의 특징은 가격등락에 따라 사는 사람과 파는 사람의 이해가 크게 달라진다는 것입니다. 그렇다면 '선물거래'와는 어떤 차이가 있을까요? 사실 선도거래와 선물거래는 매우 유사합니다. 선도거래가 홍길동과 변강쇠 두 사람 간의 사적인 계약으로 이뤄지는 것이라면, 선물거래는 정식 선물거래소에서 규격화된 상품을 대상으로 해 공적으로 이뤄진다는 것이 큰 차이점입니다.

그럼 이러한 파생상품이 거래되는 이유는 무엇일까요?

첫째, 위험회피의 성격이 있기 때문입니다. 이를 가리켜 '헤지(Hedge)'라고 합니다. 앞서 홍길동과 변강쇠의 예에서 두 사람은 저마다 배추값 등락에 따른 손해를 피하기 위해 선도거래를 한 것입니다. 물론 거래의 특성상 한 사람이 이익을 보면 다른 사람은 손해를 볼 수밖에 없습니다.

둘째, 차익거래로 이익을 거둬들일 수 있기 때문입니다. 홍길동이나 변강쇠 둘 중 한쪽은 당초 계약한 배추값에 비해 시중가격이 오르거나 내리면 이익을 볼 수 있습니다.

여기서 퀴즈! 다음 중 역사상 파생상품을 활용해 가장 짭짤하게 돈을 번 사람은 누구일까요? 투자의 귀재 워런 버핏일까요? 아니면 헤지펀드의 귀재이자 억만장자인 조지 소로스일까요? 정답은 고대 그리스의 철학자 탈레스입니다.

흔히 '기하학의 아버지'로 알려진 탈레스는 올리브기름을 짜는 압착기를 빌려서 많은 돈을 벌었습니다. 탈레스는 올리브 농사가 엄청난 풍작이 될 것이라 예상하고 올리브유 압착기 소유주들한테 미리 일정금액을 지불하는 대신, 다가올 올리브 수확철에 압착기를 미리 정해놓은 가격에 사용할 수 있는 권리를 확보했습니다. 탈레스의 예상대로 그해 올리브 농사는 대풍이었고, 올리브유 압착기 수요가 폭증하자 탈레스는 엄청난 이익을 거뒀지요. 탈레스는 이른바 '옵션거래'로 대박을 친 겁니다.

파생상품은 수익을 추구하면서 위험을 회피하는 2가지 특성을 지니고 있습니다. 하지만 파생상품이 과연 모든 위험을 피할 수 있는 탁월한 능력을 갖춘 상품일까요? 정답은 '아니다'입니다.

지난 2008년 글로벌 금융위기를 초래한 주범인 파생상품은 사실 금융공학(Financial Engineering)의 부산물입니다. 금융공학은 수학적인 방식을 활용해 금융시장을 분석하는 학문입니다. 쉽게 말하면 금융공학은 경영학과 산업공학, 응용수학, 컴퓨터공학 등 여러 학문이 어우러진 융합학문인 셈이지요.

금융공학은 다른 학문에 비해 우리에게 그렇게 익숙한 분야는 아닙니다. 이 분야가 전 세계적으로 널리 퍼진 시기가 기껏해야 1990년대니까요. 전 세계를 오랫동안 집어삼킨 동서냉전이 끝나자, 그동안 무기개발 등 군수산업에 활용되던 응용수학, 컴퓨터공학 전공자들이 은행과 증권 등 금융업계로 대거 진출했습니다. 이들이 금융시장에서 자신의 전공과 금융상품 간의 융합을 통해 만들어낸 것이 바로 파생상품입니다.

문제는 금융공학이 발달하면서 파생상품이 더욱 복잡해지는 양상을 띠게 됐다는 점입니다. 심지어 파생상품 자체를 바탕으로 다른 파생상품이 생기거나 여러 종류의 파생상품이 섞여 새로운 파생상품이 창출되는 등 상품 구조가 계속 바뀌고 있습니다.

이렇다 보니 웬만한 파생상품 전문가들도 이와 같은 복잡성을 제대로 파악하지 못하는 경우가 많습니다. 심지어 파생상품을 파는 사람도 상품 내용을 정확히 알지 못하고 판매하는 이른바 불완전판매가 비일비재한 것도 이러한 이유 때문이죠. 그래서 일반 투자자뿐만 아니라 기업도 파생상품 때문에 피해를 보는 경우가 많습니다. 파생상품과 관련한 사고가 끊이지 않자, 한국 금융당국이 파생상품 관련 규제를 강화하는 등 파생상품은 현재 금융권에서 천덕꾸러기로 전락하고 있는 신세입니다.

그러나 이처럼 상품 자체가 안고 있는 위험성에도 불구하고 파생상품에 눈을 돌리는 사람은 오히려 더 늘고 있습니다. 특히 미국과 유럽의 글로벌 저금리추세와 맞물려 파생상품이 다시 유행하는 조짐마저 보이고 있습니다. 위험이 뒤따르는 금융상품이지만 한 방에 큰돈을 벌 수 있다는 유혹을 떨쳐버리지 못하기 때문이 아닐까요?

158

우수인재를 확보하기 위한 전략
스톡옵션

기업체가 세계적인 기업으로 자리매김하기 위해서는 어떤 점에 주력해야 할까요? 당연히 매출규모를 크게 늘리는 일이 우선시돼야 할 것입니다. 그러기 위해서는 중국과 인도, 남미, 아프리카 등 전 세계에 걸쳐 사업을 하는 글로벌 경영전략이 뒷받침돼야 하겠죠. 그리고 종업원이 오로지 회사 일에만 전념할 수 있는 기업문화를 조성하고, 노조가 불필요한 파업은 자제하는 일도 필요합니다.

이 중에서도 특히 임직원이 모두 회사를 사랑하고 회사발전에 전념할 수 있는 분위기를 만드는 것이 아주 중요합니다. 직원 모두 회사 일을 자기 일처럼 여기고 회사발전을 위해 노력한다면 이루지 못할 것이 없기 때문입니다. 그래서 기업 총수는 직원의 근로의욕을 높이기 위해 다각도로 노력하고 있습니다. 그 대표적인 예가 '우리사주'와 '스톡옵션'입니다.

우리사주는 종업원이 회사 주식을 소유해 기업의 경영과 이익분배에 참여하게 하는 제도로, 회사가 남의 것이 아니라 나의 것이라는 인식을 갖게 합니다. 이는 근로자가 회사발전을 위해 더 헌신하도록 하는 것은 물론 노사관계 개선, 지배구조 개선, 생산성 향상, 국내 자본시장 건전육성이라는 다섯 마리 토끼를 잡을 수 있는 좋은 제도입니다.

　스톡옵션(Stock Option)은 회사가 임직원에게 미래의 일정 시점에 일정량의 자사 주식을 미리 정해놓은 가격에 매입할 수 있는 권리를 주는 제도입니다. 예를 들어 3년 후 1만 주를 1만 원에 살 수 있는 권리를 부여해, 이후 회사 영업이익이 늘어나거나 상장 등으로 주가가 오르면 차익을 얻을 수 있도록 해주는 것입니다. 이 제도는 대기업에 비해 임금을 많이 주지 못하는 중소기업이나 벤처기업에서 우수인재를 확보하기 위한 전략으로 많이 사용합니다.

　2012년에 메타(구 페이스북)의 CEO 마크 저커버그의 스톡옵션 수익이 화제가 됐습니다. 저커버그는 1주당 6센트의 가격으로 스톡옵션 6,000만 주를 행사해 33억 달러, 한화로 약 3조 5,000억 원의 매각차익을 챙겼습니다. 이에 부과된 세금만 16억 7,000달러(약 1조 9,326억 원)라고 하니 정말 어마어마한 금액이네요.

　2018년 현재 마크 저커버그 메타 창업자 겸 CEO(최고경영자)는 스톡옵션만으로 58억 달러(약 6조 4,815억 원) 상당의 주식을 보유하고 있습니다.

　2014년 10월 다음과 합병한 카카오톡의 직원들도 스톡옵션 대박을 맞았습니다. 카카오톡은 2008년 처음으로 임직원에게 2만 주의 스톡옵션을 부여했고, 2013년까지 총 17회의 스톡옵션을 지급했습니다. 행사가격은 1주당 평균 1만 700원으로, 합병 당시 매수가격이 11만 3,429원이었음을 고려하면 1주당 10배라는

어마어마한 차익이 생긴 셈입니다.

한동안 스톡옵션을 자제해온 카카오는 2017년부터 다시 스톡옵션을 풀기 시작했습니다. 카카오는 2017년 여민수·조수용 공동대표를 비롯해 75명에서 89만 5,500주(행사가격 8만 5,359원)를 부여했습니다.

그 이후에도 카카오는 임직원들에게 스톡옵션을 3차례 더 부여했으며 2018년에 두 차례, 2019년에 한 차례 더 줬습니다. 행사가격도 12만 원대까지 치솟았죠. 2006년 벤처기업으로 문을 연 카카오가 현재 시가총액 45조 원의 대기업으로 우뚝 선 배경에는 이러한 스톡옵션이 톡톡히 역할을 했죠.

이와 같은 대박 사례는 기업발전과 이를 통한 주가상승을 유도하기 위해 임직원에게 부여하는 스톡옵션 제도가 제대로 성과를 발휘한 예라고 할 수 있습니다.

그러나 때로는 고통을 분담해야 할 경영진과 임원들이 과도하게 스톡옵션을 챙겨 눈살을 찌푸리게 하는 경우도 있습니다. 2008년 글로벌 금융위기의 주범으로 꼽히는 세계적인 보험회사 AIG의 CEO 밥 벤모시는 그해에만 스톡옵션으로 153만 달러를 챙겨 비난을 받았습니다. 또한 글로벌 금융위기 당시 100억 달러의 구제금융을 받고 사기 혐의로 고소까지 당한 골드만삭스의 CEO 로이드 블랭크페인은 스톡옵션으로 무려 610만 달러의 수익을 챙기기도 했지요.

이 외에도 스톡옵션 차익을 위해 회사의 장기적인 성장보다는 당장 주가를 올리는 것에만 급급하는 경영진의 모습도 스톡옵션의 부작용 중 하나라고 할 수 있습니다.

159

우물 안 개구리가 된 일본 IT산업
갈라파고스 신드롬

갈라파고스제도가 어디 있는지
아시나요? 제도(諸島)는 '여러 섬'이
라는 뜻입니다. 갈라파고스제도는
에콰도르에 속하는 19개의 섬으로,
남아메리카 대륙에서 1,000km 정
도 떨어져 있습니다.

멸종 위기의 갈라파고스땅거북

　육지에서 멀리 떨어져 있다 보니 독자적으로 진화한 종들이 고유한 생
태계를 이루고 있어서, 갈라파고스제도는 '살아 있는 자연사박물관'으로 불
릴 정도였습니다. 그런데 현대로 오면서 육지와 빈번하게 교류하게 되자 외
래종이 유입됐습니다. 이에 면역력이 약한 고유종들은 멸종되거나 멸종의
위기를 맞게 됐지요.

　이러한 갈라파고스제도의 상황은 오늘날의 경제현상에도 적용되고 있
습니다. 경제학에서 말하는 갈라파고스 신드롬(Galapagos Syndrome)은 어떤
사회가 고립돼 세계화에서 멀어지는 모습을 뜻합니다. 쉽게 말하면 '우물
안 개구리'나 '독불장군'의 의미죠.

갈라파고스 신드롬의 대표적인 예로 일본 IT산업을 들 수 있습니다. 갈라파고스 신드롬이라는 말을 처음 사용한 사람도 일본 휴대전화 인터넷망 '아이모드(i-mode)'를 개발한 게이오대학 교수 나츠노 다케시입니다. 나츠노는 일본의 휴대전화가 기술적으로 앞서 있지만 일본 이외의 지역에서는 팔리지 않는 현상을 가리켜 갈라파고스 신드롬이라고 말했습니다. 아이모드는 기술수준이나 혁신성에서 세계 최고라는 평가를 받았지만, 해외시장에서는 인기를 얻지 못했습니다.

사실 일본은 지난 1999년 이메일서비스를 선보인 데 이어 2000년에는 카메라폰, 2001년에는 3세대(3G) 네트워크, 2002년에는 음악파일 다운로드, 2004년에는 전자결제, 2005년에는 디지털서비스 등을 선보이며 시대를 앞서갔습니다. 하지만 일본이 국제표준을 기다리지 않고 각종 서비스를 몇·년씩 앞서 상용화한 것은 오히려 스스로 국제시장에서 고립을 자초하는 결과를 낳고 말았습니다.

1990년대와 2000년대 초반 일본 휴대전화 내수시장이 급성장할 당시, 일본업체들은 해외시장에 눈을 돌릴 만한 커다란 매력을 찾지 못했습니다. 2001년부터 3G서비스를 시작한 일본에서는 한때 1억 명이 3G 스마트폰을 사용했고, 이는 미국시장의 2배였으니까요. 참고로 우리나라는 2007년에야 당시 KTF에서 국내 이동통신사 최초로 3G를 도입했습니다.

그러나 일본경제의 장기침체와 내수시장의 포화로 휴대전화 시장이 크게 위축되면서, 최근에는 겨우 3,000만 대 미만의 내수시장을 놓고 8개 업체가 경쟁해야 하는 상황을 맞이하게 됐습니다. 이처럼 일본 기술이 세계시장에서 인기를 얻지 못한 것을 가리켜 특별히 '잘라파고스(Jalapagos = Japan + Galapagos)'라고도 부릅니다.

그럼 이러한 갈라파고스 신드롬이 우리에게 시사하는 점은 무엇일까요? 치열한 글로벌 경영시대를 맞아 시대흐름에 능동적으로 대처하지 못하면 갈라파고스제도의 생태계처럼 세계시장에서 고립되고, 갈라파고스제도의 면역력 약한 고유종이 육지의 외래종에 밀려 멸종하듯 존망의 위기에 처할 수 있다는 것이겠지요.

중국의 경제개발을 이끈
흑묘백묘론

중국의 모습을 자세히 살펴보면 이 나라가 과연 사회주의 간판을 내걸고 있는 곳이 맞는지 의심스러울 정도입니다. 중국은 2024년 3월 현재 인구가 14억 967만 명으로 인도(14억 2,862만 명)에 이어 세계 2위이며 3조 2,048억 달러에 이르는 엄청난 외환보유고가 있습니다. 또한 중국 국내총생산(GDP)은 17조 7,010억 달러로 일본(4조 2,310억 달러)을 멀리 제치고 세계 2위 경제대국으로 부상했습니다.

이처럼 중국이 사회주의국가라는 꼬리표를 달고 있으면서도 세계 최대 경제대국인 미국을 위협하는 국가로 도약한 비결은 무엇일까요? 바로 중국 최고지도자 덩샤오핑이 펼친 경제정책 덕분입니다. 마오쩌둥 사망 이후 권력을 차지한 덩샤오핑은 중국 내 심각한 수준이었던 빈곤 문제를 해결하는 것이 가장 시급하다고 판단했습니다. 이에 덩샤오핑은 흑묘백묘론(黑猫白猫論)과 선부론(先富論)을 경제구호로 내세웠습니다.

흑묘백묘론은 '검은 고양이든 흰 고양이든 쥐만 잘 잡으면 된다'는 뜻으로, 중국의 개혁과 개방을 진두지휘해온 덩샤오핑이 1979년 미국을 방문하고 돌아와서 주장한 말입니다. 덩샤오핑은 1997년 2월 19일 사망했지만,

20여 년이 지난 지금 중국은 어느 자본주의국가 못지않은 경제대국으로 발돋움했습니다.

이에 관해서 최근 밝혀진 재미있는 이야기가 하나 있습니다. 원래는 흑묘백묘가 아니라 '황묘흑묘'였다는군요. 덩샤오핑은 "누렇든 검든 쥐만 잘 잡으면 좋은 고양이"라고 말했지만, 흑과 백의 대조가 더 분명하다 보니 전파되는 과정에서 그렇게 바뀌었다고 하네요.

한편, 선부론은 '누구든지 부유해질 수 있는 사람이 먼저 부유해져라'는 뜻입니다. 이는 부자가 돼야 나눠줄 것이 생기니 먼저 돈을 벌라는 주장입니다. 쉽게 말하면 '아랫목이 따뜻해지면 윗목도 자연스럽게 따뜻해진다'는 뜻으로, 지역적으로는 중국 동남연해를 먼저 개발하면 자연스럽게 내륙지방도 발전한다는 뜻을 담고 있습니다.

덩샤오핑의 선부론 주장은 예상대로 맞아떨어져, 중국은 현재 상하이 등 동남연해를 중심으로 경제발전을 일궈내며 발전의 축을 내륙 깊숙이 이동시키고 있습니다.

결국 덩샤오핑이 주장한 경제이론은 사회주의의 핵심이라 할 수 있는 '분배'가 아니라 '성장'에 치중한 정책을 낳았습니다. 성장이냐 분배냐를 놓고 논쟁하지 말고, 먼저 돈부터 벌어야 한다는 실용주의노선을 강조한 것입니다. 이와 같은 정책이야말로 웬만한 자본주의국가 못지않은 성장을 이룬 오늘날 중국경제의 근간으로 평가됩니다.

1975년 베이징에서 포드 미국 대통령과 정상회담 중인 덩샤오핑

161

유태인자본과 유일하게 맞장뜨는
화교자본

막대한 자금력으로 전 세계경제를 좌지우지하는 두 민족이 있습니다. 바로 '유태인'과 '화교(華僑)'입니다. 화교는 중국 본토를 떠나 세계 각지에 이주해 살고 있는 중국인과 그 자손을 말합니다. 이들은 해외에 살면서도 중국과 유기적인 관계를 유지하는 독특한 특성을 지니고 있습니다. 지역별로는 중국 푸젠성과 광둥성 출신이 전체 화교의 절반 이상을 차지하는데, 지리적으로 동남아시아와 교역이 쉬운 데다 이곳 출신들이 기질적으로 해외 진출을 좋아했기 때문인 것으로 풀이됩니다.

전 세계적으로 약 5,000만 명의 화교가 퍼져 있으며, 이들 가운데 60% 이상이 동남아시아 지역에 거주하고 있는 것으로 알려져 있습니다. 또 동남아 화교는 전 세계 화교 자산의 3분의 2 이상을 차지하고 있으며, 특히 동남아 지역 국가 산업의 50~80%, 교역의 40%를 장악할 정도로 막강한 영향력을 과시하고 있죠.

동남아에 살고 있는 화교를 국가별로 살펴보면 싱가포르가 전체 인구의 76%(약 200만 명)가 화교이며, 말레이시아(34%, 600만 명), 태국(14%, 600만 명), 인도네시아(3%, 600만 명), 베트남(2%, 100만 명), 필리핀(1%, 60만 명), 캄보디아(4%,

30만 명), 라오스(0.8%, 2만 5,000명) 순입니다.

　그럼 화교들이 갖고 있는 자본의 규모는 얼마나 될까요? 2021년 기준으로 화교자본은 현금 외에 채권, 주식 등을 포함해 약 5조 달러(약 7,170조 원)에 달하는 것으로 알려졌습니다. 또한 재산이 5억 달러가 넘는 화상(華商, 화교 기업인)도 150여 명이나 됩니다. 이 때문에 국제금융가에서는 화교를 미국과 유럽연합에 이은 '제3의 경제세력'이라고도 부릅니다. 그뿐 아니라 지금까지 중국에 투자한 외국인 직접투자액 6,000억 달러 가운데 70% 정도인 4,000억 달러가 화교자본인 것으로 추정되고 있습니다.

　화교들은 동남아시아 경제의 3분의 2 이상을 장악하고 있습니다. 싱가포르의 윌마르그룹, 인도네시아의 싼린그룹, 구당가람담배회사, 말레이시아의 곽씨형제그룹, 태국의 화빈그룹 등이 대표적인 화상 기업입니다. 특히 태국은 전체 인구 가운데 화교가 차지하는 비중이 10%에 불과하지만, 태국 경제의 90% 이상을 좌지우지하고 있습니다. 아시아 1,000대 기업 중 절반 이상을 화교가 운영하고 있으니 "화상이 없으면 동남아시아경제도 없다"라는 말이 나올 법합니다.

　화교들은 또 미국 금융계에서 일본을 제치고 재무부 채권을 쥐락펴락하는 큰손 역할도 하고 있습니다. 이 때문에 화교는 미국 금융의 본산인 월스트리트를 장악한 유태인과 유일하게 맞장뜰 수 있는 민족으로 평가받고 있습니다.

　2022년 미국 경제잡지 〈포브스(Forbes)〉가 발표한 세계 억만장자 순위에 따르면 홍콩 최대 부호 리카싱 청쿵그룹 창업주 겸 회장은 2022년 10월 현재 재산이 348억 달러(약 49조 9,032억 원)으

리카싱 회장

로 세계 37번째 갑부입니다.

우리나라에 들어온 화교자본은 주로 부동산과 벤처기업에 투자했다고 합니다. 2006년 약 1조 원대에 달하는 화교자본이 국내 초대형빌딩과 기간시설을 사들인 것으로 나타났습니다. 이들 화교자본이 국내 부동산에 대거 투자할 수 있었던 것은 우리나라가 IMF 외환위기를 겪으면서 알짜 부동산을 대거 매물로 내놓았기 때문입니다.

'부동산투자 이민제도'가 2010년 2월 제주에서 시행되면서 화교자본이 제주도의 땅을 사들이고 있다는 소식도 들립니다(132장 참고). 국토교통부가 조사한 외국인의 제주도 부동산 소유면적은 2018년 1월 기준 제주도 전체 면적 1833.2㎢(약 5억 5,454만 평)의 1%가 넘는 2,165만㎡(약 655만 평)입니다. 외국인이 소유한 제주도 부동산은 무려 여의도 면적(2.9㎢, 약 88만 평)의 8배 규모입니다. 어마어마하죠.

이 가운데 중국인이 보유한 제주도 부동산은 43.6%인 944만 5,000㎡(약 286만 평)에 달합니다. 특히 중국인의 제주도 부동산 매입은 2017년에 비해 12.1%(102만 3,000㎡) 증가해 눈길을 모으고 있습니다.

"중국 대륙과 화교가 뭉치면 세계의 으뜸이 되는 것은 시간문제다"라는 말이 있습니다. 화교는 특유의 결속력과 네트워크를 통해 부를 축적해왔고, 아시아 국가를 넘어 유럽까지 세력을 확장하고 있죠. 세계를 호령하는 화교자본이 얼마나 더 성장할지 기대됩니다.

162

20년 전부터 아프리카에 공들인 중국
차이나프리카

과거 제국주의 시대에 아프리카 대륙을 지배한 프랑스의 영향력을 일컬어 '프랑사프리카(Francafrica)'라고 합니다. '프랑스'와 '아프리카'를 합성한 말이지요. 그렇다면 과거 프랑스의 영향력을 능가해 현재 아프리카의 정치 경제에 막강한 영향력을 미치는 국제관계를 칭하는 표현은 무엇일까요? 바로 차이나프리카(Chinafrica)입니다. 중국과 아프리카를 합성한 말로, 중국이 아프리카에서 과시하는 위용이 얼마나 엄청난지 알 수 있습니다.

과거 영국, 프랑스, 미국 등은 아프리카에서 반(反)민주, 부패 등을 저지르며 정치적 요인에 관심을 쏟았지만, 중국은 경제발전에 필요한 석유, 철광석 등 각종 자원을 확보하기 위해 공격적으로 아프리카에 진출하고 있습니다.

대한무역투자진흥공사(KOTRA)가 2011년 5월 발간한 〈팍스 시니카, 한국의 기회와 위협〉 보고서에 따르면, 중국은 1990년대 개방화 정책

이후 아프리카와 중남미, 아시아 등지의 신흥시장에서 자원개발과 인프라 사업을 지속적으로 늘려가고 있습니다. 중국은 이미 남아프리카공화국의 광산에 2억 3,000만 달러를 투자했고, 석유 매장량이 아프리카 내 5위인 수단과는 UN이 금지한 무기류를 판매하는 무리수까지 써가면서 돈독한 관계를 유지하고 있습니다.

이게 끝이 아닙니다. 중국은 2009년 11월 '중국·아프리카 협력 포럼'에서 아프리카 중소기업을 위해 10억 달러의 특별차관을 제공하겠다고 약속했습니다. 게다가 아프리카 빈국들에게 빌려준 차관 중 지난해 상환만기가 된 저금리·무이자 차관은 탕감해주겠다고 선심을 썼습니다. 아프리카로서는 이보다 더 좋을 수 없겠지요.

중국이 이처럼 아프리카 지역에 공을 들이면서 철도건설 등 인프라 사업 수주를 싹쓸이하는 경우도 많아지고 있습니다. 중국은 이미 2015년 2월 앙골라에서 총 길이 1,344km 규모의 철도노선을 완공했으며, 더 이전인 2014년 5월에는 리커창 중국 총리가 아프리카 4개국을 순방했던 기간에 총 길이 1,385km의 나이지리아 해안철도 건설 사업을 따내기도 했습니다.

그럼 중국은 왜 이렇게 아프리카에 무한한 사랑을 쏟는 것일까요? 그것은 바로 광물과 식량 등의 자원 때문입니다. 아프리카는 세계 8대 산유지 가운데 하나로, 나이지리아·리비아·알제리·앙골라·이집트 5개국이 전체 아프리카 석유 생산량의 85%를 차지하고 있으며, 수단·기니·콩고·차드 공화국 등도 새로운 산유국으로 부상하고 있습니다.

아프리카를 향한 중국의 끝없는 러브콜의 또 다른 이유는 이른바 '일대일로(一帶一路)'를 꼽을 수 있습니다. 일대일로는 중국, 중앙아시아, 유럽으로 뻗는 육상 실크로드 일대(One Belt)와 중국, 동남아시아국가연합(아세안), 중동,

아프리카, 유럽으로 향하는 해상 실크로드 일로(One Road)를 합친 개념입니다. 이는 고대 중국이 실크로드로 세계를 주름잡던 시절처럼 일대일로를 통해 유럽과 아프리카까지 중국의 영향권에 넣겠다는 이야기입니다.

후진타오 전 국가주석과 원자바오 전 총리는 2003년 집권 이후 2013년 퇴임할 때까지 아프리카를 10번 이상 방문했습니다. 무례하고 잘난 척하는 백인에 비해 중국인은 겸손하고 과묵해 아프리카 사람들도 호의를 보인다고 합니다. 그래서 동양인이 콩고 등 아프리카 국가에 가면 그곳 주민들이 "니 하오!(중국어로 '안녕'이라는 인사말)"를 외친다고 합니다. 그에 비해 우리나라는 1961년 코트디부아르와 처음 수교를 맺은 이래 아프리카를 방문한 대통령이 3명밖에 되지 않습니다.

이처럼 중국과 아프리카 간 거래는 점차 확대돼, 거래액이 2005년 1,269억 달러에서 2014년 2,220억 달러로 급증했습니다. 한 언론에 따르면, 2010년 3월 왕치산 중국 부총리가 방문해 6억 8,700만 달러의 차관을 추가로 약속했을 당시, 짐바브웨의 웹스터 샤무 공보장관이 이렇게 말했다고 합니다. "중국 같은 친구가 있는데, 누가 미국처럼 쇠락해가는 거인을 필

중국과 아프리카 간 교역액 (단위: 억 달러)

							3,000		2,540
910.7	1,269	1,663	1,985	2,103	2,220	2,220		1,881	
2009	2010	2011	2012	2013	2014	2015	2018	2020	2021

년

*자료: 스탠다드차타드

요로 하겠는가?"

　중국과 아프리카의 우정은 여전히 건재합니다. 2017년 왕이 중국 외교 부장은 엿새 동안 아프리카 국가들을 공식 순방했는데 이는 20년째 이어지는 전통입니다. 왕이 외교부장은 이번 순방 과정에서 아프리카 각국 정상들을 만나 현재 진행 중인 사업에 대해 논의하고, 이와 관련한 애로사항을 들으며 아프리카와의 외교 관계를 굳건히 다졌습니다.

　하지만 중국의 아프리카 진출을 신중하게 바라봐야 한다는 경계의 시선도 증가하고 있습니다. 라미도 사누시 나이지리아 중앙은행 총재는 "중국은 더 이상 동료 저개발 국가가 아니며, 서구와 똑같이 아프리카를 착취할 수 있는 세계 2위의 경제 대국"이라고 말했습니다. 또한 미국의 힐러리 클린턴 미국 전 국무장관 역시 "21세기에는 외부인들이 아프리카에 들어와 자원만 빼낸 후 떠나는 시대가 끝나야 한다"라면서 중국을 공격하기도 했습니다.

163

중국은 1인자가 될 수 있을까?
팍스 시니카

중국 하면 어떤 수식어가 떠오르나요? 인구 14억 명, 만리장성, 세계의 공장……. 다 맞습니다. 그런데 중국이 세계의 공장이라는 꼬리표를 떼고 '세계의 은행'으로 급부상하고 있다면 믿으시겠습니까? 이 말이 맞다면 전 세계 금융시장을 미국이 좌지우지하는 팍스 아메리카(Pax America) 시대가 가고, **팍스 시니카**(Pax Sinica, 중국경제 중심의 세계질서) 시대가 눈앞에 다가온 것입니다.

시니카(Sinica)는 중국 최초의 통일국가인 진의 중국어 발음 '친'을 서양에서 '치닉'으로 발음하다가 점차 '시닉'으로 발음하게 되면서 탄생한 단어입니다.

과거 로마제국의 세계 지배를 가리키는 팍스 로마나(Pax Romana), 19세기 영국의 식민통치를 가리키는 팍스 브리태니카(Pax Britanica), 제2차 세계대전 이후 미국에 의해 유지돼온 팍스 아메리카에 이어 중국경제가 새로운 맹주로 등장한 것이죠.

이젠 세계 경제 1위로!

그렇다면 중국은 제조업에 이어 금융업에서도 어떻게 두각을 나타내고 있을까요? 2023년 1월 기준으로 전 세계 주요 은행의 순위를 살펴보면 1위부터 4위를 중국계 은행이 싹쓸이했습니다.

1위는 전자뱅킹과 대출이 강점인 중국공상은행, 2위는 저축과 주택대출 업무를 특화한 중국건설은행, 3위는 농업과 농촌건설에

2023년 전 세계 은행 순위 (단위: 억 달러)

구분	은행 이름	자본
1	중국공상은행(중국)	3,241
2	중국건설은행(중국)	2,722
3	중국농업은행(중국)	2,244
4	중국은행(중국)	2,181
5	JP모건체이스(미국)	2,086
6	뱅크오브아메리카(미국)	1,914
7	씨티그룹(미국)	1,782
8	웰스파고앤드컴퍼니(미국)	1,648
9	중국교통은행(중국)	1,530
10	HSBC홀딩스(영국)	1,509

* 자료: www.Relbanks.com

필요한 자금을 대출하는 업무가 장점인 중국농업은행, 4위는 주로 외환 업무를 담당하는 중국은행입니다. 이들 중국은행들은 인구 14억 명에 달하는 거대한 내수시장을 기반으로 해외 금융시장에서 규모와 영향력을 더욱 넓혀가고 있습니다.

중국공상은행은 1984년에 설립돼 역사가 32년에 불과하지만, 중국에서 가장 영향력이 큰 은행입니다. 이에 따라 세계은행 순위에서도 3년 연속 1위 자리를 지키고 있습니다(참고로 중국건설은행은 1954년, 중국은행은 1904년에 세워졌습니다). 중국공상은행은 기업고객 3억 6,100만 명, 개인고객 2억 1,600만 명이라는 엄청난 고객을 보유하고 있습니다. 기업고객 3억 6,100만 명은 미국 인구(3억 2,400만 명)보다 많은 숫자입니다. 중국공상은행은 성장세를 거듭하고 있는 중국경제 속에서도 보수적인 운영방식을 고수해 고객의 신뢰를

얻었습니다.

중국공상은행 등 중국의 은행들 은 기업 인수합병(M&A)을 통해 규모 를 키우고 파생상품에 중점투자하는 서유럽 은행들과 달리, 예금 수신액 을 늘리는 전통적인 방법으로 성장

톈진에 있는 중국공상은행의 비즈니스센터

해왔기 때문에 2008년 미국발 금융위기에서도 피해가 크지 않았습니다.

전 세계 은행업 현황을 살펴보면 그동안 큰 목소리를 냈던 미국과 영 국이 글로벌 금융무대에서 중국에 밀리고 있음을 알 수 있습니다. 전 세 계 10대 은행에서 중국이 절반인 5곳을 차지하고 있는 가운데 미국은행이 4곳, 영국은행이 1곳에 불과하기 때문입니다. 특히 HSBC홀딩스를 제외한 나머지 유럽은행은 상위권에서 눈을 씻고 찾아봐도 없습니다.

중국에 대한 견제가 점점 심해지는 세계경제의 흐름 속에서 앞으로 중 국의 금융이 얼마나 세력을 확장할지 더욱 주의 깊게 지켜봐야 할 듯합 니다.

164

중국경제, 초고속 성장시대는 끝났다!
바오류(保六) 시대

　중국경제가 요즘 심상치 않습니다. 중국 경쟁력의 핵심이던 값싼 인건비는 지난 20년 새 다섯 배나 뛰었으며, 최근 1~2년 기준으로는 멕시코 인건비보다 많아졌습니다. 이는 중국정부가 추진 중인 소강(小康)사회 건설과 밀접한 관련이 있습니다. 소강사회는 국민들 모두가 중산층 이상으로 잘사는 사회로, 중국은 오는 2020년까지 중국을 소강사회로 만들겠다는 야심찬 계획을 밝혔습니다. 인건비 급등 문제는 중산층 사회를 만들기 위한 전략 중 하나입니다.

　사정이 이렇다 보니 중국시장으로 진출하던 외국기업들은 생산거점을 인건비가 더 싼 인도나 베트남 등지로 이전하고 있습니다. 글로벌경제가 불안한 상황에서 중국경제에 대한 부정적 인식이 확산되고 있는 것도 한몫하고 있죠.

　얼마 전 중국경제의 불안정함을 보여주는 사건이 또 하나 발생했습니다. 중국경제의 2015년 한 해 성장이 6.9%에 그친 것입니다. 중국 국가통계국은 2015년 중국 국내총생산(GDP)이 67조 6,708억 위안(약 1경 2,282조 원)으로 2014년에 비해 6.9% 증가했다고 발표했습니다. 2016년 성장률 역시

6.7%에 그쳐 6%대 경제성장률이 중국 경제의 평균성장률이 된 것이 아니냐는 관측도 나오고 있죠. 물론 GDP성장률이 3%도 채 안 되는 우리나라 입장에서는 중국의 경제성장률이 부러운 성적표로 보일 수도 있지요.

하지만 2015년 중국의 경제성장률 7%대 붕괴는 1990년 중국 GDP가 3.8%를 기록한 이후 25년 만에 기록한 최저치입니다. 심지어 중국 정부가 발표한 경제 성장률 6.9%마저도 부풀려졌다고 보는 전문가들도 많습니다.

이제 사람들은 중국이 6%대 성장률을 유지하기 위해 노력해야 하는 바오류(保六, 6%대 경제성장) 시대를 맞이했다고 이야기합니다. 중국 경제가 과거 7%대 고속 성장을 거듭한 '바오치(保七, 7%대 경제성장)' 시대를 지나 6%대 중속(中速)성장을 뜻하는 바오류(保六) 시대에 진입한 것입니다. 경제 성장이 둔화하는 '신창타이'(新常態, 뉴노멀) 경제를 보이고 있는 셈이지요.

중국은 현재 인건비 상승과 과잉 설비라는 구조적 문제뿐 아니라 도매물가가 4년 가까이 전년 수준을 밑도는 디플레이션(물가가 내리며 경기가 나쁜 상태) 상황입니다. 세계경제가 좀처럼 회복세를 보이지 않는 가운데 수출하기 위해 만들어놓은 제품은 쌓여 있고, 중국 내에서 남은 철(鐵) 등이 제조 원가를 밑도는 가격에 세계시장에 나돌면서 디플레이션을 수출하고 있다는 비난도 나오고 있죠.

여기에서 질문 하나! 중국은 7%대 이상으로 고속성장을 해야 '정상국가'가 되고, 그렇기 못할 경우에는 '비정상국가'가 될까요?

중국 경제성장률은 지난 2010년 10.4%로 치솟은 후 2011년 9.3%, 2012년 7.7%, 2013년 7.7% 그리고 2014년 7.4%로 줄곧 떨어져왔습니다. 중국이 점차 부유한 국가로 탈바꿈하면서 성장폭도 조금씩 줄어들고 있는 셈입니다.

사실 글로벌 경기침체 속에서 14억 명 인구를 가진 중국이 해마다 7% 이상 고속성장을 한다는 것은 쉽지 않습니다. 중국정부가 2015년도 GDP를 발표한 날, 왕바오안(王保安) 국가통계국장은 기자회견에서 "6.9%는 낮지 않은 성장속도"라며 "다른 나라들은 이 수치를 달성하기도 쉽지 않으며 전 세계 국가 중에서도 가장 높은 성장률"이라고 주장한 것도 이와 같은 맥락입니다. 세계경제가 여전히 미미하게 회복되고 있고 국제무역 환경도 열악해진 가운데 중국이 그나마 선방했다는 이야기죠.

중국경제에 대해 긍정적인 전망을 내놓고 있는 석학들도 적지 않습니다. 미국 투자금융회사 모건스탠리 아시아의 전 회장인 스티븐 로치는 "중국 경착륙(硬着陸, 비행기가 비행장에 제대로 착륙하지 못하고 요동치는 모습으로, 급작스런 경기악화를 뜻함)에 대한 공포가 매우 과장됐다"라고 지적했습니다.

향후 중국 경제성장률은 글로벌 경기 상황에 따라 더 떨어질 수도 있습니다. 이를 뒷받침하듯 2020년 전 세계를 뒤흔든 신종 코로나바이러스 감염증(코로나19) 쇼크로 중국경제 성장률은 더 떨어질 전망입니다.

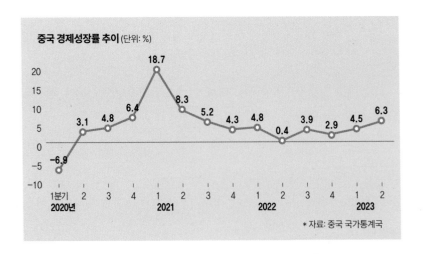

중국 경제성장률 추이 (단위: %)

* 자료: 중국 국가통계국

아시아개발은행(ADB)은 2020년 4월 3일 발표한 〈2020년 아시아 역내 경제 전망〉 보고서에서 2020년 중국 경제성장률 전망치를 2.3%로 예상했습니다. 세계 경제를 움직이는 초국경 '공급망(Supply Chain)'이 코로나19로 모두 중단됐다는 점을 감안하면 어느 정도 이해할 수 있는 대목입니다.

중국은 코로나19의 어두운 터널에서 벗어나 다시 힘차게 도약을 꿈꾸고 있습니다. 이에 따라 중국은 2024년 경제성장률 목표치를 5%로 잡았습니다. 중국 정부는 이 목표를 달성하기 위해 추가 경기부양책 등 경제 살리기에 나설 채비를 하고 있습니다. 중국이 코로나19라는 전대미문의 위기를 극복하고 다시 반등할 수 있을지 관심이 모아지고 있습니다.

165

세계 관광시장의 큰손
요우커와 싼커

2013년 중국은 해외관광 소비국 1위를 차지하면서 전 세계의 이목을 집중시켰습니다. 여기에는 일명 요우커로 통칭되는 중국인 관광객들이 있습니다. 요우커는 관광객을 뜻하는 중국어 뤼커(旅客)에서 나온 말입니다.

초창기 요우커들의 목적은 단순한 관광이었습니다. 하지만 관광객 숫자가 점점 늘어나면서 이들의 관광행태도 단순 관광에서 쇼핑 관광으로 변모했습니다. 세계관광도시연합회(WTCF)에 따르면, 2013년 중국인 해외관광객은 약 9,819만 명으로, 이들이 지출한 돈만 약 1,287억 달러(약 14조 8,000억 원)에 이르렀다고 합니다.

2016년 한국을 찾은 외국 관광객은 1,724만 명에 달하며, 이들 가운데 중국인 관광객은 약 634만 명으로 전체의 46%를 차지할 정도로 비중이 큽니다. 한국과 중국과의 지리적 인접성과 한국의 음악,

영화 등 한류(韓流)가 큰 몫을 한 것이지요.

한국을 방문한 요우커들의 1인당 평균소비액은 300만 원을 넘어선 것으로 알려지고 있습니다. 특히 면세점의 경우 중국인 관광객 매출이 전체의 60%를 차지할 정도로 영향력이 무척 큽니다. 이들이 주로 구입하는 물품은 명품, 화장품, 가전 등 매우 다양합니다. 공통점은 고가의 물품을 구입하는 것을 꺼리지 않고 대량으로 구매한다는 것입니다.

중국 국경절에 한국을 방문한 중국인 수 추이 (단위: 명)

* 자료: 인천공항

저렴한 인건비로 부를 축적한 세계의 공장 중국은 현재 전 세계를 호령하는 소비강국으로 다시 태어났습니다. 이들을 유치하기 위해 아시아뿐만 아니라 여러 유럽국가와 관광지들은 다양한 유인책을 사용하고 있습니다. 호주는 무려 중국 관광객을 모으는 광고에 2억 5,000달러(약 2,895억 원)를 지출했으며, 영국의 해롯백화점에서는 중국어를 하는 직원 70명을 채용하는 등 중국인 관광객 모시기에 적극적으로 나서고 있습니다.

최근에는 개별적으로 한국을 방문하는 여행족인 싼커(散客, 중국인 개별여행객)도 눈에 띄게 늘어났습니다. 중국 통계국에 따르면, 2017년 중국인의 해외 여행 횟수는 1.3억 회였고, 이 중 자유여행의 비중이 53%였다고 합니다.

자유여행은 대부분 싼커에 의해 이뤄집니다.

중국인 관광객이 특히 많이 몰리는 면세점에서도 싼커의 증가세가 두드러졌습니다. 2016년 1~9월까지 업계 1위 롯데면세점 소공점을 방문한 중국인 고객 가운데 싼커의 비중이 48%를 차지했습니다. 특히 한국을 찾는 싼커 한 사람이 한국에서 쓰는 돈은 평균 2,483달러(약 290만 원)으로 요우커의 1인당 지출경비(2,319달러)보다 조금 많은 편이었습니다.

2017년 사드 사태로 인해 중국 내 반한 감정이 빠르게 확산되며 중국인 관광객이 급감하는 일도 있었지만, 최근 회복세를 보이고 있습니다. 이에 백화점, 면세점 그리고 관광업계가 돌아온 요우커와 싼커를 맞이할 다양한 마케팅을 진행하고 있죠. 과연 예전의 영광을 누릴 수 있을지 지켜보도록 합시다.

중국을 들썩이게 하는 인터넷 슈퍼스타
왕홍

왕홍은 중국 온라인상의 유명인사, 즉 '인터넷 스타'를 말합니다. 한국과 비교하면 파워 블로거 혹은 1인 인터넷방송 진행자(BJ) 등으로 바꿔 말할 수 있겠네요. 왕홍들은 개인 방송을 통해 특정 상품이나 콘텐츠 등을 소개하고 다양한 사람들과 의견을 공유합니다. 이들이 소개한 상품의 판매가 급증하는 등 중국 내에서 왕홍이 미치는 영향력은 갈수록 커지면서, 최근에는 '왕홍 경제'라는 신조어까지 등장했습니다.

중국에서 왕홍이 이처럼 큰 인기를 얻게 된 일등공신은 이른바 지우링허우(九零後) 세대입니다. 이들은 흔히 1990년대 이후 출생한 세대로 미국에서는 MZ세대(143장 참고)라고 부르기도 하지요. 컴퓨터와 스마트폰 등 최신 IT 기계들을 어린 나이부터 접하고 하루 평균 3.8시간씩 휴대폰을 사용하며, 온라인 동영상을 월 121개 보는 지우링허우 세대는 주변 친구 등 지인이나 영향력이 있는 사람들의 의견을 따르는 속성이 있습니다. 왕홍은 지우링허우의 이러한 소비성향을 파악하고 컴퓨터, 스마트폰 등의 플랫폼을 통해 이들의 마음에 파고들었습니다.

중국 왕홍경제연구원에 따르면, 현재 중국에서 활동하는 왕홍은 100만 명에 달하고, 중국 왕홍 경제 규모는 2018년 1,000억 위안(18조 5,030억 원)을 돌파한 데 이어 2023년에는 약 1조 5,000억 위안(약 277조 5,450억 원)으로 급성장한 것으로 전망됩니다.

중국 내 왕홍의 영향력과 활동 폭이 넓어지면서 한국 기업들도 이들을 활용한 마케팅을 펼치고 있습니다. 특히 화장품과 패션업체들이 왕홍을 적극 공략하고 있죠. 아모레퍼시픽은 샴푸 홍보를 위해 유명 왕홍을 국내로 초청해 생방송을 진행했고, 신라면세점 역시 왕홍 초청 체험 행사를 진행했습니다.

국내 기업이 왕홍을 선호하는 이유는 이들의 영향력 때문만은 아닙니다. 한국 기업은 중국 SNS에 계정을 만들 수 없습니다. 결국 중국 내에서 제품 홍보를 하기 위해서는 인기 왕홍이 필요하죠. 그래서 왕홍들이 먼저 국내 기업에 마케팅 제안을 해오기도 합니다.

하지만 팔로워가 실제와 다르게 부풀려 있거나 지나친 금전을 요구하는 등 피해 사례도 많습니다. 또 현재의 왕홍들은 지나치게 외적인 요소에만 집착하는 경향도 있습니다. 전문가들은 왕홍 경제가 지속되기 위해서는 외적인 요소보다는 콘텐츠에 집중해야 한다고 말합니다.

하지만 최근에는 사드문제로 왕홍과의 마케팅에 차질이 빚어지고 있습니다. 자국민들의 몰매를 피하기 위해 의도적으로 한국제품을 홍보하지 않는 왕홍들이 속속 생겨나기 시작한 것이지요. 반한감정이 끝나고 왕홍경제가 다시 살아날 수 있을지는 좀더 지켜봐야겠습니다.

미국의 정치경제를 좌지우지하는
유태인자본

유태인자본은 동양의 화교자본과 함께 세계경제를 쥐락펴락하는 대표적인 사례입니다. 유태인과 관련해 독특한 용어가 하나 있습니다. 이른바 '디아스포라(Diaspora)'입니다. 디아스포라는 이산(離散), 즉 흩어진다는 뜻이지요. 역사적으로 박해를 많이 받은 유태인은 서기 135년 제2차 유대전쟁에서 패한 후 전 세계 각지에 흩어져 살게 됐는데, 이를 디아스포라라고 합니다.

미국 경제 잡지 〈포브스〉에 따르면 미국 명문 아이비리그 대학 교수 4명 중 1명이 유태인입니다. 또한 해마다 발표하는 노벨상 수상자 4명 중 1명이 유태인 과학자, 미국 100대 주요 기업 가운데 약 40%가 유태인 출신 기업가가 운영하는 것으로 나타났습니다.

그렇다면 유태인이 많지 않은 인구에도 전 세계에서 각 분야에서 뛰어난 능력을 발휘하게 된 정신적인 원동력은 무엇일까요? 우선 가장 먼저 떠오르는 것이 '탈무드(Talmud)'입니다.

탈무드는 유태인의 정신적인 지주나 다름없은 책입니다. 탈무드는 '토라(Torah)'로 불리는 유태인 율법을 자세하게 다루고 있습니다. 율법은 유태인들의 종교적·사회적·도덕적 생활과 행동을 규정한 규범이죠. 탈무드는 전통 등 정신적인 면 못지않게 실생활에서 현명하게 살아갈 수 있는 경제 교육도 잘 다루고 있다는 점이 특징입니다. 결국 탈무드가 제시하는 도덕적 규범을 정리하면 탈무드는 공동체를 규율하는 법으로 상호간 신뢰를 매우 중요하게 여깁니다.

다시 유태인의 경제력에 대해 얘기해 보겠습니다. 유태인은 윌리엄 셰익스피어의 대표적 희극 〈베니스의 상인〉에 등장하는 유태인 고리대금업자 샤일록처럼 전 세계 정치경제에 막강한 영향력을 행사하고 있습니다. 유태인은 전 세계 인구의 0.25%에 불과한 데다 20세기 초까지 국가조차 갖지 못했습니다. 그런데도 현재 전 세계 부호 가운데 약 40%, 100대 기업 소유주 가운데 30~40%를 차지하고 있지요.

유태인 출신으로 미국 정치와 경제를 좌지우지하는 인사는 셀 수 없을 정도로 많습니다. 자본주의 이론을 집대성한 《국부론》의 저자 애덤 스미스를 비롯해 경영학의 아버지 피터 드러커, 연방준비제도이사회(FRB) 전 의장인 벤 버냉키, 미국 재무부 장관 자넷 옐런 역시 유태인입니다. 이 외에도 헤지펀드의 대부 조지 소로스, 마이클 블룸버그 뉴욕 전 시장, 매들린 올브라이트 전 국무장관 등 굵직굵직한 인물이 많습니다.

기업인으로는 메타(구 페이스북)의 공동설립자 마크 저커버그, 마이크로소

자넷 옐런

나탈리 포트만

마크 저커버그

프트의 CEO 스티브 발머, 구글의 공동창업자 세르게이 브린과 래리 페이지, 스타벅스의 CEO 하워드 슐츠가 대표적입니다. 또한 골드만삭스 등 세계적 투자은행, 법률회사, 각종 언론과 엔터테인먼트 기업, 대형 병원과 학교 등에도 유태인자본이 많이 포진해 있습니다.

미국 내 유태인의 싹쓸이 현상은 비단 정치경제에만 국한되지 않습니다. 영화감독 스티븐 스필버그, 영화배우 나탈리 포트만을 비롯해 미국의 종합미디어 기업 타임워너의 CEO 스티브 로스, 노벨상을 수상한 뉴욕시립대학 교수 폴 크루그먼과 경제학자 밀턴 프리드먼, 경제학자 폴 새뮤얼슨, 컬럼비아대학 교수 조지프 스티글리츠도 모두 유태인입니다.

이 때문에 일부에서는 미국은 앵글로색슨 계통 백인 신교도가 아니라 전체 인구의 2%도 채 안 되는 530만여 명의 유태인이 좌지우지하는 사실상 '유태인의 제국'이라는 말까지 나오고 있습니다.

이러다 보니 미국계 유태인들은 미국 노조운동을 좌지우지할 정도로 정치적인 영향력이 큽니다. 또한 학계와 정치계, 연예계는 물론 재계에서도 막강한 위력을 발휘하다 보니 금융업은 물론 유통업 등 미국인 일상생활과 밀접한 분야에서 핵심적인 역할을 하고 있죠.

유태인들이 온갖 박해에도 세계 최고 경제대국 미국의 탄생에 일조한 것은 분명합니다. 유태인들이 탈무드를 통해 보여준 다른 이들과의 포용성, 그리고 전통 중시 사상, 학문과 예술 등 자기 분야에서 최고 정상에 오르고자 하는 열의는 우리가 배워야 할 대목입니다.

168

세계가 집중하는 미국의 경제정책
양적완화

2014년 10월, 미국 중앙은행 연방준비제도(Fed)의 산하기구 연방공개시장위원회(FOMC)는 회의를 통해 양적완화 정책을 종료하기로 선언했습니다. FOMC는 미국의 기준금리를 결정하는 기구로 한국은행의 금융통화위원회와 비슷한 역할을 합니다. 그렇다면 양적완화는 무엇이고, 왜 중단됐을까요?

양적완화는 시장 활성화를 위해 돈을 푸는 정책을 말합니다. Fed는 시중은행이 보유하고 있는 국채를 사들이고 이에 대한 대금으로 은행에 달러를 공급합니다. 즉, 시중에 돈을 푸는 것이지요. 국채를 판 돈을 확보한 시중은행은 금리를 내리고, 기업과 가계는 대출을 늘립니다. 이런 과정으로 소비가 늘어나고 경제가 활성화됩니다.

여기서 질문 하나! 대다수 국가가 경제 활성화를 위해 쓰는 정책은 금리 인하입니다.

미국 연방준비제도(Fed)

그렇다면 미국은 왜 금리 인하 정책을 쓰지 않고 양적완화 정책에만 목을 맸을까요? 정답은 미국의 기준금리가 거의 제로금리 수준이었기 때문입니다. 2014년 당시 미국의 기준금리는 0~0.25%이었습니다. 금리가 이미 최저수준이기 때문에 금리 인하 정책을 펼치고 싶어도 펼칠 수가 없었던 것이지요. 그래서 금리 인하 조치와 비슷한 효과를 거둘 수 있는 양적완화 정책을 실시해온 것입니다.

미국이 3차례에 걸친 양적완화를 끝내기로 한 데는 미국의 경제지표 변화가 큰 역할을 했습니다. 지난 2009년 10월 9.6%까지 치솟았던 미국의 실업률은 2014년 10월 말 5.9%로 뚝 떨어졌습니다. 또 미국 국내총생산 성장률도 2014년 3분기에 5.0%로, 2003년 3분기 이후 11년 만에 최고 성장률을 기록했습니다. 경제지표로 회복세를 확인하고 자신감을 얻은 미국은 그동안 해온 양적완화를 중단하기로 결정한 것입니다.

경제성장에 자신감이 생긴 미국은 그동안 풀었던 돈을 다시 회수하기 위해 금리 인상을 단행했습니다. Fed는 2016년 12월 14일 이틀간 진행한 FOMC 정례회의에서 기준금리를 0.25% 올렸습니다. 이에 따라 미국 기준금리는 기존 0.25~0.5%에서 0.5~0.75%로 상향 조정됐습니다. Fed가 세계금융위기 이후인 2008년 12월 16일 기준금리 0~0.25%라는 이른바 제로금리를 실시한 이후, 2015년 12월 16일 금리를 0.25~0.5%로 조정한 지 1년 만에 두 번째 인상 조치가 단행된 셈입니다. Fed는 이에 그치지 않고 기준금리를 꾸준히 올려 2018년 12월 기준 미국 기준금리는 2.20~2.50% 선이었습니다.

이는 미국 고용시장이 최근 개선되고 있고 이에 따라 소비심리도 좋아지면서 물가상승 기대감이 커진 데 따른 것입니다. 이와 함께 당시 대통령 당선인이었던 도널드 트럼프가 도로와 교량, 터널, 공항, 학교 등 사회간접 자본에 1조 달러(약 1,184조 원)를 투자해 경제를 살리고, 수백만 근로자에게 일자리를 제공하겠다고 한 이른바 트럼프노믹스에 대한 기대감 등이 두루 반영된 결과였습니다.

그렇다면 한국을 비롯한 신흥경제국들이 미국 금리 인상에 크게 촉각을 곤두세우는 이유는 무엇일까요? 그것은 미국이 금리를 인상하면 신흥국에 투자된 미국 등 해외의 자금이 급격히 빠져나가는 자본유출 현상이 벌어지기 때문입니다. 이른바 글로벌 자금이 미국으로 향하는 거대한 '머니 무브(Money Move, 자금의 대이동)'가 가속화될 것이라는 얘기지요.

글로벌 펀드정보업체 이머징마켓포트폴리오리서치(EPFR)의 조사에 따르면, 미국 기준금리 인상을 앞둔 2016년 11월 8일부터 12월 7일까지 한 달간 신흥국 주식펀드에서 90억 8,100만 달러(약 11조 원), 신흥국 채권펀드에서 119억 6,500만 달러(약 14조 원) 등 모두 210억 달러(약 25조 원) 이상이 빠져나갔습니다. 미국 기준금리 인상이 계속된다면 이 같은 대규모 자금이동도 계속될 것으로 보입니다.

우리나라도 안심할 상황이 아닙니다. 미국이 2015년 12월 기준금리를 올리자, 그 후 3개월 동안 국내 금융시장에서 무려 6조 원이 넘는 외국인 자금이 이탈했습니다. 외화자금이 급격히 유출되면 신흥경제국으로서는 상당한 어려움을 겪을 수밖에 없습니다. 국내경제가 오랫동안 적자이거나 외환보유액이 충분하지 않은 국가는 자칫 외환위기에 빠질 수도 있지요.

미국이 금리를 계속 올리고 있는 가운데 한국은행이 금리 동결 기조를 계속 유지할 수는 없습니다. 이에 따라 한국은행은 2018년 11월 30일 기준금리를 0.25%포인트 올려 기준금리가 연 1.75%가 됐습니다. 이는 한국은행이 2017년 11월 기준금리를 0.25%포인트(연 1.5%)로 올린 후 1년만입니다.

한국은행이 금리 인상에 따른 경제적 부담이 크다는 점을 잘 알면서도 기준금리를 올릴 수밖에 없었던 데는 나름 속사정이 있습니다. 바로 미국 때문입니다. Fed는 2018년 한 해에만 기준금리를 무려 4차례나 올렸습니다. FOMC는 미국 기준금리를 2018년에만 3월, 6월, 9월에 이어 12월까지 무려 네 차례에 걸쳐 1%포인트씩 올렸습니다. 이에 따라 미국 기준금리는 연 2.50%로 치솟았습니다. 한국은행의 기준금리(1.75%)와 격차가 0.75%포인트로 벌어진 것이지요.

그러나 기준금리를 둘러싼 미국과 한국의 미묘한 신경전은 신종 코로나바이러스 감염증(코로나19)의 등장으로 크게 흔들렸습니다. 미국 연준은 2020년 3월 15일 기준금리를 0~0.25%로 조정하며 제로금리로 돌아갔습니다. 한국도 2020년 3월 16일 0.75%로 전격 인하했죠.

하지만 현재 미국과 한국의 기준금리 경쟁은 미국 중앙은행 연방준비제도(Fed)가 기준금리를 여러 차례 올리며 미국이 주도권을 쥐고 있는 양상입니다. 미국의 기준금리는 2024년 3월 현재 5.50%로 크게 올랐습니다. 이에 질세라 한국은행도 기준금리를 크게 올려 2024년 3월 현재 3.50%가 되면서 캐리 트레이드(59장 참고) 우려가 다시 불거지고 있습니다.

169

EU와 NAFTA에 맞서는 남미 경제공동체
메르코수르

메르코수르(MERCOSUR)는 1991년 브라질, 아르헨티나, 우루과이, 파라과이 4개국으로 출범한 관세동맹입니다. 베네수엘라가 2012년에 정회원국이 되면서 회원국은 모두 5개국으로 늘어났죠. 5개국 외에도 칠레, 콜롬비아, 페루, 볼리비아, 에콰도르 등이 준회원국으로 가입하며 세력을 확대하고 있습니다. 하지만 2017년 8월 베네수엘라가 회원국 자격을 정지당하는 일이 벌어집니다. 어떻게 된 일일까요?

1999년 사회주의자 우고 차베스가 베네수엘라의 대통령으로 당선되며 미국과의 관계가 틀어지기 시작했습니다. 당시 베네수엘라는 미국과 앙숙이었던 쿠바와 외교를 강화하고, 이라크의 사담 후세인을 만나는 행보를 보이기도 했죠. 둘의 관계는 도널드 트럼프의 대통령 당선으로 더욱 악화됐습니다. 또 계속되는 베네수엘라의 반정부 시위는 미국뿐 아니라 메르코수르 회원국의 질타를 받기에 충분했습니다.

2017년에는 베네수엘라에서 마두로 대통령 퇴진을 요구하는 시위대 100여 명이 사망하자 메르코수르는 베네수엘라의 회원국 자격을 무기한 정지시키는 극약처방을 내렸습니다.

일부 회원국의 정세불안으로 혼란을 겪고 있지만 메르코수르의 전망은 밝습니다. 세계은행(World Bank)자료에 따르면 메르코수르 회원국의 총인구는 2024년 3월 현재 2억 7,360만 명을 돌파했으며 회원국의 국내총생산(GDP)은 2조 6,380억 달러(약 3,550조 7,480억 원)에 달합니다. 이 같은 수치만 따지면 메르코수르가 세계 5대 경제블록이 되는 셈입니다.

재미있는 점은 유럽 대륙이 유럽연합(EU)이라는 단일경제공동체를 향

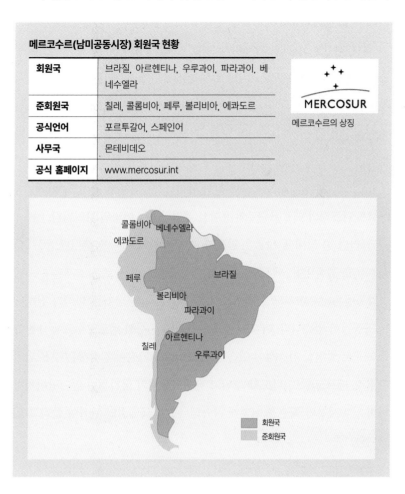

메르코수르(남미공동시장) 회원국 현황

회원국	브라질, 아르헨티나, 우루과이, 파라과이, 베네수엘라
준회원국	칠레, 콜롬비아, 페루, 볼리비아, 에콰도르
공식언어	포르투갈어, 스페인어
사무국	몬테비데오
공식 홈페이지	www.mercosur.int

메르코수르의 상징

해 나아가고 있는 데 반해, 아메리카 대륙은 미국·캐나다·멕시코 3국이 관세와 무역장벽을 없앤 북미자유무역협정(NAFTA, 나프타)과 브라질 등 남미 4개국이 뭉친 메르코수르로 나누어진 양상을 보이고 있다는 점입니다.

출범 시기를 따지면 메르코수르가 나프타를 훨씬 앞지릅니다. 메르코수르는 1980년대 브라질과 아르헨티나의 경제협력프로그램으로 출발한 데 비해, 나프타는 1992년 미국·캐나다·멕시코가 협정에 조인하고 1994년 1월부터 정식발효됐기 때문입니다.

일부에서는 EU처럼 아메리카 대륙 전체를 아우르는 거대 경제협력체를 기대할지도 모릅니다. 그러나 영어를 사용하는 미국, 캐나다 등 나프타 회원국과 달리, 메르코수르는 스페인어와 포르투갈어를 사용하는 등 라틴계 문화가 강해 어차피 서로의 길을 갈 수밖에 없는 운명이라는 분석이 더 적절한 듯합니다. 또한 미국이 남미국가들과 긴밀한 협력체제를 구축하지 못하고, 오히려 정치적 반목을 일삼아 남미국가들의 반발을 사고 있다는 점에서도 나프타와 메르코수르의 통합을 예견하기는 어려워 보입니다.

그러던 중 남미에 새로운 판도가 짜여 세간의 이목을 끕니다. 2011년 4월 칠레, 콜롬비아, 멕시코, 페루의 대통령이 모여 새로운 경제블록인 태평양동맹(Pacific Alliance)을 탄생시킨 것입니다. 이들 국가는 미국과 친하다는 공통점이 있습니다. 이 경제블록은 브라질 중심의 메르코수르에 대항하는 기구로 발전할 가능성이 있습니다. 그러니 브라질이 긴장하는 것은 당연하겠죠. 메르코수르, 나프타 그리고 태평양동맹의 국가들이 엎치락뒤치락하며 남미시장의 패권을 어떻게 장악해나갈지 국제적인 관심이 쏠리고 있습니다.

170

전 세계 식품업계를 들썩이게 하는
할랄푸드

아랍어로 '허용된 것'을 뜻하는 할랄(Halal)은 이슬람교도들이 마음 놓고 먹고 쓸 수 있는 모든 제품을 일컫는 말입니다. 이 가운데 이슬람교도들이 안심하고 먹을 수 있는 음식을 할랄푸드라고 부릅니다. 이슬람에서는 돼지고기를 비롯해 개나 고양이, 심지어 잔인하게 도살된 짐승의 고기 등을 금기로 여기는데, 할랄푸드는 이런 금기로부터 안전하죠. 이와 반대로 하람푸드는 이슬람 율법에 따라 금기된 음식을 말합니다. 술과 마약, 돼지고기·개·고양이, 잔인하게 도살된 고기 등이 이에 포함됩니다.

최근 식품업계의 최대 화두는 단연 할랄푸드입니다. 이유는 이슬람 경제권의 탄탄한 경제규모와 인구증가율 때문이죠. 현재 전 세계 이슬람 인구는 약 18억 명으로 세계 인구(약 80억 명)의 4분의 1을 차지할 정도로 막강하고, 이슬람권의 평균 출산율은 3.1명으로 OECD 회원국 평균 출산율(1.7명)보다 2배 이상이 높습니다. 현재와 같은 출산율 추세라면 이슬람권의 인구는 오는 2030년에 22억 명에 달할 것으로 전망됩니다.

이에 따라 전 세계 식품시장에서 할랄푸드가 차지하는 비중도 17.7%에 달합니다. 즉, 할랄푸드는 석유 등 전 세계경제에 큰 영향을 주는 산유국이 대부분이고 인구수도 크게 늘어나고 있는 이슬람 국가들의 막강한 영향력을 보여주는 경제지표인 셈이지요.

이슬람 국가들의 경제적 영향은 수쿠크(Sukuk)를 통해서도 알 수 있습니다. 수쿠크는 '이슬람채권'입니다. 다시 말해 오일달러로 막대한 돈을 벌어들이는 중동 지역의 이슬람국가들이 발행하는 채권이죠.

수쿠크는 기존의 채권과 어떻게 다를까요? 수쿠크는 전통적인 채권과 비슷하지만, 이자 받는 것을 금기시하는 이슬람 교리에 따라 이자 대신 수익을 배당금 형태로 받는다는 차이가 있습니다. 그렇다 보니 다양한 형태로 발행할 수 있어서 현재 수쿠크의 종류는 60여 종에 이르는 것으로 알려져 있습니다.

전 세계 수쿠크의 4분의 3을 발행하는 이슬람권 최대 수쿠크 시장인 말레이시아는 그 명성에 걸맞게 금융자산의 약 12%를 이슬람계가 소유하고 있습니다. 말레이시아 국민의 자동차 구입자금이나 주택 구입자금의 12%를 이슬람은행들이 조달해주고 있는 셈이지요. 글로벌 위기의 불확실성으로 위험자산을 기피하려는 심리가 지속되면서, 당분간 수쿠크의 인기는 식지 않을 것으로 예상됩니

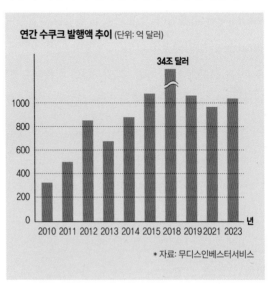

연간 수쿠크 발행액 추이 (단위: 억 달러)

34조 달러

* 자료: 무디스인베스터서비스

다.

전 세계적으로 스쿠크가 성장하고 있는 지금, 우리나라의 행보를 한번 살펴볼까요? 2011년 3월 '수쿠크법'이 처음 발의되면서 정계와 기독교계의 갈등이 심화됐습니다. 국회는 수쿠크법이 도입되면 특정 정치인의 하야·낙선운동을 주도하겠다는 기독교계의 강력한 반발에 놀라 수쿠크법 도입을 무기한 연기했습니다. 2015년 1월 수쿠크법은 국회 회기가 바뀌면서 자동 폐기됐고, 기획재정부는 재상정 계획이 없다고 밝혀 사실상 사장된 상태입니다. 할랄푸드와 수쿠크에 종교적인 의미가 있는 것은 사실이지만, 이 둘은 우리나라의 외환다변화에 큰 영향을 미치는 사안입니다. 그러므로 이슬람에 대한 사안에서 종교논리보다는 경제논리를 보다 꼼꼼하게 따져봐야 할 때가 아닌가 생각합니다.

세계 할랄시장 규모는 2014년 3조 2,000억 달러(약 3,795조 원)에서 2020년 7조 2,000억 달러(약 1경 260조 원)으로 커졌습니다. 세계 할랄시장은 더욱 성장해 2028년에는 규모가 11조 2,000억 달러(약 1경 5,960조 원)으로 늘어날 전망입니다. 세계경제가 침체국면에서 벗어나지 못하고 있는 가운데 할랄푸드 등 이슬람 경제권이 새로운 시장으로 떠오른 것입니다. 한국식품업계가 할랄푸드에 관심을 가져야 하는 것도 이 같은 이유 때문입니다. 앞으로 더 다양한 할랄푸드를 개발해 이슬람 시장을 공략하는 날이 오기를 기대해봅니다.

할랄시장 규모 (단위: 억 달러)

11조 2,000
7조 2,000
3조 2,000

2014   2020   2028(예상)   년

* 자료: 톰슨로이터

171

달러냐, 유로냐, 위안이냐?
기축통화

    국제 외환거래에서 자주 등장하는 말 중 하나가 바로 기축통화입니다. 기축통화란 '국가 간의 결제나 금융거래에서 기본이 되는 통화'라는 뜻으로, 미국 예일대학 교수 로버트 트리핀이 처음으로 사용한 용어입니다.

    그렇다면 전 세계에서 통용되는 대표적인 기축통화는 무엇일까요? 바로 미국 달러화입니다. 달러는 제2차 세계대전 이후 최대 경제대국으로 부상한 미국이 전 세계 금융과 통화의 주도권을 쥐면서 자연스레 기축통화 자리를 꿰찼습니다. 영국 파운드화도 영어권에서 사용할 수 있는 기축통화입니다. 결국 '기축통화 = 달러화 + 파운드화'라는 등식이 성립됐습니다.

    그런데 1990년대에 들어서면서 이 같은 패러다임이 깨지기 시작했습니다. 유럽에서 단일통화인 유로화가 등장했기 때문입니다. 유로화는 1995년 12월 15일 스페인 마드리드에서 열린 유럽연합(EU) 정상회의에서 15개 회원국이 1999년 1월 유럽경제통화동맹(EMU)을 출범시키고, 단일통화의 명칭을 '유로'로 하기로 합의하면서 탄생했습니다.

    중요한 점은 EMU를 맺은 유로존 19개국 이외에 유로화를 쓰는 국가가 늘어나고 있다는 것입니다. 몬테네그로, 바티칸, 산마리노, 안도라, 모나코 등 유럽 내 소국가들이 유럽중앙은행(ECB)의 허가를 받지 않은 채 유로를 공식화폐로 쓰고 있으며, 세르비아로부터 독립을 추진 중인 코소보도 이미 유로를 공식화폐로 사용하고 있습니다. 이는 미국 달러화를 사용하는 국가가 종전에 비해 크게 줄어들 수밖에 없음을 뜻합니다.

미국이 전 세계경제의 중심축으로 떠오른 영광을 경험한 상당수 미국 정치인과 일반인들은 달러화의 세력이 약해진 지금 상황을 맞이하면서, 어쩌면 2000년 3월 9일에 있었던 역사적인 사건을 떠올리며 아쉬워할지도 모르겠습니다. 바로 그날, 남미 에콰도르의 구스타보 노보아 대통령은 천정부지로 치솟는 인플레이션을 억제하기 위해 자국 통화 '수크레'를 버리고 달러화를 공식화폐로 받아들였습니다. 다시 말해 자국화폐를 포기하고 달러화를 공식화폐로 받아들이는 달러라이제이션(Dollarization)을 단행한 것이지요. 당시 에콰도르 국민은 이를 두고 경제주권을 내팽개치는 수치스런 일이라고 비난했지만, 미국 입장에서는 전 세계경제를 좌지우지하던 당시 자신들의 위상을 웅변하는 사건이었습니다.

그런데 미국의 달러화를 위협하는 존재가 나타났습니다. 바로 위안화입니다. 2015년 12월 1일 국제통화기금(IMF)이 집행이사회를 열고 중국 위안화를 특별인출권(SDR) 통화바스켓에 편입하기로 결정했기 때문입니다.

SDR은 88개 IMF 회원국이 외환위기를 당했을 때 IMF에서 끌어다 쓸 수 있는 일종의 비상금고입니다. 현재 SDR은 달러, 파운드, 유로, 엔 등 네 개 통화로 이뤄져 있으며, SDR 통화바스켓 구성 비율을 살펴보면 달러화 41.9%, 유로화 37.4%, 파운드화 11.3%, 엔화 9.4%로 달러화와 유로화가 압도적 비중을 차지하고 있습니다.

IMF의 결정에 따라 중국 위안화는 2016년 10월 1일 IMF의 SDR에 정식 편입됐습니다. 이 조치로 위안화는 신흥국 통화로는 처음으로 미국 달러화, 영국 파운드화, 일본 엔화, 유로화와 더불어 세계 5대 기축통화대열에 합류하게 됐죠.

사실 중국은 세계 최대 무역대국이자 미국에 이은 세계 2위 경제대국입니다. 물가 수준을 감안해서 계산하는 구매력 기준 국내총생산에서는 이미 2014년에 미국을 앞질렀습니다. 이러한 중국의 경제력을 감안하면, 이번 위안화의 SDR 편입은 오히려 뒤늦은 감이 있습니다.

물론 SDR에 편입됐다고 해서 위안화가 바로 기축통화가 되는 것은 아닙니다. 중국 금융시장을 개혁하고 개방해서 위안화를 명실상부한 글로벌 스탠더드로 올려놔야 하죠. 만일 중국 중앙은행이 중국 정부에 휘둘려 위안화 가치가 불안하고 중국은행이 부실하다면 누가 위안화를 보유하려 할까요? 전 세계가 안심하고 위안화를 보유하고 거래할 때 비로소 위안화가 기축통화 지위를 인정받을 수 있을 것입니다.

달러

유로

위안

중국이 세계경제에 미치는 영향을 감안하면, 앞으로 세계 무역에서 위안화로 결제하는 비중이 점점 높아질 것으로 보입니다. 국제 금융전문가들이 위안화의 SDR 비중이 10% 이상으로 늘어나 달러화, 유로화에 이은 3대 통화가 될 것으로 점치는 것도 이 같은 이유에서입니다.

172

달라진 세계 금융시장의 판도
신자본주의

영국 경제일간지 〈파이낸셜타임즈〉는 2007년 6월 19일자 기사에서 신자본주의(New Capitalism)를 다뤘습니다. 흔히 신자본주의를 수정자본주의(Revised Capitalism)와 같은 용어라고 생각하는데, 수정자본주의는 지난 1970년대에 등장한 경제학용어로, 자본주의의 여러 모순을 국가의 개입 등으로 수정함으로써 자본주의를 영속하려는 이론입니다.

〈파이낸셜타임즈〉가 다룬 신자본주의는 전 세계 금융시장의 급속한 발전과 새로운 금융상품 등장이 새로운 형태의 자본주의경제를 만들어간다는 취지에서 나온 용어입니다. 한마디로 기존 자본주의가 기업 경영 중심의 '산업자본주의'였다면, 새롭게 부상하는 신자본주의는 '글로벌 금융자본주의'라는 얘기입니다.

이와 관련해 유럽은 신자본주의를 적극 지지하는 입장입니다. 한 예로 지난 2009년 유럽 주요 경제대국인 독일과 프랑스는 미국발금융위기와 유럽 재정위기 등 글로벌위기에 맞서 금융시장에 대한 감시와 개입을 강조하는 신자본주의를 거듭 역설했습니다.

구체적인 예로, 니콜라 사르코지 프랑스 전 대통령과 앙겔라 메르켈 독일 총리는 2009년 프랑스 파리에서 '자본주의의 미래'라는 주제로 열린 경제회담에서 새로운 금융질서 구축의 필요성을 강조했습니다. 사르코지 전 대통령은 투기에 기반을 둔 금융자본주의는 자본주의 논리를 왜곡하는 "부도덕한 시스템"이라며 신자본주의의 필요성을 역설했습니다.

이에 대해 메르켈 총리는 국제통화기금(IMF)이 자본주의를 규제하는 데 성공하지 못했다면서 유엔에 각 정부정책을 평가할 수 있는, 안전보장이사회와 유사한 경제기구를 창설할 것을 제안했습니다. 또한 당시 메르켈 총리는 미국의 재정적자와 중국의 경상수지 흑자로 인해 국제 환율이 불안정하고 자본의 흐름이 원활하지 않다면서 이를 극복하는 방안을 마련해야 한다고 강조했습니다.

이와 함께 전 세계 금융시장도 기존의 상업은행에서 벗어나 기업이나 정부, 정부 관계기관 등에 자금조달을 중개하는 것을 주업무로 하는 투자은행으로 변모하고 있습니다. 그뿐 아니라 기존의 채권, 주식, 상품, 외환의 틀을 탈피해 옵션, 선물, 스와프 등 다양한 형태의 파생금융상품이 속속 등장한 점도 글로벌 금융자산을 활성화하는 요인이 되고 있습니다.

경제규모가 커지면서 우리나라의 금융자산 규모도 크게 팽창했습니다. 국내 금융자산 규모는 2010년에 1경 원을 넘어선 데 이어 2016년 1월 기준으로 1경 3,496조 원에 달합니다.

헤지펀드와 사모펀드의 등장도 전 세계 금융자산을 크게 늘리는 요인입니다. 헤지펀드 자금 연구소 '헤지펀드 리서치'에 따르면 헤지펀드가 관리하는 자금은 2016년 3분기 기준으로 2조 8,700억 달러에 달합니다.

특히 한국에서 파생상품의 인기는 가히 광풍 수준이라 할 만합니다. 한국거래소에 따르면, 국내 파생상품 거래량은 37억 5,200만 계약으로, 미국 시카고거래소(30억 8,000만 계약)를 뛰어넘었습니다. 한국시장이 하루 평균 약 1,700만 계약, 64조 원의 파생상품이 거래되는 거대시장으로 성장한 것이지요.

하지만 이것은 결코 좋아할 수만은 없는 수치입니다. 한국 증시의 시가 총액이 세계 증시에서 차지하는 비중은 2%에 불과합니다. 하지만 파생상품 거래량이 미국을 뛰어넘었다는 것은 한탕을 노리는 개인 투자자가 파생상품투자에 뛰어든 것이라고 볼 수 있습니다.

시장예측 능력이 없는 개인 투자자가 복잡하게 구성된 파생상품으로 수익을 내기란 하늘의 별 따기와 같습니다. 2011년 5월에는 선물옵션 투자로

파생상품거래소 거래량 순위 (단위: 백만 계약)

순위	거래소명	2013 거래량	2014 거래량	증감률(%)
1	시카고 상업거래소	3,161	3,443	8.9
2	런던대륙간거래소	2,558	2,276	-11
3	유럽 파생상품거래소	2,191	2,098	-4.2
4	인도 증권거래소	2,127	1,880	-11.6
5	브라질 거래소	1,604	1,418	-11.6
6	러시아 거래소	1,134	1,413	24.6
7	시카고옵션거래소	1,188	1,325	11.6
8	미국 나스닥	1,143	1,127	-1.4
9	중국 상해선물거래소	642	842	31.1
10	중국 대련상품거래소	701	770	9/9
11	인도 뭄바이증권거래소	255	726	184.8
12	KRX한국거래소	821	678	-17.4
13	중국 정주상품거래소	525	676	28.8

* 자료: 한국거래소(2015)

손실을 입은 40대 남성이 주가를 조작하기 위해 서울 고속터미널에서 폭발물을 터뜨리기도 했지요.

파생상품은 복잡하고 어렵기 때문에 실패할 확률이 훨씬 더 높은 분야입니다. 이것저것 따지지 않고 덤벼든다면 승자는 기관 투자자나 외국계 펀드 그리고 수수료 수입을 챙기는 증권회사나 거래소가 될 가능성이 높습니다. 폭증하는 글로벌 금융 거래량에 부화뇌동하지 말고 신중하게 투자원칙을 세우는 자세가 절실히 필요한 때입니다.

국제투기자본을 막는
토빈세

2007년 미국의 서브프라임모기지 사태로 세계경제가 위기로 내몰린 적이 있습니다. 흔히 미국발 금융위기라고 부르는 서브프라임모기지 사태는 사실 장기간에 걸쳐 금융규제를 완화한 결과 과잉된 유동성(돈)이 투기로 이어진 것이라고 할 수 있습니다.

제임스 토빈

이에 따라 최근 전 세계 금융업계에서는 금융업에 대한 규제와 감독을 강화해야 한다는 목소리가 커지고 있습니다. 그리고 이와 관련해 자주 등장하는 용어가 토빈세(Tobin Tax)입니다. 토빈세는 지난 1981년 〈가계와 기업의 투자결정과 금융시장의 상관관계〉에 대한 분석으로 노벨경제학상을 수상한 제임스 토빈이 1972년에 제시한 이론에 따른 것입니다. 1972년 당시 예일대학 교수였던 토빈은 그해 프린스턴대학에서 행한 연설에서 단기성 외환거래에 세금을 부과해야 한다고 주장했습니다.

토빈의 이름을 따서 토빈세로 불리게 된 이 금융거래세는 외환투기를 막고 외환시장을 안정시키려는 목적을 담고 있습니다. 토빈은 한 국가의 금융시장을 자칫 붕괴시킬 수 있는 국제투기자본(Hot Money, 핫머니)의 유입과 철수를 억제하기 위한 수단으로 토빈세를 제시했습니다.

일반적으로 자본의 유출입이 빈번해지면 해당 국가는 환율변동성이 심해져 경제를 운용하는 데 어려움을 겪게 됩니다. 우리나라가 겪은 IMF 외환위기도 이와 유사한 성격입니다. 토빈세가 적용되면 국경을 넘나드는 투기자본 이동에 대해 일정세율의 세금을 물리므로 투기적 거래를 억제하는 효과를 얻을 수 있습니다.

물론 금융거래에 토빈세가 부과되면 외환거래가 위축되고 정상적인 자본유출입까지 제한되는 등 부작용이 발생할 수도 있지요. 한 예로 스웨덴은 1980년대 토빈세 모델을 따서 주식시장에 거래세를 도입했는데, 거래량이 급감하는 부작용이 일자 결국 폐지하고 말았습니다.

그러나 미국발 금융위기에 혼쭐이 난 유럽연합 등 전 세계 주요 국가들은 투기 자본을 억제하기 위해 전 세계 모든 금융거래에 토빈세를 도입하는 방안에 찬성하고 있습니다. 특히 이들은 거둬들인 토빈세를 가난한 나라 지원과 기후변화 대응에 사용하자는 의견도 제시했지요. 반면에 세계 최대 경제대국인 미국은 토빈세를 도입한 적이 없습니다. 미국은 일상적인 금융거래에 세금을 매기는 것에 대해 반대입장을 보이고 있죠. 미국 재무부 대변인은 토빈세 도입 반대 서안을 EU측에 전달하기도 했습니다. 미국만큼이나 금융산업의 비중이 높은 영국 역시 토빈세 도입에 반대하는 입장입니다.

그렇지만 최근 독일과 프랑스를 비롯해 이탈리아, 스페인, 오스트리아 등 EU 10개국이 토빈세 도입에 합의하고, 도입 시기를 논의 중입니다. 이 제안이 도입될 경우 거래 쌍방 중 어느 한쪽만이라도 과세 국가에 연고가 있으면 거래 발생 지역에 관계없이 세금을 내야 합니다. 실제로는 전 세계적으로 영향을 미치게 되는 것이죠.

EU는 토빈세를 통해 300억 유로의 세수를 올릴 것으로 기대하고 있습니다. 하지만 EU의 토빈세 도입도 쉽지 않습니다. 이탈리아가 최초로 초단기 매매에 대한 토빈세를 부과하기로 결정했지만, 영국을 포함한 많은 나라들이 시행 시점을 미루고 과세액을 10분의 1로 줄여서 시행할 예정이기 때문입니다. 또한 이미 토빈세를 도입한 브라질도 2013년 토빈세를 전격 철폐했습니다.

그렇다면 우리나라는 토빈세를 도입했을까요? 박근혜 전 대통령은 당선 직후 대통령직 인수위원회를 통해 경제 안정성을 위한 토빈세 부과를 검토했습니다. 하지만 토빈세 부과로 오히려 투자금이 해외로 빠져나갈 가능성이 있다는 의견이 나와 현재는 무산됐습니다.

174

세계 최초의 기업
콘고구미

세계 최초의 기업은 어느 나라에 있을까요? 대부분 산업혁명을 거친 영국이나 오늘날 자본주의 국가의 대표라 할 수 있는 미국일 거라고 생각할 겁니다. 그러나 놀랍게도 세계 최초, 혹은 가장 오랜 역사를 자랑하는 최고(最古) 기업은 일본에서 설립됐습니다.

더 놀라운 점은 그 기업을 일본인이 아니라 우리나라 백제 사람이 만들었다는 것입니다. 백제인 곤고 시게츠미(한국 이름 유중광)를 비롯해 백제에서 일본으로 건너간 목공들이 서기 578년 일본에 세운 사찰 전문 건축회사 콘고구미(金剛組)가 바로 그것입니다.

콘고구미는 오사카에 일본 최초의 절 사천왕사를 지었습니다. 콘고구미의 건축 기법은 매우 탁월해, 지난 1995년 고베에서 리히터규모 7.2의 강진이 발생해 건물 16만 채가 완전히 파괴됐을 때도 콘고구미가 지은 건물은

별 손상 없이 견뎌내 큰 관심을 모으기도 했습니다. 이 때문에 "콘고구미가 흔들리면 일본 열도가 흔들린다"라는 말이 생겨날 정도로, 콘고구미는 일본의 대표적인 건설업체로 자리매김했습니다.

그러나 1980년대에 사들인 땅이 일본경제의 거품붕괴로 폭락하면서 누적된 차입금을 감당하지 못해, 결국 창업한 지 1,428년 만인 2006년 1월 콘고구미는 결국 일본 중견 건설업체 타카마츠건설에 회사 영업권을 넘겨주고 말았습니다.

그럼 현재 우리나라의 최고(最古) 기업은 어디일까요? 한국기네스협회가 인정한 최장수 기업은 바로 OB맥주로 유명한 두산입니다. 1896년 8월 종로에 문을 연 박승직상점이 모태인 두산은 현재 국내 굴지의 대기업으로 성장했습니다.

세계의 장수기업

업체명	설립연도	업종	국적
콘고구미(Kongo Gumi)	578	건설	일본
스토라엔소(Stora Enso)	1288	제지	핀란드
안티노리(Antinori)	1385	와인, 올리브유	이탈리아
베레타(Beretta)	1526	총기	이탈리아
질리언(Gillian)	1623	악기	터키
기코만(Kikkoman)	1630	간장	일본
스미토모(Sumitomo)	1630	기업그룹	일본
휘겔 에 피스(Huge&Fils)	1639	와인	프랑스
제임스 록(James Lock)	1642	모자	영국
C.호어(C. Hoare)	1672	은행	영국

* 자료: 윌리엄 오하라 《세계 장수기업, 세기를 뛰어넘은 성공》

전 세계적으로도 역사가 200년 이상인 장수기업은 6,000개를 넘지 않는다고 합니다. 2018년 기준으로 우리나라에서 100년 이상 살아남은 기업은 두산, 동화약품, 우리은행, 몽고식품 등 소수에 불과합니다. 외환위기와 시대의 격변에 따라 수많은 기업들이 사라져간 것이죠. 부디 앞으로는 윤리 경영과 내실 있는 알짜 경영으로 오랫동안 살아남는 한국기업이 늘어나기를 바랍니다.

한국의 대표 장수기업

업체명	설립연도	주력업종
두산	1896	건설, 중장비
동화약품	1897	제약
신한은행	1897	금융
우리은행	1899	금융
몽고식품	1905	식료품
삼양사	1924	음료, 식료품
진로	1924	주류
유한양행	1926	제약
한진중공업	1927	조선
대한통운	1930	물류

* 자료: 대한상공회의소

인류 역사에 큰 영향을 끼친 귀금속
금

금(金)만큼 인류 역사에 큰 영향을 끼친 귀금속도 많지 않습니다. 〈동방견문록〉을 쓴 마르코 폴로의 모험이나, 미국 대륙을 발견한 탐험가 크리스토퍼 콜럼버스의 항해도 실은 동양의 금을 찾기 위한 것이었지요. 서양인들은 동양을 금으로 뒤덮인 엘도라도(El Dorado, 황금도시)라고 생각했습니다.

그뿐 아닙니다. 지난 1848년 수많은 미국인들이 일확천금을 좇아 캘리포니아 주 북부의 금광으로 몰려갔습니다. 이를 '골드러시(Gold Rush)'라고 합니다. 그 덕분에 당시 1만 5,000명에 불과하던 캘리포니아 주 인구가 1854년에는 30만 명으로 불어났지요. 19세기 미국 캘리포니아에 불어닥친 골드러시는 미국 서부개발의 토대가 됐습니다.

이처럼 금은 동서고금을 막론하고 인류 역사와 문화에 큰 획을 그은 귀금속입니다. 그렇다면 금이 이처럼 인기를 모으는 까닭은 무엇일까요? 금은 귀금속으로서뿐 아니라 세계경제에서도 매우 중요한 기능을 합니다. 무엇보다 금이 갖는 매력은 이른바 안전한 도피처(Safe Haven)라는 것입니다. 이 말은 '인플레이션 헤지(Inflationary Hedge)'를 뜻합니다.

인플레이션 헤지란, 화폐가치의 하락으로 비롯된 손실을 막기 위해 화폐의 가치를 지니는 상품으로 바꿔 보유하는 것을 말합니다. 주로 귀금속, 보석, 토지, 주식 등 변질이나 부패의 염려가 없고 환금이 자유로운 상품이 인플레이션 헤지용으로 거래됩니다. 즉, 금은 인플레이션에 따른 금전손실을 막는 안전한 대비책이 될 수 있습니다.

금을 가진 사람은 전 세계 어디서나 화폐에 버금가는 대접을 받으며 금을 사용할 수 있습니다. 그러면서도 다른 화폐와 달리 물가가 오르면 따라서 가치가 커지죠. 물가가 상승해도 자산가치가 하락하지 않고 오히려 가격이 올라 재산규모가 더욱 커지게 해줍니다.

금값은 달러 가치와 관련이 있습니다. 달러 가치가 상승하면 금값이 내리고, 하락하면 오릅니다. 즉 달러 가치가 하락하면 달러보다는 가격이 안정적인 금을 사는 것이 더 좋다는 얘기죠. 그러면 금수요가 늘어 가격이 오릅니다.

그렇다면 여기서 퀴즈! 지구상의 사람들이 갖고 있는 금을 모두 합하면 얼마나 될까요? 아주 많을 것 같지만 15만 톤에 불과한 것으로 알려졌습니다. 중국에서 한 해에 생산되는 철이 4억 톤이 넘는 것을 감안하면 금이 얼마나 희소성이 있는지 알 수 있는 대목입니다. 또한 지금까지 생산된 금을 2007년 연평균 국제 금값으로 환산하면 약 1조 9,000억 달러입니다. 이는 미국 주식시장 시가총액(약 16조 달러)의 12%에 해당합니다.

그렇다면 전 세계에서 금을 가장 많이 보유한 나라는 어디일까요? 정답은 미국입니다. 미국이 2018년 6월 보유한 금은 8133.5톤에 달합니다. 이것은 전 세계 각국 정부가 보유한 전체 금 보유량 중 3분의 1에 해당합니다. 영화 〈다이하드 3〉의 소재로 다뤄진 것처럼, 맨해튼 소재 뉴욕 연방준비은행(Fed)의 지하 24m 수장고에는 약 2만 5,000개의 금괴가 보관돼 있죠. 그러나 여기에 보관된 금은 미국 재무부 소유금의 일부에 불과하며, 나머지 대부분은 켄터키 주 군사기지 포트녹스(Fort Knox)의 금괴보관소에 있습니다.

2011년 7월 한국은행은 하루가 다르게 올라가는 금값 고공행진에 13년 3개월 만에 금을 샀습니다. 1톤 트럭 25대 분량, 우리 돈으로 1조 원이 훨씬 넘는 액수였죠.

그렇다면 우리나라의 금 보유량은 얼마나 될까요? 우리나라는

주요 국가 금 보유량 (단위: 톤)	
국가	**보유량**
미국	8133.5
독일	3359.1
이탈리아	2451.8
프랑스	2436.4
러시아	2298.5
중국	1948.3
스위스	1040.0
일본	846.0
인도	754.0
네덜란드	612.5

＊자료: 세계금위원회(2022년 2월 기준)

2022년 2월 기준으로 104.4톤의 금을 보유하고 있으며, 이는 세계 35위에 해당합니다. 1등은 미국으로 8,133.5톤을 보유하고 있죠.

일부에서는 우리나라의 금 보유량을 더 늘려야 한다는 목소리도 나

포트녹스에 보관된 금괴

섣불리 촬영하다가는 바로 체포된다는 금괴보관소

오고 있습니다. 다른 나라에 비해 우리나라의 금 보유량이 외환보유고 대비 1.4%에 불과해 낮기 때문이죠. 지금 보유 중인 104.4톤의 금 중 90톤이 2011~2013년 사들인 것입니다. 외환보유고의 일정 부분을 금으로 돌리려는 노력 때문이었는데 2013년 이후 금 보유량은 현재까지 동일합니다.

2018년 미국의 금리 인상과 달러 강세로 인해 안전자산으로 여겨지는 금 매입세가 높아졌습니다. 2018년 7~9월 세계 중앙은행들의 금 매입량은 약 148.4톤으로 전년 동기 약 22%가 상승했습니다. 어느 때보다 변동성이 큰 요즘 안전자산으로서 금을 보유하려는 전 세계의 심리는 당분간 지속될 것으로 보입니다.

176

가족구성원이 함께 운영하는
가족기업

　세계에서 가장 오래된 가족기업(Family Business)은 어디일까요? 미국에서 발행하는 〈패밀리 비즈니스 매거진〉에서는 일본의 콘고구미(174장 참고)를 가장 오래된 가족기업으로 꼽았습니다. 2번째로 오래된 가족기업은 718년에 처음 문을 연 후 무려 47대째 이어오고 있는 일본의 세계 최고(最古) 여관 호우시료칸(法師旅館)입니다. 유럽에서는 1,000년 동안 포도농장 사업을 한 프랑스의 샤토드굴랭(Chateau de Goulaine)이 가장 오래된 가족기업으로 조사됐습니다.

　이는 2003년에 미국 브라이언트대학 교수 윌리엄 오하라가 동료 교수 피터 만델과 함께 세계에서 가장 오래된 가족기업을 조사한 결과에 따른 것입니다. 오하라는 산업혁명은 물론 그리스로마문명이 시작하기 전에도 이미 가족구성원을 주축으로 한 기업이 존재했다고 말하면서 가장 오래된 가족기업 15곳을 소개했습니다.

1,300년 역사를 지닌 호우시료칸

이들은 설립된 지 길게는 1,400여 년 또는 짧게는 500여 년이 지난 기업들입니다.

오하라 교수는 가족구성원을 중심으로 이뤄진 신뢰와 화합, 시대적 변화에 민감하게 대처하는 능력 등이 수백년 동안 가족기업을 유지해올 수 있었던 비결이라고 진단했습니다.

1세대를 30년이라고 봤을 때, 흔히 기업은 1세대가 끝날 때쯤 위기를 겪게 마련입니다. 그런 위기를 극복하고 2세대까지 성공적으로 생존하는

가장 오래된 가족기업

회사명	설립연도	업종	국가
콘고구미	578	건설	일본
호우시료칸	718	호텔	일본
샤토드굴랭	1000	포도농장	프랑스
폰데리아 폰티피시아 마리넬리	1000	종(鐘) 제조	이탈리아
바론 리카솔리	1141	포도주 제조	이탈리아
바로비어 앤드 토소	1295	유리 가공업	이탈리아
호텔 필그림하우스	1304	호텔	독일
리처드 드바스	1326	종이 제조	프랑스
토리니 피렌체	1369	귀금속 가공	이탈리아
안티노리	1385	포도주 제조	이탈리아
카무포	1438	조선(造船)	이탈리아
바로니 드 쿠세르귀	1495	포도주 제조	프랑스
그라지아 데루타	1500	요업(도자기)	이탈리아
파브리카 다르미 피에트로 베레타	1526	총기	이탈리아
윌리엄 프림	1530	잡화상점	독일

* 자료: 〈패밀리 비즈니스 매거진〉

비율은 3분의 1에 불과합니다. 그중에서 12%만이 3세대까지 살아남고, 다시 그중에서 3~4%만이 4세대까지 살아남는다고 합니다. 그만큼 한 기업이 100년을 넘기기가 낙타가 바늘구멍에 들어가는 것보다 더 어렵다는 얘기죠.

오하라는 자신의 저서 《세계 장수기업, 세기를 뛰어넘은 성공》에서 미국에서 1990년에 상장한 회사 가운데 지금까지 남아 있는 기업은 제너럴일렉트릭(GE)밖에 없다면서 한 기업이 수백년을 버티는 것은 거의 기적에 가까운 일이라고 설명했습니다.

오랜 세월 장수하기로 가족기업이 단연 으뜸이라고 합니다. 실제로 200년을 넘은 기업들은 대부분 어떤 식으로든 가족기업의 형태를 띠고 있습니다. 그래야 일반 주식회사에 비해 경영에 간섭하는 사람이 적고, 외부 압력에 밀려 단기간의 성과에 급급하기보다 장기적인 비전을 가지고 경영할 수 있기 때문입니다. 또한 구조조정 요구에 대해서도 훨씬 자유롭기 때문에 직원들의 사기가 일반 회사에 비해 높은 것도 장수기업의 한 요인으로 꼽힙니다.

177

공격적이고 도박성이 큰
헤지펀드

헤지펀드(Hedge Fund)가 뭔지 아시나요? 외환시장이나 증시에 투자해 단기이익을 올리는 투기자금을 말합니다. 100명 미만의 개인 투자자가 펀드를 만들고, 이익이 발생하는 곳이라면 어디든 국경을 넘나들어 공격적으로 투자하는 도박성이 큰 투자신탁이죠. 투자자가 맡긴 자금의 2%를 운용수수료로 받으며, 수익의 20% 이상을 성과급으로 받는 것이 관례입니다.

원래 '헤지(Hedge)'는 울타리를 치고 방어적으로 관리한다는 뜻이지만, 헤지펀드는 투자이익 극대화를 위해 큰 위험도 마다하지 않으며, 적극적으로 투자행위를 합니다. 실제로 헤지펀드는 이익을 창출하는 일이라면 무엇이든 하는 특성이 있습니다. 투자하는 분야도 다양합니다. 주식시장은 물론 일본 엔화처럼 금리가 낮은 나라의 돈을 빌려 금리가 높은 나라에 투자하는 캐리 트레이드(59장 참고), 석유와 곡물 등 원자재선물, 해외부동산 시장 등 웬만큼 돈이 되는 분야라면 전부 입질을 하고 있습니다.

그렇다면 세계 최대 규모의 헤지펀드는 무엇일까요? 정답은 세계 최대 헤지펀드 운용사인 브리지워터(Bridgewater)의 퓨어알파펀드(Pure Alpha Fund)입니다. 브리지워터는 다른 헤지펀드들이 금광, 주택 등에 투자하며 손실을 보는 동안 세계경제의 침체를 예측하고 미국 국채와 독일 국채 등 안전한 자산에 투자하면서 기존의 1위 퀀텀펀드를 제치고 세계 최대 규모의 헤지펀드업체로 부상했습니다.

2위는 헤지펀드의 제왕 조지 소로스가 운영한 퀀텀펀드(Quantum Fund)입니다. 이전에 비해 수익이 줄어들긴 했지만, 그 명성은 여전히 유지되고 있습니다.

이처럼 헤지펀드 시장의 규모가 거대해진 것은 전 세계를 강타한 국제 유가 급등과 기업 인수합병(M&A) 붐, 중국과 인도 등 신흥시장의 부상으로 이들 영역에 투자하는 펀드 상품이 급증한 데 따른 것입니다.

헤지펀드업계의 제왕 조지 소로스는 2011년 7월 헤지펀드 매니저에서 물러나 일반 투자자로 돌아가겠다고 밝혔습니다. 한 언론에 따르면, 소로스

세계 10대 헤지펀드와 누적 순이익 (단위: 억 달러)

헤지펀드	설립연도	누적 순이익
퀀텀펀드	1973	396
브리지워터 퓨어 알파	1975	392
폴슨앤코	1994	254
바우포스트	1983	215
아팔루사	1993	212
론파인 캐피털	1997	205
패럴론 캐피털	1987	174
브레반 하워드 펀드	2003	170
바이킹 글로벌 인베스터	1999	168
무어 캐피털 매니지먼트	1990	165

*자료: LCH 인베스트먼트

회장은 투자자들에게 자금을 돌려주고 본인과 가족의 자금만 운용하는 투자자로 남기로 했다고 합니다. 소로스는 지난 40년 동안 연평균 20%의 수익률을 거두었으며, 350억 달러의 수익금을 투자자들에게 안겨준 기록을 갖고 있습니다.

사실 국내 투자자들 사이에서 헤지펀드는 투자보다는 투기에 가까웠습니다. 헤지펀드에 대한 정확한 이해가 부족해 제대로 투자하는 사람이 없었고, 돈을 크게 잃은 사람 혹은 크게 번 사람만 존재해 극단적인 수익차가 벌어지는 투기사업이라는 이미지가 컸죠. 그러나 2011년 11월 국내 헤지펀드 출범을 위한 법적 기반이 마련됐고, 같은 해 12월 헤지펀드가 공식적으로 출범하면서 2015년 기준 35개의 한국형 헤지펀드가 3조 2,000억 원 규모로 운용되고 있습니다. 헤지펀드가 장기적으로 원칙에 맞는 투자와 운용을 지속할 수 있도록, 탄탄한 금융기반을 만들어나갈 필요가 있습니다.

세계화의 날개 얻어 더욱 강력해진
나비효과

경제학에서 자주 등장하는 용어로 나비효과(Butterfly Effect)가 있습니다. 미국 기상학자 에드워드 로렌츠가 1961년 기상관측을 하다가 생각해낸 원리로, 처음 시작했을 때는 별다른 주목을 받지 않았던 행동이 마지막에는 큰 파장을 일으킬 수 있다는 의미를 담고 있습니다.

로렌츠는 지구 어디에선가 발생한 조그만 변화로 날씨가 급변할 수 있다는 생각으로 이 이론을 정립했습니다. 그래서 우리가 날씨를 예측하는 것이 그토록 어려운 것이지요. '나비'라는 명칭은 로렌츠가 중국 베이징에 있는 나비의 날갯짓이 다음 달 미국 뉴욕에서 폭풍을 일으킬 수도 있다고 설명한 것에서 유래했습니다. 다소 비현실적인 상황을 가정한 이 이론은 나중에 물리학에서 카오스(Chaos)이론의 기초가 됩니다.

그렇다면 사실상 가정에 불과한 나비효과가 세계적인 관심의 대상이 되는 이유는 무엇일까요? 바로 글로벌화, 세계화라는 시대적 추세 때문입니다. 인터넷 등 디지털혁명과 언론매체의 발달로 지구촌 한구석에서 발생한 미미한 변화가 순식간에 전 세계로 퍼져 일파만파의 파장을 일으킬 수 있는 시대니까요.

나비효과의 대표적인 예는 2011년 8월 미국 신용등급 강등 사태입니다. 신용평가회사 스탠더드앤드푸어스(S&P)가 미국의 국가신용등급을 최상위 등급인 AAA에서 한 단계 떨어지는 AA+로 강등했습니다. 70년 동안 최상위 등급을 유지하던 미국이 그만 굴욕을 당하고 만 것이지요. 이 초유의 사건은 세계 증시의 연쇄폭락을 불러왔습니다. 마이클 블룸버그 전 뉴욕시장에 따르면, 2011년 세계 시가총액은 7월 말 53조 5,620억 달러에서 8월 말에는 7조 달러 이상 증발한 46조 5,554억 달러가 됐습니다.

그렇다면 같은 시기에 우리나라의 증시는 어땠을까요? 2011년 8월 8일 코스피 시장, 코스닥 시장에서는 각각 사이드카(85장 참고)와 서킷브레이커가 발동됐습니다. 1,916으로 비교적 안정적으로 시작한 코스피지수는 급락세를 견디지 못하고 정확히 1,800을 찍었습니다. 하루에만 140 이상 포인트가 들쭉날쭉하며 투자자들은 패닉 상태에 몰렸지요.

중국도 우리나라에 나비효과를 일으키는 나라 중 하나입니다. 2015년 7월 중국 상하이종합지수가 한 달 사이에 약 30%나 폭락하자 한국 증시도 큰 타격을 입었습니다. 이때 한국 증시에서 외국인 투자자의 순매도 물량이 약 4,000억 원에 육박하며 2015년 들어 최대 규모를 기록했죠. 이러한 나비효과의 파급력은 세계화의 영향으로 국가 간 상호협력과 의존도가 커짐에 따라 앞으로 더욱 거세질 전망입니다.